레전드
영어
회화사전

NEW 레전드
영어 회화사전

개정2판 2쇄 **발행** 2024년 7월 10일
개정2판 1쇄 **발행** 2024년 3월 10일

저자	더 콜링_김정희·박윤수
기획	김은경
편집	이지영
디자인	IndigoBlue
녹음·영상	BRIDGE CODE

발행인	조경아		
총괄	강신갑		
발행처	랭귀지북스		
등록번호	101-90-85278	**등록일자**	2008년 7월 10일
주소	서울시 마포구 포은로2나길 31 벨라비스타 208호		
전화	02.406.0047	**팩스**	02.406.0042
이메일	languagebooks@hanmail.net		
MP3 다운로드	blog.naver.com/languagebook		

ISBN	979-11-5635-217-4 (13740)
값	18,000원

ⓒLanguagebooks, 2024

레전드
영어
회화사전

랭귀지북스

영어, 이제 네이티브와 당당하게 말해 보세요!

영어 공부 십 몇 년이라는 말은 차마 꺼낼 수 없어요. 영어는 나랑 궁합이 맞지 않아요. ENGLISH의 E만 봐도 손발이 오그라들어요. 이런 고민이 있다면 이제는 **〈레전드 영어 회화사전〉**을 펴 보세요.

영어 공부, 아무리 안 했다 하더라도 십 몇 년의 경력(?)은 누구나 갖고 있을 것입니다. 새해가 되면 영어 공부 한번 제대로 해 보자는 신년 결심 때문에 샀던 영어 교재 몇 권이 책꽂이를 차지하고 있을지 모르겠습니다. 그렇지만 실제 우리는 영어를 써먹을 상황이 많습니다. 외국으로 여행을 가거나 업무차 해외 출장을 가기도 하고, 때론 외국에 거주하기도 합니다. 이도 저도 아니라면 한국에서 외국인 친구를 사귀게 되거나 길을 물어보는 외국인을 만나게 될 수도 있습니다. 이런 상황마다 애써 시선을 피하며 도망가기만 했다면 이제는 **〈레전드 영어 회화사전〉**과 함께 당당하게 설 수 있습니다.

〈레전드 영어 회화사전〉에서는 영어권 문화와 상황을 중심으로 필요한 표현들을 모았습니다. 그곳에서만 쓰이고 꼭 필요한 표현만 추리고 우리말로 단순히 옮긴 표현은 버렸습니다. 영어를 잘하기 위해 어려운 말을 구사하려고 애쓰지 마세요. 쉬운 말이라도 내 입 밖으로 꺼내는 것이 중요합니다.

여러분에게 영어의 자신감을 더해 줄 수 있도록 모든 영어 표현에 한글 발음 표기를 달았습니다. 최대한 원어민의 발음에 가깝도록 한글로 표기하여 필요한 표현을 구사할 수 있도록 했습니다. 귀여운 그림과 함께 기본 어휘도 쉽게 익힐 수 있도록 했습니다.

항상 좋은 파트너십으로 함께하는 오랜 친구 윤수, 이 책이 출판될 수 있도록 힘써 주시는 랭귀지북스에 감사의 마음을 전합니다.
그리고 언제나 내 삶의 이유 되시는 하나님께 모든 영광을 돌립니다.

저자 더 콜링_김정희

영어권 나라에서 가장 많이 쓰는 기본 표현을 엄선해 담았습니다. 학습을 통해 자기소개와 취미 말하기부터 직업 소개, 감정 표현까지 다양한 주제의 기본 회화를 쉽게 구사해 보세요.

1. 상황에 따른 5,000여 개 표현!

왕초보부터 초·중급 수준의 영어 학습자를 위한 어휘·표현집으로, 일상생활에서 자주 접하게 되는 상황을 12개의 큰 주제로 묶고, 다시 500개 이상의 작은 주제로 나눠 5,000여 개의 표현을 제시했습니다.

2. 눈에 쏙 들어오는 그림으로 기본 어휘 다지기!

500여 컷 이상의 일러스트와 함께 기본 어휘를 쉽게 익힐 수 있습니다. 자기소개, 직장생활 등 일상생활에 필요한 기본 단어부터 취미, 감정 등 주제별 주요 단어와 어휘를 생생한 그림과 함께 담았습니다.

3. 바로 찾아 바로 말할 수 있는 한글 발음 표기!

기초가 부족한 초보 학습자가 영어를 읽을 수 있는 가장 쉬운 방법은 바로 한글로 발음을 표기해 두는 것입니다. 영어 발음이 우리말과 일대일로 대응하지 않지만, 여러분의 학습에 편의를 드리고자 미국에서 사용하는 표준 발음과 가까운 소리로 한글 발음을 표기하였습니다. 초보자도 언제 어디서나 필요한 표현을 바로 찾아 다양한 문장을 구사할 수 있습니다. 각 표현의 하단에는 사전 없이 바로 이해할 수 있도록 참고 어휘를 정리해 뒀습니다.

4. 꼭! 짚고 가기 & 여기서 잠깐!

문화를 제대로 알아야 언어를 이해하기 쉽습니다. 영어권 사회, 문화 전반에 걸친 다양한
정보와 언어가 형성된 배경을 담아 억지로 외우지 않아도 표현이 가능하도록 했습니다.
우리와 다른 그들의 문화를 접하며 표현 익히는 데 재미를 더해 보세요.

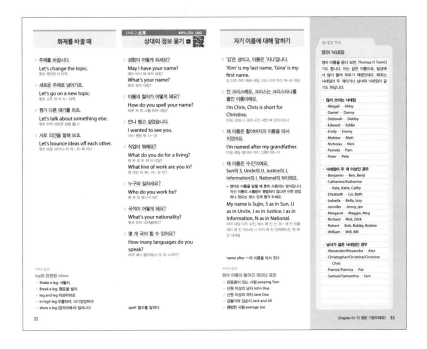

5. 말하기 집중 훈련 유튜브 영상 & MP3!

이 책에는 기본 어휘부터 본문의 모든 회화 표
현까지 원어민의 정확한 발음으로 녹음한 MP3
파일과 본문 영상을 제공합니다.
Unit마다 QR코드를 스캔하여 영상 자료를 쉽
게 찾아볼 수 있습니다. 자주 듣고 큰 소리로 따
라 말하며 학습 효과를 높여 보세요.

유튜브에서
〈레전드 영어 회화사전〉을
검색하세요.

MP3

blog.naver.com/**languagebook**

Contents 차례

Chapter 02 무슨 말을 꺼낼까?

Chapter 09 **직장인이 봉이냐!**

Chapter 10 여행 가서도 척척!

Chapter 11　긴급상황도 OK!

Chapter 12　너희들 덕에 편하구나!

Chapter 01

이 정돈 기본이에요!

Chapter 01

Introductions 소개

인츠러덕션(ㅅ)

name 네임 n. 이름	**first name** 퍼-슷 네임 n. (성이 아닌) 이름	**middle name** 미들 네임 n. 중간 이름
	last name 래슷 네임 n. 성	**business card** 비즈니(ㅅ) 카-(ㄷ) n. 명함
sex 섹(ㅅ) n. 성별 **man** 맨, **male** 메일 n. 남자 **woman** 우먼, **female** 피메일 n. 여자	**Mr.** 미스터 n. (남성의 성이나 이름 앞에 붙여) ~씨	**sir** 서(ㄹ) n. 선생님, 귀하, 아저씨 (이름을 모르는 남자에 대한 경칭)
	Ms. 미(ㅈ) n. (미혼인지 기혼인지 모르는 여성의 성이나 이름 앞에 붙여) ~씨	**ma'am** 맴 n. 부인, 사모님, 아주머니 (이름을 모르는 여자에 대한 경칭)
	Mrs. 미시(ㅈ) n. (기혼 여성의 성이나 이름 앞에 붙여) ~씨	**Miss** 미(ㅅ) n. (미혼 여성이나 독신 여성의 성이나 이름 앞에 붙여) ~씨
age 에이쥐 n. 나이	**old** 오울(ㄷ) a. 나이 많은	**young** 영 a. 젊은
	adult 어덜(ㅌ) n. 어른	**child** 차일(ㄷ) n. 어린이 **baby** 베이비 n. 아기

Day 하루
데이

day 데이 n. 하루, 날	morning 머-닝 n. 아침	wake 웨익 v. 깨다 wake up 웨익 업 일어나다
		breakfast 브렉퍼슷 n. 아침 식사
	noon 누운 n. 정오	lunch 런취 n. 점심 식사 v. 점심 식사를 하다
	afternoon 애(ㅍ)터누운 n. 오후	work 워-(ㅋ) n. 일 v. 일하다
night 나잇 n. 밤	evening 이-브닝 n. 저녁	dinner 디너 n. 저녁 식사
	midnight 밋나잇 n. 자정	sleep 슬리입 v. 자다 go to bed 고우 투 벳 잠자리에 들다
	dream 드리임 n. 꿈 v. 꿈을 꾸다	bed 벳 n. 침대 pillow 필로우 n. 베개 mattress 매트리(ㅅ) n. (침대의) 매트리스

Time 시간
타임

date 데잇	year 이어	month 먼(ㅆ)	week 위익
n. 날짜	n. 해, 년	n. 달, 월	n. 주, 일주일
	day 데이	weekend 위–켄(ㄷ)	calendar 캘린더
	n. 하루, 날	n. 주말	n. 달력

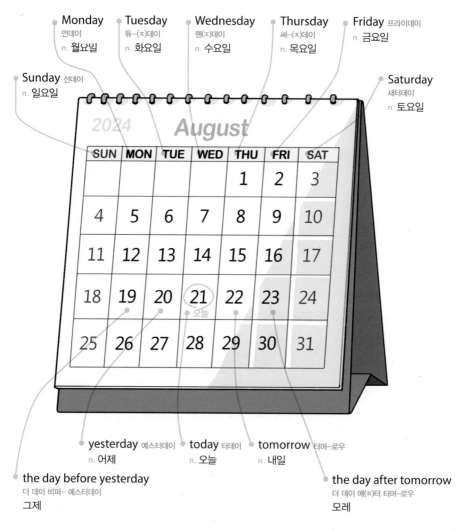

Monday 먼데이
n. 월요일

Tuesday 튜–(ㅈ)데이
n. 화요일

Wednesday 웬(ㅈ)데이
n. 수요일

Thursday 써–(ㅈ)데이
n. 목요일

Friday 프라이데이
n. 금요일

Sunday 선데이
n. 일요일

Saturday 새터데이
n. 토요일

2024 August

SUN	MON	TUE	WED	THU	FRI	SAT
				1	2	3
4	5	6	7	8	9	10
11	12	13	14	15	16	17
18	19	20	21 오늘	22	23	24
25	26	27	28	29	30	31

yesterday 예스터데이
n. 어제

today 터데이
n. 오늘

tomorrow 터머–로우
n. 내일

the day before yesterday
더 데이 비퍼– 예스터데이
그제

the day after tomorrow
더 데이 애(ㅍ)터 터머–로우
모레

Greeting 인사
그리-팅

Hello. 헬로우 안녕하세요. Hi. 하이 안녕.	Good morning. 굿 머-닝 안녕하세요. (아침 인사)	Good afternoon. 굿 애(ㅍ)터누운 안녕하세요. (점심 인사)
	Good evening. 굿 이-브닝 안녕하세요. (저녁 인사)	Good night. 굿 나잇 안녕히 주무세요.
	Good bye. 굿 바이 안녕히 가세요.	See you later. 시- 유 레이터 또 만나요.
	How are you doing? 하우 아- 유 두잉 어떻게 지내요?	Pretty good. 프리디 굿 잘 지내요.
	Nice to meet you. 나이(ㅅ) 투 미잇 유 만나서 반갑습니다.	Long time no see. 러엉 타임 노우 시- 오랜만입니다.
Thank you. 쌩 큐 감사합니다.	Thank you very much. 쌩 큐 베리 머취 아주 감사합니다.	Don't mention it. 도운(ㅌ) 멘션 잇 별말씀을요.
	You're welcome. 유어 웰컴, No problem. 노우 프라블럼 천만에요.	It was my pleasure. 잇 워즈 마이 플레저 제가 오히려 고맙죠.
Excuse me. 익스큐-(ㅈ) 미 실례합니다.	I'm sorry. 아임 서-리 미안합니다.	I apologize to you. 아이 어팔러자이(ㅈ) 투 유 사과드립니다.
	What does that mean? 왓 더즈 댓 미인 무슨 뜻이죠?	That's all right. 댓츠 어얼 라잇, That's okay. 댓츠 오우케이 괜찮습니다.

처음 만났을 때 ①

처음 만났을 때 ②

\# 처음 뵙겠습니다.

How do you do?
하우 두 유 두

\# 우리 초면인 것 같네요. 전 김지나입니다.

I don't think we've met. I'm Kim Gina.
아이 도운(ㅌ) 싱 퀴(ㅂ) 멧. 아임 김 지나

\# 만나서 반갑습니다.

Nice to meet you.
나이(ㅅ) 투 미잇 유

I'm glad to see you.
아임 글랫 투 시- 유

\# 직접 뵙게 되어 반갑습니다.

I'm so glad to meet you in person.
아임 소우- 글랫 투 미잇 유 인 퍼-슨

\# 만나 뵙게 되어 영광입니다.

I'm honored to meet you.
아임 어너-(ㄷ) 투 미잇 유

\# 말씀 많이 들었습니다.

I've heard so much [a lot] about you.
아입 허-(ㄷ) 소우- 머취 [어 랏] 어바웃 유

I've heard a great deal about you.
아입 허-(ㄷ) 그레잇 디일 어바웃 유

\# 파커 씨가 당신 이야기를 많이 했어요.

Mr. Parker often speaks of you.
미스터 파-커 어-펀 스피익 서 뷰

\# 마이크 씨, 엠마 씨 아세요?

Mr. Mike, have you met Ms. Emma?
미스터 마익, 해 뷰 멧 미(ㅈ) 엠마?

\# 아직 그런 기쁨을 가진 적이 없네요.

I haven't had the pleasure.
아이 해븐(ㅌ) 햇 더 플레저

   ↘ 의역하면 '초면입니다'라는 의미입니다.
      뒤에 to meet you나 to get to know you와 같은
      말이 생략된 표현입니다.

\# AB 사의 에이미 피셔 씨군요.

   ↘ 공항 등에 처음 보는 사람을 마중 나갈 때

You must be Mrs. Amy Fisher from AB Co.
유 머슷 비- 미시 제이미 피셔 프럼 에이비- 컴패니

\# 제가 오히려 반갑습니다.

The pleasure is mine.
더 플레저 이즈 마인

It's my pleasure.
잇츠 마이 플레저

\# 명함 한 장 주시겠어요?

May I have your business card?
메이 아이 해 뷰어 비즈니(ㅅ) 카-(ㄷ)?

\# 제 명함입니다.

Here's my card.
히어(ㅈ) 마이 카-(ㄷ)

\# 전에 우리가 만난 적 있나요?

Have we ever met before?
해 뷔 에버 멧 비퍼-?

---

in person 직접
honor 존경하다
great deal 많이

Co. 회사 (= company)
business card 업무용 명함

26

때에 따른 인사

<u>안녕하세요.</u>   ↘ 아침 인사
Good morning.
굿 머-닝

<u>안녕하세요.</u>   ↘ 점심-오후 인사
Good afternoon.
굿 애(ㅍ)터누운

<u>안녕하세요.</u>   ↘ 저녁 인사
Good evening.
굿 이-브닝

<u>잘 자요.</u>   ↘ 밤에 자러 갈 때 하는 인사
Good night.
굿 나잇
Have a good night.
해 버 굿 나잇
Sweet dreams.
스위잇 드리임(ㅅ)

오랜만에 만났을 때 ①

<u>오랜만입니다.</u>
Long time no see.
러엉 타임 노우 시-
It's been a long time.
잇츠 빈 어 러엉 타임
It's been quite a while.
잇츠 빈 쿠아잇 어 와일

<u>다시 뵙게 되어 반갑습니다.</u>
It's good to see you again.
잇츠 굿 투 시- 유 어겐

<u>오랫동안 뵙지 못했네요.</u>
I haven't seen you for a long time.
아이 해븐(ㅌ) 시인 유 퍼 어 러엉 타임
It's been a long time, hasn't it?
잇츠 빈 어 러엉 타임 해즌 팃?

<u>오랫동안 소식을 드리지 못해 죄송합니다.</u>
I beg your pardon for my long silence.
아이 벡 유어 파-든 퍼 마이 러엉 사일런(ㅅ)

<u>세월 참 빠르네요.</u>
Time flies.
타임 플라이(ㅈ)

dream 꿈꾸다

quite a while 꽤 오래
beg 용서를 빌다
pardon 용서
silence 침묵, 소식 두절

오랜만에 만났을 때 ②

어떻게 지내셨어요?
How have you been doing?
하우 해 뷰 빈 두잉?

하나도 안 변했어요.
You haven't changed a bit.
유 해븐(ㅌ) 체인쥐 더 빗

요즘 당신을 보기 힘드네요.
I haven't seen much of you lately.
아이 해븐(ㅌ) 시인 머취 어 뷰 레잇리

아니 이게 누구야!
Look who's here!
룩 후(ㅈ) 히어!
What a pleasant surprise!
왓 어 플레전(ㅌ) 서프라이(ㅈ)!

세상 참 좁은데!
What a small world!
왓 어 스머얼 워얼(ㄷ)!

여기에서 당신을 만나다니 뜻밖이에요.
It's a pleasant surprise to see you here.
잇츠 어 플레전(ㅌ) 서프라이(ㅈ) 투 시- 유 히어
Never thought I've seen you here.
네버 써엇 아입 시인 유 히어

안부를 묻는 인사

잘 지내니!
Hi there!
하이 데어!

어떻게 지내세요?
How are you doing?
하우 아- 유 두잉?

주말 어떻게 보냈어요?
What did you do last weekend?
왓 디 쥬 두 래슷 위-켄(ㄷ)?

가족은 어때요?
How's your family?
하우 쥬어 패밀리?

어디 안 좋아요?
What's the matter with you?
왓츠 더 매더 윗 유 ?
You look under the weather today.
유 룩 언더 더 웨더 터데이

별일 없어요?
Anything new?
애니씽 누-?
What's up?
왓츠 업?
What's going on?
왓츠 고우잉 언?
What's wrong?
왓츠 러엉?

bit 조금, 약간

28

안부 인사에 대한 대답

잘 지내(고마워).

I'm fine, thank you.
아임 파인, 쌩 큐

Quite well.
쿠아잇 웰

I'm all right.
아임 어얼 라잇

Pretty good.
프리디 굿

Alive and kicking.
얼라이 밴(ㄷ) 킥킹

그럭저럭 지내.

So so.
소우- 소우-

Not too bad.
낫 투- 뱃

Just surviving.
저슷 서-바이빙

늘 마찬가지죠.

Same as usual.
세임 애 쥬-쥬얼

About the same.
어바웃 더 세임

별일 없어요.

Nothing special.
나씽 스페셜

그냥 기분이 안 좋아요.

I'm just in a bad mood.
아임 저슷 인 어 뱃 무웃

헤어질 때 인사 ①

안녕히 가세요.

Good-bye.
굿바이

Bye-bye.
바이 바이

잘 가세요. / 그럼 이만.

So long.
소우- 러엉

See you.
시- 유

Take care.
테익 케어

좋은 시간 보내요.

Have a good time.
해 버 굿 타임

좋은 하루 보내요.

Have a nice day.
해 버 나이(ㅅ) 데이

내일 봐요.

See you tomorrow.
시- 유 터머-로우

다음에 봐요.

See you later.
시- 유 레이터

그럼 거기에서 봐요.

See you there, then.
시- 유 데어, 덴

재미있게 보내.

Have fun.
해(ㅂ) 펀

as usual 평소와 같이, 여느 때처럼

헤어질 때 인사 ②

전 지금 가야겠어요.

I'm afraid I've got to go now.
아임 어(ㅍ)레잇 아입 갓 투 고우 나우

살펴 가요.

Take it easy.
테익 잇 이-지

Take care of yourself.
테익 케어 어 뷰어셀(ㅍ)

가끔 연락하고 지내자.

Keep in touch.
키입 인 터취

Drop me a line.
드랍 미 어 라인

Give me a call.
기(ㅂ) 미 어 커얼

당신 가족에게 제 안부를 전해 주세요.

Say hello to your family for me.
세이 헬로우 투 유어 패멀리 퍼 미

Please give my regards to your
family.
플리-(ㅈ) 기(ㅂ) 마이 리가-(ㅈ) 투 유어 패멀리

조만간에 한번 만나요.

Let's get together soon.
렛츠 겟 터게더 수운

즐거운 주말 보내요.

Have a nice weekend.
해 버 나이 쉬-켄(ㄷ)

즐거운 여행 되세요.

Enjoy your trip.
인조이 유어 츠립

환영할 때

뉴욕에 오신 걸 환영합니다.

Welcome to New York.
웰컴 투 누-여억

저희 집에 오신 것을 환영합니다.

Welcome to my home.
웰컴 투 마이 호움

이곳이 마음에 들기 바랍니다.

I hope you'll like it here.
아이 호웁 유일 라익 잇 히어

함께 일하게 되어 반갑습니다.

↘ 회사에서 신입사원을 맞이하는 인사

Welcome aboard.
웰컴 어버-(ㄷ)

우리 가족이 된 걸 환영해요.

↘ 결혼 등으로 새로운 가족의 일원이 되었을 때

Welcome to the family.
웰컴 투 더 패멀리

I'm happy to have you as a part of
my family.
아임 해피 투 해 뷰 애 저 파- 터(ㅂ) 마이 패멀리

---

drop (짧은 편지를) 써 보내다

aboard 승선하여, 뱃전에
* go aboard (배를) 타다
* come [get] aboard (계획 등에) 새로 참가하다

사람 부르기

실례합니다.
Excuse me.
익스큐-(ㅈ) 미
Pardon.
파-든

여보세요? ↘ 모르는 남자를 부를 때
Sir?
서(ㄹ)?

여보세요? ↘ 모르는 여자를 부를 때
Ma'am?
맴?

여어 안녕. ↘ 모르는 사람을 편하게 부르거나
Hi there. 인사할 때 흔히 쓰이는 말입니다.
하이 데어 보통 가게에 들어가 점원과 간단히
  인사할 때도 이렇게 말하면 됩니다.

저...
Tell me...
텔 미
See...
시-

말을 걸 때

할 말이 있어요.
I need to tell you something.
아이 니잇 투 텔 유 섬씽
I tell you what.
아이 텔 유 왓
I have something to tell you.
아이 해(ㅂ) 섬씽 투 텔 유

잠깐 이야기 좀 할까요?
Do you have a second?
두 유 해 버 세컨(ㄷ)?
Can I talk to you for a minute?
캔 아이 터억 투 유 퍼 어 미닛?
Can you spare me a couple of minutes?
캔 유 스패어 미 어 커플 어(ㅂ) 미닛(ㅊ)?
I'd like to have a word with you.
아잇 라익 투 해 버 워- 뒷 유

말씀 중에 죄송한데요. ↘ 상대방이 말하는 중에
May I interrupt you? 끼어들 때
메이 아이 인터럽 튜?
Sorry to interrupt, ...
서-리 투 인터럽(ㅌ)
Pardon me for cutting in.
파-든 미 퍼 컷딩 인
Can I add something?
캔 아이 앳 섬씽?

내 말 좀 들어 봐.
Let me tell you.
렛 미 텔 유
Listen.
리슨
You know what?
유 노우 왓?
Read my lips.
리잇 마이 립(ㅅ)

spare (남에게) 시간이나 돈을 할애하다
interrupt (말 등을) 도중에 방해하다
cut in 끼어들다

화제를 바꿀 때

주제를 바꿉시다.

Let's change the topic.

렛츠 체인쥐 더 타픽

새로운 주제로 넘어가죠.

Let's go on a new topic.

렛츠 고우 언 어 누- 타픽

뭔가 다른 얘기를 하죠.

Let's talk about something else.

렛츠 터억 어바웃 섬씽 엘(ㅅ)

서로 의견을 말해 보죠.

Let's bounce ideas off each other.

렛츠 바운 사이디-어 저- 피-취 어더

상대의 정보 묻기 ▶

성함이 어떻게 되세요?

May I have your name?

메이 아이 해 뷰어 네임?

What's your name?

왓츠 유어 네임?

이름의 철자가 어떻게 돼요?

How do you spell your name?

하우 두 유 스펠 유어 네임?

만나 뵙고 싶었습니다.

I wanted to see you.

아이 원팃 투 시- 유

직업이 뭐예요?

What do you do for a living?

왓 두 유 두 퍼 어 리빙?

What line of work are you in?

왓 라인 어 붜- 카- 유 인?

누구와 일하세요?

Who do you work for?

후 두 유 워-(ㅋ) 퍼?

국적이 어떻게 돼요?

What's your nationality?

왓츠 유어 내셔낼러티?

몇 개 국어 할 수 있어요?

How many languages do you speak?

하우 매니 랭귀쥐(ㅈ) 두 유 스피익?

여기서 잠깐!

leg와 관련된 idiom

- Shake a leg. 서둘러.
- Break a leg. 행운을 빌어.
- leg and leg 막상막하로
- in high leg 우쭐하여, 의기양양하여
- show a leg (잠자리에서) 일어나다

spell 철자를 말하다

자기 이름에 대해 말하기

'김'은 성이고, 이름은 '지나'입니다.
'Kim' is my last name, 'Gina' is my first name.
김 이즈 마이 래슷 네임. 지나 이즈 마이 퍼-슷 네임

전 크리스예요, 크리스는 크리스티나를 줄인 이름이에요.
I'm Chris, Chris is short for Christina.
아임 크리(ㅅ). 크리 시즈 셔엇 퍼 크리스티나

제 이름은 할아버지의 이름을 따서 지었어요.
I'm named after my grandfather.
아임 네임 대(ㅍ)터 마이 그랜(ㄷ)파-더

제 이름은 '수진'이에요.
Sun의 S, Uncle의 U, Justice의 J, Information의 I, National의 N이에요.

↘ 영어로 이름을 말할 때 흔히 사용되는 방식입니다. 자신 이름의 스펠링이 평범하지 않다면 이런 방법 하나 정도는 센스 있게 챙겨 두세요.

My name is Sujin, S as in Sun, U as in Uncle, J as in Justice, I as in Information, N as in National.
마이 네임 이즈 수진. 에스 애 진 선. 유- 애 진 엉클.
제이 애 진 저스티(ㅅ). 아이 애 진 인퍼메이션. 엔 애 진 내셔널

name after ~의 이름을 따서 짓다

여기서 잠깐!
영어 이름이 들어간 재미난 표현
- 관음증이 있는 사람 peeping Tom
- 신원 미상의 남자 John Doe
- 신원 미상의 여자 Jane Doe
- 갑돌이와 갑순이 Jack and Jill
- 평범한 사람 average Joe

꼭! 짚고 가기

영어 닉네임

영어 이름을 듣다 보면, Thomas가 Tom이기도 합니다. 이는 같은 이름으로, 일상에서 많이 줄여 부르기 때문인데요. 때로는 닉네임이 두 개이거나 남녀의 닉네임이 같기도 하답니다.

- **많이 쓰이는 닉네임**
  - Abigail → Abby
  - Daniel → Danny
  - Deborah → Debby
  - Edward → Eddie
  - Emily → Emmy
  - Mattew → Matt
  - Nicholas → Nick
  - Pamela → Pam
  - Peter → Pete

- **닉네임이 두 개 이상인 경우**
  - Benjamin → Ben, Benji
  - Catherine/Katherine → Kate, Katie, Cathy
  - Elizabeth → Liz, Beth
  - Isabella → Bella, Izzy
  - Jennifer → Jenny, jen
  - Margaret → Maggie, Meg
  - Richard → Rick, Dick
  - Robert → Bob, Bobby, Bobbie
  - William → Will, Bill

- **남녀가 같은 닉네임인 경우**
  - Alexander/Alexandra → Alex
  - Christopher/Christina/Christine → Chris
  - Patrick/Patricia → Pat
  - Samuel/Samantha → Sam

신상정보에 대해 말하기

저는 한국에서 왔습니다.

I'm from Korea.
아임 프럼 커리-아

I'm Korean.
아임 커리-언

My nationality is Korean.
마이 내셔낼러티 이즈 커리-언

저는 AB회사에서 일하는 벤입니다.

I'm Ben from AB company.
아임 벤 프럼 에이비- 컴패니

저는 은행에서 일합니다.

I work at a bank.
아이 워- 캣 어 뱅(ㅋ)

저는 AB 숍에서 일합니다.

I work for AB shop.
아이 워-(ㅋ) 퍼 에이비- 샵

저는 한국대학교 4학년입니다.

I am a senior at Hankuk University.
아이 앰 어 시-너- 앳 한국 유-너버-서티

↘ 보통은 학년을 말할 때 '서수+grade'라고 하지만, 대학교의 학년은 따로 부르는 말이 있습니다. freshman 1학년, sophomore 2학년, junior 3학년, senior 4학년, 그리고 junior는 '후배', senior는 '선배'라는 뜻도 가지고 있어요.

저는 미혼입니다.

I'm single.
아임 싱글

저는 결혼했습니다.

I'm married.
아임 메릿

자기소개하기

제 소개를 하겠습니다.

Let me introduce myself.
렛 미 인츄러듀-(ㅅ) 마이셀(ㅍ)

제 소개를 해도 될까요?

May I introduce myself?
메이 아이 인츄러듀-(ㅅ) 마이셀(ㅍ)?

방금 소개받은 미스터 리입니다.

My name is Lee as mentioned in my introduction.
마이 네임 이즈 리- 애(ㅈ) 멘션 딘 마이 인츄러덕션

안녕하세요, 제 이름은 김지나입니다.

Hello, my name is Kim Gina.
헬로우, 마이 네임 이즈 김 지나

그냥 지나라고 부르세요.

Just call me Gina.
저슷 커얼 미 지나

안녕하세요, 지미의 친구 김지나입니다.

How do you do? I'm Kim Gina, a friend of Jimmy's.
하우 두 유 두? 아임 김 지나, 어 프렌 더(ㅂ) 지미(ㅅ)

감사하다 ①

감사하다 ②

감사합니다.
Thank you.
쌩 큐

아주 감사합니다.
Thank you very much.
쌩 큐 베리 머취
Thank you so much.
쌩 큐 소우- 머취
Thanks a million.
쌩 서 밀연

마음 깊이 감사하고 있습니다.
I'm deeply grateful to you.
아임 디입리 그레잇펄 투 유
I'm very grateful to you.
아임 베리 그레잇펄 투 유

매우 고마워서 어떻게 감사드려야 할지 모르겠네요.
I can never thank you enough.
아이 캔 네버 쌩 큐 이넙
I don't know how to thank you enough.
아이 도운(ㅌ) 노우 하우 투 쌩 큐 이넙

어쨌든 감사합니다.
Thank you anyway.
쌩 큐 애니웨이

여러 가지로 감사합니다.
Thank you for everything.
쌩 큐 퍼 에브리씽

고맙다는 말을 전하고 싶었어요.
I would like to express my thanks.
아이 우(ㄷ) 라익 투 익스프레(ㅅ) 마이 쌩(ㅅ)

그렇게 말씀해 주시니 감사합니다.
It's kind of you to say that.
잇츠 카인 더 뷰 투 세이 댓

당신은 제 생명의 은인입니다.
↘ 비유적인 표현으로 그만큼 감사하다는 뜻이죠.
You're a life saver.
유어 러 라이(ㅍ) 세이버

당신이 베푼 은혜 평생 잊지 못할 거예요.
I'll never forget what you have done for me.
아일 네버 퍼겟 왓 유 해(ㅂ) 던 퍼 미

저를 위해 애써 주셔서 감사합니다.
Thank you for all the trouble you've done for me.
쌩 큐 퍼 어얼 더 츠러블 유(ㅂ) 던 퍼 미

친절에 감사드립니다.
Thank you for your kindness.
쌩 큐 퍼 유어 카인(ㄷ)니(ㅅ)

도와주셔서 대단히 감사합니다.
Thank you very much for your help.
쌩 큐 베리 머취 퍼 유어 헬(ㅍ)

express 표현하다
saver 구원자, 구조자
life saver 인명 구조 대원
hang over 손님으로 맞이하다

감사하다 ③

관심 가져줘서 고마워요.
I appreciate your concern.
아이 어프리-시에잇 유어 컨서언

초대에 감사드립니다.
I appreciate the invitation.
아이 어프리-시에잇 디 인비테이션
Thanks for having me over.
쌩(ㅅ) 퍼 해빙 미 오우버

제게 기회를 주셔서 감사합니다.
Thank you for giving me a chance.
쌩 큐 퍼 기빙 미 어 챈(ㅅ)

길을 가르쳐 주셔서 감사해요.
Thank you for giving us directions.
쌩 큐 퍼 기빙 어스 디렉션(ㅅ)

시간 내주셔서 감사합니다.
↘ 거래처와 회의를 마치면서
Thank you for meeting with us.
쌩 큐 퍼 미-팅 윗 어스

배려해 주신 것 감사합니다.
I appreciate your consideration.
아이 어프리-시에잇 유어 컨시더레이션

기다려 줘서 고마워요.
Thank you for waiting.
쌩 큐 퍼 웨이팅

appreciate 고맙게 생각하다, 감사하다
concern 관심, 배려
invitation 초대

감사 인사에 응답할 때

천만에요.
You're welcome.
유어 웰컴
No problem.
노우 프라블럼
My pleasure.
마이 플레저

별말씀을요.
Don't mention it.
도운(ㅌ) 멘션 잇

제가 오히려 고맙죠.
It was my pleasure.
잇 워즈 마이 플레저
I should be the one to thank you.
아이 슈(ㄷ) 비- 더 원 투 쌩 큐

대단한 일도 아닌데요.
No big deal.
노우 빅 디일
It's nothing.
잇츠 나씽
It's not a big deal.
잇츠 낫 어 빅 디일

언제든지 부탁하세요.
Any time.
애니 타임
You can always count on me.
유 캔 어얼웨이(ㅈ) 카운 턴 미

과찬의 말씀입니다.
I'm honored by your words.
아임 어너-(ㄷ) 바이 유어 워-(ㅈ)

도움이 될 수 있어서 기뻐요.
I'm glad to help you.
아임 글랫 투 헬 퓨

사과하다 ①

미안합니다.
I'm sorry.
아임 서-리

사과드립니다.
I apologize to you.
아이 어팔러자이(ㅈ) 투 유
I owe you an apology.
아이 오우 유 언 어팔러쥐

그 일에 대해서 미안하게 생각하고 있습니다.
I'm sorry about that.
아임 서-리 어바웃 댓
I feel sorry about it.
아이 피일 서-리 어바웃 잇

오래 기다리게 해서 미안합니다.
I'm sorry to have kept you waiting so long.
아임 서-리 투 해(ㅂ) 켑 츄 웨이팅 소우- 러엉

폐를 끼쳐서 죄송합니다.
I'm sorry to disturb you.
아임 서-리 투 디스터업 유
I'm sorry for all the troubles that I have caused.
아임 서-리 퍼 어얼 더 츠러블(ㅅ) 댓 아이 해(ㅂ) 커-즛

사과하다 ②

늦어서 죄송합니다.
Excuse me for being late.
익스큐-(ㅈ) 미 퍼 비잉 레잇

다시는 이런 일이 없을 겁니다.
It won't happen again.
잇 워운(ㅌ) 해쁜 어겐

뭐라고 사과해야 할지 모르겠어요.
I can't tell you how sorry I am.
아이 캔(ㅌ) 텔 유 하우 서-리 아이 엠
I don't know what to say.
아이 도운(ㅌ) 노우 왓 투 세이

부디 제 사과를 받아 주세요.
Please accept my apology.
플리- 잭셉(ㅌ) 마이 어팔러쥐

기분 나빴다면 미안해요.
I'm sorry if it offended you.
아임 서-리 이 핏 어펜디 쥬

미안하다는 말을 하고 싶어요.
I'd like to say I'm sorry.
아잇 라익 투 세이 아임 서-리

---

owe ～의 은혜를 입고 있다
apology 사과, 사죄
disturb ～에게 폐를 끼치다

offend 불쾌하게 하다

잘못 & 실수했을 때 ①

제 잘못이었어요.
It was my fault.
잇 워즈 마이 퍼얼(트)

I blame no one but myself.
아이 블레임 노우 원 벗 마이셀(ㅍ)

제가 망쳐서 죄송합니다.
Sorry that I blew it.
서-리 댓 아이 블루- 잇

고의가 아니었어요.
I didn't mean it at all.
아이 디든(트) 미인 잇 앳 어얼

I didn't do it on purpose.
아이 디든(트) 두 잇 언 퍼-퍼(ㅅ)

My intentions were good.
마이 인텐션(ㅅ) 워- 굿

제가 말을 실수했어요.
It was a slip of the tongue.
잇 워즈 어 슬립 어(ㅂ) 더 텅

제가 실수했어요.
I made a mistake.
아이 메잇 어 미스테익

단지 제 탓이에요.
I can only blame myself.
아이 캔 오운리 블레임 마이셀(ㅍ)

잘못 & 실수했을 때 ②

죄송해요, 어쩔 수가 없었어요.
I'm sorry, I couldn't help it.
아임 서-리, 아이 쿠든(트) 헬 핏

미안해요, 깜빡 잊었어요.
I'm sorry, I forgot.
아임 서-리, 아이 퍼갓

문제가 생기리라고는 생각지 못했어요.
I didn't expect to have a problem.
아이 디든(트) 익스펙(트) 투 해 버 프라블럼

It's totally unexpected.
잇츠 토우털리 언익스펙팃

It's out of the blue.
잇츠 아웃 어(ㅂ) 더 블루-

Nobody saw this coming.
노우바디 서- 디스 커밍

만회할 기회를 주세요.
Give me a chance to make it up to you.
기(ㅂ) 미 어 챈(ㅅ) 투 메익 잇 업 투 유

다시는 이런 일이 없을 겁니다.
This won't happen again.
디스 워운(트) 해픈 어겐

blame ~의 탓으로 돌리다
on purpose 고의로
intention 의향, 의도
slip 실수

unexpected 예기치 않은
out of blue 뜻밖에

사과 인사에 응답할 때

괜찮습니다.
That's all right.
댓츠 어얼 라잇
That's okay.
댓츠 오우케이
No sweat.
노우 스웻

용서하죠.
You're forgiven.
유어 퍼기븐

친구 좋다는 게 뭐야?
What are friends for?
왓 아– 프렌(ㅈ) 퍼?

서로 용서하고 잊어버리자.
Let's forgive and forget.
렛츠 퍼기 밴(ㄷ) 퍼겟

저야말로 사과를 드려야죠.
It is I who must apologize.
잇 이즈 아이 후 머슷 어팔러자이(ㅈ)

걱정하지 마세요.
Don't worry about it.
도운(ㅌ) 워–리 어바웃 잇

사과를 받아들이죠.
You are accepted.
유 아– 액셉팃

꼭! 짚고 가기

영어로 숫자 읽기

세 자리를 초과하는 숫자의 경우 세 자리
마다 콤마를 찍고 콤마가 있는 곳마다 단
위가 달라집니다.
읽는 방법이 복잡하기 때문에 회화에서
는 네 자리 숫자를 읽을 때 hundred 단
위로 끊어 있는 경우가 많습니다. 예를 들
어, 1,800의 경우 eighteen hundred라고
읽죠.
세 자리 숫자에서 hundred를 생략하기도
합니다. 316의 경우에는 three sixteen이라
고 읽는 거죠. 특히 방 호수나 번지수를 말
할 때 많이 쓰이는 방식입니다.

* thousand < million < billion < trillion

* 150
  : one hundred and fifty
* 4,000
  : four thousand
* 35,000
  : thirty-five thousand
* 780,000
  : seven hundred and eighty
    thousand
* 1,500,000
  : one million and five hundred
    thousand
  (= one point five million)
* 26,000,000
  : twenty-six million
* 590,000,000
  : five hundred ninety million
* 2,700,000,000
  : two billion seven hundred million
  (= two point seven billion)

잘 알아듣지 못할 때

실례 & 양해를 구할 때

\# 죄송한데, 안 들려요.

Sorry, but I can't hear you.
서-리, 벗 아이 캔(ㅌ) 히어 유

\# 말이 너무 빨라요.

You're speaking a little too quickly for me.
유어 스피-킹 어 리들 투- 쿠이클리 퍼 미

\# 잘 모르겠네요.

I don't quite get you.
아이 도운(ㅌ) 쿠아잇 겟 유

\# 당신이 하는 말을 알아듣지 못했어요.

I can't catch you.
아이 캔(ㅌ) 캣취 유

\# 무슨 뜻이죠?

What does that mean?
왓 더즈 댓 미인?

\# 철자가 어떻게 되죠?

How do you spell that?
하우 두 유 스펠 댓?

Would you spell that out for me?
우 쥬 스펠 댓 아웃 퍼 미?

\# 뭐라고?

Say what?
세이 왓?

\# 실례지만, 지나가도 될까요?

Excuse me, may I get through?
익스큐-(ㅈ) 미, 메이 아이 겟 쓰루-?

\# 잠시 실례하겠습니다, 곧 돌아오겠습니다.

Excuse me for just a moment, I'll be back soon.
익스큐-(ㅈ) 미 퍼 저슷 어 모우먼(ㅌ), 아일 비- 백 수운

\# 일이 있어서 가 봐야겠어요.

Something happened, I've got to go.
섬씽 해픈(ㄷ), 아입 갓 투 고우

Things came up, I've got to go.
씽(ㅅ) 케임 업, 아입 갓 투 고우

Something popped up, I have to go.
섬씽 팝 텁, 아이 해(ㅂ) 투 고우

\# 제 가방 좀 봐 줄래요? 화장실 좀 다녀올게요.

Can you keep an eye on my bag, please? Nature's calling.
캔 유 키입 언 아이 언 마이 백, 플리-(ㅈ)?
네이쳐(ㅅ) 커-링

---

get through 통과하다
pop up 갑자기 일어나다, 갑자기 나타나다
keep an eye 지켜보다, 살펴보다

긍정적으로 대답할 때 ①

\# 물론이죠.

Sure.
슈어
Certainly.
써(ㄹ)튼리
Absolutely.
앱솔룻리
Of course.
어(ㅂ) 커-(ㅅ)
You bet.
유 벳

↳ bet은 '내기를 걸다'라는 의미로, 내기해도 좋을 만큼 틀림없다는 뜻이 됩니다.

\# 알겠습니다.

Yes, sir [ma'am].
예스, 서(ㄹ) [맴]
I got it.
아이 갓 잇

\# 기꺼이 하죠.

With pleasure.
윗 플레저
I'd be glad to.
아잇 비- 글랫 투
Sure, I'd like to.
슈어 아잇 라익 투

꼭! 짚고 가기

back과 관련된 idiom

back이 '신체의 등'만 의미하진 않아요. 관용어로 쓰이는 표현들을 보며, 의미를 잘못 이해하지 않도록 주의하세요.

- Get off my back.
  귀찮게 하지 마.
- Don't talk back.
  말대꾸 하지 마.
- back on one's feet
  건강이 회복되다
- back seat driver
  잔소리쟁이
- back to the drawing board
  기본으로 돌아가다
- back to back
  연달아, 연속적으로
- break one's back
  열심히 하다
- break the camel's back
  연이어 무거운 짐을 지워 마침내
  못 견디게 하다

긍정적으로 대답할 때 ②

좋아요. ↘ 상대방의 부탁에 대해 승낙할 때

All right.
어얼 라잇

Why not?
와이 낫?

Yes, I'd be happy to.
예스, 아잇 비– 해피 투

No, not at all.
노우, 낫 앳 어얼

Yes, go ahead.
예스, 고우 어헤ㄷ

좋아.

Fine.
파인

Good.
굿

Fair enough. ↘ 제안 등에 대해 좋다고 하는
페어 이넙   표현입니다.

맞아요.

Exactly.
익잭틀리

That's right.
댓츠 라잇

You're right.
유어 라잇

부정적으로 대답할 때

전혀 모르겠어요.

I'll never get it right [straight].
아일 네버 겟 잇 라잇 [스트레잇]

해결할 수 없어요.

I'll never figure it out.
아일 네버 피겨 잇 아웃

I'll never make sense of it.
아일 네버 메익 센 서 빗

I'll never sort it out.
아일 네버 서– 팃 아웃

아무것도 아니에요.

Don't mention it.
도운(ㅌ) 멘션 잇

Not at all.
낫 앳 어얼

아직이요.

Not yet.
낫 옛

물론 아니죠.

Of course not.
어(ㅂ) 커–(ㅅ) 낫

Certainly not.
써–튼리 낫

figure out 이해하다, 해결하다
make sense 이치에 닿다, 뜻이 통하다
sort out 해결하다

go ahead 진행하다

완곡히 거절할 때

유감이지만, 안 되겠어요.
I'm afraid not.
아임 어(ㅍ)레잇 낫

그렇게 생각하지 않아요.
I don't think so.
아이 도운(ㅌ) 씽(ㅋ) 소우–

아니요, 제가 할 수 없을 것 같군요.
No, I don't think I can make it.
노우, 아이 도운(ㅌ) 씽 카이 캔 메익 잇

미안해요, 지금은 무리예요.
I'm sorry, I can't right now.
아임 서–리, 아이 캔(ㅌ) 라잇 나우
I'm afraid I can't make it right away.
아임 어(ㅍ)레잇 아이 캔(ㅌ) 메익 잇 라잇 어웨이

아무래도 안 되겠어요.
I'd rather not.
아잇 래더 낫

모른 체하겠습니다.
I'd better pass it up.
아잇 베더 패 싯 업

make it 성공하다, 제시간에 도착하다
pass up 무시하다, 거절하다

꼭! 짚고 가기

미국에서 많이 쓰이는 제2외국어

우리는 영어를 배우려고 기를 쓰는데, 미국에서 많이 쓰이는 외국어는 무엇이 있을까요?
요즘은 한류 문화의 인기로 한국어를 배우려는 외국인도 많아진다는데, 한국어는 과연 몇 위일까요?
ACS(American Community Survey)
(2021년 기준)

- 1위 스페인어
- 2위 중국어
- 3위 타갈로그 (필리핀 공용어)
- 4위 베트남어
- 5위 아랍어
- 6위 프랑스어
- 7위 한국어
- 8위 러시아어
- 9위 포르투칼어
- 10위 아이티 프랑스어
       (프랑스어를 모체로 한 아이티어,
       아이티 사람 대부분이 사용)

기타 대답 ①

그럴 수 있죠.

It's possible.
잇츠 파서블

아마도.

Maybe.
메이비-

Perhaps.
퍼-햅(ㅅ)

Probably.
프러바블리

아마 그럴 거야.

Sort of.　↘ sort of 뒤에 형용사가 오면
서- 터(ㅂ)　　'다소, 말하자면'이라는 뜻이 됩니다.

그건 경우에 따라 달라요.

That [It] depends.
댓 [잇] 디펜(ㅈ)

↘ That depends on circumstances.의 준말입니다.

믿기 어려운데.

I don't buy it.
아이 도운(ㅌ) 바이 잇

이해하겠어요?

You see?
유 시-?

Can you understand what I said?
캔 유 언더스탠(ㄷ) 왓 아이 셋?

You know what I mean?
유 노우 왓 아이 미인?

기타 대답 ②

믿을 수 없어.

I can't believe it.
아이 캔(ㅌ) 빌리- 빗

I can't imagine.
아이 캔 티매진

(농담이) 썰렁하군.

That's a lame joke.
댓츠 어 레임 조욱

That's a flat joke.
댓츠 어 플랫 조욱

장난치지 마.

You're kidding?
유어 키딩?

Stop pulling my leg.
스탑 풀링 마이 렉

Are you sure?
아- 유 슈어?

생각 좀 해 볼게요.

I'll give it some thought.
아일 기 빗 섬 써엇

할 기분이 아니에요.

I'm not in the mood.
아임 낫 인 더 무웃

I don't feel like it.
아이 도운(ㅌ) 피일 라익 잇

나중에 기회를 주세요.

Give me a rain check, please.
기(ㅂ) 미 어 레인 첵, 플리-(ㅈ)

lame 서투른, 불충분한
flat 평평한, 납작한
pull one's leg ~를 놀리다, 속이다
* leg-pull 장난, 골탕먹이기
rain check 후일의 약속

맞장구칠 때 ①

맞아요.
Right.
라잇

바로 그겁니다.
That's it.
댓츠 잇

저도요.
So do I.
소우- 두 아이

그게 바로 제 생각입니다.
That's what I mean.
댓츠 왓 아이 미인

좋은 생각이에요.
That's a good idea.
댓츠 어 굿 아이디-어

네, 그렇고 말고요.
Yes, indeed.
예스 인디잇

그럴 거라고 생각해요.
I suppose so.
아이 서퍼우(ㅈ) 소우-

저는 이의가 없어요.
There is no objection on my part.
데어 이즈 노우 어브젝션 언 마이 파-(ㅌ)

옳으신 말씀입니다.
You're right on the money.
유어 라잇 언 더 머니

indeed 실로, 참으로
right on the money 바로 그 시간[장소]에 맞아
　　　떨어지다

맞장구칠 때 ②

두말하면 잔소리.
Tell me about it.
텔 미 어바웃 잇
Likewise.
라익와이(ㅈ)
Exactly.
익잭틀리
Absolutely.
앱솔룻리

동의합니다.
I agree.
아이 어그리-
It's a deal.
잇츠 어 디일
So am I.
소우- 앰 아이
I won't argue with that.
아이 워운 타-규- 윗 댓

당신에게 동의합니다.
I'm with you.
아임 윗 유
I'm for it.
아임 퍼 잇
I am on your side.
아이 앰 언 유어 사이(ㄷ)
I am in favor of your suggestion.
아이 앰 인 페이버 어 뷰어 서제스천
I agree with you.
아이 어그리- 윗 유
I couldn't agree with you more.
아이 쿠든 터그리- 윗 유 머-
You're right about that.
유어 라잇 어바웃 댓
You're spot on.
유어 스팟 언

likewise 역시, 마찬가지이다
argue ~이라고 주장하다
in favor of ~에 찬성하여
agree with+사람·일 : ~에게 동의하다

맞장구치지 않을 때

그래요?

Is that so?
이즈 댓 소우-?

Are we?
아- 위?

Have you?
해 뷰?

그럴 리가요.

You don't say so.
유 도운(ㅌ) 세이 소우-

그럴지도 모르죠.

That may be right [true].
댓 메이 비- 라잇 [츠루-]

잘 모르겠어요.

I'm not sure.
아임 낫 슈어

참 안됐군요.

That's too bad.
댓츠 투- 뱃

꼭 그렇지는 않아요.

That's not always the case.
댓츠 낫 어얼웨이(ㅈ) 더 케이(ㅅ)

그게 항상 옳다고 할 수는 없죠.

We can't always say that's correct.
위 캔 터얼웨이(ㅈ) 세이 댓츠 커렉(ㅌ)

반대할 때

반대!

Objection!
업젝션!

전 당신 의견을 지지하지 않아요.

I can't support your opinion.
아이 캔(ㅌ) 서퍼- 츄어 어피니언

당신에게 동의하지 않아요.

I disagree with you.
아이 디서그리- 윗 유

I can't go along with you.
아이 캔(ㅌ) 고우 어러엉 윗 유

그 계획에 반대합니다.

I can't agree to the plan.
아이 캔 터그리- 투 더 플랜

I'm opposed to the plan.
아임 어퍼즛 투 더 플랜

I'm against the plan.
아임 어게인슷 더 플랜

그래요? 전 아닌데요.

Don't you? Neither do I.
도운 츄? 니-더 두 아이

against ~에 반대하여
objection 반대, 이의

correct 정확한, 옳은

46

주의를 줄 때 ①

\# 조심해!

Watch out!
왓취 아웃!

\# 차 조심해.

Watch out for the cars.
왓취 아웃 퍼 더 카-(ㅅ)

\# 말 조심해.

Watch your tongue.
왓취 유어 텅

\# 쓸데없는 짓 말아요.

Don't ask for trouble.
도운(ㅌ) 애슥 퍼 츠러블

\# 마음대로 하지 마라.

Don't be selfish.
도운(ㅌ) 비- 셀피쉬

\# 비행기 태우지 마라.

No soft soap for me.
노우 서-픗 소웁 퍼 미

↘ '연성 비누'로, 교묘한 설득을
비유하는 표현입니다.

\# 비밀 지켜.

Don't let the cat out of the bag.
도운(ㅌ) 렛 더 캣 아웃 어(ㅂ) 더 백

selfish 이기적인, 제멋대로 하는

꼭! 짚고 가기

영어 감탄사

'웁스' 같은 경우는 우리나라 코믹 시트콤 등 TV에서 영어를 남발하는 사람을 묘사할 때 많이 등장합니다.

딱히 특별한 의미가 있는 건 아니지만, 좀 더 맛깔스러운 영어가 되도록 말의 양념이 되는 감탄사들, 평소 입에 붙여 내 것이 되도록 해 보세요.

- Oops! 아차!
- Ouch! 아야!(아이쿠!)
- Phew! 휴우!
- Humph! 흥!
- Hmmm. 음.
- Eeek! 꺅!
  (무서운 것을 보고 날카롭게 지르는 비명)
- Ugh! 으악!
  (무서울 때 지르는 비명)
- Wow! 우아!
  (기쁜 일이 있거나 멋진 것을 봤을 때)
- Yikes! 이크!
  (불쾌감이나 혐오감이 섞인 놀람)

주의를 줄 때 ②

조용히 해.

Hold it down.
호울 딧 다운

Keep it down.
키입 잇 다운

Be quiet.
비- 쿠아이엇

반말하지 마.

Watch the way you're speaking.
왓취 더 웨이 유어 스피-킹

내 성질 건드리지 마.

Don't hit my nerve.
도운(ㅌ) 힛 마이 너-(ㅂ)

분위기 파악 좀 해라.

Consider your surroundings.
컨시더 유어 서라운딩(ㅅ)

오리발 내밀지 마.

Don't try to get out of it.
도운(ㅌ) 츠라이 투 겟 아웃 어 빗

자기 물건은 자기가 알아서 치워요.

Pick up after yourself.
픽 업 애(ㅍ)터 유어셀(ㅍ)

주의를 줄 때 ③

날 귀찮게 하지 마라.

Stop bugging me.
스탑 버깅 미

날 갖고 장난치지 마라.

Don't play with my heart.
도운(ㅌ) 플레이 윗 마이 하-(ㅌ)

노크도 안 하고 불쑥 들어오지 마라.

Don't just burst in without knocking.
도운(ㅌ) 저숫 버-슷 인 위다웃 낙킹

입에 가득 넣고 말하지 마라.

Don't talk with your mouth full.
도운(ㅌ) 터억 윗 유어 마우쓰 풀

그만 좀 할래?

Would you cut that out?
우 쥬 컷 댓 아웃?

나한테 짜증 내지 말아라.

Don't be short with me.
도운(ㅌ) 비- 셔엇 윗 미

그를 괴롭히지 말아라.

Stop badgering him.
스탑 배줘링 힘

nerve 신경질, 히스테리
surrounding 주변, 환경

bug 귀찮게 하다
burst 갑자기 (들어)오다, 갑자기 나가다
badger 괴롭히다, 집적대다

충고할 때 ①

\# 날 실망시키지 마.

Don't let me down.
도운(ㅌ) 렛 미 다운

\# 명심해라.

Keep that in mind.
키입 댓 인 마인(ㄷ)

\# 자존심은 버려요.

Pocket your pride.
파킷 유어 프라이(ㄷ)

\# 자존심은 좀 접지 그래요.

Why don't you swallow your pride?
와이 도운 츄 스왈로우 유어 프라이(ㄷ)?

\# 최선을 다해라.

Be all you can be.
비- 어얼 유 캔 비-

Do your best.
두 유어 베슷

\# 창피한 줄 알아.

Shame on you.
쉐임 언 유

\# 진지해라.

You should keep a straight face.
유 슈(ㄷ) 키입 어 스츠레잇 페이(ㅅ)

충고할 때 ②

\# 심각하게 받아들이지 마라.

Don't take it to heart.
도운(ㅌ) 테익 잇 투 하-(ㅌ)

\# 충동적으로 행동하지 마라.

You shouldn't act on your impulses.
유 슈든 택 턴 유어 임펄시(ㅈ)

\# 가만히 있으면 중간이나 간다.

You should've kept quiet.
유 슈드(ㅂ) 켑(ㅌ) 쿠아이엇

\# 하고 싶은 말이 있으면 다 해.

You can say what you wanna say.
유 캔 세이 왓 유 워나 세이

\# 꿈 깨!

Get real!
겟 리얼!

Not in your life time!
낫 인 유어 라이(ㅍ) 타임!

\# 새로운 것을 시도하는 일에 주저하지 마라.

Don't shy away from trying new things.
도운(ㅌ) 샤이 어웨이 프럼 츠라잉 누- 씽(ㅅ)

---

pocket 집어넣다, 감추다
swallow 삼키다
straight face (웃음을 참은) 무표정한 얼굴, 정색

act on ~을 쫓아 행동하다
impulse 충동

충고할 때 ③

문제에 맞서 봐.

You should face the problem.

유 슈(ㄷ) 페이(ㅅ) 더 프라블럼

내숭 떨지 마.

Don't play innocent.

도운(ㅌ) 플레이 이노우쎈(ㅌ)

끈질기게 버티고 절대 물러서지 말아라.

Don't take no for an answer.

도운(ㅌ) 테익 노우 퍼 언 앤서

계속 열심히 해라.

Keep up the good work.

키입 업 더 굿 워-(ㅋ)

너무 기대하지 마.

Don't get too worked up over it.

도운(ㅌ) 겟 투- 워-큿 업 오우버 잇

Don't get your hopes up.

도운(ㅌ) 겟 유어 호웁 섭

얌전히 좀 있을래?

Would you behave yourself?

우 쥬 비해(ㅂ) 유어셀(ㅍ)?

마음에 준비하고 있어라.

Brace yourself.

브레이 슈어셀(ㅍ)

충고할 때 ④

진심으로 원하는 마음으로 말을 해라.

Say it like you mean it.

세이 잇 라익 유 미인 잇

우리 사이에 어느 정도까지는 경계가 있어야 한다.

We have to have some boundaries.

위 해(ㅂ) 투 해(ㅂ) 섬 바운더리(ㅈ)

한번 알아보는 게 좋을 거야.

You might want to look into it.

유 마잇 원(ㅌ) 투 룩 인투 잇

은혜를 원수로 갚지 마라.

Don't bite the hand that feeds you.

도운(ㅌ) 바잇 더 핸(ㄷ) 댓 피- 쥬

내일 시험 때문에 잠 설치고 그러지 마라.

Don't lose any sleep over tomorrow's exam.

도운(ㅌ) 루(ㅈ) 애니 슬리입 오우버 터머-로우 삭잼

해 보기도 전에 흠부터 잡지 마라.

Don't knock it until you try it.

도운(ㅌ) 낙 잇 언틸 유 츠라이 잇

keep up ~을 계속하다

behave 예절 바르게 행동하다

brace 떠받치다

knock 깎아내리다, 흠잡다(구어)

50

존경하다

\# 저는 우리 부모님을 존경해요.

I admire my parents.
아이 엇마이어 마이 페어렌(ㅊ)

I look up to my parents.
아이 룩 업 투 마이 페어렌(ㅊ)

\# 많은 사람들이 그를 존경해요.

Many people held him in respect.
매니 피-플 헬(ㄷ) 힘 인 리스펙(ㅌ)

\# 그들은 정말 존경스러운 예술가예요.

They really are respectful artists.
데이 리얼리 아- 리스펙(ㅌ)펄 아-티슷

\# 그에게 존경심을 가져야 해요.

We should show regard to him.
위 슈(ㄷ) 쇼우 리가-(ㄷ) 투 힘

We should have some respect for him.
위 슈(ㄷ) 해(ㅂ) 섬 리스펙(ㅌ) 퍼 힘

\# 그에 대한 존경심이 대단하구나.

You must be full of respect for him.
유 머슷 비- 풀 어(ㅂ) 리스펙(ㅌ) 퍼 힘

\# 그녀의 재능을 높이 평가해요.

I esteem her for her talent.
아이 이스티임 허 퍼 허 탈렌(ㅌ)

I deem highly of her talent.
아이 디임 하이리 어(ㅂ) 허 탈렌(ㅌ)

\# 그녀처럼 되고 싶어요.

I want to be like her.
아이 원(ㅌ) 투 비- 라익 허

esteem ~라고 생각하다
deem 여기다

칭찬하다

\# 훌륭해요!

That's great!
댓츠 그레잇!

Sounds great!
사운(ㅈ) 그레잇!

\# 굉장해요!

That's marvelous!
댓츠 마블러(ㅅ)!

Fantastic!
팬태스틱!

That's terrific!
댓츠 테러픽!

\# 멋져요.

That's keen.
댓츠 키인

\# 잘했어요.

You did a good job.
유 디 더 굿 잡

You get a gold star for that.
유 겟 어 고울(ㄷ) 스타- 퍼 댓

\# 잘하시는데요.

You are doing well.
유 아- 두잉 웰

You are coming along well.
유 아- 커밍 어러엉 웰

\# 능력이 대단하신데요.

You must be a man of ability.
유 머슷 비- 어 맨 어 버빌리티

\# 넌 정말 못 하는 게 없구나.

You must be a walking encyclopedia.
유 머슷 비- 어 워킹 인싸이클로피디아

Is there anything you can't do?
이즈 데어 애니씽 유 캔(ㅌ) 두?

격려하다

기운 내!

Cheer up!
취어 업!

Go for it!
고우 퍼 잇!

Come on, snap out of it!
컴 언, 스냅 아웃 어 빗!

Go get them tiger!
고우 겟 뎀 타이거!

힘내, 넌 할 수 있어.

Come on, you can do it.
컴 언, 유 캔 두 잇

좀 더 힘을 내 봐!

Be of better cheer!
비- 어(ㅂ) 베더 취어!

행운을 빌어!

Good luck!
굿 럭!

포기하지 마!

Don't give up!
도운(ㅌ) 기 법!

자신을 가져.

Be confident in yourself.
비- 컨피던 틴 유어셀(ㅍ)

나는 네 편이야.

I'm on your side.
아임 언 유어 사이(ㄷ)

좋은 날이 올 거야.

There are sunny days ahead.
데어 아- 서니 데이 저헷

부탁하다

부탁 하나 해도 될까요?

Can I ask you a favor?
캔 아이 애스(ㅋ) 유 어 페이버?

Would you do me a favor?
우 쥬 두 미 어 페이버?

Could I ask you to do something for me?
쿠 다이 애스(ㅋ) 유 투 두 섬씽 퍼 미?

당신 걸 좀 빌려줄래요?

Would you lend me yours, please?
우 쥬 렌(ㄷ) 미 유어(ㅅ), 플리-(ㅈ)?

창문 좀 열어 주실래요?

Would you mind opening the window?
우 쥬 마인(ㄷ) 오우퍼닝 더 윈도우?

좀 태워다 줄래요?

Would you give me a ride?
우 쥬 기(ㅂ) 미 어 라이(ㄷ)?

저와 함께 갈래요?

Would you like to join me?
우 쥬 라익 투 쥬인 미?

잠깐 저를 대신해 주실래요?

Can you take my place for a while?
캔 유 테익 마이 플레이(ㅅ) 퍼 어 와일?

미안하지만, 마실 것 좀 부탁해도 될까?

Be a dear and bring me a drink, would you?
비- 어 디어 앤(ㄷ) 브링 미 어 드링(ㅋ), 우 쥬?

TV 좀 켜 주면 고맙겠는데.

I'll thank you to turn on the TV.
아일 쌩 큐 투 터언 언 더 티-비-

lend 빌려주다

재촉하다

서둘러라.

Hurry up.
허리 업

Shake a leg.
쉐익 어 렉

Could you hurry up, please?
쿠 쥬 허리 업, 플리-(ㅈ)?

서두르자.

Let's make it a rush.
렛츠 메익 잇 어 러쉬

전 급해요.

I'm in a hurry.
아임 인 어 허리

속도를 좀 내세요.

Step on it.
스텝 언 잇

지체할 시간이 없어요.

There's no time to lose.
데어즈 노우 타임 투 루(ㅈ)

in a hurry 급히 서둘러
step on 속력을 내다

꼭! 짚고 가기

칭찬에 응답하기

상대방의 칭찬을 들으면 기분이 좋지만, 어떻게 대꾸해야 그 칭찬을 겸손하게 받아들이는 표현이 될지 순간 난감해집니다. 칭찬을 들을 때 이렇게 대답해 보세요!

* 과찬의 말씀이에요.
  Thank you, I'm flattered.
  You flatter me immensely.
* 당신 덕분이에요.
  I owe my success to you.
* 너무 치켜세우지 마세요.
  Spare my blushes.
* 비행기 태우지 마세요.
  Don't make me blush.
* 칭찬해 주시니 부끄럽습니다.
  You praises put me to shame.
* 그렇게 말씀해 주시니 고마워요.
  It's very kind of you to say so.
* 저는 칭찬받을 자격이 없어요.
  I don't deserve your praise.
  I feel mean for what I have done.

긍정적 추측	부정적 추측

 # 그럴 줄 알았어.

It figures.

잇 피겨(ㅅ)

 # 당신 추측이 딱 맞았어요.

Your guess hit the mark.

유어 게(ㅅ) 힛 더 마-(ㅋ)

Your guess hit the bull's eye.

유어 게(ㅅ) 힛 더 불 사이

You hit the spot with that guesswork.

유 힛 더 스팟 윗 댓 게쉬워-(ㅋ)

You guessed right.

유 게슷 라잇

Your guess was right on the nose.

유어 게(ㅅ) 워즈 라잇 언 더 노우(ㅈ)

 # 제가 옳았다는 것이 판명되었어요.

It turned out that I was right.

잇 턴 다웃 댓 아이 워즈 라잇

 # 결과가 우리 예상대로 되었어요.

The results came up to our expectations.

더 리절(ㅊ) 케임 업 투 아워 익스펙테이션(ㅅ)

 # 최대한 추측해 보세요.

Make the best guess that you can.

메익 더 베슷 게(ㅅ) 댓 유 캔

 # 그냥 내 멋대로 추측했어요.

Just a wild guess.

저슷 어 와일(ㄷ) 게(ㅅ)

 # 가능성이 적죠.

The chances are slim.

더 챈시 자- 슬림

 # 당신이 오리라고는 전혀 생각하지 못했어요.

I had no idea that you were coming.

아이 햇 노우 아이디-어 댓 유 워- 커밍

 # 그건 전혀 예상 밖의 일이었어요.

That's a whole new ball game.

댓츠 어 호올 누- 버얼 게임

 # 그건 예측하기 어려워요.

It's anybody's guess.

잇츠 애니바디(ㅅ) 게(ㅅ)

 # 추측할 길이 없어요.

There is no guessing.

데어 이즈 노우 게싱

 # 네 추측은 틀렸어.

You missed your guess.

유 미슷 유어 게(ㅅ)

 # 그가 이길 거라는 사실은 전혀 예상하지 못했죠.

We hadn't bargained on the fact that he won.

위 해든(ㅌ) 바-겐 던 더 팩(ㅌ) 댓 히 원

figure 생각하다, 판단하다
hit the mark [bull's eye] 들어맞다, 명중하다
on the nose 어김없이, 정확한
turn out ~로 밝혀지다
expectation 기대, 예상

whole new ball game 전혀 예상 밖의 일
bargain 예상하다

동정하다

안됐군요!
That's too bad!
댓츠 투- 뱃!
That's a pity!
댓츠 어 피티!
What a pity!
왓 어 피티!
Poor thing!
푸어 씽!

유감이네요.
I'm really sorry to hear that.
아임 리얼리 서-리 투 히어 댓
I sympathize with you.
아이 심퍼싸이(ㅈ) 윗 유

너무 실망하지 마세요.
Don't be so depressed.
도운(ㅌ) 비- 소우- 디프레슷
Don't lose your heart.
도운(ㅌ) 루(ㅈ) 유어 하-(ㅌ)

흔히 있는 일이에요.
It happens.
잇 해픈(ㅅ)

운이 없었네요!
What bad luck!
왓 뱃 럭!
That's unfortunate!
댓츠 언퍼츄네잇!

비난하다 ①

창피한 줄 알아라!
What a shame!
왓 어 쉐임!
Shame on you!
쉐임 언 유!
Aren't you ashamed?
아안 츄 어쉐임(ㄷ)?

바보 같아!
Silly!
실리!
Nonsense!
넌센스!

너 미쳤구나.
You're insane.
유어 인세인

정신 나갔어?
Have you lost your mind?
해 뷰 러-슷 유어 마인(ㄷ)?

구역질 나!
That's disgusting!
댓츠 디스거스팅!

정말 뻔뻔하군!
What impudence!
왓 임퓨든(ㅅ)!

정말 모르겠어?
You really don't know that?
유 리얼리 도운(ㅌ) 노우 댓?

---

sympathize 위로하다
depressed 낙담시키다, 우울하게 하다
unfortunate 불운한

ashamed 부끄러운, 수치스러운
insane 제정신이 아닌
impudence 뻔뻔스러움

비난하다 ②

왜 이러는 거야?
Why are you acting this way?
와이 아– 유 액팅 디스 웨이?

어떻게 내게 감히 그렇게 말할 수 있어!
How dare you talk to me like that!
하우 대어 유 터억 투 미 라익 댓!

진짜 유치해.
You're so childish.
유어 소우– 차일디쉬

철 좀 들어라!
Grow up!
그로우 업! ↘ = Get a life!

바보짓 하지 마!
Don't make a fool of yourself!
도운(ㅌ) 메익 어 푸울 어 뷰어셀(ㅍ)!

정말 너란 인간은!
You're really something!
유어 리얼리 섬씽!

dare 감히 ~하다

전화를 걸 때(일반 상황)

데이비드와 통화할 수 있나요?
Could I speak to David, please?
쿠 다이 스피익 투 데이빗, 플리–(ㅈ)?

벤 있어요?
Is Ben there?
이즈 벤 데어?

샐리와 통화하려고 하는데요.
I'm trying to get in touch with Sally.
아임 츠라잉 투 겟 인 터취 윗 샐리
I'm trying to reach Sally.
아임 츠라잉 투 리–취 샐리
I'd like to speak with Sally, please.
아잇 라익 투 스피익 윗 샐리, 플리–(ㅈ)
I'd like to talk to Sally, please.
아잇 라익 투 터억 투 샐리, 플리–(ㅈ)

지금 통화 괜찮으세요?
Can you talk right now?
캔 유 터억 라잇 나우?
Is this a good time to talk?
이즈 디스 어 굿 타임 투 터억?

바쁘신데 제가 전화한 건가요?
Is this a bad time?
이즈 디스 어 뱃 타임?
Am I calling at a bad time?
앰 아이 커–링 앳 어 뱃 타임?
Did I catch you at a bad time?
디 다이 캣취 유 앳 어 뱃 타임?

늦게 전화 드려서 죄송합니다.
↘ 늦은 시간에 전화해서
I'm sorry for calling this late.
아임 서–리 퍼 커–링 디스 레이(ㅌ)

get in touch with ~와 연락하다

56

전화를 걸 때(회사에서)

프로젝트 때문에 전화 드렸습니다.
I'm calling about the project.
아임 커-링 어바웃 더 프로젝(ㅌ)

내일 회의 확인하려고 전화했어요.
I'm calling to confirm the meeting for tomorrow.
아임 커-링 투 컨퍼엄 더 미-팅 퍼 터머-로우

전화하셨다고 해서 전화 드렸는데요.
↘ 누가 전화했다는 메모를 보고
I'm returning your call.
아임 리터-닝 유어 커얼

제 주문에 관해 알렉스 씨와 통화하려고 하는데요.
I'm trying to reach Mr. Alex regarding my order.
아임 츠라잉 투 리-취 미스터 알렉(ㅅ) 리가-딩 마이 어-더

인사부 아무나 바꿔 주시겠습니까?
May I speak with someone in the Personnel Department?
메이 아이 스피익 윗 섬원 인 더 퍼-스널 디파-먼(ㅌ)?

전화를 받을 때①

죄송하지만 전화 좀 받을게요.
↘ 전화를 받기 위해 잠시 자리를 비우면서
Sorry, I should take this.
서-리, 아이 슈(ㄷ) 테익 디스

누구신가요?
↘ 전화 건 사람이 누군지 물을 때
Can I ask who's calling?
캔 아이 애슥 후(ㅈ) 커-링?
Who's calling, please?
후(ㅈ) 커-링, 플리-(ㅈ)?

무슨 일 때문이죠?
May I ask what this is about?
메이 아이 애슥 왓 디스 이즈 어바웃?
May I ask what this is regarding?
메이 아이 애슥 왓 디스 이즈 리가-딩?
What is this in regard to?
왓 이즈 디스 인 리가-(ㄷ) 투?

어느 분을 찾으십니까?
Who would you like to speak to?
후 우 쥬 라익 투 스피익 투?

누구를 바꿔 드릴까요?
Who do you wish to speak to?
후 두 유 위쉬 투 스피익 투?

전데요.
That's [It's] me.
댓츠 [잇츠] 미
Speaking.
스피-킹

confirm 확인하다
regarding ~에 관해
 = in regard to

전화를 받을 때 ②

\# 좀 더 크게 말해 줄래요?

Could you speak a little bit louder?
쿠 쥬 스피익 어 리들 빗 라우더?

Could you speak up a little?
쿠 쥬 스피익 업 어 리들?

\# 좀 작게 말해 줄래요?

Could you lower your voice a little bit?
쿠 쥬 로워 유어 버이 서 리들 빗?

\# 좀 천천히 말씀해 주시겠어요?

Could you speak more slowly?
쿠 쥬 스피익 머- 슬로울리?

\# 다시 한번 말씀해 주시겠어요?

I beg your pardon?
아이 벡 유어 파-든?

전화를 받을 때 ③(회사에서)

\# 안녕하세요. AB 사입니다.

↘ 보통 회사에서 걸려 온 전화를 받을 때

Hello. This is AB Company.
헬로우. 디스 이즈 에이비- 컴패니

↘ Hello 대신 Good morning이나
Good afternoon 등의 인사도 가능합니다.

\# 안녕하세요. AB 사 영업부의 사무엘입니다.

↘ 소속부서와 이름까지 밝히는 경우

Hello. AB Company, the sales department, Samuel speaking.
헬로우. 에이비- 컴패니. 더 세일(ㅈ) 디파-먼(ㅌ), 새뮤얼 스피-킹

Hello. AB Company, this is Samuel from the sales department.
헬로우. 에이비- 컴패니. 디스 이즈 새뮤얼 프럼 더 세일(ㅈ) 디파-먼(ㅌ)

\# AB 센터로 전화 주셔서 감사합니다.
무엇을 도와드릴까요?

Thank you for calling AB Center. May I help you?
쌩 큐 퍼 커-링 에이비- 센터. 메이 아이 헬 퓨?

\# 여보세요. 제니 씨의 전화입니다.

↘ 다른 사람의 전화를 대신 받을 때

Hello. This is Ms. Jenny's phone.
헬로우. 디스 이즈 미(ㅈ) 제니(ㅅ) 포운

get in touch with ~와 연락하다

sales 판매(상)의
department 부서

58

전화를 바꿔줄 때 ①

잠시만요.　↘ 잠시 기다리라고 할 때

Just a minute [second], please.
저슷 어 미닛 [세컨(ㄷ)], 플리-(ㅈ)

잠시만 기다리세요.

Hold on, please.
호울 던, 플리-(ㅈ)

어떤 분을 바꿔 드릴까요?

How may I direct your call?
하우 메이 마이 디렉 츄어 커얼?

연결해 드리겠습니다.

I'll put you through.
아일 풋 유 쓰루-

I'll transfer your call.
아일 츠랜스퍼 유어 커얼

I'll connect you.
아일 커넥 츄

네 전화야. (전화기를 건네며)

It's for you.
잇츠 퍼 유

There's a call for you.
데어즈 어 커얼 퍼 유

전화를 바꿔줄 때 ②

기다리세요, 바꿔 드릴게요.

Hold on and I'll get him.
호울 던 앤 다일 겟 힘

Please hold while I put you through to him.
플리-(ㅈ) 호울 돠일 아이 풋 유 쓰루- 투 힘

Hold the line, I'll connect you with him.
호울(ㄷ) 더 라인, 아일 커넥 츄 윗 힘

잠시만 기다려 주세요. 전화를 마케팅부로 돌려 드리겠습니다.

Hold the line a moment. I'll transfer your call to the marketing department.
호울(ㄷ) 더 라인 어 모우먼(ㅌ). 아일 츠랜스퍼 유어 커얼 투 더 마-키팅 디파-먼(ㅌ)

마이클 씨의 내선번호는 355번입니다.

Mr. Michael can be reached at ext. 355.
미스터 마이클 캔 비- 리-췻 앳 익스텐션 쓰리- 파이(ㅂ) 파이(ㅂ)

ext. (= extension) 내선, 구내전화

여기서 잠깐!
줄임말
편지 등에서 추신으로 덧붙일 때 흔히 p.s.라고 쓰죠?
이건 postscript를 줄여서 쓰는 말입니다.
그럼, RSVP는?
이 단어는 프랑스어 'Repondez, s'il vous plait.'의 머리글자를 딴 약어입니다. 즉 참석 여부를 알려 달라는 말로, 보통 초대장에서 볼 수 있습니다. 참석 여부를 빨리 알려 주는 게 기본 매너입니다.

---

hold on (전화를) 끊지 않고 두다
direct 향하게 하다
put through ~을 연결하다
transfer 전달하다
connect 연결하다

다시 전화한다고 할 때

내가 나중에 전화할게.
I'll get back to you later.
아일 겟 백 투 유 레이터

제가 다시 전화 드릴까요?
Can I call you back?
캔 아이 커얼 유 백?
Would you mind if I call you back?
우 쥬 마인 디 파이 커얼 유 백?

제기 잠시 후에 다시 전화 드리겠습니다.
I'll get in touch with you soon.
아일 겟 인 터취 윗 유 수운
I'll return your call as soon as I can.
아일 리터언 유어 커얼 애(ㅈ) 수운 애 자이 캔
I'll get back to you soon.
아일 겟 백 투 유 수운

10분 후에 다시 전화해 주세요.
Please call me back in 10 minutes.
플리-(ㅈ) 커얼 미 백 인 텐 미닛(ㅊ)
Could you call me back 10 minutes later?
쿠 쥬 커얼 미 백 텐 미닛(ㅊ) 레이터?

전화를 받을 수 없을 때

통화 중입니다.
I'm afraid he's on another line.
아임 어(ㅍ)레잇 히즈 언 어나더 라인
The line is busy.
더 라인 이즈 비지

그는 지금 없는데요.
He's not in right now.
히즈 낫 인 라잇 나우

죄송합니다만, 그는 방금 나가셨습니다.
I'm sorry, but he has just stepped out.
아임 서-리, 벗 히 해즈 저슷 스텝 타웃

다른 전화가 와서요.
↘ 통화중대기 서비스로 통화 중에 다른 전화가 걸려 올 때
I've got a call coming in.
아입 갓 어 커얼 커밍 인

내가 지금 뭐 하는 중이라.
↘ 통화하기 곤란하다고 말할 때
I'm in the middle of something.
아임 인 더 미들 어(ㅂ) 섬씽

오래 통화할 수 없어요.
I can't talk with you for long.
아이 캔(ㅌ) 터억 윗 유 퍼 러엉

전화 오면 나 없다고 해.
If anyone calls, I'm not here.
이 패니원 커얼(ㅅ), 아임 낫 히어

step out 자리를 비우다
in the middle of ~의 도중에

통화 상태가 안 좋을 때

소리가 끊기는데.
Your voice is breaking up.
유어 보이 시즈 브레이킹 업
You're breaking up.
유어 브레이킹 업

전화가 계속 끊기네요.
We keep getting cut off.
위 키입 게딩 컷 어-(ㅍ)

전화가 끊기는 것 같은데요.
I'm afraid I am losing you.
아임 어(ㅍ)레잇 아이 엠 루징 유

잘 안 들려요.
I can barely hear you.
아이 캔 배어리 히어 유
I'm losing you.
아임 루징 유

break up ～을 분쇄하다, ～을 분해하다
cut off 중단하다, 끊다
lose 잃다
barely 거의 않다

여기서 잠깐!
공중전화
미국 영화를 보다 보면, 공중전화 앞에 사람이 기다리
고 있다가 갑자기 울리는 공중전화를 받는 장면이 나
옵니다. 미국에서는 공중전화에 전화번호가 있어서 전
화를 수신하는 것이 가능하기 때문이랍니다.

전화 메시지

메시지를 남기시겠어요?
Can I take a message?
캔 아이 테익 어 메시-쥐?
Would you like to leave a
message?
우 쥬 라익 투 리- 버 메시-쥐?
What would you like me to tell
him?
왓 우 쥬 라익 미 투 텔 힘?

제니퍼가 전화했었다고 전해 주세요.
Tell him [her] that Jennifer called.
텔 힘 [허] 댓 제니퍼 커얼(ㄷ)

전화하라고 전해 주세요.
Tell him [her] to call me.
텔 힘 [허] 투 커얼 미
Could you have him [her] call me?
쿠 쥬 해(ㅂ) 힘 [허] 커얼 미?
Could you tell him [her] to call me
back?
쿠 쥬 텔 힘 [허] 투 커얼 미 백?
Would you ask him [her] to call me
back?
우 쥬 애슥 힘 [허] 투 커얼 미 백?

1234-5678로 전화하라고 전해 주세요.
Ask him [her] to call me at 1234-
5678.
애슥 힘 [허] 투 커얼 미 앳 원 투- 쓰리- 퍼-
파이(ㅂ) 식(ㅅ) 세븐 에잇

그냥 제가 전화했다고 그에게 전해 주세요.
Just tell him that I called.
저슷 텔 힘 댓 아이 커얼(ㄷ)

잘못 걸려 온 전화

전화 잘못 거셨어요.

You have the wrong number.
유 해(ㅂ) 더 러엉 넘버

You must have dialed the wrong number.
유 머슷 해(ㅂ) 다이얼(ㄷ) 더 러엉 넘버

You must have looked up the wrong number.
유 머슷 해(ㅂ) 룩 텁 더 러엉 넘버

I think you've got the wrong number.
아이 씽 큐(ㅂ) 갓 더 러엉 넘버

그런 분 안 계십니다.

There's no one here by that name.
데어즈 노우 원 히어 바이 댓 네임

몇 번에 거셨어요?

What number did you want [dial]?
왓 넘버 디 쥬 원(ㅌ) [다이얼]?

전화번호를 다시 한번 확인해 보세요.

You should double-check the number.
유 슈(ㄷ) 더블 첵 더 넘버

제가 전화를 잘못 걸었습니다.

I must have the wrong number.
아이 머슷 해(ㅂ) 더 러엉 넘버

전화를 끊을 때

몇 번으로 전화 드려야 하죠?

↘ 다시 전화를 걸어야 하는데 상대방 전화번호를 모를 때

What number can I reach you at?
왓 넘버 캔 아이 리–취 유 앳?

곧 다시 통화하자.

Talk to you soon.
터억 투 유 수운

전화해 줘서 고마워요.

Thank you for calling.
쌩 큐 퍼 커–링

그만 끊어야겠어요.

Well, I have to go.
웰, 아이 해(ㅂ) 투 고우

I have to get off the line now.
아이 해(ㅂ) 투 겟 어–(ㅍ) 더 라인 나우

연락하는 거 잊지 마.

↘ 다른 곳으로 이사하거나 잠시 헤어져야 하는 친구에게

Don't forget to drop me a line.
도운(ㅌ) 퍼겟 투 드랍 미 어 라인

언제든 내게 연락해.

Please feel free to drop me a line.
플리–(ㅈ) 피일 프리– 투 드랍 미 어 라인

dial 전화를 걸다
double-check 재확인하다

feel free to 마음대로 ~해도 좋다

62

전화 기타

전화 좀 받아 주세요.

Please answer the phone.
플리– 잰서 더 포운

Would you get that phone?
우 쥬 겟 댓 포운?

전화는 제가 받을게요.

I'll answer it.
아일 앤서 잇

I'll cover the phones.
아일 커버 더 포운(ㅅ)

전화를 안 받는데요.

There's no answer.
데어즈 노우 앤서

통화 좀 간단히 할래요?

Can you please make that brief?
캔 유 플리–(ㅈ) 메익 댓 브리–(ㅍ)?

공중전화는 어디 있어요?

Can you tell me where the pay telephone is?
캔 유 텔 미 웨어 더 페이 텔러포운 이즈?

전화번호부 있어요?

Do you have a telephone directory?
두 유 해 버 텔레포운 디렉터리?

수신자 부담 전화를 걸려고요.

I'd like to make a collect call.
아잇 라익 투 메익 어 칼렉(ㅌ) 커얼

꼭! 짚고 가기

전화 다이얼에 있는 알파벳

우리나라도 이삿짐센터 전화번호에 주로 2424(이사이사), 영어학원은 0579(영어친구), 치과는 2875(이빨치료) 등을 써서 업체에 대한 광고 효과를 더합니다.

미국에도 이런 규칙이 있는데요. 전화기 숫자 버튼에 있는 알파벳이 바로 그 답입니다.

2번에는 ABC, 3번에는 DEF,
4번에는 GHI, 5번에는 JKL,
6번에는 MNO, 7번에는 PQRS,
8번에는 TUV, 9번에는 WXYZ가 있습니다.

예를 들어, 가게 홍보 전화번호를 보자면, 1-800-BOOK이라는 번호는 1-800-2665를 누르면 됩니다.

유명한 대형 마트인 Walmart의 번호가 1-800-WALLMART라고 되어 있는 것을 보고 당황하지 말고 눌러 볼까요?

바로 1-800-9256208입니다.

참 재미있는 규칙이죠!

1	2 ABC	3 DEF
4 GHI	5 JKL	6 MNO
7 PQRS	8 TUV	9 WXYZ
*	0	#

Chapter 02

무슨 말을 꺼낼까?

Chapter 02

At Home 집에서

앳 호움

get up 겟 업 (잠자리에서) 일어나다 	**get out of bed** 겟 아웃 어(ㅂ) 벳 잠자리에서 일어나다	**wake up** 웨익 업 일어나다
	awake 어웨익 a. 깨어 있는 v. (잠에서) 깨다, 깨우다	**alarm clock** 얼라암 클락 n. 알람 시계
meal 미일 n. 식사 **eat** 이잇 v. 먹다 **munch** 먼취 v. 우적우적 먹다 	**kitchen** 키친 n. 부엌, 주방	**dining room** 다이닝 루움 n. 식당(밥 먹는 공간)
	table 테이블 n. 식탁	**wash the dishes** 워쉬 더 디쉬(ㅈ) 설거지하다 **dishwasher** 디쉬워셔 n. 식기세척기
	spoon 스푸운 n. 숟가락	**fork** 퍼-(ㅋ) n. 포크
	knife 나이(ㅍ) n. 칼	**chopsticks** 찹스틱(ㅅ) n. 젓가락(보통 복수형)
take a bath 테익 어 배쓰 목욕하다	**bathroom** 배쓰루움 n. 욕실	**toilet** 터일럿 n. 화장실
	bathtub 배쓰텁 n. 욕조	**sink** 싱(ㅋ) n. 세면대
	brush one's teeth 브러쉬 원(ㅅ) 티-쓰 이를 닦다	**wash one's hair** 워쉬 원(ㅅ) 헤어 머리를 감다
	take a shower 테익 어 샤워 샤워하다	**wash up** 워쉬 업 세수하다

66

put on 풋 언 옷을 입다 	**T-shirt** 티-셔-(ㅌ) n. 티셔츠 	**dress shirt** 드레(ㅅ) 셔-(ㅌ) n. 와이셔츠
	jacket 재킷 n. 재킷 	**pants** 팬(ㅊ) n. 바지(복수형)
	dress 드레(ㅅ) n. 원피스 	**skirt** 스커-(ㅌ) n. 치마
	socks 삭(ㅅ) n. 양말(보통 복수형) 	**shoes** 슈(ㅈ) n. 신발(보통 복수형)
clean 클리인 v. 청소하다 	**dust** 더슷 n. 먼지 v. 먼지를 털다 	**trashcan** 츠래쉬캔 n. 쓰레기통
	separate trash 세퍼레잇 츠래쉬 n. 분리수거 	**recycling** 리사이클링 n. 재활용
watch TV 왓취 티-비- TV를 보다 	**program** 프로우그램 n. <u>프로그램</u> 	**news** 누-(ㅈ) n. 뉴스
	sound 사운(ㄷ) n. 소리 	**remote control** 리모웃 컨츠로울 n. 리모콘

cook 쿡 v. 요리하다 n. 요리사	refrigerator 리프리저레이터, fridge 프리지 (refrigerator의 줄임말) n. 냉장고	oven 어번 n. 오븐	microwave 마이크로웨이(ㅂ) 전자레인지 gas stove 개(ㅅ) 스타(ㅂ) 가스레인지
	dessert 디저-(ㅌ) n. 디저트	cookie 쿠키 n. 쿠키	junk food 정(ㅋ) 푸웃 즉석 식품
	meat 미잇 n. 고기	fish 피쉬 n. 생선	recipe 레서피 n. 요리법
vegetable 베지터블 n. 채소	tomato 터메이토우 n. 토마토	lettuce 레티(ㅅ) n. 상추	spring onion 스프링 어년 n. 파
	garlic 가-릭 n. 마늘	onion 어년 n. 양파	ginger 진저 n. 생강
fruit 프루웃 n. 과일	apple 애플 n. 사과	pear 페어 n. 배	strawberry 스츠러베리 n. 딸기
	tangerine 탠저리인 n. 귤	banana 버내너 n. 바나나	water melon 워터 멜런 n. 수박
	peach 피-취 n. 복숭아	grape 그레이(ㅍ) n. 포도	orange 어-린쥐 n. 오렌지

Weather 날씨
웨더

fine weather 파인 웨더 좋은 날씨	**sun** 선 n. 태양	**cool** 쿠울 a. 시원한, 서늘한
	wind 윈(드) n. 바람	**cloud** 클라웃 n. 구름
bad weather 뱃 웨더 나쁜 날씨	**heat** 히잇 n. 더위	**drought** 드라웃 n. 가뭄
	hail 헤일 n. 우박	**frost** 프러–슷 n. 서리
rain 레인 n. 비 v. 비가 오다	**umbrella** 엄브렐러 n. 우산	**shower** 샤워 n. 소나기
	typhoon 타이푸운 n. 태풍	**flood** 플럿 n. 홍수
cold weather 코울(드) 웨더 추운 날씨	**cold** 코울(드) n. 추위 a. 추운	**snow** 스노우 n. 눈 v. 눈이 오다
	ice 아이(스) n. 얼음	**heavy snow** 헤비 스노우 폭설
season 시–즌 n. 계절	**spring** 스프링 n. 봄	**summer** 서머 n. 여름
	autumn 어–텀, **fall** 퍼얼 n. 가을	**winter** 윈터 n. 겨울

일어나기 ①

일어나기 ②

일어날 시간이야!
It's time to get up!
잇츠 타임 투 겟 업!

일어났어?
Are you awake?
아- 유 어웨익?

막 일어났어요.
I just woke up.
아이 저슷 워욱 업

일어나, 늦겠어.
Get up now, or you'll be late.
겟 업 나우, 어- 유일 비- 레잇

이런, 늦잠을 잤네.
Oh no, I overslept.
오우 노우, 아이 오우버슬렙(트)

왜 안 깨웠어요?
Why didn't you wake me up?
와이 디든 츄 웨익 미 업?

나 때문에 깬 거야?
Did I wake you up?
디 다이 웨익 유 업?

어제 밤을 새웠어.
I stayed up all night.
아이 스테이 덥 어얼 나잇

내일 아침에 일찍 깨워 주세요.
Please wake me up early tomorrow morning.
플리- 줴익 미 업 어-리 터머-로우 머-닝

전 아침 일찍 일어나요.
I wake up early in the morning.
아이 웨익 업 어-리 인 더 머-닝

난 아침형 인간이야.
I'm a morning person.
아임 어 머-닝 퍼-슨

난 보통 아침 6시면 일어나.
I usually wake up at 6 o'clock in the morning.
아이 유쥬얼리 웨익 업 앳 식 서클락 인 더 머-닝

나는 알람 소리에 잠이 깬다.
I wake up to the sound of my alarm.
아이 웨익 업 투 더 사운 더(ㅂ) 마이 알라암

알람을 맞춰 놨는데 일어나지 못했어요.
I set an alarm but I didn't wake up.
아이 셋 언 알라암 벗 아이 디든 퉤익 업

가끔은 아침에 일어나는 게 힘들어요.
I sometimes have trouble waking up in the morning.
아이 섬타임(ㅈ) 해(ㅂ) 츠러블 웨이킹 업 인 더 머-닝

전 아침에 일어나려면 모닝콜이 필요해요.
I need to receive a wake-up call in the morning.
아이 니잇 투 리시- 버 웨익 업 커얼 인 더 머-닝

have trouble (in) ~ing ~하느라 고생하다

70

씻기

손부터 씻어야지.
Wash your hands first.
워쉬 유어 핸(ㅈ) 퍼-슷

잠을 깨려면 세수를 해야겠어.
I need to wash my face to wake up.
아이 니잇 투 워쉬 마이 페이(ㅅ) 투 웨익 업

오늘 아침엔 머리 감을 시간이 없네.
I don't have time to shampoo this morning.
아이 도운(ㅌ) 해(ㅂ) 타임 투 샘푸– 디스 머-닝

매일 아침 조깅하고 난 후 샤워를 해요.
I take a shower after jogging every morning.
아이 테익 어 샤워 애(ㅍ)터 자깅 에브리 머-닝

저는 매일 아침 머리를 감는 것을 습관으로 하고 있어요.
I make it a rule to shampoo my hair every morning.
아이 메익 잇 어 루울 투 샘푸– 마이 헤어 에브리 머-닝

그는 서둘러 샤워를 하고 있었다.
He was taking a hurried shower.
히 워즈 테이킹 어 허릿 샤워

take a shower 샤워하다
* grab a shower (간단하게) 샤워하다
* take a bath 목욕하다
shampoo (one's hair) 머리 감다
　　= wash one's hair

꼭! 짚고 가기

아침에 일어날 때의 행동

'get up'과 'wake up' 둘 다 '일어나다'라는 뜻을 가진 동사지만, get up이 잠자리에서 일어나는 동작에 초점을 맞췄다면 wake up은 잠에서 깬다는 상태를 표현하는 말입니다.
아침에 wake up 했지만 get up 하지 않은 상황, 어떤 상황인지 이해되죠?
그밖에 다른 동작들은 어떻게 말하는지 알아볼까요?

- get up (잠자리에서) 일어나다
- wake up 잠이 깨다
- wake (someone) up ~를 깨우다
- awake 깨어 있는
  (서술형으로만 쓰이는 형용사)
- oversleep 늦잠 자다
- stay up
  밤새다, 밤늦도록 자지 않고 깨어 있다
- yawn 하품하다
- stretch 기지개를 켜다
- rub eyes 눈을 비비다
- alarm (clock) 알람 시계, 자명종
- ring (= go off, buzz)
  (알람·종 등이) 울리다
- turn off the alarm 알람을 끄다
- set the alarm 알람을 맞추다
- wake-up call 모닝콜
- get out of the bed
  침대에서 나오다
- morning person
  아침형 인간, 아침에 강한 사람

식사

아침 식사 다 됐어요!

Breakfast is ready!
브렉퍼슷 이즈 레디!

난 아침 식사를 절대로 거르지 않아.

I never skip breakfast.
아이 네버 스킵 브렉퍼슷

오늘은 아침을 먹을 기분이 아니야.

I don't feel like having breakfast this morning.
아이 도운(트) 피일 라익 해빙 브렉퍼슷 디스 머-닝

그렇게 음식을 가리면 안 돼.

Don't be so choosy about food.
도운(트) 비- 소우- 추-지 어바웃 푸웃

남기지 말고 다 먹어.

Finish up your plate.
피니쉬 업 유어 플레잇

밥 더 줄까?

Do you want some more rice?
두 유 원(트) 섬 머- 라이(ㅅ)?

다 먹었어?

Have you finished?
해 뷰 피니쉿?

숙취가 심해요. 해장국 좀 끓여 줄래요?

I have a terrible hangover. Can you make something to cure a hangover?
아이 해 버 테러블 행오우버. 캔 유 메익 섬씽 투 큐어 어 행오우버?

옷 입기 & 화장하기

오늘은 뭘 입지?

What should I wear today?
왓 슈 다이 웨어 터데이?

어떤 넥타이를 매지?

Which tie should I wear?
위취 타이 슈 다이 웨어?

화장을 해야 해.

I need to put on make-up.
아이 니잇 투 풋 언 메익 업

오늘은 머리부터 발끝까지 까만 옷으로 입었어.

I'm dressed in black from tip to toe.
아임 드레(ㅅ) 틴 블랙 프럼 팁 투 토우

넌 아침에 거울 앞에서 보내는 시간이 너무 길어.

You take forever in front of the mirror in the morning.
유 테익 퍼에버 인 프런 터(ㅂ) 더 미러 인 더 머-닝

그녀는 화장하는 데 보통 1시간이 걸려요.

She usually spends an hour doing her face.
쉬 유쥬얼리 스펜 전 아워 두잉 허 페이(ㅅ)

우산을 가져가야 할까?

Should I take my umbrella?
슈 다이 테익 마이 엄브렐러?

put on (옷을) 입다, (안경·모자를) 쓰다,
  (신발을) 신다, (반지를) 끼다, (화장을) 하다
* take off (옷 등을) 벗다

TV 보기

오늘 밤 TV에서 뭐 하지?

What's on TV tonight?
왓츠 언 티-비- 터나잇?

CNN 채널에선 뭐 하지?

What's on the CNN channel?
왓츠 언 더 씨-엔엔 채널?

뭐 좋은 TV 프로그램 있어요?

Are there any good programs on TV?
아- 데어 애니 굿 프로우그램 선 티-비-?

Is there anything good on?
이즈 데어 애니씽 굿 언?

채널 좀 바꾸자.

Let's change the channel.
렛츠 체인쥐 더 채널

채널 좀 그만 돌려.

Stop flipping channels.
스탑 플립핑 채널(ㅅ)

리모컨 좀 갖다주세요.

Hand me the remote control, please.
핸(ㄷ) 미 더 리모웃 컨츠로울, 플리-(ㅈ)

TV 볼륨 좀 줄여.

Please turn down the TV.
플리-(ㅈ) 터언 다운 더 티-비-

Turn it down, please.
터언 잇 다운, 플리-(ㅈ)

이제 TV를 꺼라.

Turn off the TV now.
터언 어-(ㅍ) 더 티-비- 나우

TV 볼 때 쓰는 표현

TV는 우리 삶에서 빼놓을 수 없는 필수품입니다. 그런 만큼 TV와 관련된 말들은 꼭 알아둬야죠!

- turn on (TV를) 켜다
- turn off (TV를) 끄다
- watch TV TV를 보다
- turn up (볼륨을) 높이다
- turn down (볼륨을) 낮추다
- change the channel 채널을 바꾸다
- flip channels 채널을 계속 돌리다
- be on TV TV에서 방송하다
- on air 방송 중인
- remote control 리모컨
- stay tuned 채널을 고정하다
  (방송을 보면 진행자들이 중간 광고 전에 '채널 고정'이란 말을 합니다. 그럴 때 쓰는 표현이 바로 Stay tuned!입니다.)

잠자리 들기

잠자리에 들 시간이야.

It's time to go to bed.
잇츠 타임 투 고우 투 벳

난 이제 자러 갈게.

I'm gonna go to bed now.
아임 거너 고우 투 벳 나우

I'm gonna hit the sack.
아임 거너 힛 더 색

잠자리를 순비할까요?

May I make your bed now?
메이 아이 메익 유어 벳 나우?

애들 좀 재워 줄래요?

Will you put the kids to bed?
윌 유 풋 더 키(ㅈ) 투 벳?

아직 안 자니? 곧 자정이야.

Are you still up? It's almost midnight.
아– 유 스틸 업? 잇츠 어얼모우슷 밋나잇?

불 좀 꺼 줄래요?

Will you turn off the light?
윌 유 터언 어–(ㅍ) 더 라잇?

어제는 일찍 잠자리에 들었어요.

I sought my bed early last night.
아이 서엇 마이 벳 어–리 래슷 나잇

I went straight to bed yesterday.
아이 웬(ㅌ) 스츠레잇 투 벳 예스터데이

그는 슬슬 잠이 들어 버렸다.

He drifted off to sleep.
히 드립팃 어–(ㅍ) 투 슬리입

hit the sack 잠자리에 들다
make one's bed 잠자리를 깔다, 이불을 개다

잠버릇

남편은 잠버릇이 나빠요.

My husband has a bad sleeping habit.
마이 허즈번(ㄷ) 해즈 어 뱃 슬리–핑 해빗

My husband is an untidy sleeper.
마이 허즈번 디즈 언 언타이디 슬리–퍼

아내는 자면서 자꾸 뒤척여요.

My wife tosses a lot in her sleep.
마이 와이(ㅍ) 터–시 저 랏 인 허 슬리입

그는 밤새도록 코를 골아요.

He snores away the whole night.
히 스노우어 저웨이 더 호올 나잇

넌 간밤에 코를 엄청 골았어.

You snored like a bulldog last night.
유 스너–(ㄷ) 라익 어 불더억 래슷 나잇

그는 잠자리에 들자마자 코를 골기 시작했다.

He fell to snoring as soon as he went to bed.
히 펠 투 스노우어링 애(ㅈ) 수운 애(ㅈ) 히 웬(ㅌ) 투 벳

에이미는 잠꼬대하는 버릇이 있어요.

Amy is a sleep talker.
에이미 이즈 어 슬리입 터–커

저는 가끔 잠꼬대를 해요.

I sometimes talk in my sleep.
아이 섬타임(ㅅ) 터억 인 마이 슬리입

그는 잘 때 이를 갈아요.

He grinds his teeth in bed.
히 그라인(ㅅ) 히스 티–쓰 인 벳

숙면

꿈

지난밤에는 푹 잤어요.
I slept well last night.
아이 슬렙(ㅌ) 웰 래슷 나잇
I had a good night.
아이 햇 어 굿 나잇
I slept like a log.
아이 슬렙(ㅌ) 라익 어 러억

나는 잠을 잘 못 자요.
I am a bad sleeper.
아이 엠 어 뱃 슬리-퍼
I am a light sleeper.
아이 앰 어 라잇 슬리-퍼
I have problems sleeping.
아이 해(ㅂ) 프라블럼(ㅅ) 슬리-핑

잠을 잘 못 잤어요?
Did you sleep wrong?
디 쥬 슬리입 러엉?

요새 잠을 잘 못 자고 있어요.
I haven't been getting much sleep lately.
아이 해븐(ㅌ) 빈 게딩 머취 슬리입 레잇리

그가 코를 고는 바람에 잠을 잘 수 없었어요.
I couldn't sleep as he blew like a grampus.
아이 쿠든(ㅌ) 슬리입 애(ㅈ) 히 블루- 라익 어 그램퍼(ㅅ)

피로를 푸는 가장 좋은 방법은 숙면이죠.
The best way to recover from your fatigue is to sleep well.
더 베슷 웨이 투 리커버 프럼 유어 퍼티그 이즈 투 슬리입 웰

잘 자! / 좋은 꿈 꿔!
Sweet dreams!
스위잇 드리임(ㅅ)!

난 가끔 그의 꿈을 꾸지.
I dream of him from time to time.
아이 드리임 어(ㅂ) 힘 프럼 타임 투 타임

어제 이상한 꿈을 꿨어.
I had a strange dream last night.
아이 햇 어 스츠레인쥐 드리임 래슷 나잇

악몽을 꿨다.
I had a bad dream.
아이 햇 어 뱃 드리임
I had a nightmare.
아이 햇 어 나잇매어

그는 가끔 악몽에 시달린다.
From time to time, he is oppressed by a nightmare.
프럼 타임 투 타임, 히 이즈 어프레슷 바이 어 나잇매어
He sometimes suffers from nightmares.
히 섬타임(ㅅ) 서퍼(ㅅ) 프럼 나잇매어(ㅅ)

악몽을 꿨기 때문에 다시 잠자리에 들 수가 없었어.
I had a nightmare, so I couldn't get back to sleep.
아이 햇 어 나잇매어, 소우- 아이 쿠든(ㅌ) 겟 백 투 슬리입

당신은 꿈을 흑백으로 꾸나요, 칼라로 꾸나요?
Do you dream in black and white or in color?
두 유 드리임 인 블랙 앤 돠잇 어 인 컬러?

화장실 사용

화장실 에티켓

\# 화장실이 어디죠?

Where is the restroom?
웨어 이즈 더 레슷루움?

Where is the bathroom?
웨어 이즈 더 배쓰루움?

Where can I find the toilet?
웨어 캔 아이 파인(ㄷ) 더 터일릿?

\# 화장실 좀 다녀올게.

I'm going to hit the washroom.
아임 고우잉 투 힛 더 워쉬루움

Let me wash my hands.
렛 미 워쉬 마이 핸(ㅈ)

I'll go and powder my nose.
아일 고우 앤(ㄷ) 파우더 마이 노우(ㅈ)

Nature is calling me.
네이쳐 이즈 커-링 미

\# 화장실에 잠시 들렀어요.

I made a quick toilet stop.
아이 메잇 어 쿠익 터일릿 스탑

\# 화장실에 누가 있어.

Someone is in the bathroom.
섬원 이즈 인 더 배쓰루움

\# 변기가 막혔어요.

The toilet bowl is clogged.
더 터일릿 보울 이즈 클럭(ㅌ)

\# 화장실 배수관이 막혔어요.

The bathroom drain is clogged.
더 배쓰루움 드레인 이즈 클럭(ㅌ)

The toilet doesn't flush properly.
더 터일릿 더즌(ㅌ) 플러쉬 프라퍼-리

\# 세면대가 안 잠기네요.

The sink won't turn off.
더 싱 워운(ㅌ) 터언 어-(ㅍ)

\# 변기 물 내리는 거 잊지 마.

Don't forget to flush the toilet.
도운(ㅌ) 퍼겟 투 플러쉬 더 터일릿

\# 변기에 토하지 마세요.

Don't talk on the big white phone.
도운(ㅌ) 터억 언 더 빅 와잇 포운

\# 사용한 휴지는 휴지통에 넣어 주세요.

Please put used papers into the trashcan.
플리-(ㅈ) 풋 유-즛 페이퍼 신투 더 츠래쉬캔

\# 휴지는 휴지통에.

Trash to trashcan.
츠래쉬 투 츠래쉬캔

\# 이물질을 변기에 버리지 마시오.

Don't throw waste in toilets.
도운(ㅌ) 쓰로우 웨이숫 인 터일릿(ㅊ)

\# 화장지를 아껴 씁시다.

Save the toilet paper.
세이(ㅂ) 더 터일릿 페이퍼

\# 바닥에 침을 뱉지 마시오.

Don't spit on the floor.
도운(ㅌ) 스핏 언 더 플러-

\# 바닥에 담배꽁초를 버리지 마시오.

Don't throw away a cigarette butt on the floor.
도운(ㅌ) 쓰로우 어웨이 어 시거렛 벗 언 더 플러-

소변 & 대변

그는 화장실에서 소변을 보았다.

He had a splash in the restroom.
히 햇 어 스플래쉬 인 더 레슷루움

소변보러 다녀와야겠어요.

I have to go and pee.
아이 해(ㅂ) 투 고우 앤(ㄷ) 피–

소변 금지!

Commit no nuisance!
커밋 노우 뉴선(ㅅ)!

화장실에서 대변을 보았다.

I pinched a loaf at the restroom.
아이 핀췻 어 로웁 앳 더 레슷루움

그는 대변보러 화장실에 갔다.

He went to the restroom to post a letter.
히 웬(ㅌ) 투 더 레슷루움 투 포우슷 어 레더

3일 동안 변을 보지 못했어요.

I haven't had a bowel movement for 3 days.
아이 해븐(ㅌ) 햇 어 바월 무(ㅂ)먼(ㅌ) 퍼 쓰리– 데이(ㅈ)

대변이 마려워요.

I have a bowel movement.
아이 해 버 바월 무(ㅂ)먼(ㅌ)

I have to take a shit.
아이 해(ㅂ) 투 테익 어 쉿

pee 소변보다
nuisance 폐, 성가심
loaf 덩어리
bowel 창자, 대장

꼭! 짚고 가기

화장실에 가다 ①

'화장실에 가다'라는 의미를 가진 여러 표현 중 남성과 여성이 구별해서 사용하는 재미있는 표현도 있네요.

▶ **화장실에 가다**

- answer the call
- answer the call[demands] of nature
- leave the room (구어)
- see Mrs. Murphy
  (구어, Mrs. Murphy는 구어적 표현으로 '화장실'을 의미함)
- wash one's hands (완곡)
- powder one's nose[puff]
  (여성에게 사용하는 완곡한 표현)
- pay a call (구어 완곡)
- check the plumbing (미국 속어)
  (* plumbing은 원래 수도 가스관의 설치 및 수리를 의미하는 말)
- make a pit stop
  (속어, 여행 중 소변을 보기 위해 화장실에 들를 때)
- May I be excused?
  (학교에서 학생이 수업 중 화장실에 가려고 할 때)

욕실 사용

난 매일 샤워를 해요.

I take a shower every day.

아이 테익 어 샤워 에브리 데이

욕실을 좀 써도 될까요?

May I use your bathroom?

메이 아이 유 쥬어 배쓰루움?

아침에는 머리 감을 시간이 없어서 주로 저녁에 감아요.

I usually wash my hair in the evening because I don't have time in the morning.

아이 유쥬얼리 워쉬 마이 헤어 인 디 이ー브닝 비커ー 자이 도운(트) 해(브) 타임 인 더 머ー닝

샤워 후에 목욕탕을 청소하세요.

Please clean the bathroom after you finish taking a shower.

플리ー(즈) 클리인 더 배쓰루움 애(ㅍ)터 유 피니쉬 테이킹 어 샤워

넌 샤워하는 데 시간이 너무 많이 걸려.

You make a long business of having a shower.

유 메익 어 러엉 비즈니 서(ㅂ) 해빙 어 샤워

욕실 배수관이 고장 났어요.

The bathroom drain doesn't work.

더 배쓰루움 드레인 더즌 붜ー(ㅋ)

공중목욕탕에 가 본 적 있어요?

Have you ever been to a public bath in Korea?

해 뷰 에버 빈 투 어 퍼블릭 배쓰 인 커리ー아?

거실 생활

저녁 식사 후에 우리 가족은 거실에서 커피를 마셔요.

After dinner all my family have coffee in the salon.

애(ㅍ)터 디너 어얼 마이 패멀리 해(ㅂ) 커ー피 인 더 서랑

저녁이면 우리 가족은 거실에 모여 앉아 단란한 한때를 갖곤 했었죠.

In the evening, all my family used to sit in the living room enjoying each other's company.

인 디 이ー브닝, 어얼 마이 패멀리 유즛 투 싯 인 더 리빙 루움 인조잉 이ー취 어더(ㅅ) 컴패니

그는 거실에서 빈둥거리고 있어요.

He just lounges around in the living room.

히 저슷 라운쥐 서라운 딘 더 리빙 루움

거실이 좀 더 넓으면 좋겠어요.

I need a more spacious living room.

아이 니잇 어 머ー 스패셔(ㅅ) 리빙 루움

거실에는 TV가 있어요.

There is a TV in the living room.

데어 이즈 어 티ー비ー 인 더 리빙 루움

우리 집 거실은 너무 혼잡해.

Our living room is too crowded.

아워 리빙 루움 이즈 투ー 크라우딧

거실 전체를 다시 꾸며야겠어요.

We need to redo the entire living room.

위 니잇 투 리두 디 인타이어 리빙 루움

부엌용품

\# 이 아파트의 부엌은 모든 설비가 갖춰져 있어요.

The kitchen in this apartment is fully equipped.
더 킷천 인 디스 아파-(ㅌ)먼 티즈 풀리 이쿠입(ㅌ)

\# 냄비가 찬장에 가지런히 놓여 있어요.

The pans are arranged neatly in the cupboard.
더 팬 사- 어랜쥐(ㄷ) 니잇리 인 더 컵버-(ㄷ)

\# 프라이팬은 크기별로 정리되어 있어요.

The frying pans are arranged by size.
더 프라잉 팬 사- 어랜쥐(ㄷ) 바이 사이(ㅈ)

\# 그것들은 토기 그릇이에요.

Those vessels are made of earth.
도우즈 베슬 사- 메잇 어 버-쓰

\# 이 그릇들을 조심해서 다뤄야 해요.

You should handle those bowls with care.
유 슈(ㄷ) 핸들 도우즈 보울(ㅅ) 윗 캐어

\# 프라이팬은 오래 쓸수록 길들여져서 쓰기 좋아요.

The longer you use a frying pan, the better it becomes for cooking.
더 러엉거 유 유 저 프라잉 팬, 더 베더 잇 비컴(ㅅ) 퍼 쿠킹

\# 부엌 개수대에서 바닥으로 물이 새는데요.

The kitchen sink leaks water onto the floor.
더 킷천 싱(ㅋ) 리익 숴-터 안터 더 플러-

꼭! 짚고 가기

화장실에 가다 ②

▶ **소변을 보다**

- make water / pass water
  (water는 눈물, 땀, 오줌, 침 등의 분비액을 의미)
- relieve nature (대변·소변을 보다)
- urinate (소변과 함께 배설하다)
- do ones (속어)
- drain off (남성에게 사용하는 속어)
- have a splash (영국 속어, splash는 물 튀김, 물 튀기는 소리를 의미하며 남성에게 사용)
- squeeze the lemon (미국 속어)
- number 2
  (젊은이들 사이에 쓰이는 속어입니다. number 1은 '대변'을 의미합니다.)

냉장고

남은 음식은 냉장고에 넣어 둘게요.
I'll put the leftovers in the fridge.
아일 풋 더 레펏오우버 신 더 프리쥐

냉장고가 열려 있잖니. 문 좀 닫아 줄래?
The refrigerator is open.
Close the door, please.
더 리프리저레이터 이즈 오우펀.
클로우(ㅈ) 더 더-, 플리-(ㅈ)

우리 집 냉장고에는 인스턴트식품으로 가득 차 있어요.
My refrigerator is full of junk food.
마이 리프리저레이터 이즈 풀 어(ㅂ) 정(ㅋ) 푸웃

부엌에 큰 냉장고를 넣을 공간이 없어요.
There is no space in the kitchen to put a bigger refrigerator.
데어 이즈 노우 스페이 신 더 킷천 투 풋 어 비거 리프리저레이터

이 냉장고는 용량이 어떻게 되나요?
What's the volume of this refrigerator?
왓츠 더 발륨 어(ㅂ) 디스 리프리저레이터

우리 집 냉장고의 용량은 약 700ℓ예요.
This refrigerator's capacity is about 700L.
디스 리프리저레이터(ㅅ) 커패시티 이즈 어바웃 세븐 헌드레(ㅈ) 리터(ㅅ)

냉장고에 문제가 생겨서 냉동실 얼음이 녹고 있어요.
Since there's something wrong with the refrigerator, ice in the freezer is melting.
신(ㅅ) 데어즈 섬씽 러엉 윗 더 리프리저레이터, 아이 신 더 프리-저 이즈 멜팅

전자레인지 & 가스레인지

전자레인지는 음식을 조리하는 시간을 줄여 줍니다.
A microwave can reduce the time to cook.
어 마이크로우웨이(ㅂ) 캔 리두(ㅅ) 더 타임 투 쿡

전자레인지에 금속으로 된 그릇을 넣으면 안 돼요.
You shouldn't put the dishes made of metal in the microwave.
유 슈든(ㅌ) 풋 더 디쉬(ㅈ) 메잇 어(ㅂ) 메틀 인 더 마이크로우웨이(ㅂ)

전자레인지는 마이크로파를 이용한 열로 음식을 조리하거나 데우는 데 쓰이는 주방 기구입니다.
A microwave is a kitchen appliance that cooks or heats food using microwaves.
어 마이크로우웨이 비즈 어 킷천 어플라이언(ㅅ) 댓 쿡 서 히잇츠 푸웃 유-징 마이크로우웨이브(ㅅ)

사만사는 가스레인지를 켜고 있었다.
Samantha was turning on her gas stove.
사만싸 워즈 터-닝 언 허 개(ㅅ) 스터(ㅂ)

어린이들이 가스레인지를 사용하는 건 위험해요.
It's dangerous for children to use gas stoves.
잇츠 댄저러(ㅅ) 퍼 칠드런 투 유-(ㅈ) 개(ㅅ) 스터(ㅂㅅ)

냄비를 조심스럽게 인덕션에 놓으세요.
Carefully place the pot on the induction cooktop.
캐어풀리 플레이(ㅅ) 더 팟 언 디 인덕션 쿡탑

요리 준비

저녁 식사를 준비하는 중이에요.
I'm in the middle of making dinner.
아임 인 더 미들 어(ㅂ) 메이킹 디너

배고프다는 불평 좀 그만하렴.
Stop complaining about being
hungry.
스탑 컴플레이닝 어바웃 비잉 헝그리

10여 분 후면 저녁이 준비될 거야.
Dinner will be ready in about
10 minutes.
디너 윌 비- 레디 인 어바웃 텐 미닛(ㅊ)

곧 저녁 식사를 시작할게. 그때까지
기다릴 수 있지?
I'll be starting dinner shortly.
Can you wait until then?
아일 비- 스타-팅 디너 셔얼리, 캔 유 웨잇 언틸 덴?

쉽고 빠르게 준비할 수 있는 요리는
뭔가요?
Which dish is quick and easy to
prepare?
위취 디쉬 이즈 쿠익 앤 디-지 투 프리패어?

식탁 차리는 것 좀 도와줄래?
Will you help me prepare the
table?
윌 유 헬(ㅍ) 미 프리패어 더 테이블?

가전제품 & 부엌 가구

▶ **가전제품**
- refrigerator 냉장고
- freezer 냉동고
- oven 오븐
- microwave 전자레인지
- stove 가스레인지
- slow cooker 슬로우쿠커
- air fryer 에어프라이어
- ice maker 제빙기
- toaster 토스터기
- electric kettle 전기주전자
- coffee maker 커피메이커
- blender 믹서
- rice cooker 밥솥
- dishwasher 식기세척기
- ventilation fan 환풍기

▶ **부엌 가구**
- sink 개수대
- counter 조리대
- dining table 식탁
- cupboard 찬장
- kitchenware 부엌용품

요리하기

맛있는 냄새 때문에 군침이 도는 걸.
The delicious cooking smell made my mouth water.
더 딜리셔(ㅅ) 쿠킹 스멜 메잇 마이 마우쓰 워-터

네가 좋아하는 걸 만들었어.
I made your favorite.
아이 메잇 유어 페이버릿

저녁으로 불고기를 준비했어요.
I have prepared Bulgogi for dinner.
아이 해(ㅂ) 프리패엇 불고기 퍼 디너

맛은 어때요?
How does it taste?
하우 더즈 잇 테이슷?

엄마가 쓰던 요리법을 사용했을 뿐이에요.
I just use my mom's old recipe.
아이 저슷 유(ㅈ) 마이 맘 소울(ㄷ) 레서피

요리법 좀 가르쳐 줄래요?
Would you mind sharing the recipe?
우 쥬 마인(ㄷ) 쉐어링 더 레서피?

이 요리법에 나온 대로만 따라 하세요.
Just follow the steps in this recipe.
저슷 팔로우 더 스텝 신 디스 레서피

여러분을 위해 준비한 저녁을 맛있게 드세요.
Please make a feast of the dinner I prepared for you.
플리-(ㅈ) 메익 어 피-슷 어(ㅂ) 더 디너 아이 프리패엇 퍼 유

recipe 요리법
feast 대접, 잔치
make a feast of ~을 맛있게 먹다

식사 예절

입에 음식을 넣은 채 말하지 마라.
Don't talk with your mouth full.
도운(ㅌ) 터억 윗 유어 마우쓰 풀

음식을 남기지 말고 다 먹도록 해.
You should clean your plate.
유 슈(ㄷ) 클리인 유어 플레잇

식탁에 팔꿈치를 올리면 안 돼요.
You shouldn't put your elbows on the table.
유 슈든(ㅌ) 풋 유어 엘보우 선 더 테이블

식사를 마치면 포크와 나이프를 접시 위에 놓으세요.
When you finish eating, put your knife and fork on the plate.
웬 유 피니쉬 이-팅, 풋 유어 나이 팬(ㄷ) 퍼- 컨 더 플레잇

식탁에서 신문 읽는 것 그만두면 안 되겠어요?
Would you stop reading the paper at the table?
우 쥬 스탑 리-딩 더 페이퍼 앳 더 테이블?

자리에서 먼저 일어나도 될까요?
May I leave the table?
메이 아이 리-(ㅂ) 더 테이블?
May I be excused?
메이 아이 비- 익스큐-즛?
Do you mind if I leave the table?
두 유 마인 디 파이 리-(ㅂ) 더 테이블?

설거지

식탁 좀 치워 줄래요?

Would you clear the table?
우 쥬 클리어 더 테이블?

그릇을 개수대에 넣어 줘.

Put your dishes in the sink.
풋 유어 디쉬 진 더 싱(ㅋ)

식탁을 치우고 그릇을 식기세척기에 넣어 줄래요?

Could you clear the table and load the dishwasher?
쿠 쥬 클리어 더 테이블 앤(드) 로웃 더 디쉬워셔?

설거지는 내가 할게요.

I'll do the dishes.
아일 두 더 디쉬(ㅈ)

그가 제 대신 설거지를 할 거라고 했어요.

He said that he'd wash up for me.
히 셋 댓 힛 워쉬 업 퍼 미

요리는 당신이 했으니 설거지는 내가 하죠.

I'll do the dishes tonight, since you cooked for me.
아일 두 더 디쉬(ㅈ) 터나잇, 신 슈 쿡(ㅌ) 퍼 미

설거지를 하려고 싱크대에 손을 담갔어요.

I submerged my hands in the sink to wash dishes.
아이 섭머-짓 마이 핸 진 더 싱(ㅋ) 투 워쉬 디쉬(ㅈ)

submerge 물에 담그다

주방용품 & 식기류

우리말로는 접시, 냄비, 컵이라고 통용되는 용품들도 용도에 따라 다른 표현을 가지고 있답니다.

- dish (움푹한) 접시, '요리'라는 의미로도 쓰임
- plate (평평한) 접시
- platter (큰) 접시
- saucer (받침용) 접시
- soup tureen (뚜껑이 있는) 수프 접시
- bowl 사발
- vessel 그릇, 용기(다양한 종류의 용기를 총칭)
- receptacle 그릇, 용기, 저장소
- container 그릇, 용기
- pan (얕은) 냄비
- pot (깊은) 냄비
- saucepan 소스 냄비, 스튜 냄비 (긴 손잡이와 뚜껑이 있는 깊은 냄비)
- frying pan 프라이팬
- cup 찻잔 (차나 커피용)
- glass 컵, 유리 그릇
  * cup은 주로 뜨거운 차에, glass는 찬 음료에 사용
- tumbler (밑이 평평하고 손잡이가 없는) 큰 컵
- mug (보통 손잡이가 달린) 원통형 찻잔
- measuring cup 계량컵
- kettle 주전자
- jug (주둥이가 넓고 손잡이가 달린) 물병
- pitcher (귀 모양의 손잡이와 주둥이가 있는) 물주전자
  * jug는 주로 영국에서, pitcher는 미국에서 사용
- thermos 보온병

위생

\# 식사 전에 손을 비누로 깨끗이 씻어라.

Wash your hands clean with soap
before each meal.

워쉬 유어 핸(ㅈ) 클리인 윗 소웁 비퍼– 이–취 미일

\# 그녀는 집에 돌아오면 항상 손부터
씻는다.

She always washes her hands first
as soon as she gets home.

쉬 어얼웨이 줘시(ㅅ) 허 핸(ㅈ) 퍼–슷 애(ㅈ) 수운 애(ㅈ)
쉬 겟(ㅊ) 호움

\# 독감 예방을 위해 가장 중요한 것은
외출했다 돌아와서 손을 씻는 거예요.

Most importantly, wash your
hands after returning from
outdoors to prevent the flu.

모우슷 임퍼–턴(ㅌ)리, 워쉬 유어 핸 재(ㅍ)터 리터–닝
프럼 아웃더–(ㅅ) 투 프리벤(ㅌ) 더 플루–

\# 그들은 위생 관념이 없어요.

They have no sense of hygiene.

데이 해(ㅂ) 노우 센 서(ㅂ) 하이진

\# 그녀는 지나치게 청결에 집착해요.

She has a fetish about neatness.

쉬 해즈 어 페티쉬 어바웃 니잇니(ㅅ)

She is fanatical about being clean.

쉬 이즈 퍼내티컬 어바웃 비잉 클리인

\# 청결이 병을 예방하는 최선책이에요.

Keeping clean is a safeguard
against disease.

키–핑 클리인 이즈 어 세이(ㅍ)가– 더게인슷 디지–(ㅈ)

hygiene 위생
fetish 광신, 집착
safeguard 보호책

청소

\# 방이 어질러졌네. 좀 치우도록 해.

The room is so messy. Clean it up.

더 루움 이즈 소우– 메시. 클리인 잇 업

\# 청소기를 돌려야겠어.

I have to vacuum.

아이 해(ㅂ) 투 배큐엄

\# 집 청소하는 것 좀 도와줘.

Help me clean the house.

헬(ㅍ) 미 클리인 더 하우(ㅅ)

\# 선반의 먼지 좀 털어 줄래?

Can you dust the shelves?

캔 유 더슷 더 쉘브(ㅈ)?

\# 나는 매달 한 번씩 집안 구석구석을
청소한다.

I clean the house from cellar to
rafter once a month.

아이 클리인 더 하우(ㅅ) 프럼 셀러 투 래(ㅍ)터 원 서
먼쓰

\# 방 청소는 네 책임이잖아.

You are responsible for the
sweeping of the room.

유 아– 리스판서블 퍼 더 스위–핑 어(ㅂ) 더 루움

\# 청소하지 않고도 집이 깨끗해졌으면
좋겠어.

I want my house clean without
cleaning it.

아이 원(ㅌ) 마이 하우(ㅅ) 클리인 위다웃 클리–닝 잇

messy 어질러진
vacuum 진공청소기, 진공청소기를 돌리다
rafter 서까래
sweep 쓸다

걸레질

내가 청소기를 돌릴 테니 당신은 걸레질을 해 줄래요?

I will vacuum the floor and will you mop it?

아이 윌 배큐엄 더 플러- 앤 윌 유 맙 잇?

이 마룻바닥은 걸레질이 필요하겠는데.

This floor needs scrubbing.

디스 플러- 니-(ㅈ) 스크러빙

엎지른 물을 걸레로 훔쳐냈어.

I wiped up the spilt water with a cloth.

아이 와입 텁 더 스플릿 워터 윗 어 클러-쓰

창문 좀 닦아 줄래요?

Would you scrub the windows?

우 쥬 스크럽 더 윈도우(ㅅ)?

아침 내내 욕조를 문질러 닦았다.

All morning I scrubbed the bathtub.

어얼 머-닝 아이 스크럽(ㅌ) 더 배쓰텁

분리수거(쓰레기)

쓰레기 좀 버리지 그래?

Why don't you take out the garbage?

와이 도운 츄 테익 아웃 더 가-비쥐?

쓰레기 좀 버려 줄래요?

Would you take out the garbage?

우 쥬 테익 아웃 더 가-비쥐?

어젯밤에 쓰레기 내다 놨어요?

Did you put out the garbage last night?

디 쥬 풋 아웃 더 가-비쥐 래슷 나잇?

오늘은 쓰레기 수거일이다.

It's garbage collection day today.

잇츠 가-비쥐 컬렉션 데이 터데이

쓰레기는 분리해서 버려야 해요.

You should separate the garbage before you dispose of it.

유 슈(ㄷ) 세퍼레잇 더 가-비쥐 비퍼- 유 디스포우 저 빗

재활용 쓰레기는 어디에 버려야 하나요?

Where should I put the recyclable garbage?

웨어 슈 다이 풋 더 리싸이커블 가-비쥐?

쓰레기 더미에서 악취가 나요.

The garbage dump gives off a terrible smell.

더 가-비쥐 덤(ㅍ) 기(ㅂ) 서- 퍼 테러블 스멜

---

mop 대걸레, 대걸레로 (바닥을) 닦다
scrub 문질러 닦다
cloth (천으로 만든) 손걸레

garbage(= waste, trash) 쓰레기
dispose 처리하다
recyclable garbage 재활용 쓰레기

세탁

오늘은 빨래를 해야 해.
I need to do my laundry today.
아이 니잇 투 두 마이 런드리 터데이

빨래가 산더미야.
The laundry has piled up.
더 런드리 해즈 파일 덥

세탁기를 돌려야겠어.
I'll run the washing machine.
아일 런 더 워싱 머신

다림질할 옷이 산더미야.
I have a lot of clothes to iron.
아이 해 버 랏 어(ㅂ) 클로우(ㅈ) 투 아이런

빨래 좀 널어 주세요.
Would you hang the laundry up to dry?
우 쥬 행 더 런드리 업 투 드라이?
Please put up the clothes to dry.
플리-(ㅈ) 풋 업 더 클로우(ㅈ) 투 드라이

빨래 좀 개어 줄래요?
Please help me fold up the clothes.
플리-(ㅈ) 헬(ㅍ) 미 포울 덥 더 클로우(ㅈ)

셔츠 좀 다려 줄래요?
Will you iron the shirts?
월 유 아이런 더 셔-(ㅊ)?

양복을 찾으러 세탁소에 가야 한다.
I need to pick up my suit at the cleaner's.
아이 니잇 투 픽 업 마이 수웃 앳 더 클리-너(ㅅ)

집 꾸미기

전 집 꾸미기를 좋아해요.
I like furnishing houses.
아이 라익 퍼니싱 하우지(ㅈ)

인테리어나 가구 디자인에 관심이 많아요.
I'm interested in architecture and the design of furniture.
아임 인터레스티 딘 아-키텍쳐 앤(ㄷ) 더 디자인 어(ㅂ) 퍼니쳐

새집의 인테리어가 마음에 들지 않아요.
I don't like the interior design of my new house.
아이 도운(ㅌ) 라익 디 인테리어 디자인 어(ㅂ) 마이 누- 하우(ㅅ)

인테리어 전문가가 집 전체를 개조했다.
The decorator made over the entire house.
더 데코레이터 메잇 오우버 디 인타이어 하우(ㅅ)

새 커튼은 벽 색깔과 어울리지 않아.
The new curtains do not blend with the color of the wall.
더 누- 커-튼(ㅅ) 두 낫 블렌(ㄷ) 윗 더 컬러 어(ㅂ) 더 월

빌의 집 거실은 화려한 가구로 꾸며져 있어요.
Bill's living room was luxuriously furnished.
빌(ㅅ) 리빙 루움 워즈 럭져리어슬리 퍼니쉿

운전 ①

어제 운전면허를 땄어요.

I got my driver's license yesterday.

아이 갓 마이 드라이버(ㅅ) 라이센(ㅅ) 예스터데이

난 아직 운전에 익숙하지 않거든요.

I'm not used to driving a car yet.

아임 낫 유즛 투 드라이빙 어 카– 옛

그는 운전에 아주 능숙해요.

He is an expert in driving a car.

히 이즈 언 엑스퍼– 틴 드라이빙 어 카–

최근에 운전면허를 갱신했어요.

I recently renewed my driver's license.

아이 리센(ㅌ)리 리누웃 마이 드라이버(ㅅ) 라이센(ㅅ)

내 운전면허증은 다음 달이 만기예요.

My driver's license expires next month.

마이 드라이버(ㅅ) 라이센(ㅅ) 익스파이어(ㅅ) 넥슷 먼쓰

음주 운전으로 면허를 취소당했어요.

I had my license revoked for drunk driving.

아이 햇 마이 라이센(ㅅ) 리보욱(ㅌ) 퍼 드렁(ㅋ) 드라이빙

넌 운전이 너무 난폭해서 같이 타기 겁나.

You drive so recklessly and it's unnerving just to ride with you.

유 드라이(ㅂ) 소우– 렉리슬리 앤 딧츠 언너–빙 저슷 투 라이 뒷 유

renew 갱신하다
revoke 취소하다

운전 ②

너무 빠르잖아. 속도 좀 줄여!

You're driving too fast. Slow down!

유어 드라이빙 투- 패숫. 슬로우 다운!

조심해! 빨간불이야!

Watch out! It changed to red!

왓춰 아웃! 잇 체인쥣 투 렛!

내가 교대로 운전해 줄까?

Can I take over the wheel?

캔 아이 테익 오우버 더 휘일?

May I drive for you?

메이 아이 드라이(ㅂ) 퍼 유?

안전벨트를 매도록 해.

Fasten your seat belt.

패슨 유어 시잇 벨(ㅌ)

에어컨 좀 켜도 될까요?

Would you mind if I turn on the air conditioning?

우 쥬 마인 디 파이 턴언 언 디 에어 컨디셔닝?

길을 잃은 것 같은데.

We seem to be lost.

위 시임 투 비- 러-슷

좌회전해야 하니 좌측 차선으로 들어가.

Get over in the left lane to turn left.

겟 오우버 인 더 레픗 레인 투 터언 레픗

이 길이 정말 맞는 거야?

Are you sure this is the right road?

아- 유 슈어 디스 이즈 더 라잇 로웃?

주차

주차장은 어디에 있나요?

Where is the parking lot?

웨어 이즈 더 파-킹 랏?

Where can I park the car?

웨어 캔 아이 파악 더 카-?

여기에 주차해도 되나요?

Can I park here?

캔 아이 파악 히어?

Is parking available?

이즈 파-킹 어베일러블?

건물 뒤에 주차장이 있습니다.

There is a parking lot behind the building.

데어 이즈 어 파-킹 랏 비하인(ㄷ) 더 빌딩

시간당 주차료는 얼마인가요?

How much is it per hour?

하우 머취 이즈 잇 퍼 아워?

주차장은 만차입니다.

The lot's full.

더 랏(ㅊ) 풀

주차 금지!

No parking here!

노우 파-킹 히어!

주차 앱 가지고 있어요?

Do you have any parking Apps?

두 유 해(ㅂ) 애니 파-킹 앱(ㅅ)?

여기서 잠깐

주차비

요즘은 애플리케이션을 통해 주차비를 치를 수 있어 현금을 따로 준비하지 않아도 됩니다.

교통 체증

길이 꽉 막혔어요.

I got caught in traffic.
아이 갓 커엇 인 츠래픽

I got stuck in traffic.
아이 갓 스턱 인 츠래픽

I was held up in traffic.
아이 워즈 헬 덥 인 츠래픽

I was tied up in traffic.
아이 워즈 타이 덥 인 츠래픽

오늘은 교통 체증이 아주 심한데요.

The traffic is really bad today.
더 츠래픽 이즈 리얼리 뱃 터데이

모든 도로가 주차장으로 변해 버렸어요.

All the roads were turned into
parking lots.
어얼 더 로우 줘– 터언 딘투 파–킹 랏(ㅊ)

왜 밀리는 거죠?

What's the holdup?
왓츠 더 호울덥?

앞에서 교통사고가 난 것 같은데요.

There must be an accident up
ahead.
데어 머슷 비– 언 액시던 텁 어헷

이 길은 항상 밀려요.

The traffic on this street is always
heavy.
더 츠래픽 언 디스 스츠리잇 이즈 어얼웨이(ㅈ) 헤비

버스가 콩나물시루 같아요.

The bus is packed.
더 버스 이즈 팩(ㅌ)

꼭! 짚고 가기

미국의 도로 이름

미국 등 영어권 국가의 길 이름을 보자면, street, avenue, road 등 다양합니다.

가장 많이 쓰이는 Street은 남북으로 뻗은 도로를, Avenue는 동서로 이어지는 도로를 가리킵니다. 그렇지만, 항상 적용되는 건 아니랍니다.

그밖에 Road는 Street, Avenue보다 좀 더 작고 돌아가는 곳이 있는 길을, Boulevard는 오히려 더 넓고 길옆으로 가로수가 있는 길을 가리킨답니다.

Lane이나 Drive는 집 앞의 좁은 도로를 의미합니다. 또 Close는 막다른 길을 나타내니, 운전할 때 주의하세요.

보통 표지판에는 약자로 표기됩니다.

- Street = St.
- Avenue = Ave.
- Road = Rd.
- Boulevard = Blvd.
- Lane = Ln.
- Drive = Dr.
- Close = Cl.

교통 위반 ①

오른쪽 길옆으로 차를 세워 주세요.
Pull up to the right.
풀 업 투 더 라잇

운전면허증 좀 보여 주시겠어요?
May I see your driver's license?
메이 아이 시- 유어 드라이버(ㅅ) 라이션(ㅅ)?

운전면허증하고, 차량 등록증, 자동차 보험증을 보여 주세요.
I'll need to see your driver's license, registration and proof of insurance.
아일 니잇 투 시- 유어 드라이버(ㅅ) 라이션(ㅅ),
레지스츠레이션 앤(ㄷ) 프루- 퍼 빈슈어런(ㅅ)

차에서 내려 주시겠어요?
Step out of the car, please.
스텝 아웃 어(ㅂ) 더 카-. 플리-(ㅈ)

음주 측정기를 부세요.
Please blow into this breathalyzer.
플리-(ㅈ) 블로우 인투 디스 브레썰라이저

정지 신호에서 멈추지 않으셨네요.
You didn't stop for the stop sign.
유 디든(ㅌ) 스탑 퍼 더 스탑 사인
You ignored the red light.
유 익너-(ㄷ) 더 렛 라잇

제한 속도를 위반하셨습니다.
You were driving faster than the limit.
유 워- 드라이빙 패스터 댄 더 리밋

교통 위반 ②

속도위반으로 걸린 적 있습니까?
Have you ever been stopped for speeding?
해 뷰 에버 빈 스탑(ㅌ) 퍼 스피-딩?

주차 위반 딱지를 받았습니다.
I got a parking ticket.
아이 갓 어 파-킹 티킷

속도위반 딱지를 끊겠습니다.
I'll issue a speeding ticket.
아일 이슈- 어 스피-딩 티킷

벌금은 얼마인가요?
How much is the fine?
하우 머취 이즈 더 파인?
How much shall I charge?
하우 머취 샬 아이 차-쥐?

무단 횡단을 하면 안 됩니다.
You shouldn't jaywalk.
유 슈든(ㅌ) 제이웍
Don't run the light.
도운(ㅌ) 런 더 라잇

이 차선은 좌회전 전용입니다.
This lane is left-turns only.
디스 레인 이즈 레풋 터언 소운리

ticket 위반 딱지
get a ticket 위반 딱지를 떼다
parking ticket 주차 위반 딱지
speeding ticket 속도위반 딱지
jaywalk 무단 횡단하다
* pedestrian crossing 횡단보도
* pedestrian bridge 횡단 육교

부동산 집 구하기 ①

새 아파트를 구하고 있습니다.

I'm looking for a new apartment.

아임 루킹 퍼 어 누– 아파–트먼(ㅌ)

추천해 주실 집이 있나요?

Could you recommend some places?

쿠 쥬 레커멘(ㄷ) 섬 플레이시(ㅅ)?

어느 정도 크기의 집을 찾고 있으세요?

How big a place are you looking for?

하우 빅 어 플레이 사– 유 루킹 퍼?

방 두 개짜리 아파트를 원합니다.

I'd like a two-bedroom apartment.

아잇 라익 어 투– 벳루움 아파–트먼(ㅌ)

지하철역에서 가까운 집이 있나요?

Do you have a house close to a subway station?

두 유 해 버 하우(ㅅ) 클로우(ㅅ) 투 어 섭웨이 스테이션?

이 아파트는 방이 몇 개인가요?

How many rooms does this apartment have?

하우 매니 루움(ㅅ) 더즈 디스 아파–트먼(ㅌ) 해(ㅂ)?

가구가 모두 갖춰져 있는 방 두 개와 욕실이 있습니다.

It has two fully-furnished rooms and a bath.

잇 해즈 투– 풀리 퍼니쉿 루움 샌 더 배쓰

부동산 집 구하기 ②

교통은 어떤가요?

What's the transportation like?

왓츠 더 츠랜스포테이션 라익?

지하철역에서 걸어서 10분 거리입니다.

10 minutes' walk from the subway station.

텐 미닛(ㅊ) 웍 프럼 더 섭웨이 스테이션

몇 층인가요?

What floor is it on?

왓 플러– 이즈 잇 언?

임대료는 얼마인가요?

How much is the rent?

하우 머춰 이즈 더 렌(ㅌ)?

저희 동네는 집세가 아주 비싸요.

The rent is sky-high in my area.

더 렌 티즈 스카이 하이 인 마이 에어리어

계약 기간은 얼마입니까?

How long is the lease?

하우 러엉 이즈 더 리–(ㅅ)?

임대할 집을 찾고 있어요.

We are looking for a house to rent.

위 아– 루킹 퍼 어 하우(ㅅ) 투 렌(ㅌ)

부동산 계약하기

계약하겠어요.

I want to sign the lease.
아이 원(ㅌ) 투 사인 더 리-(ㅅ)

이 아파트를 임대하겠어요.

I'd like to rent this apartment.
아잇 라익 투 렌(ㅌ) 디스 아파-트먼(ㅌ)

계약서에 서명해 주시겠어요?

Could you affix your stamp here?
쿠 슈 어픽 슈어 스탬(ㅍ) 히어?

언제 이사 올 수 있을까요?

When can I move in?
웬 캔 아이 무- 빈?

당장 이사 들어가도 될까요?

Can we move in anytime soon?
캔 위 무- 빈 애니타임 수운?

임대료는 한 달에 3,500달러입니다.
　 공과금 포함입니다.

It's 3,500 dollars a month.
Utilities are included.
잇츠 쓰리 사우전(ㄷ) 파이(ㅂ) 헌드레(ㅈ) 달러 서 먼쓰.
유틸리티 자- 인클루딧

↘ 공과금에는 전기, 가스, 난방, 수도, 인터넷, 주차비
　 등이 있는데, 일부만 포함되거나 전혀 포함되지 않을
　 수 있습니다.

월세는 매월 1일에 내시면 됩니다.

Your rent is due on the 1st of each
month.
유어 렌 티즈 듀- 언 더 퍼-슷 어 비-취 먼쓰

짐 싸기

이삿짐은 모두 쌌어요?

Are you all packed?
아- 유 어얼 팩(ㅌ)?
Did you finish packing?
디 쥬 피니쉬 팩킹?

이사 가기 위해 짐을 싸야 해요.

I have to pack up to move into the
new house.
아이 해(ㅂ) 투 팩 업 투 무- 빈투 더 누- 하우(ㅅ)

이삿짐센터에 맡겼어요.

The moving company is taking
care of it.
더 무-빙 컴패니 이즈 테이킹 캐어 어 빗

나 혼자 이삿짐을 다 쌌어.

I did all the packing.
아이 딧 어얼 더 팩킹

이사 가기 전에 물건들을 팔아야겠어요.

I will sell some of my belongings
before I move out.
아이 윌 셀 섬 어(ㅂ) 마이 비러엉잉(ㅅ) 비퍼- 아이
무- 바웃

이사 가는 건 쉬운 일이 아니에요.

Moving house is no picnic.
무-빙 하우 시즈 노우 픽닉

이사할 때 도움이 필요하면 말씀하세요.
　 도와드릴게요.

If you need any help moving, let
me know. I'll be glad to lend you
a hand.
이 퓨 니잇 애니 헬(ㅍ) 무-빙, 렛 미 노우.
아일 비- 글랫 투 렌 쥬 어 핸(ㄷ)

이사 비용

이사 비용 때문에 걱정이에요.

I'm worried about the expense of
moving.

아임 워리 더바웃 디 익스펜 서(ㅂ) 무-빙

다른 도시로 이사하는 데는 비용이
엄청나게 들어요.

It takes a lot of expense to move to
another city.

잇 테익 서 랏 어 빅스펜(ㅅ) 투 무-(ㅂ) 투 어나더 시티

이사하는 데 비용이 상당히 들어요.

The expense of moving from one
house to another is quite high.

디 익스펜 서(ㅂ) 무-빙 프럼 원 하우(ㅅ) 투 어나더
이즈 쿠아잇 하이

회사에서 이사 비용을 지원해 준데요.

My company will support the
relocation expenses.

마이 컴패니 윌 서퍼-(ㅌ) 더 리로우케이션 익스펜시(ㅅ)

4인 가족이 LA에서 플로리다로 옮기는데
비용이 얼마나 드나요?

How much is it to move a home of
a four-member family from LA to
Florida?

하우 머춰 이즈 잇 투 무- 버 호움 어 버 퍼- 멤버
패멀리 프럼 엘에이 투 플러-리더?

relocation 이전, 이사

미국의 경우 우리나라와 달리 전세 제도가
없어서, 대부분 매달 돈을 내는 월세로 집
을 빌리게 됩니다.
보통 임대 계약은 1년 단위로 이루어지며
security deposit이라 부르는 보증금과 두
달 치 임대료를 먼저 냅니다. 보증금은 보
수 비용 등에 사용하기 위한 금액으로 계
약 해지 시 사용한 내역을 제하고 돌려받
을 수 있습니다.
그러나 계약 기간이 끝나기 전 파기할 경우
에는 보증금을 돌려받을 수 없습니다.

- house 집, 주택(총칭)
- apartment 집주인과 건물이 떨어져
  있는 건물
- studio 우리나라의 원룸에 해당하는
  방 하나짜리 아파트
- one-bedroom apartment
  침실 1개와 주방, 거실이 있는 아파트
- mansion 대저택
- villa 시골에 있는 (주로 부자들의)
  큰 별장
- condominium 자신이 소유한 아파트
- cottage 시골에 있는 작은 집이나 별장
- townhouse 다닥다닥 붙어 있는
  연립주택
- dormitory 기숙사
- company house 사택
- lodging 하숙
- co-op(cooperative) 여러 사람이
  하나의 조합을 만들어 일정한 지분을
  구입하면 거주가 가능한 건물

Chapter 03

나랑 친구할래요?

Chapter 03

Hobby 취미
하-비

work out 워– 카웃 운동하다 **jogging** 자깅 n. 조깅 v. 조깅하다 	**ski** 스키– n. 스키 v. 스키를 타다 	**skate** 스케잇 n. 스케이트 v. 스케이트를 타다
	swim 스윔 n. 수영 v. 수영을 하다 	**swimming pool** 스위밍 푸울 n. 수영장
	soccer 사커 n. 축구 	**baseball** 베이스버얼 n. 야구
	basketball 배스킷버얼 n. 농구 	**volleyball** 발리버얼 n. 배구
	tennis 테니(ㅅ) n. 테니스 	**badminton** 뱃민튼 n. 배드민턴
	table tennis 테이블 테니(ㅅ) n. 탁구 	**roller skate** 로울러 스케잇 n. 롤러스케이트
	taekwondo 타이콴도우 n. 태권도 	**yoga** 요우거 n. 요가

music 뮤-직 n. 음악	piano 피애노우 n. 피아노 play the piano 플레이 더 피애노우 피아노를 치다	guitar 기타- n. 기타	violin 바이얼린 n. 바이올린
	cello 첼로우 n. 첼로	drum 드럼 n. 드럼	flute 플루웃 n. 플루트
	trumpet 트럼핏 n. 트럼펫	saxophone 색서포운 n. 색소폰	conductor 컨덕터 n. 지휘자
	singer 싱어 n. 가수	concert 칸서-(트) n. 콘서트	musical 뮤-지클 n. 뮤지컬
see a movie 시- 어 무-비 영화를 보다	theater 씨-어터 n. 극장	premiere 프리미어 n. 초연 v. 개봉하다	film festival 필음 페스터벌 영화제
	movie director 무-비 디렉터 n. 영화감독	actor 액터 n. 배우	actress 액트리(ㅅ) n. 여배우
	audience 어-디언(ㅅ) n. 관객	main character 메인 캐릭터 n. 주인공	synopsis 시납시(ㅅ) n. 줄거리
reading 라-딩 n. 독서	novel 나벌 n. 소설	poem 포우엄 n. 시	essay 에세이 n. 수필
	fairy tale book 페어리 테일 북 n. 동화책	autobiography 어-터-바이아-그러피 n. 자서전	biography 바이아-그러피 n. 위인전
	book store 북 스타- n. 서점	author 어-써 n. 작가, 저자	writer 라이터 n. 작가

At the bar 술집에서
앳 더 바-

drink 드링(ㅋ) n. 음료 v. 마시다 	**booze** 부-(ㅈ) n. 술 v. 술을 진탕 마시다	**gulp** 걸(ㅍ) v. 벌컥벌컥 마시다	**sip** 십 v. 홀짝이다
	wine 와인 n. 와인	**beer** 비어 n. 맥주 **draft beer** 드래풋 비어 n. 생맥주	**whiskey** 휘스키 n. 위스키
	champagne 샴페인 n. 샴페인	**cocktail** 카-악테일 n. 칵테일	**gin and tonic** 진앤(ㄷ)토닉, **g & t** 지-앤(ㄷ)티- 진토닉
	drunk 드렁(ㅋ) a. 술이 취한 **tipsy** 팁시 a. 술이 약간 취한 **toasted** 토우스팃 a. 몹시 취한	**hangover** 행오우버 n. 숙취	**sober up** 소우버 업 술이 깨다
	vomit 바밋 v. 토하다	**dizzy** 디지 a. 어지러운	**headache** 헤데익 n. 두통

Pet 반려동물
펫

breed 브리잇 v. (동물을) 사육하다, (식물을) 재배하다 	**dog** 더억 n. 개	**canine** 케이나인 n. 개 a. 개의	**puppy** 퍼삐 n. 강아지
	cat 캣 n. 고양이	**feline** 피-라인 n. 고양이 a. 고양잇과의	**kitten** 키든 n. 새끼 고양이

rabbit 래빗 n. 토끼	**hamster** 햄스터 n. 햄스터	**goldfish** 고울(ㄷ)피쉬 n. 금붕어	**beetle** 비-틀 n. 딱정벌레
feed 피잇 v. 먹이를 주다	**name** 네임 n. 이름 v. 이름을 지어주다	**go for a walk** 고우 퍼 어 워 산책하다	**tame** 테임 a. 길들여진
mild 마일(ㄷ) a. 순한	**fierce** 피어(ㅅ) a. 사나운	**keen** 키인 a. 예민한	**active** 액티(ㅂ) a. 활동적인
adorable 어더-러블 a. 사랑스러운	**bark** 바-(ㅋ) v. (개가) 짖다	**bowwow** 바우와우 n. 멍멍(개 짖는 소리)	**growl** 그라울 v. 개가 으르렁거리다
mew 뮤-, **meow** 미아우 n. 야옹(고양이 우는 소리)	**bite** 바잇 v. 물다	**claw** 클러- v. 할퀴다	**train** 츠레인 v. 조련하다
handler 핸들러 n. 조련사	**veterinary clinic** 베터러네리 클리닉 n. 동물 병원	**vet** 벳 n. 수의사	**vaccinations** 백시네이션(ㅅ) n. 예방접종

날씨 묻기

오늘 날씨 어때요?

What's the weather like today?
왓츠 더 웨더 라익 터데이?

How's the weather today?
하우(ㅈ) 더 웨더 터데이?

그곳 날씨 어때요?

What's the weather like there?
왓츠 더 웨더 라익 데어?

바깥 날씨 어때요?

How's the weather out there?
하우(ㅈ) 더 웨더 아웃 데어?

How's outside?
하우(ㅈ) 아웃사이(드)?

내일 날씨는 어떨까요?

How will the weather be tomorrow?
하우 윌 더 웨더 비– 터머–로우?

What will the weather be like tomorrow?
왓 윌 더 웨더 비– 라익 터머–로우?

오늘 몇 도예요?

What's the temperature today?
왓츠 더 템퍼러처 터데이?

이런 날씨 좋아하세요?

Do you like this kind of weather?
두 유 라익 디스 카인 더(ㅂ) 웨더?

이런 날씨가 계속될까요?

Do you think the weather will hold?
두 유 씽(ㅋ) 더 웨더 윌 호울(드)?

일기예보

오늘 일기예보 어때요?

What's the weather forecast for today?
왓츠 더 웨더 퍼–캐슷 퍼 터데이?

What's today's forecast?
왓츠 터데이(ㅅ) 퍼–캐슷?

내일 일기예보 아세요?

Do you know the weather report for tomorrow?
두 유 노우 더 웨더 리퍼–(ㅌ) 퍼 터머–로우?

What's the forecast for tomorrow?
왓츠 더 퍼–캐슷 퍼 터머–로우?

주말 일기예보는 어때요?

What's the weather forecast for the weekend?
왓츠 더 웨더 퍼–캐슷 퍼 더 위–켄(드)?

일기예보를 확인해 봐.

Check the weather report.
첵 더 웨더 리퍼–(ㅌ)

오늘 일기예보는 맞았네요.

Today's weather forecast proved right.
터데이(ㅅ) 웨더 퍼–캐슷 푸루–붓 라잇

일기예보가 또 틀렸어요.

The weatherman was wrong again.
더 웨더맨 워즈 러엉 어겐

일기예보는 믿을 수가 없어요.

The weather forecasts are not to be relied on.
더 웨더 퍼–캐스 차– 낫 투 비– 리라이 던

맑은 날

오늘 날씨가 참 좋죠?

It's a fine day today, isn't it?
잇츠 어 파인 데이 터데이, 이즌 팃?

Beautiful day today, isn't it?
뷰-티펄 데이 터데이, 이즌 팃?

Isn't it a wonderful day?
이즌 팃 어 원더펄 데이?

날씨가 맑아요.

It's clear.
잇츠 클리어

햇볕이 아주 좋아요.

It's very sunny.
잇츠 베리 서니

오늘은 날씨가 화창하네요.

It's a beautiful day today.
잇츠 어 뷰-티펄 데이 터데이

최근에는 날씨가 계속 좋은데요.

We've been having lovely days
lately.
위(ㅂ) 빈 해빙 러(ㅂ)리 데이(ㅅ) 레잇리

Wonderful weather we are having.
원더풀 웨더 위 아- 해빙

이런 날씨가 계속되면 좋겠어요.

I hope this weather will last.
아이 호웁 디스 웨더 월 래슷

내일은 맑아야 할 텐데.

Hope it will be fine tomorrow.
호웁 잇 월 비- 파인 터머-로우

오늘 오후에는 개일 것 같아요.

Looks like it's going to clear up this
afternoon.
룩(ㅅ) 라익 잇츠 고우잉 투 클리어 업 디스 애(ㅍ)터누운

꼭! 짚고 가기

일기예보 읽기

일기예보의 한 토막을 읽어볼까요.
일기예보를 볼 때 중요한 점은 밑줄친 부분
처럼 날씨와 관련된 표현을 대부분 명사로
말한다는 점입니다.

Low pressure(저기압) will be exiting
to the east during the day taking the
inclement weather(궂은 날씨).
The showers(소나기) over the northern
portions of the region will come to an
end this morning. At the same time
clouds(구름) will begin to break from
the west.
Expect highs(최고 기온) today to range
form the upper 30s(30도 후반) over
northern portions of Maine to the
lower 50s(50도 초반) in the Virginias.
High pressure(고기압) will build in
overhead this weekend which will
lead to sunny skies(맑은 하늘) and
moderating temperatures
(온화한 기온).

낮 시간에는 궂은 날씨를 가져오는 저기압
이 계속되겠습니다.
북부를 덮고 있는 소나기는 오늘 아침 그칠
예정입니다. 동시에 서쪽으로부터 차차 구
름이 걷히겠습니다.
오늘의 예상 최고 기온은 메인 북부의 경
우 30도 후반, 버지니아의 경우 50도 초
반입니다.
주말에는 높은 고기압이 형성되어 맑은 날
씨와 온화한 기온을 가져올 예정입니다.

흐린 날

날씨가 궂어요.

It's cloudy.
잇츠 클라우디

날이 흐려졌어요.

It's getting cloudy.
잇츠 게딩 클라우디
The sky is getting overcast.
더 스카이 이즈 게딩 오우버캐숫

닐이 너무 흐려요.

The sky is overcast.
더 스카이 이즈 오우버캐숫
The sky has clouded up.
더 스카이 해즈 클라우딧 업
The sky has thickly clouded over.
더 스카이 해즈 씩리 클라우딧 오우버

하늘이 어두워졌어요.

The sky has become very dark.
더 스카이 해즈 비컴 베리 다-(ㅋ)

금방이라도 비가 내릴 것 같아요.

It will rain any moment.
잇 윌 레인 애니 모우먼(ㅌ)
The clouds threaten rain.
더 클라우(ㅈ) 쓰레튼 레인

날씨가 우중충해요.

It's lovely weather for ducks.
잇츠 러(ㅂ)리 웨더 퍼 덕(ㅅ)

곳에 따라 흐리고 때때로 비.

Partly cloudy and occasional rain.
파-(ㅌ)리 클라우디 앤 더케이저널 레인

비 오는 날

비가 와요.

It's raining.
잇츠 레이닝

비가 뚝뚝 떨어지기 시작했어요.

It began to sprinkle.
잇 비갠 투 스프링클
It started raining.
잇 스타-팃 레이닝

비가 억수같이 퍼붓는데요.

It's pouring.
잇츠 푸어링
It's raining hard.
잇츠 레이닝 하-(ㄷ)
It's raining cats and dogs.
잇츠 레이닝 캣 챈(ㄷ) 더억(ㅅ)

이제 비가 그쳤나요?

Has the rain stopped yet?
해즈 더 레인 스탑(ㅌ) 옛

비가 올 것 같아요.

It looks like it's going to rain.
잇 룩(ㅅ) 라익 잇츠 고우잉 투 레인

비가 오락가락 하는데요.

It is raining on and off.
잇 이즈 레이닝 언 앤 더-(ㅍ)

비가 올 것 같으니 우산을 가지고 가라.

Since it looks like rain, take your umbrella.
신 싯 룩(ㅅ) 라익 레인, 테익 유어 엄(ㅂ)렐러

천둥 & 번개

천둥이 치고 있어요.
It's thundering.
잇츠 썬더링

번개가 쳐요.
It's lightning.
잇츠 라잇닝

천둥이 심하네!
What a clap of thunder!
왓 어 클랩 어(ㅂ) 썬더!

번개가 검은 하늘을 갈랐다.
Lightning crackled in the black skies.
라잇(ㅌ)닝 크래클 딘 더 블랙 스카이(ㅈ)

번개가 번쩍하자 천둥소리가 울렸다.
The lightning flashed and the thunder filled the air.
더 라잇닝 플래쉿 앤(ㄷ) 더 썬더 필(ㄷ) 디 에어

밤새 천둥소리가 울렸어요.
It thundered through the night.
잇 썬더(ㄷ) 쓰루- 더 나잇
The thunder rumbled all night.
더 썬더 럼블 더얼 나잇

내일은 천둥을 동반한 비가 예상됩니다.
Tomorrow, we expect more rain with occasional lightning.
터머-로우, 위 익스펙(ㅌ) 머- 레인 윗 어케이저널 라잇닝
Thunder showers are expected tomorrow.
썬더 샤워 사- 익스펙팃 터머-로우

봄 날씨 ①

날씨가 따뜻해요.

It's warm.

잇츠 워엄

겨울에서 봄이 되었어요.

Winter changed to spring.

윈터 체인쥐(ㄷ) 투 스프링

봄이 코앞에 다가왔어요.

Spring is just around the corner.

스프링 이즈 저슷 어라운(ㄷ) 더 커-너

Spring approaches.

스프링 어프로춰(ㅅ)

봄기운이 완연하네요.

I think spring is in the air.

아이 씽(ㅋ) 스프링 이즈 인 디 에어

봄 날씨치고는 꽤 춥네요.

It is rather cold for spring weather.

잇 이즈 래더 코울(ㄷ) 퍼 스프링 웨더

봄에는 날씨가 변화무쌍해요.

The weather is very changeable in the springtime.

더 웨더 이즈 베리 체인저블 인 더 스프링타임

봄이 되면, 해가 길어져요.

In spring, the day gains on the night.

인 스프링, 더 데이 게인 선 더 나잇

개나리는 봄의 상징이에요.

The forsythia is the symbol of spring.

더 퍼-시씨아 이즈 더 심벌 어(ㅂ) 스프링

봄 날씨 ②

그는 봄을 타요.

He has no appetite with the spring weather.

히 해즈 노우 애피타잇 윗 더 스프링 웨더

사계절 중에서 봄이 제일 기분 좋아요.

Spring is the most pleasant of all seasons.

스프링 이즈 더 모우슷 플레전 터 버얼 시-즌(ㅅ)

봄은 내게 전혀 반가운 계절이 아니야.

Spring isn't a season I'm looking forward to.

스프링 이즌 터 시-즌 아임 루킹 퍼-워(ㄷ) 투

한국의 봄은 제주도에서 시작됩니다.

Spring enters Korea through Jeju Island.

스프링 엔터(ㅅ) 커리-아 쓰루- 제주 아일랜(ㄷ)

봄은 만물이 생동하는 계절이에요.

In spring everything is fresh and vivid.

인 스프링 에브리씽 이즈 프레쉬 앤(ㄷ) 비빗

Everything moves lively in spring.

에브리씽 무-(ㅂㅅ) 라이블리 인 스프링

봄이 되면, 들과 산은 신록으로 뒤덮여요.

In spring, the fields and hills are clothed in fresh verdure.

인 스프링, 더 피일 잰(ㄷ) 힐 사- 클로우듯 인 프레쉬 버-줘

황사 & 미세먼지

황사의 계절이 돌아왔어요.
The sandstorm season is coming.
더 샌(ㄷ)스터엄 시-즌 이즈 커밍

황사가 올 때는 외출을 삼가는 게 좋아요.
People should avoid outings when the sandstorm moves in.
피-플 슈 더버이 다우팅 웬 더 샌(ㄷ)스터엄 무-(ㅂ) 진

극심한 황사 현상으로 가시거리가 50m 이하로 떨어졌습니다.
A massive sandstorm had reduced visibility to less than 50 meters.
어 매시(ㅂ) 샌(ㄷ)스터엄 햇 리듀-슷 비저빌리티 투 레스 댄 핍티 미터(ㅅ)

당국이 오늘 황사 경보를 발령했습니다.
Authorities issued a yellow dust warning today.
어써-러티 시슈- 더 옐로우 더슷 워-닝 터데이

오늘 미세먼지가 정말 심하네요.
Fine dust is really bad today.
파인 더슷 이즈 리얼리 뱃 터데이

미세먼지가 있을 때, 반드시 마스크를 쓰세요.
You must put on your mask when fine dust comes.
유 머슷 풋 언 유어 매슥 웬 파인 더슷 컴(ㅅ)

꼭! 짚고 가기

일기예보에서 자주 쓰는 날씨 용어

일기예보를 잘 알아들으려면 날씨와 관련된 자주 나오는 용어를 알고 있으면 어려울 것 없겠죠!

- weather 날씨
- climate 기후
- temperature 기온
- weather forecast[report] 일기예보
- high pressure 고기압
- low pressure 저기압
- cold air mass 차가운 기단
- maximum temperature 최고 기온
  = highest temperature
- minimum temperature 최저 기온
  = lowest temperature
- average temperature 평균 기온
- below zero 영하
- humidity 습도
- shower 소나기
- heavy rain; downpour 폭우
- localized torrential downpour 집중 호우
- snowstorm 눈보라
- snow-slide; avalanche 눈사태
- snowflake 눈송이
- snowfall 강설, 강설량
- frost 서리
- icicle 고드름
- hail 우박
- sleet 진눈깨비
- thunderstorm 폭풍
- whirlwind 회오리바람
- tidal wave 해일

여름 날씨 ①

날씨가 정말 덥네요.

It's terribly hot.
잇츠 테러블리 핫

It's boiling.
잇츠 버일링

날씨가 찌는 듯해요.

It's very sweltering hot.
잇츠 베리 스웰터링 핫

It's very sultry today.
잇츠 베리 설츠리 터데이

It's unbearably hot.
잇츠 언베어러블리 핫

푹푹 찌네요!

What a scorcher!
왓 어 스커-춰!

점점 더워지고 있어요.

It's getting warmer.
잇츠 게딩 워-머

여름에는 후덥지근해요.

It gets a little muggy in the summer.
잇 겟 처 리들 머기 인 더 서머

이 안은 무척 덥네요.

It is hot in here.
잇 이즈 핫 인 히어

땀에 흠뻑 젖었어요.

I'm wet with perspiration.
아임 웻 윗 퍼-스퍼레이션

진짜 더위는 이제부터예요.

The hottest season is yet to come.
더 하디슷 시-즌 이즈 옛 투 컴

sweltering 무더운, (부사적으로) 찌는 듯이
scorcher 몹시 뜨거운 것, 타는 듯이 더운 날(구어적 표현)

여름 날씨 ②

저는 여름을 타요.

I am susceptible to the summer heat.
아이 엠 서셉터블 투 더 서머 히잇

I suffer from the summer heat.
아이 서퍼 프럼 더 서머 히잇

이 시기치고는 너무 덥네요.

It's too hot for this time of year.
잇츠 투 핫 퍼 디스 타임 어 비어

5월치고는 유난히 덥네요.

It is unusually hot for May.
잇 이즈 언유쥬얼리 핫 퍼 메이

오늘이 이번 여름 중 가장 더운 날이래요.

Today is the hottest day this summer.
터데이 이즈 더 하디슷 데이 디스 서머

It's supposed to be one of the hottest days this summer.
잇츠 서포우즛 투 비- 원 어(ㅂ) 더 하디슷 데이(ㅈ) 디스 서머

여름에는 더운 날씨가 정상이죠.

Hot weather is normal for the summer.
핫 웨더 이즈 너-멀 퍼 더 서머

이 더위가 언제까지 지속될까요.

I wonder how long this heat will last.
아이 원더 하우 러엉 디스 힛 윌 래슷

장마

장마철에 접어들었어요.

The rainy season has set in.
더 레이니 시-즌 해즈 셋 인

The wet season has begun.
더 웻 시-즌 해즈 비건

이제 본격적인 장마철이에요.

The rainy season has come in earnest.
더 레이니 시-즌 해즈 컴 인 어-니슷

장마가 끝났어요.

The rainy season is over.
더 레이니 시-즌 이즈 오우버

눅눅해요.

It's humid.
잇츠 휴-밋

장마철엔 날씨가 오락가락해요.

In the rainy season, weather goes back and forth.
인 더 레이니 시-즌, 웨더 고우(ㅈ) 백 앤(ㄷ) 퍼-쓰

장마철에는 우산이 필수품이죠.

An umbrella is a must in the rainy season.
언 엄(ㅂ)렐러 이즈 어 머슷 인 더 레이니 시-즌

장마 전선이 북상하고 있습니다.

A seasonal rain front is advancing north.
어 시-즈널 레인 프런 티즈 엇밴싱 너-쓰

꼭! 짚고 가기

섭씨와 화씨

온도를 재는 단위로는 '섭씨(Centigrade)'와 '화씨(Fahrenheit)'가 있습니다.

우리나라는 전 세계적으로 통일된 도량형인 섭씨를 사용하고 있으나, 미국과 영국 등 구 영어권 국가의 일부에서는 여전히 화씨를 통용하고 있습니다.

0℃는 32℉이며, 섭씨와 화씨의 환산식은 다음과 같습니다.

- 화씨 → 섭씨
  섭씨 = (화씨−32)/1.8

- 섭씨 → 화씨
  화씨 = (섭씨×1.8)+32

태풍	가뭄

태풍이 다가오고 있어요.

A typhoon is coming.
어 타이푸운 이즈 커밍

A typhoon is on its way.
어 타이푸운 이즈 언 잇 쉐이

오늘 폭풍주의보가 내렸어요.

A storm warning is out today.
어 스터엄 워-닝 이즈 아웃 터데이

There's a storm warning out for today.
데어즈 어 스터엄 워-닝 아웃 퍼 터데이

폭풍이 쳐요.

It's stormy.
잇츠 스터-미

바람이 세찬데!

How it blows!
하우 잇 블로우(ㅈ)!

바람이 일고 있어요.

The wind is getting up.
더 윈 디즈 게딩 업

태풍의 여파로 파도가 높아요.

Waves are high because of a typhoon passing near.
웨이(ㅂ) 사- 하이 비커- 저 버 타이푸운 패싱 니어

태풍이 동해안에 상륙했습니다.

The typhoon hit the eastern coast.
더 타이푸운 힛 더 이-스턴 코우슷

가뭄으로 식물들이 시들어요.

Plants droop from drought.
플랜(ㅊ) 드루웁 프럼 드라웃

사상 최악의 가뭄이 될 거래요.

It would be an unprecedented drought.
잇 우(ㄷ) 비- 언 언프레서던팃 드라웃

한국은 현재 극심한 가뭄에 처해 있어요.

Korea is badly in need of rain now.
커리-아 이즈 뱃리 인 니잇 어(ㅂ) 레인 나우

이번 가뭄으로 농작물이 큰 피해를 입었어요.

The current drought has been extremely hard on the crops.
더 커렌(ㅌ) 드라웃 해즈 빈 익스츠림리 하- 던 더 크랍(ㅅ)

올 여름에는 가뭄이 장기간 지속될 예정입니다.

There will be a prolonged drought this summer.
데어 윌 비- 어 프러엉(ㄷ) 드라웃 디스 서머

We are going through a dry spell this summer.
위 아- 고우잉 쓰루- 어 드라이 스펠 디스 서머

오랜 가뭄으로 댐 수위가 낮아지고 있어요.

The water level at the dam keeps dropping because of a long drought.
더 워-터 레벌 앳 더 댐 키입(ㅅ) 드라핑 비커- 저 버 러엉 드라웃

drought 가뭄
unprecedented 선례가 없는
in need of ~을 필요로 하는
prolonged 장기간의

홍수

매년 이 무렵이면 홍수가 나요.
We suffer from a flood at this time
of the year.
위 서퍼 프럼 어 플럿 앳 디스 타임 어(ㅂ) 디 이어

여름 시즌 최대 강우량으로
기록되었습니다.
It was recorded the most rain in
the summer season.
잇 워즈 리커—딧 더 모우숫 레인 인 더 서머 시—즌

이 지역은 홍수 취약 지역이에요.
This area is liable to flooding.
디스 에어리어 이즈 라이어블 투 플러딩

홍수로 그 다리가 떠내려갔어요.
The bridge was washed away by
the swollen river.
더 브릿쥐 워즈 워싓 어웨이 바이 더 스월른 리버
The flood swept away the bridge.
더 플럿 스웹 터웨이 더 브릿쥐

홍수 때문에 철도가 파괴되었어요.
The flood has destroyed the
railroad track.
더 플럿 해즈 디스츠로잇 더 레일로웃 츠랙

작년의 대규모 홍수로 인한 피해는
막대했어요.
Those massive floods last year
were nasty.
더즈 매시(ㅂ) 플러(ㅈ) 래숫 이어 워— 내스티

nasty (날씨, 바다 등이) 험악한, 거친

꼭! 짚고 가기

세계의 유명한 태풍

'태풍(Typhoon)'이란 열대성 저기압 중에
서 중심 최대 풍속이 초속 17m 이상의 폭
풍우를 동반하는 것을 말합니다.
태풍은 발생 지역에 따라 각각 다른 이름
으로 불립니다.

- 태풍(Typhoon)
  북태평양 남서해상에서 발생하는 폭풍
- 허리케인(Hurricane)
  카리브해와 멕시코만을 포함한 북대서
  양과 북동부 태평양에서 발생하는 폭풍
- 사이클론(Cyclone)
  인도양과 남태평양 해역에서 발생하는
  폭풍
- 윌리윌리(Willy-Willy)
  호주 부근 남태평양 해역에서 발생하는
  폭풍

가을 날씨 ①

날씨가 좋고 시원해요.

It's so nice and cool.
잇츠 소우- 나이(ㅅ) 앤(ㄷ) 쿠울

가을로 접어들었어요.

The autumn draws near.
더 어-텀 드러-(ㅅ) 니어

The autumn season approaches.
더 어-텀 시-즌 어프로우취(ㅅ)

어느덧 가을이 왔어요.

Autumn has stolen up on us.
어-텀 해즈 스털른 업 언 어스

Autumn slipped up on us
unawares.
어-텀 슬립 텁 언 어스 언어웨어(ㅈ)

가을 기운이 완연합니다.

Autumn is in the air.
어-텀 이즈 인 디 에어

가을바람이 살랑거리네요.

An autumn breeze blows softly.
언 어-텀 브리-(ㅈ) 블로우(ㅅ) 서-픗리

가을은 눈 깜빡할 사이에 지나갔어요.

Fall has flown by.
퍼얼 해즈 플로운 바이

가을이 벌써 지나간 것 같아요.

It seems like fall has already gone.
잇 시임(ㅅ) 라익 퍼얼 해즈 어얼레디 거언

차가운 가을 공기에 기분이 상쾌해요.

The cold autumn air exhilarates me.
더 코울 더-텀 에어 익질러레잇츠 미

breeze 산들바람
exhilarate 기분이 들뜨게 하다

가을 날씨 ②

나는 가을을 타요.

I get sentimental in the fall.
아이 겟 센티멘틀 인 더 퍼얼

가을은 여행하기에 좋은 계절이죠.

Autumn is a great season to travel.
어-텀 이즈 어 그레잇 시-즌 투 츠레블

가을은 독서의 계절입니다.

Autumn is a good season for
reading.
어-텀 이즈 어 굿 시-즌 퍼 리-딩

가을은 결실의 계절입니다.

Autumn is a harvest season.
어-텀 이즈 어 하-비슷 시-즌

가을은 '천고마비'의 계절입니다.

Autumn is the season of 'high sky
and plump horses.'
어-텀 이즈 더 시-즌 어(ㅂ) '하이 스카이 앤(ㄷ)
플럼(ㅍ) 허-시(ㅅ)'

가을이 되면 식욕이 좋아져요.

Our appetites improve in autumn.
아워 애피타잇 침프루 빈 어-텀

harvest 수확
plump 포동포동한

단풍

낙엽이 물들고 있어요.
The fall leaves are changing colors.
더 퍼얼 리(ㅂ) 자- 체인징 컬러(ㅅ)

나무는 가을이 되면 낙엽이 져요.
Trees shed their leaves in fall.
츠리-(ㅅ) 쉣 데어 리-(ㅂ) 신 퍼얼
Leaves fall in autumn.
리-(ㅂㅅ) 퍼얼 인 어-텀

가을이 되면 숲은 갖가지 색으로 물들어요.
The forest is a mass of color in autumn.
더 퍼-리숫 이즈 어 매스 어(ㅂ) 컬러 인 어-텀

은행나무가 노랗게 물들기 시작했어요.
The leaves of ginkgo trees begin to yellow.
더 리-(ㅂ) 서(ㅂ) 긴코우 츠리-(ㅈ) 비긴 투 옐로우

산에 단풍이 들어서 불바다 같아요.
The hills are ablaze with autumnal tints.
더 힐 사- 어블레이 쥣 어-텀널 틴츠

다음 주말에 단풍놀이를 갈 거예요.
I'm going to go maple-viewing next weekend.
아임 고우잉 투 고우 메이플 뷰-잉 넥숫 위-켄(ㄷ)

ginkgo 은행나무
ablaze 불타는
maple-viewing 단풍놀이
* maple 단풍나무

날씨 관용 표현

날씨나 계절에 대해 말할 때 흔히 쓰는 단어가 들어간 속담이나 관용 표현에 대해 알아볼게요.

- When it rains, it pours.
  비가 왔다 하면, 퍼붓는다.
  (엎친 데 덮친 격)
- I need to take a rain check.
  약속을 미뤄야겠어.
- Every cloud has a silver lining.
  하늘이 무너져도 솟아날 구멍이 있다.
- I'm on cloud nine.
  좋아 죽겠다.
- The icing on the cake.
  금상첨화.
- I'll buy her ice.
  그녀에게 다이아몬드를 사 줄 거야.
- Pie in the sky.
  그림의 떡이다.
- You are so hot.
  넌 너무 섹시해.
- You are so cool.
  넌 너무 멋져.
- He is a cold fish.
  그는 냉혈한이야.

겨울 날씨 ①

겨울이 다가오는 것 같은데요.

I think winter is on its way.
아이 씽 윈터 이즈 언 잇츠 웨이

어느새 가을에서 겨울로 넘어왔네요.

Fall drifted into winter.
퍼얼 드립팃 인투 윈터

날씨가 점점 추워지고 있어요.

It's getting colder and colder.
잇츠 게딩 코울더 앤(ㄷ) 코울더

날씨가 쌀쌀해졌어요.

It's getting chilly.
잇츠 게딩 칠리

얼어붙는 듯이 추워요.

It's freezing.
잇츠 프리-징

살을 에는 듯 추워요.

It's piercing cold today.
잇츠 피어싱 코울(ㄷ) 터데이

추워서 덜덜 떨려요.

I'm shivering with cold.
아임 쉬버링 윗 코울(ㄷ)

뼛속까지 추워요.

I feel chilled to the marrow of my bones.
아이 피일 칠(ㄷ) 투 더 매로우 어(ㅂ) 마이 보운(ㅅ)

동장군이 기승을 부리고 있네요.

Winter season is in full swing.
윈터 시-즌 이즈 인 풀 스윙

drift 표류하다, 휘말리다
piercing (추위·바람이) 사무치는
shiver 떨다
marrow 골수

겨울 날씨 ②

올 겨울은 유난히 춥네요.

It is exceptionally cold this winter.
잇 이즈 익셉셔널리 코울(ㄷ) 디스 윈터

The cold of this winter is quite unprecedented.
더 코울 더(ㅂ) 디스 윈터 이즈 쿠아잇 언프리시던팃

추위가 많이 누그러졌어요.

The cold has relaxed in severity.
더 코울(ㄷ) 해즈 리랙스 틴 세베러디

The coldest season is over.
더 코울디슷 시-즌 이즈 오우버

올 겨울은 이상하게 포근하네요.

This winter is unusually mild.
디스 윈터 이즈 언유쥬얼리 마일(ㄷ)

지구온난화 때문에 겨울 날씨가 점점 따뜻해지고 있어요.

Due to global warming, the weather is getting warmer and warmer in winter.
듀- 투 글러벌 워-밍, 더 웨더 이즈 게딩 워-머 앤 둬-머 인 윈터

저는 겨울에 추위를 많이 타요.

I feel the cold badly in winter.
아이 피일 더 코울(ㄷ) 뱃리 인 윈터

저는 겨울에 감기에 잘 걸려요.

I'm susceptible to colds in the winter.
아임 서셉터블 투 코울 진 더 윈터

눈

서리가 내렸어요.
It frosted.
잇 프러-스팃

함박눈이 내려요.
It's snowing heavily.
잇츠 스노잉 헤빌리

눈이 펑펑 내리고 있어요.
It's snowing in great flakes.
잇츠 스노윙 인 그레잇 플레익(ㅅ)

눈이 부슬부슬 내려요.
It snows gently.
잇 스노우(ㅈ) 젠(ㅌ)리
A light powdery snow falls.
어 라잇 파우더리 스노우 퍼얼(ㅅ)

눈보라가 치네요.
We have a snowstorm.
위 해 버 스노우스터엄

눈이 드문드문 내리기 시작했어요.
Snowflakes began to flutter in the air.
스노우플레익(ㅅ) 비갠 투 플러터 인 디 에어

어제 폭설이 내렸어요.
It snowed hard yesterday.
잇 스노웃 하-(ㄷ) 예스터데이
We had a heavy snow yesterday.
위 햇 어 헤비 스노우 예스터데이

차가 눈 속에 갇혀 버렸어요.
My car got stuck in the snow.
마이 카- 갓 스턱 인 더 스노우

계절

지금은 딸기가 제철이에요.
This is the season for strawberries.
디스 이즈 더 시-즌 퍼 스츠러베리(ㅅ)
Strawberries are in season now.
스츠러베리 사- 인 시-즌 나우

이맘때 날씨치고는 매우 덥네요.
It is very hot for this season of the year.
잇 이즈 베리 핫 퍼 디스 시-즌 어(ㅂ) 디 이어

저는 더위를 잘 타요.
I'm very sensitive to heat.
아임 베리 센서티(ㅂ) 투 히잇

설악산은 계절마다 다른 독특한 경관으로 유명해요.
Mt. Seorak boasts a unique natural setting each season.
마운틴 서락 보웃 처 유닉 내츄럴 세딩 이-취 시-즌
Mt. Seorak is well known for its different kinds of beautiful scenery in each season.
마운틴 서락 이즈 웰 노운 퍼 잇츠 디퍼런(ㅌ) 카인 저(ㅂ) 뷰-티펄 시너리 인 이-취 시-즌

환절기가 되면 나는 예민해져요.
I'm sensitive when it comes to the changing seasons.
아임 센서티 붼 잇 컴(ㅅ) 투 더 체인징 시-즌(ㅅ)

감기의 계절이 왔습니다.
Here comes the flu season.
히어 컴(ㅅ) 더 플루- 시-즌

설날

새해 결심

\# 한국인들은 설날에 떡국을 먹습니다.

Koreans feast on rice cake soup on New Year's Day.

커리–언(ㅅ) 피–슷 언 라이(ㅅ) 케익 수웁 언 누–
이어(ㅅ) 데이

\# 새해를 맞이하다.

Ring in the New Year.

링 인 더 누– 이어

Greet the New Year.

그리잇 더 누– 이어

Welcome the New Year.

웰컴 더 누– 이어

\# 새해 복 많이 받으세요.

I wish you a Happy New Year.

아이 위쉬 유 어 해피 누– 이어

All the best for the New Year.

어얼 더 베숫 퍼 더 누– 이어

I offer you my hearty wishes for your happiness in the New Year.

아이 어–퍼 유 마이 하–티 위쉬(ㅈ) 퍼 유어 해피니
신 더 누– 이어

\# 새해가 다가온다.

The New Year draws near.

더 누– 이어 드러–(ㅅ) 니어

It will soon be the New Year.

잇 일 수운 비– 더 누– 이어

\# 우리는 설빔으로 차려입었다.

We dressed up for the New Year.

위 드레(ㅅ) 텁 퍼 더 누– 이어

\# 새해에도 평안하시고 행복하시기
바랍니다.

May peace and happiness be yours in the New Year.

메이 피– 샌(ㄷ) 해피니(ㅅ) 비– 유어 신 더 누– 이어

\# 새해를 맞아 건배합시다.

Let's drink the toast of the Happy New Year.

렛츠 드링(ㅋ) 더 토우숫 어(ㅂ) 더 해피 누– 이어

Would you care for a drink to celebrate the New Year?

우 쥬 캐어 퍼 어 드링(ㅋ) 투 셀러브레잇 더 누– 이어

\# 새해에는 우리에게 새로운 희망이 있을
거예요.

The New Year will bring us new hopes.

더 누– 이어 윌 브링 어스 누– 호웁(ㅅ)

\# 당신은 새해를 어떻게 맞이했어요?

How did you ring in the New Year?

하우 디 쥬 링 인 더 누– 이어?

\# 신년 결심으로 뭘 세웠어?

What resolution did you make for the New Year?

왓 레절루–션 디 쥬 메익 퍼 더 누– 이어?

\# 제 새해 결심은 술을 끊는 거예요.

My New Year's resolution is staying off alcohol.

마이 누– 이어(ㅅ) 레절루–션 이즈 스테잉 어–(ㅍ)
앨커허얼

\# 난 새해 결심을 깨지 않을 거야.

I'm not going to break my New Year's resolution.

아임 낫 고우잉 투 브레익 마이 누– 이어(ㅅ) 레절루–션

\# 저는 전에 새해 결심을 실천한 적이
한번도 없어요.

I've never lived up to my New Year's resolution in the past.

아입 네버 리붓 업 투 마이 누– 이어(ㅅ) 레절루–션
인 더 패숫

추석

추석은 음력 8월 15일이에요.

Chuseok is Aug. 15th according to the lunar calendar.
추석 이즈 어-거슷 핍틴쓰 어커-딩 투 더 루-너 캘린더

추석이란 '한국의 추수감사절'이라고 할 수 있습니다.

We can say that Chuseok is 'the Korean Thanksgiving Day.'
위 캔 세이 댓 추석 이즈 '더 커리-언 쌩(ㅅ)기빙 데이'

추석에 뭐 할 계획이에요?

What are your plans for Chuseok?
왓 아- 유어 플랜(ㅅ) 퍼 추석

추석에 한국인들은 성묘하러 간다.

Koreans visit their family graves at Chuseok.
커리-언(ㅅ) 비짓 데어 패멀리 그레이(ㅂ) 샛 추석

추석 때 고향에 갈 수 있니?

Are you going to be able to go home for Chuseok?
아- 유 고우잉 투 비- 에이블 투 고우 호움 퍼 추석?

한국인들은 추석에 송편을 먹어요.

Koreans eat Songpyun at Chuseok.
커리-언(ㅅ) 이잇 송편 앳 추석

우리는 추석날 밤에 보름달을 즐겼다.

We enjoyed the full moon at night on Chuseok.
위 인조잇 더 풀 무운 앳 나잇 언 추석

크리스마스 ①

어린이들은 크리스마스이브에 양말을 걸어둡니다.

The children hang up their stockings on Christmas Eve.
더 칠드런 행 업 데어 스타킹 선 크리(ㅅ)머 시-(ㅂ)

크리스마스가 가깝다.

Christmas is near at hand.
크리(ㅅ)머 시즈 니어 앳 핸(ㄷ)
Christmas is just around the corner.
크리(ㅅ)머 시즈 저슷 어라운 더 커-너
Christmas is nearby.
크리(ㅅ)머 시즈 니어바이

우리는 나무를 장식하고 선물을 보내며 크리스마스를 축하했다.

We celebrated Christmas with trees and presents.
위 셀러브레이팃 크리(ㅅ)머 윗 츄리- 샌(ㄷ) 프레즌(ㅊ)

우리는 크리스마스를 위해 집을 꾸몄다.

We decorated our house for the holidays.
위 데커레이팃 아워 하우(ㅅ) 퍼 더 할러데이(ㅈ)

기독교인들은 크리스마스 예배를 드리러 교회에 간다.

Christians go to church to Christmas' worship.
크리(ㅅ)쳔(ㅅ) 고우 투 처-취 투 크리(ㅅ)머(ㅅ) 워-쉽

크리스마스 ②

크리스마스트리를 만들자.

Let's make a Christmas tree.

렛츠 메익 어 크리(ㅅ)머(ㅅ) 츠리-

크리스마스카드를 쓰고 있어요.

I'm doing my Christmas cards.

아임 두잉 마이 크리(ㅅ)머(ㅅ) 카-(ㅈ)

나는 크리스마스 선물로 새 구두를 받고 싶다.

What I want for Christmas is new shoes.

왓 아이 원(ㅌ) 퍼 크리(ㅅ)머 시즈 누- 슈-(ㅈ)

올해 크리스마스는 목요일이네.

Christmas falls on Thursday this year.

크리(ㅅ)머(ㅅ) 퍼얼 선 써-(ㅈ)데이 디스 이어

크리스마스에 보통 뭐 해요?

What do you usually do for Christmas?

왓 두 유 유-쥬얼리 두 퍼 크리(ㅅ)머(ㅅ)?

크리스마스 선물은 꼭 사야 한다고 생각해요.

I think we must buy Christmas gifts.

아이 씽(ㅋ) 위 머슷 바이 크리(ㅅ)머(ㅅ) 기픗(ㅊ)

크리스마스 선물이 뭔지 말해 줘.

Please tell me what I'm getting for Christmas.

플리-(ㅈ) 텔 미 왓 아임 게딩 퍼 크리(ㅅ)머(ㅅ)

fall on 해당하다

부활절 & 추수감사절

부활절을 위해 우리는 달걀에 색칠을 했다.

We colored eggs for Easter.

위 컬러 덱(ㅅ) 퍼 이-스터

부활절이 다가오고 있어.

Easter is coming up.

이-스터 이즈 커밍 업

Easter is just around the corner.

이-스터 이즈 저슷 어라운 더 커-너

부활절을 축하합시다!

Happy Easter!

해피 이-스터!

추수감사절은 매년 11월 넷째 주 목요일입니다.

Thanksgiving falls on the fourth Thursday of November every year.

쌩(ㅅ)기빙 퍼얼 선 더 퍼-쓰 써-(ㅈ)데이 어(ㅂ) 노우벰버 에브리 이어

추수감사절이면 우리 가족은 모여서 잔치를 하죠.

Every Thanksgiving, my whole family gets together and has a feast.

에브리 쌩(ㅅ)기빙, 마이 호울 패멀리 겟(ㅊ) 터게더 앤(ㄷ) 해즈 어 피-슷

추수감사절을 위해 저녁 식사 준비 중이야.

I'm making dinner for Thanksgiving.

아임 메이킹 디너 퍼 쌩(ㅅ)기빙

여기서 잠깐!

추수감사절

추수감사절은 북미 전통 휴일로, 미국은 11월 넷째 목요일, 캐나다는 10월 둘째 월요일에 기념합니다. 미국 기준, 추수감사절 다음 날 금요일은 '블랙프라이데이'라고 하여 대대적인 세일이 시작되어, 많은 사람들이 쇼핑을 즐깁니다.

핼러윈데이 & 밸런타인데이

핼러윈데이에 어떤 아이들은 흡혈귀, 귀신, 마녀 복장을 한다.

On Halloween, some children dress up as vampires, ghosts and witches.

언 핼로우이인, 섬 칠드런 드레 섭 애(ㅈ) 뱀파이어(ㅅ), 고우숫 챈 뒷취(ㅅ)

핼러윈데이는 10월 31일이에요.

Halloween is on October 31st.

핼로우이인 이즈 언 악토우버 써-티 퍼-슷

밸런타인데이에 혼자 보내지 않을 거예요.

I'd never go alone on Valentine's Day.

아잇 네버 고우 어로운 언 밸런타인(ㅅ) 데이

그녀는 남자 친구에게 줄 밸런타인데이 선물을 샀다.

She bought a Valentine Day's gift for her boyfriend.

쉬 보웃 어 밸런타인 데이(ㅅ) 기픗 퍼 허 버이프렌(ㄷ)

이번 밸런타인데이에 네게 주고 싶은 게 있어.

There's something I want to give you on Valentine's Day.

데어즈 섬씽 아이 원(ㅌ) 투 기 뷰 언 밸런타인(ㅅ) 데이

밸런타인데이 때 네 사랑을 확인했잖아.

You already confirmed your love on Valentine's Day.

유 어얼레디 컨퍼엄 쥬어 러 번 밸런타인(ㅅ) 데이

witch 마녀

생일 ①

오늘이 바로 내 생일이야.

This very day is my birthday.

디스 베리 데이 이즈 마이 버-쓰데이

내일이 마크 씨 생일인 거 알고 있어요?

Did you know that tomorrow is Mr. Mark's birthday?

디 쥬 노우 댓 터머-로우 이즈 미스터 마-(ㅋㅅ) 버-쓰데이?

오늘이 내 생일인 거 어떻게 알았어?

How did you know that today was my birthday?

하우 디 쥬 노우 댓 터데이 워즈 마이 버-쓰데이?

하마터면 여자 친구의 생일을 잊어버릴 뻔했다.

I almost forgot my girlfriend's birthday.

아이 어얼모우슷 퍼갓 마이 거얼프렌(ㅈ) 버-쓰데이

I came very close to forgetting my girlfriend's birthday.

아이 케임 베리 클로우(ㅅ) 투 퍼게딩 마이 거얼프렌(ㅈ) 버-쓰데이

네 생일을 잊어버려서 미안해, 완전히 잊어버렸지 뭐야.

I'm sorry that I missed your birthday, I just completely forgot.

아임 서-리 댓 아이 미슷 유어 버-쓰데이, 아이 저슷 컴플릿리 퍼갓

우리는 생일이 같은 날이에요.

Our birthdays's coincide.

아워 버-쓰데이(ㅅ) 코우인사이(ㄷ)

내 생일이 일주일 남았다.

My birthday is only a week off.

마이 버-쓰데이 이즈 오운리 어 위익 어-(ㅍ)

생일 ②

우리는 생일 케이크에 초를 꽂았다.

We stuck candles on a birthday cake.

위 스턱 캔들 선 어 버-쓰데이 케익

이번 생일로 나는 25살이 된다.

I shall be twenty-five years old next birthday.

아이 샬 비- 트웬티 파이 비어 소울(ㄷ) 넥숫 버-쓰데이

생일 파티를 위해 예약하려고 하는데요.

I'd like to make a reservation for a birthday party.

아잇 라익 투 메익 어 레저베이션 퍼 어 버-쓰데이 파-티

샐리를 위해 '생일 축하' 노래를 불러요.

Let's sing 'Happy Birthday' to Sally.

렛츠 싱 '해피 버-쓰데이' 투 샐리

그가 오기 전에 생일 선물 포장해 둬.

Do up his birthday present before he comes.

두 업 히스 버-쓰데이 프레즌(ㅌ) 비퍼- 히 컴(ㅅ)

생일 선물로 네가 원하는 건 뭐든지 가져.

You can have anything you want as your birthday gift.

유 캔 해 배니씽 유 원 태 쥬어 버-쓰데이 기픗

우리는 돈은 조금씩 내서 에밀리의 생일 선물을 샀다.

We all chipped in and bought Emily a birthday present.

위 어얼 칩 틴 앤(ㄷ) 보웃 에밀리 어 버-쓰데이 프레즌(ㅌ)

축하

생일 축하합니다!

Happy birthday!

해피 버-쓰데이!

결혼 축하해요!

Congratulations on your wedding!

컨그레츄레이션 선 유어 웨딩!

신의 축복이 있기를!

God bless you!

갓 블레 슈!

성공을 빌어요!

May you succeed!

메이 유 석시잇!

행운을 빌어요!

Best wishes!

베슷 위시(ㅈ)!

I wish you the best of luck!

아이 위쉬 유 더 베슷 어(ㅂ) 럭!

정말 잘 됐어요.

I'm really happy for you.

아임 리얼리 해피 퍼 유

고맙습니다, 당신도요!

Thank you, the same to you!

쌩 큐. 더 세임 투 유!

Thank you, too!

쌩 큐. 투-!

고맙습니다. 운이 좋았던 것 같아요.

Thank you. I think I was lucky.

쌩 큐. 아이 씽 카이 워즈 럭키

주량①

주량②

주량이 어떻게 됩니까?
How much do you drink?
하우 머취 두 유 드링(ㅋ)?

당신은 술이 센가요?
Are you a heavy drinker?
아– 유 어 헤비 드링커?

넌 술고래야.
You drink like a fish.
유 드링(ㅋ) 라익 어 피쉬
You are a heavy drinker.
유 아– 어 헤비 드링커
You are such a maniac with the alcohol.
유 아– 서취 어 매니악 윗 디 앨커허얼

그는 과음하는 버릇이 있어요.
He is too fond of drinking.
히 이즈 투– 판 더(ㅂ) 드링킹
He has a disposition to drink to excess.
히 해즈 어 디스포지션 투 드링(ㅋ) 투 익세(ㅅ)

전 술이 세서 거의 취하지 않아요.
I hardly get drunk.
아이 하–들리 겟 드렁(ㅋ)

전 맥주에는 잘 안 취해요.
I don't get drunk on beer.
아이 도운(ㅌ) 겟 드렁 컨 비어

난 한번 마셨다 하면 끝장을 봐.
When I drink, I drink heavy.
웬 아이 드링(ㅋ), 아이 드링(ㅋ) 헤비

최근 주량이 늘었어요.
I've gained drinking capacity recently.
아입 게인(ㄷ) 드링킹 커패서티 리센(ㅌ)리
I've come to drink more than before.
아입 컴 투 드링(ㅋ) 머– 댄 비퍼–

전 술이 약해요.
I get easily drunk.
아이 겟 이–질리 드렁(ㅋ)
I am easily overcome by drinking.
아이 앰 이–질리 오우버컴 바이 드링킹
I am a poor drinker.
아이 엠 어 푸어 드링커

전 술을 못 마셔요.
I don't drink at all.
아이 도운(ㅌ) 드링 캣 어얼
I don't touch alcohol.
아이 도운(ㅌ) 터취 앨커허얼
I don't drink even a drop.
아이 도운(ㅌ) 드링 키븐 어 드랍
I'm rather on the dry side.
아임 래더 언 더 드라이 사이(ㄷ)

술을 조금만 마셔도 얼굴이 새빨개져요.
A little drink makes me deeply flushed.
어 리들 드링(ㅋ) 메익(ㅅ) 미 디입리 플러쉿
My face turns red when I drink.
마이 페이(ㅅ) 터언(ㅅ) 렛 웬 아이 드링(ㅋ)

한 잔만 마셔도 바로 취해요.
It goes straight to my head.
잇 고우(ㅈ) 스츠레잇 투 마이 헷

나는 가끔 와인을 조금 마셔요.
Once in a blue moon, I take a little wine.
원 신 어 블루– 무운, 아이 테익 어 리들 와인

과음	술버릇

그는 버는 족족 술값으로 나가요.

All the money he earns goes for
drinking.

어얼 더 머니 히 어언(ㅅ) 고우(ㅈ) 퍼 드링킹

또 술 때문에 말썽을 일으켰어.

You got into trouble through drink
again.

유 갓 인투 츠러블 쓰루– 드링 커겐

그는 술 때문에 망했어요.

Drinking led to his ruin.

드링킹 렛 투 히스 루인

그는 술로 건강을 해쳤어요.

His health was undermined by
drinking.

히즈 헬쓰 워즈 언더마인(ㄷ) 바이 드링킹

그는 괴로움을 술로 달래려고 했어요.

He tried to drown his troubles by
drinking.

히 츠라잇 투 드라운 히스 츠러블(ㅅ) 바이 드링킹

He wanted to drown his care by
drinking.

히 원팃 투 드라운 히스 캐어 바이 드링킹

그녀는 최근 술독에 빠져 살아요.

She has given to drink recently.

쉬 해즈 기븐 투 드링(ㅋ) 리센(ㅌ)리

She does nothing but drink these
days.

쉬 더즈 나씽 벗 드링(ㅋ) 디–즈 데이(ㅈ)

술 안 마시고 지나간 날이 하루도 없어요.

A day didn't go by without
drinking.

어 데이 디든(ㅌ) 고우 바이 위다웃 드링킹

너 술버릇 같은 거 있어?

Do you have any kind of habits
when you're drunk?

두 유 해 배니 카인 더(ㅂ) 해빗 췐 유어 드렁(ㅋ)?

How do you usually act when you
are drunk?

하우 두 유 유쥬얼리 액 퇜 유 아– 드렁(ㅋ)?

그는 술버릇이 나빠요.

He is a bad drunk.

히 이즈 어 뱃 드렁(ㅋ)

He is a terrible person when he
drinks.

히 이즈 어 테러블 퍼–슨 웬 히 드링(ㅅ)

He is pretty bad when he is
wasted.

히 이즈 프리디 뱃 웬 히 이즈 웨이스팃

술을 마시면 자꾸 웃는 버릇이 있어.

When I drink, I tend to laugh a lot.

웬 아이 드링(ㅋ), 아이 텐(ㄷ) 투 래 퍼 랏

난 술을 마실 때마다 울어.

Every time I drink, I cry.

에브리 타임 아이 드링(ㅋ), 아이 크라이

술 마시고 우는 게 제일 안 좋은 버릇이야.

That's like the last thing you want
to do when your drunk.

댓츠 라익 더 래슷 씽 유 원(ㅌ) 투 두 웬 유어 드렁(ㅋ)

넌 취해서 했던 말 또 하고 있잖아.

You're so drunk you're saying the
same thing over and over again.

유어 소우– 드렁 큐어 세잉 더 세임 씽 오우버 앤
도우버 어겐

술에 취함 ①

꼭! 짚고 가기

난 벌써 꽤 취했어.

I'm a little bit high.
아임 어 리틀 빗 하이

I'm already pretty high.
아임 어얼레디 프리디 하이

I'm pretty buzzed.
아임 프리디 버즛

술기운이 도는데.

I'm feeling a little tipsy.
아임 피-링 어 리틀 팁시

I'm catching a buzz.
아임 캣칭 어 버(ㅈ)

그는 술잔을 완전히 비웠다.

He drained his glass.
히 드레인(ㄷ) 히스 글래(ㅅ)

걔 장난 아니게 취했어.

She's butt-drunk.
쉬즈 벗 드렁(ㅋ)

그는 맥주를 마시고 취해 버렸다.

The beer has gone to his head.
더 비어 해즈 거언 투 히스 헷

도대체 얼마나 마신 거야?

How much did you drink?
하우 머취 디 쥬 드링(ㅋ)?

난 그렇게 취하지 않았어.

I'm not that drunk.
아임 낫 댓 드렁(ㅋ)

---

buzz 윙윙거리는, 얼큰히 취함(속어)
drain 다 마시다, 고갈시키다
butt-drunk 완전히 취한 사람
* butt 큰 술통

미국의 음주 문화

미국은 자유로운 나라로 보이지만 음주 문화에 있어서는 엄격함 편입니다.

우선, 21세 미만의 청소년에게는 술을 판매할 수 없습니다. 술집 입구에는 신분증을 철저하게 검사합니다. 미성년자에게 술을 판매한 것이 적발되면 엄청난 벌금과 함께 영업 정지를 당하게 됩니다. 미국에서는 주류 판매 허가를 얻기 굉장히 힘든 편이기 때문에 면허를 취소당하면 큰 타격이 됩니다.

또한, 길거리에서 술을 마시거나 술을 보이게 들고 다닐 수 없습니다. 술을 사면 안이 보이지 않는 갈색 봉지에 넣어 줍니다. 대부분 일요일에는 술을 팔지 않습니다.

미국의 술집에서는 우리나라처럼 양주를 병채로 주문하는 경우가 거의 없습니다. 일정 도수 이상의 술은 일반 슈퍼마켓에서는 팔지 않고 허가를 받은 주류 전문점에 가야 합니다.

그리고, 한국의 술자리에서는 '원샷' 문화가 일반적인데, 미국에 가서 'one shot'이라고 말하면 알아듣지 못합니다.

술집에서 'one shot'은 위스키나 데킬라 등의 술 한잔을 의미합니다.

우리의 '원샷'처럼 한 번에 들이켜 마시다라고 말하려면 'bottoms up'이라고 하면 됩니다.

술에 취함 ②

어젯밤 곤드레만드레 술 취했다.

I was hammered last night.
아이 워즈 해머(ㄷ) 래슷 나잇

I got butt-drunk yesterday.
아이 갓 벗 드렁 케스터데이

어젯밤 밤새도록 술 마시고 놀았어요.

I painted the town red last night.
아이 페인팃 더 타운 렛 래슷 나잇

술을 너무 많이 마셔서 필름이 끊겼어요.

I drank so much I totally blanked out.
아이 드랭(ㅋ) 소우- 머취 아이 토우털리 블랭콧 아웃

Due to heavy drinking, I lost my memory.
듀- 투 헤비 드링킹, 아이 러슷 마이 메머리

그는 술에 취해 뻗어 버렸어요.

He drank himself down.
히 드랭(ㅋ) 힘셀(ㅍ) 다운

He got dead drunk.
히 갓 뎃 드렁(ㅋ)

그는 혀가 꼬부라지도록 술을 마셨어요.

He drank till his tongue trips.
히 드랭(ㅋ) 틸 히스 텅 츠립(ㅅ)

나는 5분 만에 소주 5잔을 비워 버렸어.

I had 5 shots of soju in just 5 minutes.
아이 햇 파이(ㅂ) 샷 처(ㅂ) 소주 인 저슷 파이(ㅂ) 미닛(ㅊ)

술에 대한 충고

나는 그녀에게 술을 마시지 말라고 충고했다.

I advised her not to drink.
아이 엇바이슷 허 낫 투 드링(ㅋ)

I warned against drinking.
아이 워언(ㄷ) 어게인슷 드링킹

취하도록 마시지 마.

Drink not to elevation.
드링(ㅋ) 낫 투 엘리베이션

Try not to get drunk.
츠라이 낫 투 겟 드렁(ㅋ)

인생을 술로 허송세월 하지 마라.

Don't drink away through your life.
도운(ㅌ) 드링 커웨이 쓰루- 유어 라이(ㅍ)

홧김에 술 마시지 마세요.

Don't drink liquor in anger.
도운(ㅌ) 드링(ㅋ) 리쿠어 인 앵거

술 마시고 운전하는 건 위험해.

It's dangerous to drink and drive.
잇츠 댄저러(ㅅ) 투 드링 캔(ㄷ) 드라이(ㅂ)

술을 마시는 건 좋지만, 정도의 문제지.

You may drink, but you must use moderation.
유 메이 드링(ㅋ), 벗 유 머슷 유-(ㅈ) 마더레이션

---

hammered 고주망태가 된
paint the town red 여러 술집을 돌아다니며 놀다

elevation 고도, 높은 곳
moderation 절제, 알맞음

술에 대한 기호

한국인은 소주를 무척 즐겨 마십니다.
It's very common for a Korean to drink soju.
잇츠 베리 카먼 퍼 러 커리-언 투 드링(ㅋ) 소주

한국인들은 술을 마실 때 술잔을 돌립니다.
Koreans exchange glasses when drinking.
커리언 식스체인쥐 글래시(ㅈ) 웬 드링킹

전 맥주를 그다지 좋아하지 않아요.
I'm not much on beer.
아임 낫 머취 언 비어

그는 스카치위스키라면 사족을 못 쓰죠.
He is a scotchman himself.
히 이즈 어 스캇취맨 힘셀(ㅍ)

김빠진 맥주는 마시고 싶지 않아.
I don't want to drink stale beer.
아이 도운(ㅌ) 원(ㅌ) 투 드링(ㅋ) 스테일 비어

맥주 맛이 좋은데요.
The beer was tasty.
더 비어 워즈 테이스티

그녀는 맥주를 병째 마시는 것을 좋아해요.
She likes to drink beer by the neck.
쉬 라익(ㅅ) 투 드링(ㅋ) 비어 바이 더 넥

stale (음식 등이) 싱싱하지 못한, 썩어가는, (술 등이) 김빠진

다음 관련 단어를 참고로 하여 술에 대해서 다양한 대화를 만들어 보세요.

- drink 술, 술을 마시다
  = alcohol, liquor 술
- booze (구어) 술, 술을 많이 마시다
- put back (구어) 술을 진탕 마시다
- gulp 들이켜다, 벌컥벌컥 마시다
  = take a gulp
- sip 홀짝홀짝 마시다
  = take a sip
- regular 단골
- hangout 단골집
- drunk 술에 취한
- get drunk 술에 취하다
- tipsy 얼큰히 취한, 술에 취해 비틀거리는
- feel tipsy 술기운이 돌다
- blitzed (속어) 술에 취한
- pass out (구어) 술에 취해 곤드레가 되다, 필름이 끊기다
- toasted (구어) 몹시 취한
- got toasted 완전히 취하다
- mix one's booze 술을 섞다
- go for another round 2차 가다
- bar hopping 술집 전전하기
- sober up 술에서 깨다
  = become sober
- drunken driving 음주 운전
  (* DUI; driving under the influence of alcohol
  *DWI; driving while intoxicated)
- breathalyzer 음주 측정기
  = drunkometer
- hangover 숙취

금주

난 이젠 술 끊을 거야.
I won't drink anymore.
아이 워운(트) 드링 캐너머-

그는 이제 술을 마시지 않아.
He does not drink anymore.
히 더즈 낫 드링 캐너머-

전 금주 중입니다.
I'm on the wagon.
아임 언 더 웨건
↳ on the wagon 금주하다; 술을 마시지 않고
(wagon이란 water wagon(급수차)을 가리킵니다.)

전 술을 끊어서 더 이상 마시지 않습니다.
I put in the pin and do not drink any longer.
아이 풋 인 더 핀 앤(드) 두 낫 드링 캐니 러엉거

어떤 일이 있어도 술은 입에 대지 않아요.
I will not drink for all the tea in China.
아이 윌 낫 드링(ㅋ) 퍼 어얼 더 티- 인 차이나
↳ 'not ~ for all the tea in China'는
'절대로 ~하지 않는'이라는 구어적 표현

술을 끊게 하지 그래요?
Why don't you dry him out?
와이 도운 츄 드라이 힘 아웃?

마지막으로 술 마시러 간 게 언제야?
When was the last time you went out to drink?
웬 워즈 더 래슷 타임 유 웬 타웃 투 드링(ㅋ)?

술 기타 ①

네가 술상을 차릴게요.
I'll prepare dishes to accompany the drinks.
아일 프리패어 디쉬(즈) 투 어컴패니 더 드링(ㅅ)
Let me set the drinking table.
렛 미 셋 더 드링킹 테이블

숙취는 없나요?
Don't you get hangovers?
도운 츄 겟 행오우버(ㅅ)?

지독한 숙취네요.
I just have a terrible hangover.
아이 저슷 해 버 테러블 행오우버
I have a wicked hangover.
아이 해 버 위킷 행오우버

술을 마시니 정신이 자유로워지네요.
Alcohol frees my mind.
앨커허얼 프리-(ㅈ) 마이 마인(드)

빈속에 술을 마셨어요.
I had a drink on an empty stomach.
아이 햇 어 드링 컨 언 엠티 스터먹

넌 분위기 망치는 데 뭐 있어!
You're such a party pooper!
유어 서취 어 파-티 푸-퍼!

술 마시고 싶은 것을 꾹 참았어요.
I forbore my thirst for drinking.
아이 퍼-버- 마이 써-슷 퍼 드링킹

이번엔 빼 줘, 더 이상은 못 마시겠어.
I'll pass this time, I can't drink anymore.
아일 패(ㅅ) 디스 타임, 아이 캔(트) 드링 캐너머-

wicked 지독한, 불쾌한
party pooper 분위기 깨는 사람
forbear 삼가다, 참다

술 기타 ②

그건 술김에 한 소리였어요.

I said that under the influence of alcohol.

아이 셋 댓 언더 디 인플루언 서(ㅂ) 앨커허얼

입만 댈게요.

Just a touch.

저슷 어 터취

그건 술이 없는 파티야.

It's a dry party.

잇츠 어 드라이 파-티

자기 전에 한 잔 마시면 푹 잘 수 있을 거예요.

A nightcap will help you sleep better.

어 나잇캡 윌 헬 퓨 슬리입 베더

위스키 몇 잔 마시면 괜찮아질 거야.

A couple shots of whiskey should do it.

어 커플 샷 처(ㅂ) 위스키 슈(ㄷ) 두 잇

소량의 술은 오히려 약이 돼요.

A little drink does you more good than harm.

어 리들 드링(ㅋ) 더 쥬 머- 굿 댄 하암

새 술은 새 부대에 담아야 한다.

You can't put new wine in old bottles.

유 캔(ㅌ) 풋 누- 와인 인 오울(ㄷ) 바들(ㅅ)

nightcap 잘 때 마시는 술

술 관련 속담

술과 관련해 얘기할 때, 술이 들어간 속담 한두 개 정도 언급해 보세요. 술자리에서도 빛나는 당신의 영어 실력!

- When wine is in, wit is out.
  = When drink enters, wisdom departs.
  = Where the drink goes in, there the wit goes out.
  술이 들어가면 지혜는 사라진다.
- Bacchus kills more than Mars.
  술이 전쟁보다도 더 많은 사람을 죽인다.
  (* Bacchus 바커스, 그리스 신화 속 술의 신)
- Don't put new wine into old bottle.
  새 술은 새 부대에.
- Every cask smells of the wine it contains.
  포도주가 들어있는 술통에서는 포도주의 냄새가 나는 법이다.
- In the looking-glass we see the form, in wine the heart.
  거울은 모습을 비추고, 술은 본심을 비춘다.
- Truth is at the bottom of the decanter.
  진실은 술병의 바닥에 있다. (취중 진담)
- You cannot know the wine by the barrel.
  술통으로 술맛을 알 수 없다.

흡연

담배 ①

\# 여기에서 담배 피워도 될까요?

Is it all right to smoke here?
이즈 잇 어얼 라잇 투 스모욱 히어?

Is smoking allowed here?
이즈 스모우킹 얼라웃 히어?

Do you mind if I smoke?
두 유 마인 디 파이 스모욱?

Can I smoke here?
캔 아이 스모욱 히어?

\# 그는 골초예요.

He is a heavy smoker.
히 이즈 어 헤비 스모우커

He is a chain smoker.
히 이즈 어 체인 스모우커

He smokes like a chimney.
히 스모욱(ㅅ) 라익 어 침니

\# 그는 습관적으로 담배를 피워요.

He smokes only out of habit.
히 스모욱 소운리 아웃 어(ㅂ) 해빗

\# 난 담배를 그다지 많이 피우지는 않아요.

I'm just a light smoker.
아임 저슷 어 라잇 스모우커

\# 담배 한 대 태우자.

Let's stop and have a smoke.
렛츠 스탑 앤(ㄷ) 해 버 스모욱

\# 담배 생각이 간절한데요.

I'm dying for a smoke.
아임 다잉 퍼 어 스모욱

\# 난 담배를 피울 때 연기를 들이마시지 않아요.

I puff cigarettes without inhaling the smoke.
아이 퍼(ㅍ) 시거렛 취다웃 인헤일링 더 스모욱

\# 담배 좀 빌려도 될까요?

May I burn a cigarette?
메이 아이 버언 어 시거렛?

\# 담뱃불 좀 빌려도 될까요?

May I trouble you for a light?
메이 아이 츠러블 유 퍼 어 라잇?

Could I have a light, please?
쿠 다이 해 버 라잇, 플리-(ㅈ)?

\# 그는 내게 담배를 권했다.

He offered me a cigarette.
히 어-퍼(ㄷ) 미 어 시거렛

\# 담배를 피우는 습관이 생겼어요.

I dropped into the habit of smoking.
아이 드랍 틴투 더 해빗 어(ㅂ) 스모우킹

I fell into a bad habit of smoking.
아이 펠 인투 어 뱃 해빗 어(ㅂ) 스모우킹

\# 담배의 유혹을 이기지 못했어요.

I could not resist the temptation to smoke.
아이 쿠(ㄷ) 낫 리지슷 더 템테이션 투 스모욱

\# 난 담배 피우는 사람 옆에 앉는 것을 아주 싫어해요.

I absolutely detest having to sit next to smokers.
아이 앱솔룻리 디테슷 해빙 투 싯 넥슷 투 스모우커(ㅅ)

\# 담배 한 갑에는 20개비가 들어 있어요.

Each pack contains 20 cigarettes.
이-취 팩 컨테인(ㅅ) 트웬티 시거렛(ㅊ)

담배 ②

담배가 해롭다는 건 누구나 알고 있는 사실입니다.

Everyone knows the harm of tobacco.

에브리원 노우(ㅅ) 더 하암 어(ㅂ) 타바코

식사 중에 담배를 피우는 것은 실례예요.

It is against etiquette to smoke at the table.

잇 이즈 어게인슷 에티켓 투 스모욱 앳 더 테이블

담배꽁초를 함부로 버리지 마세요.

Don't litter with your cigarette butts.

도운(ㅌ) 리더 윗 유어 시거렛 벗(ㅊ)

Don't throw away cigarette butts.

도운(ㅌ) 쓰로우 어웨이 시거렛 벗(ㅊ)

담배꽁초는 꼭 재떨이에만 버리세요.

Leave your cigarette butts only in the ashtray.

리- 뷰어 시거렛 벗 초운리 인 디 애쉬츠레이

담뱃불을 끄지 않은 채로 재떨이에 두지 마세요.

Please stop leaving your cigarettes burning in the ashtray.

플리-(ㅈ) 스탑 리-빙 유어 시거렛츠 버-닝 인 디 애쉬츠레이

여기서 잠깐!

전자 담배

전자 담배는 e-cigarette 또는 vape라고 하는데, vape는 전자 담배 기기나 전자 담배로 흡연하는 행위 모두 의미합니다.

금연 ①

담배 좀 꺼 주시겠어요?

Do you mind putting out your cigarette?

두 유 마인(ㄷ) 푸딩 아웃 유어 시거렛?

여긴 금연이에요.

No smoking here, please.

노우 스모우킹 히어, 플리-(ㅈ)

이 건물은 금연 빌딩이에요.

You are not allowed to smoke in this building.

유 아- 낫 얼라웃 투 스모욱 인 디스 빌딩

Smoking is forbidden in this building.

스모우킹 이즈 퍼비든 인 디스 빌딩

금연 구역!

No smoking!

노우 스모우킹!

Smoking is prohibited!

스모우킹 이즈 프로우히빗!

그는 담배를 피우지 않아요.

He is a nonsmoker.

히 이즈 어 넌스모우커

He doesn't smoke.

히 더즌(ㅌ) 스모욱

그는 담배를 완전히 끊어야 해.

He has to completely cut out the smokes.

히 해즈 투 컴플릿리 컷 아웃 더 스모욱(ㅅ)

나는 그를 설득해서 담배를 끊게 했어요.

I argued him out of smoking.

아이 아-굿 힘 아웃 어(ㅂ) 스모우킹

금연 ②

취미 묻기

담배를 끊기로 결심했어.
I decided to stop smoking.
아이 디사이딛 투 스탑 스모우킹
I gave my mind to give up smoking.
아이 게이(ㅂ) 마이 마인(ㄷ) 투 기 법 스모우킹

나는 담배를 끊을 거야.
I will cool it with smoking.
아이 윌 쿠울 잇 윗 스모우킹
I will not smoke any more.
아이 윌 낫 스모욱 애니 머–

나는 담배를 완전히 끊었어.
I quit smoking all together.
아이 쿠잇 스모우킹 어얼 터게더
I've sworn off cigarettes.
아입 스원 어–(ㅍ) 시거렏(ㅊ)

전 하루 1개비로 줄였어요.
I cut down to only one per day.
아이 컷 다운 투 오운리 원 퍼 데이

줄이려고 노력은 하는데, 잘 안 되네요.
I'm trying to cut down, but I can't.
아임 츠라잉 투 컷 다운, 벗 아이 캔(ㅌ)'

담배를 끊기는 어려워요.
It's hard for us to quit smoking.
잇츠 하–(ㄷ) 퍼 어스 투 쿠잇 스모우킹

담배는 일단 습관이 되면 끊기 어려워요.
Once smoking becomes a habit, you can hardly give it up.
원(ㅅ) 스모우킹 비컴 저 해빗, 유 캔 하–들리 기 빗 업
The smoking habit stays with you.
더 스모우킹 해빗 스테이 윗 유

취미가 뭐예요?
What's your hobby?
왓츠 유어 하비?
What are your hobbies?
왓 아– 유어 하비(ㅅ)?

취미가 있습니까?
Do you have any hobbies?
두 유 해 배니 하비(ㅅ)?

특별한 취미가 있습니까?
Do you have any particular hobbies?
두 유 해 배니 퍼티큘러 하비(ㅅ)?
Are you interested in anything special?
아– 유 인터레스팃 인 애니씽 스페셜?

소일거리로 뭘 하세요?
What's your favorite pastime?
왓츠 유어 페이버릿 패슷타임?
What do you do for fun?
왓 두 유 두 퍼 펀?

한가할 때 무엇을 하세요?
What do you do when you have free time?
왓 두 유 두 웬 유 해(ㅂ) 프리– 타임?
What do you do in your spare time?
왓 두 유 두 인 유어 스패어 타임?

기분 전환하기 위해 뭘 하세요?
What do you do for recreation?
왓 두 유 두 퍼 레크리에이션?

어떤 것에 흥미를 갖고 계신가요?
What are your interests?
왓 아– 유어 인터레슷(ㅊ)?

취미 대답하기

저는 취미가 다양해요.

I have a lot of hobbies.

아이 해 버 랏 어(ㅂ) 하비(ㅅ)

특별한 취미는 없어요.

I have no particular hobby.

아이 해(ㅂ) 노우 퍼티큘러 하비

나는 그런 일에는 취미가 없어.

I have little interest in those things.

아이 해(ㅂ) 리들 인터레슷 인 도우즈 씽(ㅅ)

I'm not very interested in it.

아임 낫 베리 인터레스티 딘 잇

그냥 집에 있어요.

I just hang out at home.

아이 저슷 행 아웃 앳 호움

I just stick around at home.

아이 저슷 스틱 어라운 댓 호움

우리는 취미에 공통점이 많네요.

We have much in common in hobbies.

위 해(ㅂ) 머춰 인 카먼 인 하비(ㅅ)

My tastes are congenial with yours.

마이 테이슷 차ー 컨지녈 윗 유어(ㅅ)

전 왠지 무엇을 해도 오래 지속하질 못하죠.

I don't know why, but I can never bring myself to stick to anything.

아이 도운(ㅌ) 노우 와이, 벗 아이 캔 네버 브링 마이셀(ㅍ) 투 스틱 투 애니씽

그는 별난 취미를 가졌어요.

He has a taste for odd things.

히 해즈 어 테이슷 퍼 앗 씽(ㅅ)

He has a bizarre taste.

히 해즈 어 비자ー 테이슷

사진 찍기 ①

사진 촬영은 제 취미 중 하나예요.

Taking pictures is one of my hobbies.

테이킹 픽처 시즈 원 어(ㅂ) 마이 하비(ㅅ)

최근 인물 사진 찍기에 흥미를 가지기 시작했어요.

Recently, I have been interested in taking pictures of men and women.

리센(ㅌ)리, 아이 해(ㅂ) 빈 인터레스티 딘 테이킹 픽처 서(ㅂ) 멘 앤 뒤민

집에 암실이 있어요.

I had a darkroom in my house.

아이 햇 어 다ー(ㅋ)루움 인 마이 하우(ㅅ)

밤하늘에 떠 있는 별을 찍는 것은 재미있습니다.

It's a lot of fun to take pictures of stars in the dark sky.

잇츠 어 랏 어(ㅂ) 펀 투 테익 픽처 서(ㅂ) 스타 신 더 다ー(ㅋ) 스카이

진귀한 나비 사진을 찍기 위해 여러 곳을 찾아다녔습니다.

I visited various places to take pictures of rare butterflies.

아이 비지팃 베리어(ㅅ) 플레이시(ㅅ) 투 테익 픽처 서(ㅂ) 레어 버더플라이(ㅅ)

어떤 종류의 카메라를 갖고 있어요?

What kind of camera do you have?

왓 카인 더(ㅂ) 캐머러 두 유 해(ㅂ)?

제 카메라는 거리도 노출도 전혀 맞출 필요가 없습니다.

I don't have to adjust my camera by focusing and exposure time at all.

아이 도운(ㅌ) 해(ㅂ) 투 엇저슷 마이 캐머러 바이 포우커싱 앤 딕스포우저 타임 앳 어얼

사진 찍기 ②

\# 이 셔터를 눌러서 사진을 찍어 주세요.

Click the shutter to take a picture.
클릭 더 셔더 투 테익 어 픽쳐

Just press this button, please.
저슷 프레(ㅅ) 디스 버든, 플리-(ㅈ)

\# 예쁘게 찍어 주세요.

Make me look pretty.
메익 미 룩 프리디

\# 사진 좀 찍어 주실래요?

Would you take a picture?
우 쥬 테익 어 픽쳐?

\# 같이 사진 찍으시겠어요?

How about taking a picture together?
하우 어바웃 테이킹 어 픽쳐 터게더?

Would you take a picture with us?
우 쥬 테익 어 픽쳐 윗 어스?

\# 카메라를 보고 웃으세요.

Look at the birdie and say "cheese."
룩 앳 더 버-디 앤(ㄷ) 세이 '치-(ㅈ)'

↘ 어린이에게 사진 찍을 때 '이쪽을 보세요'라는 말로
Watch the birdie라고도 합니다.

\# 얼굴을 중심으로 찍어 주세요.

Focus on my face.
포우커 선 마이 페이(ㅅ)

\# 카메라가 흔들리지 않도록 잡고 초점을 맞춘 채로 계세요.

Hold the camera steady and keep it focused.
호울(ㄷ) 더 캐머러 스테디 앤(ㄷ) 키입 잇 포우커슷

사진 찍기 ③

\# 확대해서 찍어.

Zoom in to take the picture.
주움 인 투 테익 더 픽쳐

\# 사진이 역광이야.

We were facing the sun in this picture.
위 워- 페이싱 더 선 인 디스 픽쳐

\# 사진이 너무 밝게 나왔어.

This picture is over-exposed.
디스 픽쳐 이즈 오우버 익스포우즛

↘ 어둡게 나왔다고 할 때는 under-exposed라고 합니다.

\# 너 눈 감았네.

You closed your eyes in the picture.
유 클로우즛 유어 아이 진 더 픽쳐

\# 그 사진 당장 지워.

Delete the picture right now.
딜릿 더 픽쳐 라잇 나우

\# 사진이 흔들렸잖아.

It was a shaky picture.
잇 워즈 어 쉐이키 픽쳐

\# 난 사진발이 안 받아.

I look better in person.
아이 룩 베더 인 퍼-슨

\# 난 사진 찍는 거 안 좋아해.

I don't like to have my photo taken.
아이 도운(ㅌ) 라익 투 해(ㅂ) 마이 포우토우 테익큰

zoom in 화상을 서서히 확대하다
　　=zoom on
　　≠zoom out
exposed 노출된

스포츠

무슨 스포츠를 좋아하세요?
What sports do you like?
왓 스퍼-(ㅊ) 두 유 라익?
What's your favorite sport?
왓츠 유어 페이버릿 스퍼-(ㅌ)?

스포츠라면 어떤 종류든 좋아해요.
I like any kind of sports.
아이 라익 애니 카인 더(ㅂ) 스퍼-(ㅊ)

저는 스포츠광이에요.
I'm a sports nut.
아임 어 스퍼-(ㅊ) 넛

스포츠는 무엇이든 해요.
I'm an all-round sportsman.
아임 언 어얼 라운(ㄷ) 스퍼-(ㅊ)먼

어떤 스포츠라도 서툴러요.
I'm not good at any sports.
아임 낫 굿 앳 애니 스퍼-(ㅊ)

운동 신경이 둔해요.
I'm a poor athlete.
아임 어 푸어 애쓰릿

스포츠 보는 것을 좋아해요.
I like to watch sports.
아이 라익 투 왓취 스퍼-(ㅊ)

스포츠는 하는 것보다 보는 것을 좋아해요.
I like watching sports better than doing them myself.
아이 라익 왓칭 스퍼-(ㅊ) 베더 댄 두잉 뎀 마이셀(ㅍ)

스포츠 종목

최근 조깅을 시작했어요.
I've taken up jogging recently.
아입 테이큰 업 자깅 리센(ㅌ)리

운동으로 매일 걷고 있어요.
I take a walk every day for exercise.
아이 테익 어 웍 에브리 데이 퍼 엑서사이(ㅈ)

저녁에 산보하는 것을 일과로 하고 있어요.
I make a daily routine of taking a walk every evening.
아이 메익 어 데일리 루-틴 어(ㅂ) 테이킹 어 웍 에브리 이-브닝

강변을 따라 인라인스케이트를 탑니다.
I inline skate along the riverside.
아이 인라인 스케잇 어러엉 더 리버사이(ㄷ)

요가를 계속할 생각이에요.
I'll keep on doing yoga.
아일 키입 언 두잉 요우거

저는 태권도 3단이에요.
I'm a third grade in Taekwondo.
아임 어 써-(ㄷ) 그레이 딘 타이콴도우

낚시가 지금 크게 유행하고 있어요.
Fishing has now become a craze.
피싱 해즈 나우 비컴 어 크레이(ㅈ)
Fishing is very popular recently.
피싱 이즈 베리 파퓰러 리센(ㅌ)리

예전부터 등산을 좋아했죠.
I've been interested in climbing.
아입 빈 인터레스티딧 인 클라이밍

routine 일상, 일과
make a routine of -ing ~을 일과로 하고 있다

계절 스포츠

여름 스포츠 중에서는 수영을 제일 좋아해요.

I like swimming best of all summer sports.

아이 라익 스위밍 베슷 어 버얼 서머 스퍼-(ㅊ)

매년 여름이면 바다 수영을 즐기죠.

I like swimming in the sea every summer.

아이 라익 스위밍 인 더 시- 에브리 서머

특기는 배영이에요.

What I'm good at is backstroking.

왓 아임 굿 앳 이즈 백스츠로우킹

↘ freestyle 자유형 /
breaststroke 평영 /
butterfly stroke 접영

저는 수영을 전혀 못해요.

I can't swim at all.

아이 캔(ㅌ) 스윔 앳 어얼

우리 가족은 매년 여름 래프팅하러 가요.

Our family go rafting annually in summer.

아워 패밀리 고우 랩팅 애뉴얼리 인 서머

겨울이 되면, 거의 매주 스키를 타러 가요.

In the winter, I go skiing almost every week.

인 더 윈터, 아이 고우 스키잉 어얼모우슷 에브리 위익

전 스노보드 광이에요.

I'm a snowboarding enthusiast.

아임 어 스노우버-딩 인쑤지에슷

구기 스포츠 ①

요즘 테니스에 빠져 있습니다.

I have gone for tennis these days.

아이 해(ㅂ) 거언 퍼 테니(ㅅ) 디-즈 데이(ㅈ)

언젠가 같이 치러 가죠.

Let's play together sometime.

렛츠 플레이 터게더 섬타임

TV 야구 중계를 자주 봐요.

I often watch baseball games on TV.

아이 어-펀 왓취 베이스버얼 게임 선 티-비-

야구팀에서 3루수를 맡고 있어요.

I'm the third baseman of my baseball team.

아임 더 써-(ㄷ) 베이스먼 어(ㅂ) 마이 베이스버얼 티임

그 선수 타율이 어떻게 되나요?

What is the player's batting average?

왓 이즈 더 플레이어(ㅅ) 배딩 애버리쥐?

지금 몇 회예요?

What inning is it?

왓 이닝 이즈 잇?

어제 우리 팀이 3대 1로 이겼어요.

Our team won the game 3 to 1 yesterday.

아워 티임 원 더 게임 쓰리- 투 원 예스터데이

경기는 무승부로 끝났어요.

The game ended in a tie.

더 게임 엔디딧 인 어 타이

inning (야구) 회, 이닝

구기 스포츠 ②

\# 전 축구팀의 후보 선수예요.

I'm just a bench warmer on the
football team.
아임 저슷 어 벤춰 워-머 언 더 풋버얼 티임

\# 어제 축구 경기는 상당히 접전이었어요.

The soccer match was very close
yesterday.
더 사커 맷취 워즈 베리 클로우 예스터데이

\# 어느 축구팀을 응원하세요?

What soccer team do you prefer?
왓 사커 티임 두 유 프리퍼?
What soccer team are you pulling
for?
왓 사커 티임 아- 유 풀링 퍼?

\# 축구는 내 관심사가 아니에요.

Soccer is of no interest to me at all.
사커 이즈 어(ㅂ) 노우 인터레슷 투 미 앳 어얼

\# 요즘 골프에 빠져 있어요.

I'm passionate about golf these
days.
아임 패셔네잇 어바웃 갈(ㅍ) 디-즈 데이(ㅈ)
I'm now bitten with golf.
아임 나우 비든 윗 갈(ㅍ)

\# 골프 한 게임 칠까요?

How about playing a round of
golf?
하우 어바웃 플레잉 어 라운 더(ㅂ) 갈(ㅍ)?

bench warmer 후보 선수
passionate 열렬한, 열정적인

콩글리시 때려잡기

우리가 응원할 때 자주 쓰는 '화이팅
(Fighting)'은 콩글리시입니다.
우리의 '화이팅'에 해당하는 영어는
'Go for it!'이라고 합니다.
또는 응원하는 사람이나 팀 이름을 넣어
'Go, Chanho! Go!'라고도 합니다.
그 외에 응원할 때 쓰는 말들입니다.

* Way to go! 힘 내!
* Keep it up!
  (잘하고 있을 때) 계속 그렇게 해!
* More power to your elbow!
  건투를 빕니다!
* Mess'em up!
  (속어) 자 힘내!, 기운 차려!
  ('mess up'은 '충격을 주다, 망쳐 놓다'
  라는 의미가 있어서, 상대편이나
  걱정거리를 '부숴 버려!' 정도의 뜻이
  됩니다.)

음악 감상

음악 듣는 것을 좋아해요.
I like listening to music.
아이 라익 리스닝 투 뮤-직

어떤 음악을 좋아하세요?
What kind of music do you like?
왓 카인 더(ㅂ) 뮤-직 두 유 라익?
What kind of music do you listen to?
왓 카인 더(ㅂ) 뮤-직 두 유 리슨 투?

좋아하는 가수는 누구예요?
Who's your favorite singer?
후 쥬어 페이버릿 싱어

음악이라면 어떤 것이든 즐겨 들어요.
I love to listen to all kinds of music.
아이 러(ㅂ) 투 리슨 투 어얼 카인 저(ㅂ) 뮤-직

시간이 날 때는 팝 음악을 들어요.
I listen to pop music whenever I'm free.
아이 리슨 투 팝 뮤-직 웨네버 아임 프리-

최근에는 클래식을 듣기 시작했어요.
Recently I've started listening to classical music.
리센(ㅌ)리 아입 스타-팃 리스닝 투 클래시컬 뮤-직

그녀의 CD를 거의 가지고 있어요.
I have almost all of her CDs.
아이 해 버얼모우숫 어얼 어(ㅂ) 허 씨-디-(ㅅ)

마이클 잭슨의 콘서트를 빼놓지 않고 갔었어요.
I never failed to go to Michael Jackson's concerts.
아이 네버 페일(ㄷ) 투 고우 투 마이클 잭슨(ㅅ) 칸서-(ㅊ)

악기 연주

악기를 다룰 줄 아세요?
Do you play any musical instruments?
두 유 플레이 애니 뮤-지컬 인스츠러먼(ㅊ)?

열 살 때부터 바이올린을 연주하고 있어요.
I have played the violin since I was ten.
아이 해(ㅂ) 플레잇 더 바이얼린 신 사이 워즈 텐

어렸을 때 10년간 피아노를 쳤어요.
I played the piano for 10 years when I was a child.
아이 플레잇 더 피애노우 퍼 텐 이어 쉔 아이 워즈 어 차일(ㄷ)

취미로 기타를 배우고 있어요.
I'm learning to play the guitar for fun.
아임 러-닝 투 플레이 더 기타- 퍼 펀

클라리넷을 배우려고 했어요.
I tried to learn the clarinet.
아이 츠라잇 투 러언 더 클래러넷

색소폰을 막 배우기 시작했어요.
I have just started playing the saxophone.
아이 해(ㅂ) 저슷 스타-팃 플레잉 더 색서포운

영화 감상 ①

영화 보기를 좋아합니다.

I like to watch movies.
아이 라익 투 왓취 무-비(ㅅ)

나는 영화광입니다.

I'm crazy about movies.
아임 크레이지 어바웃 무-비(ㅅ)

I'm a film buff.
아임 어 필음 버(ㅍ)

I'm a movie addict.
아임 어 무-비 애딕(ㅌ)

어떤 종류의 영화를 좋아하세요?

What kinds of movies do you like?
왓 카인 저(ㅂ) 무-비(ㅅ) 두 유 라익?

저는 미스터리 영화, 특히 탐정물을 좋아해요.

I love mysteries, especially detective movies.
아이 러(ㅂ) 미스터리(ㅅ), 이스페셜리 디텍티(ㅂ) 무-비(ㅅ)

공포 영화를 자주 봅니다.

I often watch horror movies.
아이 어-펀 왓취 허-러 무-비(ㅅ)

최루성 영화를 가장 좋아해요.

I like tearjerkers best.
아이 라익 티어저커(ㅅ) 베슷

외국 영화보다 우리나라 영화를 더 좋아해요.

I like domestic movies better than foreign ones.
아이 라익 더메스틱 무-비(ㅅ) 베더 댄 퍼-런 원(ㅅ)

영화 감상 ②

지금까지 중 가장 좋았던 영화는 〈반지의 제왕〉입니다.

The movie I enjoyed most so far is <The Lord of the Rings>.
더 무-비 아이 인조잇 모우슷 소우- 파- 이즈 〈더 러- 더(ㅂ) 더 링(ㅅ)〉

그 영화의 주연은 누구인가요?

Who is starring in the movie?
후 이즈 스타-링 인 더 무-비

Who is in the movie?
후 이즈 인 더 무-비

그 영화를 다섯 번 이상 봤어요.

I saw the movie more than five times.
아이 서우 더 무-비 머- 댄 파이(ㅂ) 타임(ㅅ)

굉장히 무서운 영화라서 그날 밤에는 잠을 잘 수 없었어요.

It was so scary that I could not go to sleep for a while that night.
잇 워즈 소우- 스캐어리 댓 아이 쿠(ㄷ) 낫 고우 투 슬리입 퍼 어 와일 댓 나잇

그녀가 주연한 영화는 모두 봤어요.

I have seen all of her films.
아이 해(ㅂ) 시인 어얼 어(ㅂ) 허 필음

전에 '톰 행크스' 주연의 〈포레스트 검프〉를 보고 감동받았습니다.

I was moved by <Forrest Gump> starring 'Tom Hanks' the other day.
아이 워즈 무-붓 바이 〈퍼리숫 검(ㅍ)〉 스타-링 '탐 행(ㅋㅅ)' 디 어더 데이

영화관 가기

영화 보러 자주 가세요?
Do you go to the movies very often?
두 유 고우 투 더 무-비(ㅅ) 베리 어-펀?

한 달에 영화 두세 편 봐요.
I see two or three movies a month.
아이 시- 투- 어 쓰리 무-비 서 먼쓰

저는 좀처럼 극장에 가지 않아요.
I seldom go to the movies.
아이 셀덤 고우 투 더 무-비(ㅅ)

극장에 가기보다는 TV로 영화 보는 것을 좋아합니다.
I like to see movies on TV rather than go to the theater.
아이 라익 투 시- 무-비 선 티-비- 래더 댄 고우 투 더 씨-어터

한동안 영화를 보지 못했어요.
I haven't seen any movies for a while.
아이 해븐(ㅌ) 시인 애니 무-비(ㅅ) 퍼 어 와일

오늘 밤에 영화 보러 가자.
Let's go to see a movie tonight.
렛츠 고우 투 시- 어 무-비 터나잇
Would you like to go to a movie tonight?
우 쥬 라익 투 고우 투 어 무-비 터나잇?

지금 극장에서 뭐 하지?
What's on at the theater now?
왓츠 언 앳 더 씨-어터 나우?
What's playing recently?
왓츠 플레잉 리센(ㅌ)리?

독서 ①

제 취미는 소설 읽기예요.
My hobby is reading novels.
마이 하비- 이즈 리-딩 나벌(ㅅ)

저는 책벌레예요.
I'm a bookworm.
아임 어 북워엄

한가할 땐 독서로 시간을 보내요.
I devote my free time to reading.
아이 디보웃 마이 프리- 타임 투 리-딩

한 달에 몇 권이나 읽으세요?
How many books do you read a month?
하우 메니 북(ㅅ) 두 유 리잇 어 먼쓰?

최근에는 바빠서 책을 읽은 시간이 없습니다.
As I am very busy, I have no time to read books.
애 자이 앰 베리 비지, 아이 해(ㅂ) 노우 타임 투 리잇 북(ㅅ)

어떤 책을 즐겨 읽으세요?
What kinds of books do you like to read?
왓 카인 저(ㅂ) 북(ㅅ) 두 유 라익 투 리잇?

책을 많이 읽으세요?
Do you read a lot?
두 유 리잇 어 랏?

가장 좋아하는 장르는 무엇입니까?
What's your favorite genre?
왓츠 유어 페이버릿 잔러?

독서 ②

저는 손에 잡히는 대로 읽는 편이에요.

I read almost everything I can get my hands on.
아이 리잇 어얼모우숫 에브리씽 아이 캔 겟 마이 핸 전

1년에 50권 이상 읽어요.

I read more than 50 books a year.
아이 리잇 머– 댄 핍티 북 서 이어

추리 소설을 아주 좋아해요.

I love detective novels.
아이 러(ㅂ) 디텍티(ㅂ) 나벌(ㅅ)

최근에는 로맨스 소설에 빠져 있어요.

I'm really into love stories these days.
아임 리얼리 인투 러(ㅂ) 스터리(ㅈ) 디–즈 데이(ㅈ)

소설보다는 시를 좋아해요.

I prefer poems to novels.
아이 프리퍼 포우엄(ㅅ) 투 나벌(ㅅ)

영문학에 흥미를 가지고 있어요.

I'm interested in English literature.
아임 인터레스티 딘 잉글리쉬 리터러처

요즘 잘 나가는 책은 무엇인가요?

What's the current best-seller?
왓츠 더 커–런(ㅌ) 베슷 셀러?

그 책은 어디에서도 구할 수 없었어요.

The book was nowhere to be had.
더 북 워즈 노우웨어 투 비– 햇

꼭! 짚고 가기

영화 관련 어휘

- movie 영화
  = film, picture, motion picture, a cinema
  * movie는 주로 미국에서, cinema는 주로 영국에서 쓰는 말
  * 영화를 총칭할 때는 the movies(미), the cinema(영), the screen
- flick 영화(속어로 영화 한 편의 의미)
- movie theater 극장
  = movie house, cinema(영)
- release 개봉
- newly released movie 개봉 영화
- gangster movie 갱 영화
- science fiction(SF) movie 공상과학 영화
- documentary movie 기록 영화
- silent movie 무성 영화
- adult movie 성인용 영화
- animated cartoon, animation 애니메이션
- comedy 코미디
- musical 뮤지컬
- girl movie, chick flick 여성 취향 영화
- tearjerker 최루성 영화, 눈물을 짜내는 영화
- trailer 예고편
- preview 시사회
- synopsis 줄거리
- double feature 동시 상영
- scenario 영화 각본
- movie director 영화감독
- producer 제작자
- filmgoer, moviegoer 영화팬
- film review 영화평
- film[movie] critic 영화 평론가

독서 ③

좋아하는 작가는 누구인가요?
Who's your favorite author?
후 쥬어 페이버릿 어-써?

파울로 코엘료를 가장 좋아해요.
I like Paulo Coelho most.
아이 라익 파울로 코엘호 모우슷
My favorite author is Paulo Coelho.
마이 페이버릿 어-써 이즈 파울로 코엘호

그의 작품은 모두 읽었습니다.
I've read all of his works.
아입 렛 어얼 어(브) 히스 워-(ㅋ스)

최근에 연예인들의 에세이가 화제입니다.
**Essays written by celebrities have
been the topic of conversation
these days.**
에세이(ㅈ) 리튼 바이 셀러브러티(ㅈ) 해(ㅂ) 빈 더 타픽
어(ㅂ) 컨버세이션 디-즈 데이(ㅈ)

내셔널 지오그래픽을 정기 구독하고
있어요.
**I subscribe to the National
Geographic.**
아이 섭스크라입 투 더 내셔널 지-어그래픽

이 책은 매우 감동적이었어요.
**I am extremely impressed by this
book.**
아이 앰 익스츠리임리 임프레슷 바이 디스 북

그 책은 어린이들에게 맞지 않아요.
**The book is not adapted to
children.**
더 북 이즈 낫 어댑팃 투 칠드런

수집

무엇을 수집하고 있습니까?
What do you collect?
왓 두 유 칼렉(ㅌ)?

전 세계의 동전을 모으고 있어요.
**I collect coins from all over the
world.**
아이 칼렉(ㅌ) 커인(ㅅ) 프럼 어얼 오우버 더 워얼(ㄷ)

'운동화 수집광'에 대해 들어봤어요?
그건 운동화를 수집하는 사람들을
의미하죠.
**Have you ever heard about
"sneakerheads"? It means people
who collect sneakers.**
해 뷰 에버 허- 더바웃 "스니-커헤(ㅈ)"?
잇 미인(ㅅ) 피-플 후 칼렉(ㅌ) 스니-커(ㅅ)

그는 캐릭터 피규어를 수집하기
시작했어요.
**He started to collect action
figures.**
히 스타-팃 투 칼렉 택션 피겨(ㅅ)

30년 이상 된 위스키를 수집하는 것은
투자할 가치가 있어요.
**It is worthy to invest in collecting
whisky over 30 years old.**
잇 이즈 워-디 투 인베슷 인 칼렉팅 위스키 오우버
써-티 이어 소울(ㄷ)

우리 아들은 포켓몬 카드 수집에
열중이에요.
**My son is into collecting Pokémon
cards.**
마이 선 이즈 인투 칼렉팅 포케몬 카-(ㅈ)

반려동물①

반려동물②

\# 저는 동물 기르는 것을 좋아해요.

I'm fond of keeping animals.

아임 판 더(ㅂ) 키-핑 애너멀(ㅅ)

\# 반려동물을 키우고 있습니까?

Do you have any pets?

두 유 해 배니 펫(ㅊ)?

\# 어떤 반려동물을 기르고 있습니까?

What kind of pets do you have?

왓 카인 어(ㅂ) 펫(ㅊ) 두 유 해(ㅂ)?

\# 어렸을 때 반려동물 키워 봤어요?

Did you have a pet when you were growing up?

디 쥬 해 버 펫 웬 유 워- 그로우잉 업?

\# 어떤 종류의 반려동물을 키우고 싶어요?

What kind of pet do you want to have?

왓 카인 어(ㅂ) 펫 두 유 원(ㅌ) 투 해(ㅂ)?

\# 반려동물로 뭐가 좋을까, 강아지 아니면 새끼 고양이?

Which one is better as a pet, a puppy or a kitten?

위취 원 이즈 베더 애 저 펫, 어 퍼피 어 어 키든?

\# 동물 키우는 일은 여간 힘든 일이 아니에요.

It's pretty hard to take care of animals.

잇츠 프리디 하-(ㄷ) 투 테익 캐어 어(ㅂ) 애너멀(ㅅ)

\# 오늘 공원에 버려진 고양이를 발견했어요.

Today I found a stray cat in the park.

터데이 아이 파운 더 스츠레이 캣 인 더 파-(ㅋ)

\# 부모님은 개 키우는 것을 허락하지 않아.

My parents won't let me have a dog.

마이 패어렌 춰운(ㅌ) 렛 미 해 버 더억

\# 개를 키우고 싶지만, 아파트에 살고 있어서 키울 수가 없어요.

I want to have a dog, but I can't have it because I live in an apartment.

아이 원(ㅌ) 투 해 버 더억, 벗 아이 캔(ㅌ) 해 빗 비커- 자이 리 빈 언 아파-(ㅌ)먼(ㅌ)

\# 죄송해요, 반려동물은 출입금지입니다.

I'm sorry, no pet's allowed.

아임 서-리, 노우 펫(ㅊ) 얼라웃

I'm afraid pets aren't permitted.

아임 어(ㅍ)레잇 펫(ㅊ) 아안(ㅌ) 퍼밋팃

\# 여기는 반려동물 데려와도 되나요?

Are pets allowed here?

아- 펫(ㅊ) 얼라웃 히어

\# 작은 동물을 키우는 것도 큰 일이 돼요.

Even a small pet can be a lot of work.

이븐 어 스머얼 펫 캔 비- 어 랏 어 뭐(ㅋ)

\# 반려동물 기르기는 아이들에게 책임감을 가르쳐 줍니다.

Keeping pets teaches children responsibility.

키-핑 펫(ㅊ) 티-취(ㅅ) 칠드런 리스판서빌러티

stray 길을 잃다, 길 잃은 사람 및 가축
stray cat 길 잃은 고양이

pet 반려동물, 가볍게 어루만지다

개 ①

개와 산책하는 건 즐겁다.

It's fun to take a stroll with a dog.
잇츠 펀 투 테익 어 스츠로울 윗 어 더억

매일 저녁 개를 데리고 산보를 나가요.

I take my dog for a walk every
evening.
아이 테익 마이 더억 퍼 어 웍 에브리 이-브닝

나는 작은 개를 쓰다듬고 있었어요.

I was petting a small dog.
아이 워즈 페딩 어 스머얼 더억

나는 강아지에게 먹이를 주고 있어요.

I'm giving the puppy some food.
아임 기빙 더 퍼삐 섬 푸웃

그 강아지 제가 키워도 돼요?

Can I have the puppy?
캔 아이 해(ㅂ) 더 퍼삐?

강아지를 기르게 해 주세요.

Let me keep the puppy.
렛 미 키입 더 퍼삐

개 ②

나는 강아지에게 '케니'라고 이름을 지어
주었다.

I named the puppy 'Kenny.'
아이 네임(ㄷ) 더 퍼삐 '케니'

'해피'라고 하는 개를 키우고 있어요.

I have a dog named 'Happy.'
아이 해 버 더억 네임(ㄷ) '해피'

우리 개는 하얀 바탕에 검정 얼룩이 있다.

My dog is white with black
splashes.
마이 더억 이즈 와잇 윗 블랙 스플래쉬(ㅈ)

다섯 살 난 잡종 개를 키우고 있어요.

He is a five-year old mongrel.
히 이즈 어 파이 비어 오울(ㄷ) 멍그럴

우리 개는 온순해요.

My dog is as meek as a lamb.
마이 더억 이즈 애(ㅈ) 미익 애 저 램

우리 강아지는 낯선 사람에게 달려들어요.

My puppy runs at strangers.
마이 퍼삐 런 샛 스츠레인저(ㅅ)

splash 얼룩
mongrel 잡종
* full[pure]-blooded, thoroughbred 순종

여기서 잠깐!
동물 과목명

- canine 개과의
- feline 고양이과의
- avian 조류의
- reptilian 파충류의
- ophidran 뱀의
- ape 영장류
- crustacea 갑각류

take a stroll 산책하다
= stroll, promenade, take a walk, have an outing

개 ③

휴가 동안 제 강아지를 돌봐 줄 사람이
필요한데요.

I need someone to look after my
puppies while I'm on vacation.

아이 니잇 섬원 투 룩 애(ㅍ)터 마이 퍼삐(ㅅ) 와일 아임
언 배이케이션

우리 개는 그 소년을 킁킁거리며 냄새를
맡았다.

My dog sniffed at the boy.

마이 더억 스니풋 앳 더 버이

그의 개는 아무 데서나 대소변을 본다.

His dog has a pee and poo
everywhere.

히스 더억 해즈 어 피- 앤(ㄷ) 푸- 에브리웨어

이 강아지는 잘 길들여져 있어요.

This puppy is quite tame with me.

디스 퍼삐 이즈 쿠아잇 테임 윗 미

개는 낯선 사람을 잘 따르지 않는다.

Dogs do not take kindly to
strangers.

더억(ㅅ) 두 낫 테익 카인(ㄷ)리 투 스츠레인저(ㅅ)

개들이 아이들과 잔디밭에서 뛰어놀았다.

The dogs and the children frisked
about on the lawn.

더 더억 샌(ㄷ) 더 칠(ㄷ)런 프리슥 터바웃 언 더 러언

sniff (at) 킁킁거리다, 냄새를 맡다
frisk 뛰어놀다, 까불다

견종 이름

개는 종류도 많지만, 종류의 이름도 참 어렵습니다. 어떤 종류의 반려견을 키우세요? 여러분은 어떤 종류의 반려견을 좋아하세요? 참고로 '진돗개'는 영어로 Jindo Dog 이라고 합니다.

- Afghan Hound 아프간하운드
- Beagle 비글
- Bulldog 불독
- Bull Terrier 불테리어
- Chihuahua 치와와
- Dachshund 닥스훈트
- Dalmatian 달마시안
- Dobermann Pinscher
  도베르만 핀셔
- French Bulldog 프렌치 불독
- Golden Retriever 골든 리트리버
- Labrador Retriever
  래브라도 리트리버
- Maltese 몰티즈
- Old English Sheepdog
  올드 잉글리시 쉽독
- Pekingese 페키니즈
- Pomeranian 포메라니안
- Poodle 푸들
- Popillon 파피용
- Pug 퍼그
- Schnauzer 슈나우저
- Shetland Sheepdog
  셔틀랜드 쉽독
- Shiba 시바
- Shih Tzu 시추
- Siberian Husky 시베리안 허스키
- Saint Bernard 세인트버나드
- Welsh Corgi 웰시 코기
- Wire Fox Terrier
  와이어 폭스 테리어
- Yorkshire Terrier 요크셔테리어

개④

개들은 주인에게 충실하다.

Dogs are faithful to their owners.
더억 사~ 페이쓰펄 투 데어 오우너(ㅅ)

우리 집 개가 새끼를 낳고 있어.

My dog is giving birth.
마이 더억 이즈 기빙 버~쓰

귀가 처진 그 개가 귀여운데요.

The flap-eared dog is cute.
더 플랩 이어(ㄷ) 더억 이즈 큐웃

The dog with drooped ears is cute.
더 더억 윗 드루웁 티어(ㅅ) 이즈 큐웃

강아지들이 배고파서 낑낑거렸다.

The puppies whined from hunger.
더 퍼삐(ㅅ) 와인(ㄷ) 프럼 헝거

그 꼬마는 그 강아지를 괴롭혔다.

The kid tormented the puppy.
더 킷 터~멘팃 더 퍼삐

The kid was cruel to the puppy.
더 킷 워즈 크루~얼 투 더 퍼삐

강아지가 깽깽거렸다.

The puppy cried, "Yap, yap, yap."
더 퍼삐 크라잇, '엡, 엡, 엡'

개⑤

네 강아지를 수의사한테 데리고 가 봤니?

Did you take your puppy to the vet?
디 쥬 테익 유어 퍼삐 투 더 벳?

우리 강아지가 아픈 것 같아요.

I think my puppy has a bug.
아이 씽(ㅋ) 마이 퍼삐 해즈 어 벅

우리는 그 강아지를 찾아다녔지만, 아무 데서도 찾을 수 없었다.

We looked for the puppy, but couldn't find it anywhere.
위 룩(ㅌ) 퍼 더 퍼삐, 벗 쿠든(ㅌ) 파인 딧 애니웨어

켈리는 그녀의 개를 잃어버리고 탄식하고 있다.

Kelly is bewailing the loss of her dog.
켈리 이즈 비웨일링 더 러~ 서(ㅂ) 허 더억

강아지가 죽어서 나는 너무 슬펐어요.

I was so sad because my puppy was dead.
아이 워즈 소우~ 샛 비커~(ㅈ) 마이 퍼삐 워즈 뎃

강아지 중성화 수술을 하려고요.

I want my dog neutered.
아이 원(ㅌ) 마이 더억 뉴~터(ㄷ)

개 조심!

Ware the hound!
웨어 더 하운(ㄷ)!

---

flap-eared (개 등이) 귀가 늘어진
drooped 축 늘어진
whine(= groan) 낑낑거리다
torment 괴롭히다

vet 수의사(veterinarian의 약자)
bewail 탄식하다
neuter 중성, 거세하다

고양이

고양이가 매트 위에서 기지개를 켰다.
The cat stretched itself out on the rug.
더 캣 스츠렛칫 잇셀 파웃 언 더 럭

고양이가 발톱으로 날 할퀴었다.
My cat clawed me on the hand.
마이 캣 클러엇 미 언 더 핸(ㄷ)

고양이 꼬리를 갖고 장난치지 마세요.
Don't toy with the cat's tail.
도운(ㅌ) 터이 윗 더 캣(ㅊ) 테일

새끼 고양이가 슬리퍼를 물어뜯었다.
The kitten gnawed the slippers.
더 키든 너엇 더 슬리퍼(ㅅ)

우리 집 고양이가 새끼 세 마리를 낳았다.
My cat has had three kittens.
마이 캣 해즈 햇 쓰리- 키든(ㅅ)

고양이들에게 밥 줄 시간이야.
It is feeding time for the cats.
잇 이즈 피-딩 타임 퍼 더 캣(ㅊ)

고양이가 목을 가르랑거린다.
The cat is purring.
더 캣 이즈 퍼-링

claw (고양이·매 등의) 갈고리 발톱, 발톱으로 할퀴다
gnaw 물어뜯다, 갉다
purr 가르랑거리다

동물 속담

동물이 들어가는 영어 속담을 알아볼까요?
조금 다르게 쓰이긴 하지만, 우리말에 있는
속담과 같은 게 많아요.

- A fierce dog's nose has no time to heal.
  사나운 개 콧등 아물 틈이 없다.
- A flying crow always catches something.
  날고 있는 새는 무언가를 잡는다.
- A fox is not taken twice in the same snare.
  여우는 같은 덫에 두 번 걸리지 않는다.
- A rat in a trap. 독 안에 든 쥐.
- Barking dogs seldom bite.
  짖는 개는 물지 않는다.
- Birds of a feather flock together.
  깃이 같은 새는 끼리끼리 모인다.
  (유유상종)
- Don't count your chickens before they are hatched.
  부화되기 전에 병아리를 세지 마라.
- Every dog has his day.
  쥐구멍에도 볕들 날이 있다.
- Let sleeping dogs lie.
  잠자는 사자 건드리지 마라.
- Teach an old dog new tricks.
  늙은 개한테 새로운 재주를 가르친다.
- The bird loves her nest.
  자기 집이 최고다.
- When the cat is away, the mice will play.
  호랑이 없는 굴에 토끼가 스승이다.
- You may lead a horse to the water, but you can't make him drink.
  말을 물가로 끌고 갈 수는 있어도, 억지로 물을 먹일 수는 없다.

내 햄스터는 양배추를 즐겨 먹는다.
My hamster likes to eat cabbage.
마이 햄스터 라익(ㅅ) 투 이잇 캐비쥐

햄스터를 우리에 넣어 기르세요.
Keep hamsters in pet cages.
키입 햄스터 신 펫 케이쥐(ㅅ)

그는 반려동물용 뱀을 키워요.
He has a pet snake.
히 해즈 어 펫 스네익

반려동물로 딱정벌레를 키우는 사람도 있어.
There are some people that keep beetles as their pet.
데어 아– 섬 피–플 댓 키입 비–들 새(ㅈ) 데어 펫

그는 금붕어에게 먹이를 너무 많이 줘서 죽이고 말았어.
He killed his goldfish by overfeeding it.
히 킬(ㄷ) 히스 고울(ㄷ)피쉬 바이 오우버피–딩 잇

안나는 그녀의 화분에 물을 주고 있다.
Anna is watering her plants.
애나 이즈 워–터링 허 플랜(ㅊ)

우리는 세 개의 화분에 콩을 심었다.
We planted beans in 3 pots.
위 플랜팃 비인 신 쓰리– 팟(ㅊ)

어제 식물을 정원에 옮겨 심었어요.
I bedded the plant out to the garden.
아이 베딧 더 플랜 타웃 투 더 가–든

저 화분은 일주일에 한 번 이상 물을 주면 안 돼요.
You shouldn't water that plant more than once a week.
유 슈든 튀–터 댓 플랜(ㅌ) 머– 댄 원 서 위익

네 화분은 잘 자라는데, 왜 내 것은 시드는 거지?
Why is it your plant keeps growing and mine is dying?
와이 이즈 잇 유어 플랜(ㅌ) 키입(ㅅ) 그로우잉 앤(ㄷ) 마인 이즈 다잉

네 화분에 물을 너무 많이 줬어.
You overwatered yours.
유 오우버워–터(ㄷ) 유어(ㅅ)

장미는 특별한 보살핌을 필요로 해요.
The rose required special care.
더 로우(ㅈ) 리쿠아이엇 스페셜 케어

cage 우리
* fishbowl 어항
* aquarium 수족관
beetle 딱정벌레
goldfish 금붕어

bed 모판, (꽃밭에) 옮겨 심다

식물 가꾸기 ②

최근 정원 가꾸기에 몰두하고 있어요.

Recently, I'm really into gardening.

리센(ㅌ)리, 아임 리얼리 인투 가-드닝

그녀는 정원에 꽃을 심어서 예쁘게 꾸몄다.

She beautified her garden by planting flowers.

쉬 뷰-터파잇 허 가-든 바이 플랜팅 플라워(ㅅ)

정원 가꾸기에 많은 시간을 할애하고 있어요.

I have been spending a lot of time gardening.

아이 해(ㅂ) 빈 스펜딩 어 랏 어(ㅂ) 타임 가-드닝

가족을 위해 마당에 채소를 기르고 있어요.

I'm growing vegetables in my yard for my family.

아임 그로우잉 베쥐터블 신 마이 야-(ㄷ) 퍼 마이 패멀리

꽃 중에서 난을 가장 좋아합니다.

I like orchids best of all the flowers.

아이 라익 어-키(ㅈ) 베슷 어 버얼 더 플라워(ㅅ)

전 틈틈이 정원의 잡초를 뽑아요.

I often weed the garden.

아이 어-펀 위잇 더 가-든

튤립 뿌리를 정원에 심었어요.

I planted tulip bulbs in my garden.

아이 플랜팃 튜-립 벌(ㅂ) 신 마이 가-든

orchid 난
weed 잡초, 잡초를 뽑다
bulb 구근

꼭! 집고 가기

꽃 이름

꽃이란, 길에 피어 있는 작은 들꽃도 모두 예쁘죠. 영어로 꽃 이름 대기 한번 해 볼까요. 흔히 생각나는 장미나 백합 말고 또 어떤 것을 알고 있죠?

- azalea 진달래
- cherry blossom 벚꽃
- chrysanthemum 국화
- cosmos 코스모스
- daisy 데이지
- dandelion 민들레
- edelweiss 에델바이스
- forsythia 개나리
- hydrangea 수국
- lily 백합
- morning-glory 나팔꽃
- narcissus 수선화
- pansy 팬지
- pasqueflower 할미꽃
- rose 장미
- rose of Sharon 무궁화
- sunflower 해바라기
- tulip 튤립

Chapter 04

외모지상주의?

Chapter 04

The body 신체
더 바디

body 바디
n. 몸

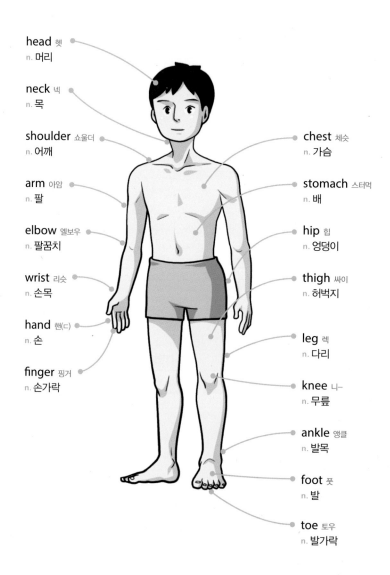

head 헷
n. 머리

neck 넥
n. 목

shoulder 쇼울더
n. 어깨

arm 아암
n. 팔

elbow 엘보우
n. 팔꿈치

wrist 리슷
n. 손목

hand 핸(ㄷ)
n. 손

finger 핑거
n. 손가락

chest 체슷
n. 가슴

stomach 스터먹
n. 배

hip 힙
n. 엉덩이

thigh 싸이
n. 허벅지

leg 렉
n. 다리

knee 니–
n. 무릎

ankle 앵클
n. 발목

foot 풋
n. 발

toe 토우
n. 발가락

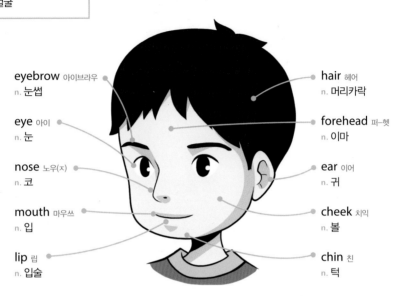

face 페이(ㅅ) n. 얼굴	eyebrow 아이브라우 n. 눈썹	hair 헤어 n. 머리카락
	eye 아이 n. 눈	forehead 퍼–헷 n. 이마
	nose 노우(ㅈ) n. 코	ear 이어 n. 귀
	mouth 마우쓰 n. 입	cheek 치익 n. 볼
	lip 립 n. 입술	chin 친 n. 턱

face 페이(ㅅ) n. 얼굴	facial shape 페이셜 쉐입 얼굴형	oval face 오우벌 페이(ㅅ) 달걀형 얼굴
	round face 라운(ㄷ) 페이(ㅅ) 둥근 얼굴	square jaw 스쿠에어 줘– 사각턱
weight 웨잇 n. 체중	fat 팻 a. 뚱뚱한 chubby 처비 a. 통통한	corpulence 커–퓨런(ㅅ) n. 비만 overweight 오우버웨잇 a. 과체중의
	slender 슬렌더 a. 날씬한	thin 씬 a. 마른

Clothes 옷
클로우(ㅈ)

clothes 클로우(ㅈ) n. 옷	**jacket** 재킷 n. 재킷	**T-shirt** 티-셔-(트) n. 티셔츠
	pants 팬(ㅊ) n. 바지	**jeans** 지인(ㅈ) n. 청바지
women's wear 위민즈 웨어 여성복	**skirt** 스커-(ㄷ) n. 치마	**miniskirt** 미니스커-(트) n. 미니스커트
	dress 드레(ㅅ) n. 원피스	**wedding dress** 웨딩 드레(ㅅ) n. 웨딩드레스
men's wear 맨즈 웨어 남성복	**suit** 수웃 n. 양복	**dress shirt** 드레(ㅅ) 셔-(트) n. 와이셔츠
	necktie 넥타이 n. 넥타이	**vest** 베슷 n. 조끼
summer clothing 서머 클로우딩 여름옷	**swimsuit** 스윔수웃 n. 수영복	**shorts** 셔-(ㅊ) n. 반바지
	short-sleeved shirt 셔엇 슬리-붓 셔-(트) n. 반팔 셔츠	**sleeveless shirt** 슬리-(브)리(ㅅ) 셔-(트) n. 민소매 셔츠

winter clothing 윈터 클로우딩 겨울옷	sweater 스웨터 n. 스웨터	cardigan 카–디건 n. 카디건
	turtleneck 터–틀넥 n. 터틀넥	overcoat 오우버코웃 n. 외투
	padded jumper 패딧 점퍼 n. 패딩 점퍼	woolen hat 울런 햇 n. 털모자
	woolen gloves 울런 글러브(ㅈ) n. 털장갑	trench coat 트렌취 코웃 n. 트렌치코트
accessories 액세서리(ㅅ) 장신구, 액세서리	bag 백 n. 가방	shoes 슈–(ㅈ) n. 신발
	belt 벨(ㅌ) n. 허리띠	hat 햇 n. (테가 있는) 모자 cap 캡 n. (앞에 챙이 달린) 모자
	scarf 스카–(ㅍ) n. 스카프	underwear 언더웨어 n. 속옷
	pajamas 퍼좌–머(ㅈ) n. 잠옷	lingerie 라안줘레이 n. 여성용 속옷

신체 특징

\# 그의 어깨는 딱 벌어졌다.

He has square [broad] shoulders.
히 해즈 스쿠에어 [브러엇] 쇼울더(ㅅ)

He is stout with broad shoulders.
히 이즈 스타웃 윗 브러엇 쇼울더(ㅅ)

\# 넌 롱다리구나.

↳ 숏다리는 short legs/short-legged라고 합니다.

You have long legs.
유 해(ㅂ) 러엉 렉(ㅅ)

You're long-legged.
유어 러엉 렉(ㄷ)

\# 내 무다리가 싫어.

I don't like my piano legs.
아이 도운(ㅌ) 라익 마이 피애노우 렉(ㅅ)

\# 그녀는 엉덩이가 펑퍼짐하다.

She has a flat butt.
쉬 해즈 어 플랫 벗

\# 그녀는 풍만한 가슴을 가졌다.

She has large breasts.
쉬 해즈 라-쥐 브레슷

\# 저는 왼손잡이예요.

I am left-handed.
아이 앰 레픗 핸딧

\# 그는 평발이다.

He's flat-footed.
히즈 플랫 푸팃　　↳ splayfoot 편평족(평발)

키

\# 키가 얼마입니까?

How tall are you?
하우 터얼 아- 유?

What's your height?
왓츠 유어 하잇?

\# 170cm예요.

↳ 보통 미국에서 키를 말할 때는 피트(ft), 인치(inch)를 씁니다. 170cm면 약 5.6피트 정도입니다.

About one-hundred-seventy centimeters.
어바웃 원 헌드렛 세븐티 센터미터(ㅅ)

\# 키가 큰 편이네요.

You're rather tall.
유어 래더 터얼

\# 그는 키가 좀 작다.

He is a little short.
히 이즈 어 리들 셔엇

\# 그녀는 키가 크고 날씬하다.

She is tall and slender.
쉬 이즈 터얼 앤(ㄷ) 슬렌더

\# 저는 키가 크고 마른 편이에요.

I am tall and thin.
아이 앰 터얼 앤(ㄷ) 씬

\# 그는 키가 작고 뚱뚱해요.

He is short and stout.
히 이즈 셔엇 앤(ㄷ) 스타웃

---

stout 풍채가 당당한
butt 엉덩이
breast 가슴

slender 호리호리한, 날씬한

152

체중 ①

\# 체중이 얼마입니까?

↘ 키와 마찬가지로 미국에서는 파운드(lb)를 씁니다.
60kg이면 약 132파운드 정도 됩니다.

How much do you weigh?
하우 머취 두 유 웨이?

\# 요즘 체중이 늘었어요.

↘ '체중이 줄다'는 lose weight라고 합니다.

I've gained some weight recently.
아입 게인(ㄷ) 섬 웨잇 리센(ㅌ)리
I've put on a little weight recently.
아입 풋 언 어 리들 웨잇 리센(ㅌ)리

\# 살이 좀 찐 것 같아요.

I'm afraid I'm a little overweight.
아임 어(ㅍ)레잇 아임 어 리들 오우버웨잇

\# 살이 좀 빠졌네요, 그렇죠?

You've lost a bit of weight, haven't you?
유(ㅂ) 러-슷 어 빗 어(ㅂ) 웨잇, 해븐 츄?

\# 그녀는 너무 말랐어요.

She is very thin, nothing but skin and bone.
쉬 이즈 베리 씬, 나씽 벗 스킨 앤(ㄷ) 보운

\# 그는 체중이 적당합니다.

He is the average weight for his height.
히 이즈 디 애버리쥐 웨잇 퍼 히스 하잇

체중 ②

\# 그는 키에 비해 몸무게가 많이 나가요.

He is overweight for his height.
히 이즈 오우버웨잇 퍼 히스 하잇

\# 날씬해지려고 다이어트 중이에요.

I'm trying to slim down by going on a diet.
아임 츠라잉 투 슬림 다운 바이 고우잉 언 어 다이엇

\# 허리 살 좀 빼는 게 좋겠어.

You'd better make waist slim.
유(ㄷ) 베더 메익 웨이슷 슬림

\# 그는 옆구리에 군살이 있어요.

He has love handles.
히 해즈 러(ㅂ) 핸들(ㅅ)

\# 그는 배가 나왔어요.

His stomach sticks out.
히스 스터먹 스틱 사웃
His belly is protruding.
히스 벨리 이즈 프로츠루딩
He is a pot-bellied man.
히 이즈 어 팟 벨리(ㄷ) 맨
He has a pot-belly.
히 해즈 어 팟 벨리

↘ pot-belly는 우리가 흔히 '똥배'라고 부르는
뱃살을 가리킵니다. 맥주를 많이 먹으면 나오기
때문에 beer belly라고도 합니다.

overweight 과체중의
protrude 내밀다, 튀어나오다

체격 & 기타

그는 체격이 표준이다.
He's a man of medium build.
히즈 어 맨 어(ㅂ) 미-디엄 빌(ㄷ)
He's of medium height and weight.
히즈 어(ㅂ) 미-디엄 하잇 앤 줴잇
He has an average body.
히 해즈 언 애버리쥐 바디

그는 체격이 좋다.
He's well-built.
히즈 웰 빌(ㅌ)
He is a well-built man.
히 이즈 어 웰 빌(ㅌ) 맨
He has a good body.
히 해즈 어 굿 바디

건강해 보이네요.
You are in fine shape.
유 아- 인 파인 쉐입

그는 통통하다.
He is chubby.
히 이즈 처비

사람은 겉보기로 알 수 없다.
We can't judge people by looks alone.
위 캔(ㅌ) 저쥐 피-플 바이 룩(ㅅ) 어로운

외모에 속지 말아요.
Don't be mislead by appearance.
도운(ㅌ) 비- 미스리잇 바이 어피어런(ㅅ)

모습 & 얼굴

그녀는 동안이야.
She has a baby face.
쉬 해즈 어 베이비 페이(ㅅ)

나는 나이보다 어려 보인다.
I look young for my age.
아이 룩 영 퍼 마이 에이쥐
I look much younger than my age.
아이 룩 머취 영거 댄 마이 에이쥐

그녀는 나이가 들어 보여.
She looks old.
쉬 룩 소울(ㄷ)

그녀는 자기 나이처럼 안 보이는데.
She doesn't look her age.
쉬 더즌(ㅌ) 룩 허 에이쥐

그는 이마가 넓습니다.
He has a broad forehead.
히 해즈 어 브러엇 퍼-헷

나는 양쪽 볼에 보조개가 있다.
I have dimples on my cheeks.
아이 해(ㅂ) 딤플 선 마이 치익(ㅅ)

나는 웃을 때 보조개가 생겨요.
My face dimples with a smile.
마이 페이(ㅅ) 딤플 쉿 어 스마일

얼굴이 늘 부어 있어.
My face is swollen all the time.
마이 페이 시즈 스월른 어얼 더 타임

---

chubby 통통한
mislead 속이다, 오해시키다

dimple 보조개
swollen 부푼, 팽창한

얼굴형

내 얼굴은 동그랗다.

I have a round face.

아이 해 버 라운(ㄷ) 페이(ㅅ)

그녀는 얼굴이 좀 둥근 편이야.

Her face is rather round.

허 페이 시즈 래더 라운(ㄷ)

난 달걀형 얼굴이야.

I have an oval face.

아이 해 번 오우벌 페이(ㅅ)

그는 얼굴이 길어.

He has a long face.

히 해즈 어 러엉 페이(ㅅ)

그녀는 사각턱이야.

She has a square jaw.

쉬 해즈 어 스쿠에어 줘–

나는 얼굴이 좀 통통하다.

My face is a little chubby.

마이 페이 시즈 어 리들 처비

나는 얼굴이 여윈 편이다.

I am thin-faced.

아이 앰 씬 페이슷

I have a meager face.

아이 해 버 미–거 페이(ㅅ)

달걀형은 어떤 헤어스타일도 가장 잘 어울려요.

An oval shaped face is the most flexible for wearing any type of hairstyle.

언 오우벌 쉐입(ㅌ) 페이 시즈 더 모우슷 플렉서블 퍼 웨어링 애니 타입 어(ㅂ) 헤어스타일

meager 메마른

피부

그녀는 피부색이 희다.

She has a fair complexion.

쉬 해즈 어 페어 컴플렉션

그녀는 피부색이 검다.

She is dark-skinned.

쉬 이즈 다–(ㅋ) 스킨(ㄷ)

피부가 텄어.

My skin is chapped.

마이 스킨 이즈 챕(ㅌ)

I have chapped skin.

아이 해(ㅂ) 챕(ㅌ) 스킨

피부가 거칠어.

I have rough skin.

아이 해(ㅂ) 러(ㅍ) 스킨

그녀의 피부는 탄력이 있다.

Her skin is elastic.

허 스킨 이즈 일래스틱

네 피부가 곱다.

You have fair skin.

유 해(ㅂ) 페어 스킨

피부가 지성이군요.

Your skin is oily.

유어 스킨 이즈 어일리

↘ 건성 피부는 dry라고 합니다.

fair 살결이 흰
a fair complexion 흰 살결
* fair 금발의 (≠dark)
* fair hair 금발
complexion 안색, 혈색
chap (살갗, 입술 등이) 트다, 거칠어지다
elastic 탄력 있는

피부 상태

모공 때문에 고민이야.

I worry about my pores.

아이 워-리 어바웃 마이 퍼-(ㅅ)

머드팩이 당신의 피부에 변화를 줄 거예요.

A mudpack will work wonders for your skin.

어 멋팩 윌 워- 원더(ㅅ) 퍼 유어 스킨

햇빛에 그을려 까무잡잡하다.

I was tanned by the sun.

아이 워즈 탠(ㄷ) 바이 더 선

I was burnt by the sun.

아이 워즈 버언(ㅌ) 바이 더 선

I was sunburnt.

아이 워즈 선버언(ㅌ)

피부가 예민해.

I have sensitive skin.

아이 해(ㅂ) 센서티(ㅂ) 스킨

피부색이 칙칙해졌어.

My facial complexion has become dark.

마이 페이셜 컴플렉션 해즈 비컴 다-(ㅋ)

피부가 건조하고 각질이 일어났어요.

My skin was dry and flaking.

마이 스킨 워즈 드라이 앤(ㄷ) 플래킹

피부 트러블

얼굴에 뭐가 났네.

Your face looks so bumpy.

유어 페이(ㅅ) 룩(ㅅ) 소우 범피

얼굴에 여드름이 났어.

There are pimples on my face.

데어 아- 핌플 선 마이 페이(ㅅ)

내 얼굴에는 점이 너무 많아.

I have too many spots on my face.

아이 해(ㅂ) 투- 매니 스팟 천 마이 페이(ㅅ)

네 얼굴에 주름이 많은데.

You have a lot of wrinkles on your face.

유 해 버 랏 어(ㅂ) 링클 선 유어 페이(ㅅ)

나는 주근깨가 좀 있어.

↘ 기미는 liver spots, chloasma라고 합니다.

I have some freckles.

아이 해(ㅂ) 섬 프레클(ㅅ)

얼굴에 온통 두드러기가 났어.

A rash broke out all over my face.

어 래쉬 브로욱 아웃 어얼 오우버 마이 페이(ㅅ)

---

peel 껍질을 벗기다
pore 작은 구멍
tan 햇볕에 태우다

bumpy 울퉁불퉁한
pimple 여드름, 뾰루지
freckle 주근깨
rash 발진, 뾰루지

눈①

눈②

난 쌍꺼풀이 있어.

I have double eyelids.
아이 해(ㅂ) 더블 아이리(ㅈ)

I have double-edged eyelids.
아이 해(ㅂ) 더블 엣쥣 아이리(ㅈ)

난 속쌍꺼풀이 있어.

I have inner double eyelids.
아이 해 비너 더블 아이리(ㅈ)

I have hidden double eyelids.
아이 해(ㅂ) 히든 더블 아이리(ㅈ)

쌍꺼풀이 생기면 네 눈이 커 보여.

When you acquire double eyelids, your eyes look bigger.
웬 유 어쿠아이어 더블 아이리(ㅈ), 유어 아이(ㅈ) 룩 비거

난 긴 속눈썹을 가졌지.

I have long eyelashes.
아이 해(ㅂ) 러엉 아이래쉬(ㅅ)

그는 눈이 부리부리하다.

He has big bright eyes.
히 해즈 빅 브라잇 아이(ㅈ)

그녀는 크고 아름다운 눈을 가졌지.

She has big beautiful eyes.
쉬 해즈 빅 뷰–티펄 아이(ㅈ)

눈이 움푹 들어갔다.

I have hollow eyes.
아이 해(ㅂ) 할로우 아이(ㅈ)

I have sunken eyes.
아이 해(ㅂ) 선컨 아이(ㅈ)

I have cavernous eyes.
아이 해(ㅂ) 캐버너 사이(ㅈ)

눈이 멀리 떨어져 있다.

My eyes are far apart from each other.
마이 아이 자– 파 어파–(ㅌ) 프럼 이–취 어더

그의 눈은 가까이 몰려 있어.

His eyes are close together.
히스 아이 자– 클로우(ㅅ) 터게더

눈이 위로 올라갔다.

My eyes slant upward.
마이 아이(ㅈ) 슬랜 텁워–(ㄷ)

눈이 아래로 처졌다.

My eyes slant downward.
마이 아이(ㅈ) 슬랜(ㅌ) 다운워–(ㄷ)

눈이 가느다랗다.

My eyes are narrow.
마이 아이 자– 내러우

---

eyelid 눈꺼풀
hidden 숨겨진
acquire 얻다, 획득하다
eyelash 속눈썹

hollow 움푹 들어간
sunken 움푹 들어간
cavernous 움푹한
slant 기울다

시력

그는 색맹이다.
He is color-blind.
히 이즈 컬러 블라인(ㄷ)

시력이 어떻게 돼요?
What's your vision?
왓츠 유어 비전?
How is your eyesight?
하우 이즈 유어 아이사잇?
↘ '시력이 좋다'는 have good eyesight, 반대로
'시력이 나쁘다'는 have bad eyesight라고 합니다.

전 시력이 아주 좋아요.
I have twenty-twenty vision.
아이 해(ㅂ) 트웬티 트웬티 비전

저는 근시라서 안경을 써요.
I am near-sighted and so I wear glasses.
아이 앰 니어 사이팃 앤(ㄷ) 소우- 아이 웨어 글래시(ㅈ)
↘ = shortsight, nearsightness
* 원시 long sight, long-sightedness
난시 astigmatism

시력이 떨어진 거 같아.
I think my eyes are dimmed.
아이 씽(ㅋ) 마이 아이 자- 딤(ㄷ)
I think my eyesight is failing.
아이 씽(ㅋ) 마이 아이사잇 이즈 페일링

코의 생김새

난 코가 높다.
I have a long nose.
아이 해 버 러엉 노우(ㅈ)

그는 주먹코이다.
He has a bottle nose.
히 해즈 어 바들 노우(ㅈ)
He has a bulbous nose.
히 해즈 어 벌버(ㅅ) 노우(ㅈ)
His nose is ball-shaped.
히스 노우 지즈 버얼 쉐입(ㅌ)

넌 들창코구나.
You have a pug nose.
유 해 버 펑 노우(ㅈ)
You have a snub nose.
유 해 버 스넙 노우(ㅈ)

그는 납작코이다.
He has a flat nose.
히 해즈 어 플랫 노우(ㅈ)

그녀는 매부리코예요.
She is a hawk[hook]-nosed person.
쉬 이즈 어 헉 [훅] 노우즛 퍼-슨
She has a hawk[hook] nose.
쉬 해즈 어 헉 [훅] 노우(ㅈ)
She has a Roman nose.
쉬 해즈 어 로우먼 노우(ㅈ)
She has an aquiline nose.
쉬 해즈 언 애쿠얼라인 노우(ㅈ)

bulbous 둥글납작한
pug 들창코
snub 들창코의

dim 흐릿한, 희미한

158

코 관련 증상

그는 자주 코를 후빈다.
He often picks his nose.
히 어-펀 픽(ㅅ) 히스 노우(ㅈ)

코 훌쩍이지 마.
Don't sniffle.
도운(ㅌ) 스니플

코감기에 걸렸어.
I get the sniffles.
아이 겟 더 스니플(ㅅ)
I have a cold in the nose.
아이 해 버 코울 딘 더 노우(ㅈ)

콧물이 나온다.
I have runny nose.
아이 해(ㅂ) 러니 노우(ㅈ)

코피가 나네.
My nose is bleeding.
마이 노우 지즈 블리-딩

코가 막혔다.
My sinuses are clogged.
마이 사이너시 자- 클락(ㄷ)

코 풀어.
Blew your snivel.
블루- 유어 스니벌

sniffle 코를 훌쩍거리다
sinus 구멍
clog 막히다
snivel 콧물

꼭! 짚고 가기

eye와 nose 관련 idiom

eye와 nose라고 해도 신체의 눈과 코만 의미하진 않아요. 관용어로 쓰이는 표현들을 보며 의미를 잘못 이해하지 않도록 주의하세요.

- That's all my eye. 바보 같은 소리.
- An eye for an eye. 눈에는 눈.
- Oh, my eye! 저런!
- Eyes left [right]! 좌[우]로 봐! (구령)
- Mind your eye. 정신 차려.
- In the blink of an eye.
  눈 깜짝할 사이
- by an eyelash 근소한 차이로
- not bat an eyelash
  (= not blink an eyelash)
  눈 하나 깜박이지 않다
  (= 한잠도 안 자다)

- by a nose 적은 차이로, 간신히
- nose a job
  자기 이익이 되는 일을 용케 찾아내다
- on the nose 어김없이, 정확히
- The skin off your nose! 건배!
- Cleopatra's nose 클레오파트라의 코
  (중대한 영향을 미치는 사소한 일을 비유하는 표현)
- nose to tail (차가) 정체되다
  (차가 정체되어 앞차와 바짝 붙어 있는 모양을 비유하는 표현)

귀

귀 좀 빌려줘.

Lend me your ear.

렌(ㄷ) 미 유어 이어

그는 보청기를 달고 있다.

He wears a hearing aid.

히 웨어 저 히어링 에잇

귀지가 가득 찼다.

Your ears are full of wax.

유어 이어 사– 풀 어 왁(ㅅ)

그는 귀가 어두워.

He has poor hearing.

히 해즈 푸어 히어링

우리는 열심히 귀를 기울인다.

We are all ears.

위 아– 어얼 이어(ㅅ)

그는 좋은 음감을 가지고 있다.

He has a good ear.

히 해즈 어 굿 이어

↘ 음치는 tone-deafness라고 합니다.

귀를 뚫는 귀걸이를 했다.

I wear pierced earrings.

아이 웨어 피어슷 이어링(ㅅ)

↘ 귀를 안 뚫은 귀걸이는 clip-on earrings라고 합니다.

입 & 입술

그는 입이 커.

His mouth is big.

히스 마우쓰 이즈 빅

그녀는 입매가 예쁘다.

She has a lovely mouth.

쉬 해즈 어 러(ㅂ)리 마우쓰

그녀의 입술이 촉촉해 보인다.

Her lips look glossy.

허 립(ㅅ) 룩 글러시

그의 입술은 두껍다.

His lips are full.

히스 립 사– 풀

내 입술은 얇다.

My lips are thin.

마이 립 사– 씬

↘ 윗입술 upper lip, 아랫입술 bottom lip

내 입술은 잘 튼다.

My lips often crack.

마이 립 서–펀 크랙

glossy 광택이 나는
crack 금가게 하다

hearing aid 보청기

입 관련 동작

입을 크게 벌려요.

Open your mouth wide.
오우펀 유어 마우쓰 와이(드)

혀를 내밀어 보세요.

Stick out your tongue.
스틱 아웃 유어 텅

혀를 깨물었어.

I bit my tongue.
아이 빗 마이 텅

그 꼬마는 언 손에 입김을 불었다.

The kid blew on his frozen hands.
더 킷 블루– 언 히스 프로우즌 핸(ㅈ)

그녀가 입가에 미소를 띠며 앉아 있었다.

She was sitting with a smile about her lips.
쉬 워즈 시딩 윗 어 스마일 어바웃 허 립(ㅅ)

여기서 잠깐!

accessories ①

- wear accessories 액세서리를 달다
- ring 반지
  a marriage ring 결혼반지
  = a wedding ring
  a diamond ring 다이아 반지
  = a ring set with diamonds
  put a ring on one's finger 반지를 끼다
  a ringed finger 반지를 낀 손가락
  a ring mark 반지 자국

꼭! 짚고 가기

ear와 mouth&lip 관련 idiom

ear와 mouth, lip이라고 해도 신체의 귀와 입, 입술만 의미하진 않아요. 관용어로 쓰이는 표현들을 보며 의미를 잘못 이해하지 않도록 주의하세요.

▶ 귀
- from ear to ear 입을 크게 벌리고
- A word in your ear.
  잠깐 할 말이 있어.
- by ear 악보 없이[악보를 안 보고]
- easy on the ear 듣기 좋은
- play it by ear 임기응변으로 처리하다
- Preach to deaf ears.
  쇠귀에 경 읽기.
- The belly has no ears.
  수염이 석 자라도 먹어야 양반.
- You cannot make a silk purse out of a sow's ear.
  콩 심은 데 콩 나고 팥 심은 데 팥 난다.

▶ 입
- from hand to mouth 하루살이 생활
- mouth down 잠자코 있다
- with one mouth 이구동성으로
- Out of the mouth comes evil.
  재앙은 입으로부터 생긴다.

▶ 입술
- make a lip 입을 삐죽거리다
- get lip 키스하다
- keep a stiff lip 당황하지 않다
- cross lips 언급되다

구강

네 잇몸이 보이는데.
I can see your gums.
아이 캔 시— 유어 검(ㅅ)

잇몸이 안 좋아.
I have the gum problem.
아이 해(ㅂ) 더 검 프라블럼

네 입냄새가 지독해.
Your breath smells bad.
유어 브레쓰 스멜(ㅅ) 뱃

양치질하러 가라.
Go brush your teeth.
고우 브러쉬 유어 티—쓰

치실 사용해요?
Do you use dental floss?
두 유 유—(ㅈ) 덴틀 플러—(ㅅ)?

녹차로 입가심해요.
Have green tea for rinsing your mouth.
해(ㅂ) 그리인 티— 퍼 린싱 유어 마우쓰

치아 관련

이가 고르게 났다.
I have straight teeth.
아이 해(ㅂ) 스츠레잇 티—쓰
↘ 이가 고르게 나지 않은 건 crooked teeth라고 합니다.

덧니가 있다.
I have a double tooth.
아이 해 버 더블 투—쓰

이를 때운 것이 몇 개 있어.
I have a few fillings.
아이 해 버 퓨— 필링(ㅅ)

그녀는 이가 하얗다.
Her teeth are white.
허 티—쓰 아— 와잇
↘ 이가 누렇다고 할 때는 yellowish라고 하면 됩니다.

사랑니가 나고 있어.
My wisdom teeth are coming on.
마이 위즈덤 티—쓰 아— 커밍 언

사랑니를 뽑았어.
I had my wisdom teeth taken out.
아이 햇 마이 위즈덤 티—쓰 테이큰 아웃

충치가 있어요.
I have a cavity.
아이 해 버 캐비티

여기서 잠깐!
accessories ②
• necklace 목걸이
  wear a necklace 목걸이를 하다
  a pearl necklace 진주 목걸이
• earings 귀걸이
• bracelet 팔찌

gum 잇몸
floss 치실
rinse 헹구어 내다

헤어스타일

그는 대머리이다.
He is a bald.
히 이즈 어 버얼(ㄷ)

그녀는 포니테일 스타일을 좋아한다.
She likes pony tails.
쉬 라익(ㅅ) 퍼니 테일(ㅅ)

당신의 머리는 무슨 색깔이에요?
What is the color of your hair?
왓 이즈 더 컬러 어 뷰어 헤어?

그는 머리가 갈색이에요.
He has brown hair.
히 해즈 브라운 헤어
His hair is brown.
히스 헤어 이즈 브라운
He's got brown hair.
히즈 갓 브라운 헤어

저는 단발머리예요.
I wear my hair bobbed.
아이 웨어 마이 헤어 밥(ㅌ)

언니는 머리를 땋았어요.
My elder sister wears her hair in a braid.
마이 엘더 시스터 웨어(ㅅ) 허 헤어 인 어 브레잇

나는 짧은 머리이다.
I have short hair.
아이 해(ㅂ) 셔엇 헤어
I have my hair clipped short.
아이 해(ㅂ) 마이 헤어 클립(ㅌ) 셔엇

bobbed 단발머리의
braid 땋다, 땋아 늘어뜨리다
clip (머리카락을) 자르다

꼭! 짚고 가기

머리카락 상태

피부 못지 않게 머리카락 상태에도 상당히 신경을 쓰는 사람들이 많습니다. 여러 가지 원인으로 머리카락은 오늘도 괴로움을 호소하는군요.
머리결을 상하게 하는 원인들로는 너무 자주 하는 염색(dyeing), 파마(perming), 드라이어(dryer)나 스타일링 기구(styping equipment)의 사용 등이 있습니다.
머리카락의 상태를 영어로 표현해 볼까요?

- damaged 손상된
- split 갈라진
- brittle 푸석한
- greasy 기름진
- tangled 엉킨
- hairy 숱이 많은(=thick)
- thin 숱이 적은
- layered 층이 진
- messy 흐트러진, 엉망의(=untidy)
- curly 곱슬머리의
- bald 대머리의
- dandruff 비듬

* 참고로 미장원에서 흔히 말하는 '브릿쥐'는 bridge가 아니라 bleach입니다.
'(화약 약품으로) 표백하다'라는 뜻을 가지고 있는 단어인데, 보통 염색보다 더 밝은 색으로 하는 것을 말하죠. 따라서 머리결을 상하게 하는 치명적인 원인이기도 합니다.

헤어스타일 & 수염

스타일 ①

\# 나는 헤어스타일을 바꿨어요.

I have changed my hair style.
아이 해(ㅂ) 체인쥣 마이 헤어 스타일

\# 그녀는 곱슬머리에 짧은 금발이야.

She has short curly blonde hair.
쉬 해즈 셔엇 커얼리 블란(ㄷ) 헤어

\# 최근 흰머리가 나기 시작했어.

My hair has begun to turn gray recently.
마이 헤어 해즈 비건 투 터언 그레이 리센(ㅌ)리

\# 제 머리결이 다 상했어요.

My hair is damaged.
마이 헤어 이즈 대미쥣

\# 머리끝이 갈라졌어.

I have split ends.
아이 해(ㅂ) 스플릿 엔(ㅈ)

\# 우리 아빠는 콧수염이 있다.

My daddy has a moustache.
마이 대디 해즈 어 머스태쉬

\# 그는 구레나룻이 있다.

He has mutton chops.
히 해즈 멋든 챱(ㅅ)

\# 그는 턱밑 수염을 기른다.

He has a goatee.
히 해즈 어 고우티-

\# 그녀는 섹시하게 [귀엽게] 생겼어.

She looks cute.
쉬 룩(ㅅ) 큐웃
↘ 어른에게 cute라고 하면 '섹시하다'라는 말이 된답니다.

\# 그는 아주 지적으로 생겼어.

He looks quite intelligent.
히 룩(ㅅ) 쿠아잇 인텔리전(ㅌ)

\# 그는 잘생겼어.

He is good-looking.
히 이즈 굿 루킹
↘ 잘생겼다는 표현으로 handsome 보다 good looking이 더 보편적으로 쓰입니다.

\# 저 남자 섹시한데.

That guy is so hot.
댓 가이 이즈 소우- 핫
↘ 섹시한 남성이나 여성에게 hottie라고 합니다.

\# 그녀는 굉장한 미인이다.

She is a real knockout.
쉬 이즈 어 리얼 낙아웃

\# 그녀는 글래머야.

She's curvy.
쉬즈 커-비
↘ 우리가 말하는 '글래머러스'한 스타일은 curvy라고 한답니다.

\# 가까이서 보니 훨씬 미남이신데요.

You're even better looking up close.
유어 이븐 베더 루킹 업 클로우(ㅅ)

curly 구불구불한

intelligent 지적인, 총명한
knockout 매력적인 사람(것)

스타일 ②

오늘 멋져 보이는데요.
You look great today.
유 룩 그레잇 터데이

그는 멋을 아는 남자이다.
He's a straight man with taste.
히즈 어 스츠레잇 맨 윗 테이슷

난 그의 외모가 마음에 들어요.
I like the way he looks.
아이 라익 더 웨이 히 룩(ㅅ)

그는 항상 그 모습 그대로인 것 같다.
He looks the same as always.
히 룩(ㅅ) 더 세임 애 저얼웨이(ㅈ)

그녀는 수수한 외모이다.
She looks plain.
쉬 룩(ㅅ) 플레인

전 말괄량이였어요.
I used to be a tomboy.
아이 유-줏 투 비- 어 탐보이

그는 여자 같은 남자인데.
He is a sissy.
히 이즈 어 시시

plain 소박한, 예쁘지 않은
tomboy 말괄량이, 사내 같은 계집아이
sissy 여자 같은 남자아이

닮았다고 말할 때

제가 아는 사람이랑 닮았네요.
You look like someone I know.
유 룩 라익 섬원 아이 노우

나는 외할머니를 닮았어요.
I'm much more like my grandmother on my mother's side.
아임 머취 머- 라익 마이 그랜(ㄷ)머더 언 마이 머더(ㅅ) 사이(ㄷ)

여동생은 눈 주위가 아버지를 닮았어요.
My sister resembles my father around the eyes.
마이 시스터 리젬블(ㅅ) 마이 파-더 어라운(ㄷ) 디 아이(ㅈ)

당신은 어머니를 닮았어요 아버지를 닮았어요?
Do you look more like your mother or your father?
두 유 룩 머- 라익 유어 머더 어 유어 파-더?

당신이 브래드 피트를 닮았다고 하지 않나요?
Do people say you look like Brad Pitt?
두 피-플 세이 유 룩 라익 브랫 핏?

여기서 잠깐!
옷의 종류

- overcoat 오버코트
- three-quarter coat 짧은 코트
- trench coat 트렌치코트
- windbreaker 윈드브레이커
- cardigan 카디건
- turtleneck 터틀넥
- pleat skirt 주름치마
- suspenders 멜빵바지

못생긴 외모

\# 그는 엄청 못생겼다.

He has a face that only a mother could love.
히 해즈 어 페이(ㅅ) 댓 오운리 어 머더 쿠(ㄷ) 러(ㅂ)

He has the face that could stop a clock.
히 해즈 더 페이(ㅅ) 댓 쿠(ㄷ) 스탑 어 클락

He is butt-ugly.
히 이즈 벗 어글리

He is gross.
히 이즈 그로우(ㅅ)

\# 그녀는 성격만 좋아.

↘ 외모는 별로라는 말을 우회적으로 표현한 거죠.

She has a nice personality.
쉬 해즈 어 나이(ㅅ) 퍼–서낼러티

\# 쟨 외모가 떨어져.

She is short on looks.
쉬 이즈 셔엇 언 룩(ㅅ)

\# 그의 외모는 그저 그래.

His looks is just passable.
히스 룩 시즈 저슷 패서블

\# 쟤 못생겼지?

She looks busted?
쉬 룩(ㅅ) 버스팃?

\# 그녀는 아주 끝내준다고 하기는 힘들지만, 그래도 그 정도면 예쁘다.

I wouldn't exactly say she's gorgeous, but she is pretty.
아이 우든 틱잭(ㅌ)리 세이 쉬즈 거–줘(ㅅ), 벗 쉬 이즈 프리디

passable 웬만한, 무난한
busted 부서진
gorgeous 멋진, 훌륭한

옷 취향

\# 난 원피스를 즐겨 입어.

I frequently wear a dress.
아이 프리쿠엔(ㅌ)리 웨어 어 드레(ㅅ)

\# 그는 검은색 옷만 입는다.

He always wears black clothes.
히 어얼웨이 췌어 블랙 클로우드(ㅈ)

\# 그녀는 옷을 야하게 입어.

She wears gaudy clothes.
쉬 웨어(ㅅ) 거–디 클로우드(ㅈ)

\# 난 옷 색깔을 맞춰 입는 편이야.

I always wear the clothes color-coordinated.
아이 어얼웨이 췌어 더 클로우드(ㅈ) 컬러 코우어–더네이팃

\# 그는 항상 줄무늬 옷을 입고 있던데.

He always wears striped clothes.
히 어얼웨이 췌어(ㅅ) 스츠라입(ㅌ) 클로우드(ㅈ)

\# 그녀는 늘 바지만 입어.

She always wears pants.
쉬 어얼웨이 췌어(ㅅ) 팬(ㅊ)

\# 그는 항상 정장을 입어.

He always wears a suit.
히 어얼웨이 췌어 서 수웃

gaudy 야한, 화려한
striped 줄무늬가 있는

옷차림 ①

나는 특히 유행하는 옷은 별로야.
I don't particularly like fashionable clothes.
아이 도운(트) 퍼티큐러리 라익 패셔너블 클로우드(ㅈ)

그녀는 최신 유행 옷만 입어.
She only wears the latest fashions.
쉬 오운리 웨어(ㅅ) 더 레이티숫 패션(ㅅ)

이거 지금 유행 중이야.
It's in vogue now.
잇츠 인 보우(ㄱ) 나우

이거 최신 스타일이야.
This is the latest style.
디스 이즈 더 레이티숫 스타일

그는 옷차림에 별로 신경을 쓰지 않아.
He doesn't care about his clothes much.
히 더즌(트) 캐어 어바웃 히스 클로우드(ㅈ) 머취

너는 아무거나 잘 어울려.
Everything looks good on you.
에브리씽 룩(ㅅ) 굿 언 유
You look good in everything.
유 룩 굿 인 에브리씽

particularly 특히, 각별히
vogue 유행, 인기

화장품 병에 쓰여 있는 영어 정복 ①

화장대 위를 보면 화장품 종류도 복잡하지만, 그 이름들도 골치 아픕니다. 어떤 기능을 가진 것인지 잘 알고 써야 하지 않을까요?

- Adenosine 아데노신
  피부 노화 방지 성분
- Arbutin 알부틴
  산소와 반응해 멜라닌을 생성하는 티로시나아제에 작용하여 화이트닝 효과를 내는 성분
- Balancing 밸런싱
  피지를 컨트롤하거나 유·수분을 조절함. 복합성 피부용 제품에 많이 쓰임.
- Ceramide 세라마이드
  수분을 공급하는 성분으로 보습 제품에 주로 쓰임.
- Collagen 콜라겐
  피부 탄력을 유지시켜 주는 피부 단백질의 일종으로 주름 방지, 탄력 강화 제품에 쓰임.
- Firming 굳은, 견고한
  노화, 처진 피부를 탄력 있게 만들며, 주로 건성 피부에 사용하는 크림이나 에센스류에 많이 나옴.
- Hydra 수분(프랑스어)
  피부에 수분을 집중적으로 공급하는 제품에 주로 쓰임.
- Intensive 집중적인
  에센스에 자주 사용되는 용어. 기존의 성분이나 기능을 극대화시켜 효과가 배가 됨을 의미함.
- Lifting 들어 올리다
  노화 피부를 탱탱하게 해 준다는 의미
- Mattifying 번들거림 없이 보송하게 하다
  피지를 조절하여 피부를 매트하게 마무리. 주로 지성 피부용 제품에서 볼 수 있음.
- Moisturising 수분을 공급하다
  보습 기능이 강화된 제품

옷차림 ②

네 스타일 멋있는데.

Your style is money.

유어 스타일 이즈 머니

↘ money를 형용사로 써서 흔히 '간지난다, 엣지있다'
라고 표현할 수 있어요.

세련되어 보이는데.

You look sharp.

유 룩 샤-(ㅍ)

이 바지는 나한테 너무 꽉 끼어.

These pants are too tight for me.

디-(ㅈ) 팬 차- 투- 타잇 퍼 미

요즘 스키니진이 유행이야.

**Skinny jeans are popular these
days.**

스키니 진 사- 파퓰러 디-즈 데이(ㅈ)

이런 청바지를 안 입으면 유행에 뒤떨어져.

**You're not in if you don't wear this
style of blue jean.**

유어 낫 인 이 퓨 도운 웨어 디스 스타일 어(ㅂ)
블루- 지인

그녀는 민소매 옷을 즐겨 입어.

She likes to wear tank tops.

쉬 라익(ㅅ) 투 웨어 탱(ㅋ) 탑(ㅅ)

옷차림 ③

그녀는 옷을 잘 차려입었다.

She dressed up nicely.

쉬 드레(ㅅ) 텁 나이스리

이번 모임 땐 잘 입어야겠어.

I should dress up for this meeting.

아이 슈(ㄷ) 드레 섭 퍼 디스 미-팅

그의 생일 파티 때 입을 드레스 좀 골라
줄래?

**Can you pick out my dress for his
birthday party?**

캔 유 픽 아웃 마이 드레(ㅅ) 퍼 히스 버-쓰데이
파-티?

이번 파티의 드레스 코드가 뭐예요?

**What's the dress code for this
party?**

왓츠 더 드레(ㅅ) 코우(ㄷ) 퍼 디스 파-티?

그녀는 촌스러운 사람이야.

She is a hillbilly.

쉬 이즈 어 힐빌리

그녀는 명품만 입어.

She only wears designer clothes.

쉬 오운리 웨어(ㅅ) 디자이너 클로우드(ㅈ)

dress up ~로 정장하다
pick out ~을 선택하다
hillbilly 촌스러운

sharp 세련된, 스마트한

화장 ①

\# 화장이 잘 먹었다.

I have good makeup.
아이 해(ㅂ) 굿 메익업

My makeup looks good.
마이 메익업 룩(ㅅ) 굿

\# 오늘 화장이 떴는데.

Your makeup does not blend in today.
유어 메익업 더즈 낫 블렌 딘 터데이

Your makeup doesn't blend with your face.
유어 메익업 더즌(ㅌ) 블렌 뒷 유어 페이(ㅅ)

\# 그녀는 화장이 너무 짙다.

She always wears too much makeup.
쉬 어얼웨이 췌어(ㅅ) 투— 머취 메익업

\# 그녀는 생얼 메이크업을 한다.

She wears light makeup that looks natural.
쉬 웨어(ㅅ) 라잇 메익업 댓 룩(ㅅ) 내처럴

\# 화장 거의 다 끝났어.

I'm almost done with my makeup.
아임 어얼모우슷 던 윗 마이 메익업

I'm just about done putting on my makeup.
아임 저슷 어바웃 던 푸딩 언 마이 메익업

\# 그녀는 매일 출근할 때 차 안에서 화장을 한다.

She puts her makeup in the car when she goes to work every day.
쉬 풋(ㅊ) 허 메익업 인 더 카— 웬 쉬 고우(ㅈ) 투 워—(ㅋ) 에브리 데이

blend 어울리다, 혼합하다
put on ~을 입다, 걸치다

꼭! 짚고 가기

화장품 병에 쓰여 있는 영어 정복 ②

화장대 위를 보면 복잡한 화장품 종류도 그렇지만, 그 이름들도 골치 아픕니다.
어떤 기능을 가진 것인지 잘 알고 써야 하지 않을까요?

- Peeling 표면이 벗겨지다 : 각질을 제거하여 피부색을 맑고 부드럽게 해 주는 제품에 주로 쓰임.
- Polisher 닦다, 윤기를 내다 : 피부의 각질을 제거하는 각질 제거 제품. 알갱이가 들어있는 각질 제거제
- Purifiant 깨끗하게 하다 : 클렌징제나 스킨 토너에 많이 나옴.
- Radiance 생기 있고 반짝이는 피부결을 유지시켜 준다 : 메이크업 베이스 겸용 제품에 주로 나옴.
- Regenerating 재생시킨다 : 영양분을 공급해 활력을 불어넣는 기능이 있음.
- Regulating 조절하다 : 피부의 유·수분을 조절하고 모공에 탄력을 주는 제품에 나옴.
- Repair 재생하다 : 피부에 집중적으로 영양을 공급하여 피부 세포 재생에 효과적인 기능을 갖고 있으며 영양 공급과 관련된 제품에 주로 쓰임.
- Retinol 레티놀 : 동물에서 추출한 성분으로 피부 노화를 예방함.
- Revitalizing 활력 : 지친 피부에 활력을 주는 영양 성분이 함유된 제품에 주로 쓰여 탄력과 주름 예방함을 나타냄.
- Ride 주름 : 주름 노화 방지하는 탄력 강화 제품에 주로 나옴.
- Sebum 피지 : 피지의 균형을 맞춰 주는 제품
- Vital 활력이 넘치는 : 피부에 생동감을 줌.

화장 ②

넌 화장을 자주 고친다.

You restore [freshen] your makeup
frequently.

유 리스터– [프레션] 유어 메익업 프리쿠이언(트)리

눈 화장이 다 번졌어.

All your eye makeup is smeared.

어얼 유어 아이 메익업 이즈 스미어(드)

그녀의 화장이 떡졌어.

Her makeup is caked on.

허 메익업 이즈 케익 턴

Her makeup is cakey.

허 메익업 이즈 케이키

립스틱 바르는 거 잊지 마.

Don't forget to wear lipstick.

도운(트) 퍼겟 투 웨어 립스틱

립스틱 색이 너무 진한데.

Your lip color is too heavy.

유어 립 컬러 이즈 투– 헤비

그녀는 화장을 안 해도 예뻐.

She looks pretty without any
makeup.

쉬 룩(ㅅ) 프리디 위다웃 애니 메익업

화장을 해도 티가 안 나는데.

You don't look like you're wearing
makeup.

유 도운(트) 룩 라익 유어 웨어링 메익업

난 그녀가 화장을 진하게 안 했으면 해.

I want her not to wear heavy
makeup.

아이 원(트) 허 낫 투 웨어 헤비 메익업

smear 바르다, 칠하다
cake 뭉치다, 굳히다
cakey 케이크 같은, 뭉쳐진

화장 ③

무슨 브랜드의 화장품 쓰니?

Which makeup brand do you use?

위취 메익업 브랜(ㄷ) 두 유 유–(ㅈ)?

무슨 향수를 뿌렸니?

What are you wearing?

왓 아– 유 웨어링?   ↘ 옷에 붙어있는 것은 모두
                      wear 동사를 씁니다.

화장 지웠니?

Did you take off your makeup?

디 쥬 테익 어 퓨어 메익업?

나는 콜드 크림으로 그녀의 화장을
지웠다.

I used some cold cream to take
makeup off her face.

아이 유–즛 섬 코울(ㄷ) 크리임 투 테익 메익업 어–(ㅍ)
허 페이(ㅅ)

어제 화장도 안 지우고 잤어.

I slept with my makeup on
yesterday.

아이 슬렙(트) 윗 마이 메익업 언 예스터데이

클렌징 하는 것이 중요하지.

It's important to cleanse the face.

잇츠 임퍼–턴(트) 투 클렌(ㅈ) 더 페이(ㅅ)

물 없이도 화장을 지우는 데 사용할 수
있습니다.

It can be used without water and it
removes makeup.

잇 캔 비– 유–즛 위다웃 워–터 앤 딧 리무–브(ㅅ)
메익업

cleanse 깨끗이 되다, 세척하다
remove 제거하다, 없애다

170

성형

성형 수술을 하고 싶다.

I want to get plastic surgery.

아이 원(ㅌ) 투 겟 플래스틱 서-저리

성형 수술을 하고 싶지 않아.

I don't want to have any plastic
surgery done.

아이 도운(ㅌ) 원(ㅌ) 투 해 배니 플래스틱 서-저리 던

쌍꺼풀 수술을 했다.

I got double-eyelid surgery.

아이 갓 더블 아이릿 서-저리

코 성형 수술이 잘못되었다.

The plastic surgery on my nose
had a problem.

더 플래스틱 서-저리 언 마이 노우(ㅈ) 햇 어 프라블럼

턱을 깎았다.

I had the size of my jaw reduced.

아이 햇 더 사이 저(ㅂ) 마이 저- 리듀-슷

안면윤곽술을 했다.

I had plastic surgery on my face.

아이 햇 플래스틱 서-저리 언 마이 페이(ㅅ)

성형 수술한 티가 안 나는데.

You don't look like you had plastic
surgery.

유 도운(ㅌ) 룩 라익 유 햇 플래스틱 서-저리

surgery 수술
reduced 축소하다, 줄이다

성형 수술

우리나라에서는 쌍꺼풀 수술이 보편적인
편이지만, 대부분 쌍꺼풀이 있는 서양권에
서는 어떤 성형 수술을 선호할까요?
서양권에서는 지방 흡입이나 가슴 성형 수
술을 많이 한다는군요.
보통 성형 수술이라고 하면 plastic sur-
gery라고 알고 있는데, 이것은 미용을 위한
cosmetic surgery나 장애나 기형으로 인
해서 하는 reconstructive surgery를 광
범위하게 의미하는 말입니다.
우리가 흔히 알고 있는 미용을 위해 하는
성형은 cosmetic surgery입니다.

- liposuction 지방 흡입술
- breast augmentation
  (= boob job) 가슴 확대술

Chapter 05

Chapter 05

At the restaurant 레스토랑에서
앳 더 레스터런(ㅌ)

restaurant
레스터런(ㅌ)
n. 레스토랑

menu 메뉴-
n. 메뉴

waiter 웨이터
n. 웨이터

waitress 웨이트리(ㅅ)
n. 웨이트리스

cook 쿡
n. 요리사
v. 요리하다

beverage 베버리쥐
n. 음료, 마실 것

appetizer 애피타이저
n. 전채, 애피타이저

soup 수웁
n. 수프

main dish 메인 디쉬
n. 주요리

side dish 사이(ㄷ) 디쉬
n. 곁들이는 요리

salad 샐럿
n. 샐러드

dessert 디저-(ㅌ)
n. 디저트

boil 버일
v. 끓이다, 삶다

blanch 블랜취
v. 살짝 데치다

fry 프라이
v. 튀기다

roast 로우슷
v. (고기 등을) 굽다

toast 토우슷
v. (빵 등을 노릇노릇하게) 굽다

sirloin 서얼러인
n. 등심

salmon 새먼
n. 연어

bread 브렛
n. 빵

cake 케익
n. 케이크

cookie 쿠키
n. 쿠키

ice cream 아이(ㅅ) 크리임
n. 아이스크림

174

	plate 플레잇 n. 접시	tray 트레이 n. 쟁반	bottle 바틀 n. 병
	salt 서얼(ㅌ) n. 소금	pepper 페뻐 n. 후추	bill 빌 n. 계산서 tip 팁 n. 팁
café 캐페이 n. 카페	coffee 커–피 n. 커피	cream 크리임 n. 크림	sugar 슈거 n. 설탕
	milk 밀(ㅋ) n. 우유	juice 쥬–(ㅅ) n. 주스	tea 티– n. 차
		soda 소우더 n. 탄산음료	glass 글래(ㅅ) n. (유리)컵
	napkin 냅킨 n. 냅킨	teaspoon 티–스푸운 n. 티스푼	teacup 티–컵 n. 찻잔

At the hospital 병원에서
앤 더 하스피틀

hospital 하스피틀 n. 병원	**doctor** 닥터 n. 의사	**nurse** 너얼(ㅅ) n. 간호사	**patient** 페이션(ㅌ) n. 환자
	general hospital 줴너럴 하스피틀 n. 종합병원	**emergency room** 이머–뤈시 루움 n. 응급실	**sickroom** 식루움 n. 병실
	wounded 우운딧 a. 상처를 입은 **wound** 우운(ㄷ) n. 상처	**frostbite** 프러–슷바잇 n. 동상 v. 동상에 걸리게 하다	**burn** 버언 n. 화상
	hurt 허–(ㅌ) v. 다치다	**cut** 컷 v. 베이다, 자르다	**help** 헬(ㅍ) v. 부축하다
	fracture 프랙춰 n. 골절	**bone** 보운 n. 뼈	**blood** 블럿 n. 피
urgent 어얼전(ㅌ) a. 긴급한	**heart attack** 하–(ㅌ) 어택 n. 심장마비	**CPR** 씨–피–아알 n. 심폐소생술 (Cardiopulmonary Resuscitation의 약자)	**epilepsy** 에펄렙시 n. 간질
	breathe 브리–드 v. 호흡하다	**breathing** 브리–딩 n. 호흡	**fall** 퍼얼 v. 쓰러지다
	ambulance 앰뷸런(ㅅ) n. 구급차	**first-aid kit** 퍼–슷 에잇 킷 n. 구급상자	**emergency exit** 이머–뤈시 엑싯 n. 비상구

At the bank 은행에서
앳 더 뱅(ㅋ)

bank 뱅(ㅋ) n. 은행	**save** 세이(ㅂ) v. 저축하다	**withdraw** 위드드러- v. 인출하다
	money 머니 n. 돈, 화폐 **cash** 캐쉬 n. 현금	**check** 첵 n. 수표
	change 체인쥐 n. 잔돈, 거스름돈	**exchange** 익스체인쥐 n. 환전 v. 환전하다
	account 어카운(ㅌ) n. 계좌	**credit transfer** 크레딧 츠랜스퍼 n. 계좌이체
	ordinary deposit 어-더네리 디파짓 n. 보통 예금	**installment deposit** 인스터얼먼(ㅌ) 디파짓 n. 적금
	interest 인터러슷 n. 이자	**balance** 밸런(ㅅ) n. 잔고
	ATM 에이티-엠 n. 현금 자동 인출기 (Automated Teller Machine의 약자)	**credit card** 크레딧 카-(ㄷ) n. 신용카드
	Internet banking 인터-넷 뱅킹 n. 인터넷 뱅킹	**pin** 핀 n. 비밀번호

음식점 추천 ▶ [QR]

간단하게 식사하고 싶은데요.

I'd like to have a light meal.
아잇 라익 투 해 버 라잇 미일
↳ 샌드위치나 떡볶이 같은 간단한 식사를 말해요.
반대로 든든한 식사는 heavy meal 혹은
solid meal이라고 합니다.

이 근처에 맛있게 하는 음식점 있나요?

Is there a good restaurant around here?
이즈 데어 어 굿 레스터런 터라운(ㄷ) 히어?

근처의 괜찮은 식당을 좀 추천해 주시겠어요?

Would you recommend a nice restaurant near here?
우 쥬 레커멘 더 나이(ㅅ) 레스터런(ㅌ) 니어 히어?

이 시간에 문을 연 가게가 있습니까?

Is there a restaurant open at this time?
이즈 데어 어 레스터런 토우펀 앳 디스 타임?

식당이 많은 곳은 어디인가요?

Where is the main area for restaurants?
웨어 이즈 더 메인 에어리어 퍼 레스터런(ㅊ)?

특별히 정해 둔 식당이라도 있나요?

Did you have a particular place in mind?
디 쥬 해 버 퍼티큐러 플레이 신 마인(ㄷ)?

식당 예약

제가 레스토랑을 예약할까요?

Shall I book a table at the restaurant?
샬 아이 북 어 테이블 앳 더 레스터런(ㅌ)?

그 레스토랑으로 예약해 주세요.

Make a reservation for the restaurant, please.
메익 어 레저베이션 퍼 더 레스터런(ㅌ), 플리-(ㅈ)

예약이 필요한가요?

Do we need a reservation?
두 위 니잇 어 레저베이션?

7시에 3인용 테이블을 예약하고 싶은데요.

I'd like a table for three at 7 o'clock.
아잇 라익 어 테이블 퍼 쓰리- 앳 세븐 어클락

창가 쪽 테이블로 해 주세요.

I'd like a table near the window.
아잇 라익 어 테이블 니어 더 윈도우

예약을 변경하고 싶습니다.

I want to change my reservation.
아이 원(ㅌ) 투 체인쥐 마이 레저베이션

예약을 취소해 주세요.

Cancel my reservation, please.
캔설 마이 레저베이션, 플리-(ㅈ)

예약 없이 갔을 때

몇 분이신가요?
How many are with you?
하우 메니 아– 윗 유?
How large is your party?
하우 라쥐 이즈 유어 파–티?

다섯 명입니다.
We have a party of 5.
위 해 버 파–티 어(ㅂ) 파이(ㅂ)
We are group of 5.
위 아– 그루웁 어(ㅂ) 파이(ㅂ)
We need a table for 5, please.
위 니잇 어 테이블 퍼 파이(ㅂ), 플리–(ㅈ)

흡연석과 금연석 중 어느 걸로 드릴까요?
Smoking or non-smoking?
스모우킹 어 넌 스모우킹?

금연석으로 부탁합니다.
Non-smoking, please.
넌 스모우킹, 플리–(ㅈ)
Non-smoking would be nice.
넌 스모우킹 우(ㄷ) 비– 나이(ㅅ)

죄송하지만 지금 자리가 다 찼습니다.
I'm afraid no tables are available now.
아임 어(ㅍ)레잇 노우 테이블 사– 어베일러블 나우

어느 정도 기다려야 하나요?
About how long will we have to wait?
어바웃 하우 러엉 윌 위 해(ㅂ) 투 웨잇?

20분 정도 기다리셔야 하는데요. 기다리시겠어요?
There's a 20-minute wait. Would you mind waiting?
데어즈 어 트웬티 미닛 웨잇. 우 쥬 마인(ㄷ) 웨이팅?

메뉴 보기

메뉴 좀 볼 수 있을까요?
Can I see the menu, please?
캔 아이 시– 더 메뉴–, 플리–(ㅈ)
May I have a menu, please?
메이 아이 해 버 메뉴–, 플리–(ㅈ)

오늘의 추천 메뉴는 무엇인가요?
What would you recommend?
왓 우 쥬 레커멘(ㄷ)?
What's good today?
왓츠 굿 터데이?
What's today's special?
왓츠 터데이(ㅅ) 스페셜?

메뉴를 좀 더 보고 싶은데요.
We need a little more time to look at the menu.
위 니잇 어 리들 머– 타임 투 룩 앳 더 메뉴–

주문은 잠시 후에 할게요.
Could you take our orders a little later?
쿠 쥬 테익 아워 어–더 서 리들 레이터?

이곳의 특선 요리는 무엇인가요?
What is the specialty of this house?
왓 이즈 더 스페셜티 어(ㅂ) 디스 하우(ㅅ)?

저희는 가재 요리를 전문으로 하고 있습니다.
We specialize in lobsters.
위 스페셜라이 진 랍스터(ㅅ)

주문 전

주문하셨습니까?
Have you been served?
해 뷰 빈 서-브(ㄷ)?

주문을 받아도 될까요?
Are you ready to order?
아- 유 레디 투 어-더?
May I have your order?
메이 아이 해 뷰어 어-더?

무엇으로 하시겠습니까?
What would you like?
왓 우 쥬 라익?

주문하고 싶은데요.
We are ready to order.
위 아- 레디 투 어-더
Will you take my order, please?
윌 유 테익 마이 어-더, 플리-(ㅈ)

먼저 음료부터 주문할게요.
We'd like to order drinks first.
위(ㄷ) 라익 투 어-더 드링(ㅋㅅ) 퍼-슷
We'll begin with drinks.
위일 비긴 윗 드링(ㅅ)

빨리 되는 게 어떤 건가요?
What can you serve quickly?
왓 캔 유 서-(ㅂ) 쿠익리?

저 사람이 먹고 있는 것은 무엇입니까?
What's that person having?
왓츠 댓 퍼-슨 해빙?

주문 결정

좋아요, 그걸로 할게요.
Okay, I'll have that.
오우케이, 아일 해(ㅂ) 댓

이걸로 주세요.
I'd like this one, please.
아잇 라익 디스 원, 플리-(ㅈ)

저도 같은 걸로 주세요.
The same for me, please.
더 세임 퍼 미, 플리-(ㅈ)

주문 확인하겠습니다.
Let me check your order.
렛 미 첵 유어 어-더

더 필요하신 건 없습니까?
Anything else?
애니씽 엘(ㅅ)?

커피는 식사 후에 갖다주세요.
Bring me the coffee later, please.
브링 미 더 커-피 레이터, 플리-(ㅈ)
I'd like my coffee after the meal, please.
아잇 라익 마이 커-피 애(ㅍ)터 더 미일, 플리-(ㅈ)

주문을 변경할 수 있을까요?
Can I change my order?
캔 아이 체인쥐 마이 어-더?

주문을 취소하고 싶은데요.
I want to cancel my order.
아이 원(ㅌ) 투 캔설 마이 어-더

주문하기 – 메인 요리

스테이크는 어떻게 해 드릴까요?
How would you like your steak?
하우 우 쥬 라익 유어 스테익?

중간 정도로 익혀 주세요.
Medium, please.
미-디음, 플리-(ㅈ)

완전히 익혀 주세요.
Well-done, please.
웰던, 플리-(ㅈ)

달걀은 어떻게 해 드릴까요?
How would you like your eggs?
하우 우 쥬 라익 유어 엑(ㅅ)?

스크램블로 해 주세요.
I'll have them scrambled.
아일 해(ㅂ) 뎀 스크램블(ㄷ)

↳ 여러 가지 달걀 요리법
sunny-side up 한쪽만 익힌 프라이
over easy 양면을 익힌 프라이
scrambled 휘저어 부친 프라이
soft-boiled 반숙
hard-boiled 완숙

꼭! 짚고 가기
다양한 조리법

레스토랑에서 먹고 싶은 음식을 주문하려
면 조리법을 이해할 수 있어야겠죠.
다양한 조리법을 영어로 어떻게 표현하는
지 살펴볼까요.

- raw 날것의
- baked 구운 (감자, 빵 등)
- toasted 구운 (빵 등)
- roasted 오븐에 구운
- grilled 석쇠에 구운
- broiled 불에 구운 (고기, 생선 등)
- smoked 훈제로 한
- overdone 너무 구워진
- underdone 설익은
- fried 기름에 볶은, (기름에) 튀긴
- saute 기름에 살짝 튀긴
- popped 튀긴 (팝콘 등)
- boiled 삶은
- steamed (김으로) 찐
- parboiled 살짝 데친, 반숙의
- scald 데친
- marinated 절인, 양념에 재운
- flavored 양념한
- filled, stuffed 속을 채운
- chopped 잘게 썬, 다진
- sliced 얇게 썬
- mashed 으깬

여기서 잠깐!
스테이크 익힘의 정도
스테이크를 시킬 때 직원이 꼭 물어보는 게 고기의 익
힘 정도입니다. 피가 흐를 정도로 덜 익힌 것에서 바짝
익힌 정도까지 어떻게 말할까요?
- bloody rare → rare → medium rare →
  medium → medium well → well-done →
  very well-done → burnt

주문하기 - 선택 사항

밥과 빵 중 어느 것으로 하시겠어요?

Which would you prefer, bread or rice?

위취 우 쥬 프리퍼-, 브렛 어 라이(ㅅ)?

수프나 샐러드가 함께 나옵니다. 어느 것으로 드릴까요?

That comes with a soup or salad. Which would you like?

댓 컴 윗 이 소웁 어 샐럿. 위취 우 쥬 라익?

사이드 메뉴로 수프와 샐러드 중 선택하실 수 있습니다. 어느 것으로 하시겠어요?

You can choose soup or salad for a side dish. What would you like?

유 캔 추-(ㅈ) 소웁 어 샐럿 퍼 어 사이(ㄷ) 디쉬. 왓 우 쥬 라익?

드레싱은 어느 걸로 하시겠어요?

What kind of dressing would you like?

왓 카인 더(ㅂ) 드레싱 우 쥬 라익?

드레싱에는 어떤 게 있나요?

What kind of dressing do you have?

왓 카인 더(ㅂ) 드레싱 두 유 해(ㅂ)?

주문하기 - 음료 & 디저트

음료는 무엇으로 하시겠습니까?

What would you like to drink?

왓 우 쥬 라익 투 드링(ㅋ)?

술은 어떤 종류가 있습니까?

What kind of drinks do you have?

왓 카인 더(ㅂ) 드링(ㅋㅅ) 두 유 해(ㅂ)?

물이면 됩니다.

Water's fine with me.

워-터(ㅅ) 파인 윗 미

Just a glass of water, please.

저슷 어 글래 서(ㅂ) 워-터, 플리-(ㅈ)

커피만 주세요.

Just coffee, please.

저슷 커-피, 플리-(ㅈ)

디저트를 주문하시겠습니까?

Would you like to order some dessert?

우 쥬 라익 투 어-더 섬 디저-(ㅌ)?

What would you like to have for dessert?

왓 우 쥬 라익 투 해(ㅂ) 퍼 디저-(ㅌ)?

디저트로는 무엇이 있습니까?

What kind of dessert do you have?

왓 카인 더(ㅂ) 디저-(ㅌ) 두 유 해(ㅂ)?

디저트는 아이스크림으로 할게요.

I will have some ice cream for dessert.

아이 윌 해(ㅂ) 섬 아이(ㅅ) 크리임 퍼 디저-(ㅌ)

주문하기 - 요청 사항

\# 소금을 넣지 않고 요리해 주세요.

I'd like it cooked without salt.

아잇 라익 잇 쿡 튀다웃 서얼(ㅌ)

\# 양파는 빼고 주세요.

Hold the onion, please.

홀(ㄷ) 디 어년, 플리-(ㅈ)

\# 너무 맵지 않게 해 주세요.

Make it not too spicy, please.

메익 잇 낫 투- 스파이시, 플리-(ㅈ)

\# 빵을 좀 더 주세요.

Can I have more bread?

캔 아이 해(ㅂ) 머- 브렛?

\# 소금 좀 갖다주시겠어요?

Could I have some salt, please?

쿠 다이 해(ㅂ) 섬 서얼(ㅌ), 플리-(ㅈ)?

\# 물 좀 더 주시겠어요?

May I have more water?

메이 아이 해(ㅂ) 머- 워-터?

\# 음료수를 바로 가져다드리겠습니다.

I'll bring your drinks right away.

아일 브링 유어 드링(ㅋㅅ) 라잇 어웨이

웨이터와 대화

\# 오늘 이 테이블의 담당 서버입니다.

I'll be serving you tonight.

아일 비- 서-빙 유 터나잇

\# 이 음식은 무슨 재료를 사용한 겁니까?

What are the ingredients for this?

왓 아- 디 인그리-디언(ㅊ) 퍼 디스?

\# 어떻게 요리한 겁니까?

How is it cooked?

하우 이즈 잇 쿡(ㅌ)?

\# 이 소스의 재료는 무엇인가요?

What's the base of this source?

왓츠 더 베이 서(ㅂ) 디스 서-(ㅅ)?

\# 포크를 떨어뜨렸습니다.

I dropped my fork.

아이 드랍(ㅌ) 마이 퍼-(ㅋ)

\# 식탁 좀 치워 주시겠어요?

Could you please clear the table?

쿠 쥬 플리-(ㅈ) 클리어 더 테이블?

\# 테이블 위에 물 좀 닦아 주세요.

Wipe the water off the table, please.

와입 더 워-터 어-(ㅍ) 더 테이블, 플리-(ㅈ)

\# 접시 좀 치워 주시겠어요?

Would you take the dishes away?

우 쥬 테익 더 디쉬 저웨이?

여기서 잠깐!

Tap water, please.

외국의 레스토랑에서 물(water)을 시키면 어떤 것으로 하시겠냐고 물어봅니다. 다양한 종류의 생수(bottled water)가 있는데 그 가격이 웬만한 음료보다 비싸답니다. 공짜 물을 시키려면 수돗물을 뜻하는 tap water 를 달라고 하면 됩니다.

ingredient 성분, 재료

서비스 불만

주문한 음식이 아직 안 나왔는데요.

My order hasn't come yet.
마이 어–더 해즌(ㅌ) 컴 옛

이건 제가 주문한 게 아닌데요.

This is not what I ordered.
디스 이즈 낫 왓 아이 어–더(ㄷ)

고기가 충분히 익지 않았는데요.

**I'm afraid this meat is not done
enough.**
아임 어(ㅍ)레잇 디스 미잇 이즈 낫 던 이넙

좀 더 구워 주시겠어요?

**Could I have it broiled a little
more?**
쿠 다이 해 빗 브러일 더 리들 머–?

이건 상한 것 같은데요.

I'm afraid this food is stale.
아임 어(ㅍ)레잇 디스 푸웃 이즈 스테일
This food has gone bad.
디스 푸웃 해즈 건 뱃

수프에 뭐가 들어 있어요.

**There's something foreign in the
soup.**
데어즈 섬씽 퍼–런 인 더 소웁

컵이 더러운데요. 다른 것 갖다주시겠어요?

This glass is not clean.
Can I have another one?
디스 글래 시즈 낫 클리인. 캔 아이 해 버나더 원?

stale 상한
(= go bad)

음식 맛 평가

오늘 음식 맛은 어떠셨나요?

**Have you enjoyed your meal
today?**
해 뷰 인조이 쥬어 미일 터데이?

이렇게 맛있는 음식은 처음 먹어요.

**That was the most delicious meal
I've ever had.**
댓 워즈 더 모우슷 딜리셔(ㅅ) 미일 아이 에버 햇
It is the best meal I've ever had.
잇 이즈 더 베슷 미일 아이 에버 햇

좀 단 것 같아요.

It's a little too sweet for me.
잇츠 어 리들 투– 스위잇 퍼 미

맛이 담백해요.

It's plain.
잇츠 플레인

좀 기름진 것 같은데요.

I think it's a little greasy.
아이 씽 킷츠 어 리들 그리–시

죄송하지만, 제 입맛에 맞지 않아요.

Sorry, but it's not really my taste.
서–리, 벗 잇츠 낫 리얼리 마이 테이슷

여기서 잠깐!
음식 맛

- plain 담백한
- sweet 달콤한, 맛있는
- bitter 쓴
- salty 짠
- sour 신
- hot, spicy 매운
- watery 싱거운
- pungent 톡 쏘는
- greasy 느끼한

계산

계산서 부탁합니다.
Check, please.
첵, 플리-(ㅈ)

계산은 어디서 하나요?
Where is the cashier?
웨어 이즈 더 캐쉬어?

세금과 봉사료는 포함되어 있나요?
Does this bill include tax and service charge?
더즈 디스 빌 인클루(ㄷ) 택 샌(ㄷ) 서-비(ㅅ) 차-쥐?

각자 계산하기로 하죠.
Let's go dutch.
렛츠 고우 덧취

따로따로 계산해 주세요.
Separate checks, please.
세퍼레잇 첵(ㅅ), 플리-(ㅈ)

오늘은 제가 살게요.
Let me treat you this time.
렛 미 츠리잇 유 디스 타임
It's my treat tonight.
잇츠 마이 츠리잇 터나잇

그가 이미 계산했어요.
He got it all figured out already.
히 갓 잇 어얼 피겨 다웃 어얼레디

카페

커피 한잔할래요?
Shall we have a cup of coffee?
샬 위 해 버 컵 어(ㅂ) 커-피?
How about having a cup of coffee?
하우 어바웃 해빙 어 컵 어(ㅂ) 커-피?

커피 한잔하면서 얘기합시다.
Let's talk over a cup of coffee.
렛츠 터억 오우버 어 컵 어(ㅂ) 커-피

제가 커피 한잔 살게요.
Let me treat you to a cup of coffee.
렛 미 츠리잇 유 투 어 컵 어(ㅂ) 커-피

커피를 진하게 주세요.
I'd like my coffee strong.
아잇 라익 마이 커-피 스츠러엉

커피에 설탕이나 크림을 넣을까요?
Would you like some sugar or cream in your coffee?
우 쥬 라익 섬 슈거 어 크리임 인 유어 커-피?

설탕과 크림을 넣어 주세요.
With sugar and cream, please.
윗 슈거 앤(ㄷ) 크리임, 플리-(ㅈ)

패스트푸드

다음 분 주문하세요.
Next in line, please.
넥슷 인 라인, 플리-(ㅈ)

와퍼 하나랑 콜라 주세요.
I'd like a Whopper and a coke, please.
아잇 라익 어 워퍼 앤 더 콕, 플리-(ㅈ)

마요네즈는 빼 주세요.
With no mayo.
윗 노우 메이오우

피클을 빼 주세요.
Hold the pickles, please.
호울(ㄷ) 더 픽클(ㅅ), 플리-(ㅈ)

여기에서 드실 건가요 아니면 포장인가요?
For here or to go?
퍼 히어 어 투 고우?
Eat in or take out?
이잇 인 어 테익 아웃?

버거에 치즈가 들어가나요?
Does the burger come with cheese?
더즈 더 버거 컴 윗 치-(ㅈ)?

위에 뭘 얹어 드릴까요?
What would you like on it?
왓 우 쥬 라익 언 잇?

1분 안에 준비해 드리겠습니다.
We'll have that ready in a minute.
위일 해(ㅂ) 댓 레디 인 어 미닛

배달

피자 시켜 먹자!
Let's get some pizza!
렛츠 겟 섬 핏자!
How about ordering pizza?
하우 어바웃 어-더링 핏자?

좋아.
That sounds good.
댓 사운(ㅈ) 굿
That's a great idea.
댓츠 어 그레잇 아이디-어
I'd like that.
아잇 라익 댓

9.99달러에 작은 피자 두 판을 주문할 수 있는 쿠폰이 있어.
I've got a coupon for two small pizzas for 9.99.
아입 갓 어 쿠-판 퍼 투- 스머얼 핏자(ㅅ) 퍼 나인 나인티나인

합해서 4달러 21센트입니다.
That comes to 4 dollars 21 cents in total.
댓 컴(ㅅ) 투 퍼- 달러(ㅅ) 트웬티원 센 친 토우틀

배달되는 데 얼마나 걸릴까요?
How soon will the pizza get here?
하우 수운 윌 더 핏자 겟 히어?

30분 이내에 배달되도록 해 주세요.
Please make it in 30 minutes or less.
플리-(ㅈ) 메익 잇 인 써-티 미닛 처 레(ㅅ)

쇼핑

같이 쇼핑하러 가지 않을래?

Why don't we do our shopping together?
와이 도운 퉤 두 아워 샤핑 터게더?

나는 쇼핑 중독이야.

I'm a shopaholic.
아임 어 샤퍼할릭

넌 명품만 밝히는구나.

You are the type of person who digs only luxury goods.
유 아− 더 타입 어(ㅂ) 퍼−슨 후 딕 소우리 럭셔리 굿(ㅈ)

한 시간밖에 없어서 백화점을 바쁘게 돌아다녔어요.

I had only 1 hour so that I trotted about the department store.
아이 햇 오운리 원 아워 소우− 댓 아이 츠롯티 더바웃 더 디파−트먼(ㅌ) 스터−

충동구매를 하지 않으려면 쇼핑리스트를 만들어야 해.

You should make a shopping list so that you don't buy anything impulsively.
유 슈(ㄷ) 메익 어 샤핑 리슷 소우− 댓 유 도운(ㅌ) 바이 애니씽 임펄시블리

shopaholic 쇼핑 중독
luxury goods 명품
trot 바쁘게 돌아다니다
impulsive buying 충동구매

꼭! 짚고 가기

중독자

중독이라는 것이 꼭 나쁜 것은 아니지만, 과유불급이라는 말처럼 무엇이든 적당한 게 좋겠죠.

단어 뒤에 –aholic을 쓰면 '~중독자'라는 말이 됩니다.

예전에 베스트셀러였던 책 〈Shop-aholic〉은 '쇼핑 중독자'라는 의미이고요, 미국 인기 드라마 〈Friends〉의 주인공 조이는 초콜릿을 아주 좋아해서 choco-aholic(초콜릿 중독자)이었습니다.

책에 푹 빠진 사람은 book-aholic, 춤바람 난 사람은 dance-aholic이라고 하면 되죠.

그리고 일밖에 모르는 사람은 workaholic, 술주정뱅이는 alcoholic이라고 합니다.

차에 중독된 tea-aholic, 운동에 중독된 sport-aholic 등 다양하게 만들 수 있습니다.

쇼핑몰

쇼핑몰에 가면 다양한 가게에서 쇼핑을 할 수 있어.

We can shop at many different stores at the mall.
위 캔 샵 앳 메니 디퍼런(트) 스토– 샛 더 멀

쇼핑몰에서 쇼핑하면 시간을 절약할 수 있어.

Shopping at the mall makes us save time.
샤핑 앳 더 멀 메익 서스 세이(브) 타임

그냥 쇼핑몰에서 시간을 보냈어요.

I was just hanging out in the shopping mall.
아이 워즈 저슷 행잉 아웃 인 더 샤핑 멀

I just enjoyed looking around in the mall.
아이 저슷 인조잇 루킹 어라운 딘 더 멀

저는 친구들과 어울려 쇼핑몰에 가는 것을 좋아해요.

I like hanging out with my friends in the shopping mall.
아이 라익 행잉 아웃 윗 마이 프렌 진 더 샤핑 멀

난 완전히 지쳤다고! 벌써 두 시간째 끌고 다녔잖아.

I'm totally exhausted! You've dragged me along with you for 2 hours already.
아임 토우털리 익저스팃! 유(브) 드랙(드) 미 어러엉 윗 유 퍼 투– 아워 서얼레디

hang out 돌아다니다
(= look around)

옷 가게

찾으시는 물건이 있나요?

May I help you?
메이 아이 헬 퓨?

그냥 좀 둘러보는 중이에요.

I'm just looking around.
아임 저슷 루킹 어라운(드)

지금 유행하는 스타일은 어떤 건가요?

What styles are popular now?
왓 스타일 사– 파퓰러 나우?

이건 유행이 지난 것 같은데요.

This seems to be out of fashion.
디스 시임(즈) 투 비– 아웃 어(브) 패션

좀 입어 봐도 될까요?

Can I try this on?
캔 아이 츠라이 디스 언?

한번 입어 보세요.

Why don't you try it on?
와이 도운 츄 츠라이 잇 언?

탈의실은 어디인가요?

Where is the fitting room?
웨어 이즈 더 피딩 루움?

popular 유행하는
(= in fashion, in vogue, prevailing)
out of fashion 유행에 뒤떨어진
(= out of style, outdated, out-of-date)

옷 구입 조건

사이즈가 어떻게 되십니까?

What size do you wear?
왓 사이(ㅈ) 두 유 웨어?

M 사이즈는 저한테 안 맞아요.
L 사이즈가 맞을 것 같아요.

Mediums don't fit me.
I think I should go with Large.
미-디음(ㅅ) 도운(ㅌ) 핏 미. 아이 씽 카이 슈(ㄷ) 고우
윗 라-쥐

더 큰 사이즈로 있나요?

Does it come in a larger size?
더즈 잇 컴 인 어 라-저 사이(ㅈ)?

Do you have it in a larger size?
두 유 해 빗 인 어 라-저 사이(ㅈ)?

그렇게 끼는 옷은 감당할 수 없어요.

**My body can't handle such tight
clothes.**
마이 바디 캔(ㅌ) 핸들 서취 타잇 클로우(ㅈ)

이 셔츠 다른 색상은 없나요?

**Don't you have this shirt in
another color?**
도운 츄 해(ㅂ) 디스 셔- 틴 어나더 컬러?

이 셔츠는 노출이 너무 심한데요.

This shirt is too revealing.
디스 셔- 티즈 투- 리비-링

tight 꽉 끼는
(≠ baggy 헐렁한)
revealing 노출이 있는
* slutty 지나치게 야한
* fancy 화려한

꼭! 짚고 가기

미국의 옷 사이즈

미국의 옷 사이즈는 한국과 표기 방법이 다릅니다.

• **여성복**
짝수로 size 2(허리 24.5인치)부터
size 16(허리 33인치)까지 있습니다.
티셔츠의 경우
size 2가 XS, size 4~6이 S,
size 8~10이 M, size 12~14가 L,
size 14~16이 XXL로 표기됩니다.

• **남성복**
두 개의 숫자로 표시합니다.
31-34, 혹은 W31-L34로 표시되는데
앞의 숫자가 허리(Waist) 사이즈를,
뒤의 숫자가 바지의 길이(Length)를
나타냅니다.
티셔츠의 경우
한국의 90~95가 S, 95~100이 M,
100~105이 L, 105~110이 XL,
110 이상이 XXL에 해당합니다.

• **아기 옷**
2세 미만의 아기 옷은 개월 수(M)으로
표시합니다.
2세 이상의 아이는 T(Toddler)로
표시하는데, 평균적으로 3살이면 3T,
4살이면 4T에 해당하며,
아이의 체격을 고려하여 선택합니다.

• **신발**
신발 사이즈의 경우 mm 단위가 아닌
숫자로 표기합니다.
Size 6는 남자의 경우 240mm,
여자는 230mm에 해당합니다.
여기에서 0.5씩 올라가면 5mm씩 더합
니다. 어린이 신발은 Size 9이 150mm
입니다.

옷 구입 결정

잘 어울려. / 너한테 딱인데.

This will perfectly suit you.
디스 윌 퍼펙(ㅌ)리 수웃 유

That looks great on you.
댓 룩(ㅅ) 그레잇 언 유

That's so you.
댓츠 소우- 유

이게 바로 내가 찾던 거야.

This is just what I'm looking for.
디스 이즈 저슷 왓 아임 루킹 퍼

그걸로 사는 게 좋겠어.

You should go with that one.
유 슈(ㄷ) 고우 윗 댓 원

가격이 적당하네요. 그걸로 할게요.

The price is reasonable.
I'll take it.
더 프라이 시즈 리-저너블. 아일 테익 잇

몇 군데 더 둘러보고 결정하겠어요.

I'll look around at a few more
places and then decide.
아일 룩 어라운 댓 어 퓨- 머- 플레이시 샌(ㄷ) 덴
디사이(ㄷ)

다음에요.

Perhaps next time.
퍼햅(ㅅ) 넥슷 타임

대형 마트 & 슈퍼마켓 ①

전기 제품 매장은 어디인가요?

Where can I find the electric
appliances?
웨어 캔 아이 파인(ㄷ) 디 엘렉츠릭 어플라이언시(ㅅ)?

식료품 매장은 지하에 있나요?

Is the food stuff in the basement?
이즈 더 푸웃 스텁 인 더 베이스먼(ㅌ)?

카트를 가져오는 것이 좋겠네요.

I think we had better go and get a
shopping cart.
아이 씽 퀴 햇 베더 고우 앤(ㄷ) 겟 어 샤핑 카-(ㅌ)

낱개 판매도 하나요?

Can you break up the set?
캔 유 브레익 업 더 셋?

시식해도 되나요?

Can I taste it?
캔 아이 테이슷 잇?

죄송합니다만, 지금은 재고가 없군요.

I'm sorry, it's out of stock right
now.   ↘ = sold out
아임 서-리, 잇츠 아웃 어(ㅂ) 스탁 라잇 나우

죄송하지만, 그 물건은 취급하지 않습니다.

I'm sorry, but we are out of it.
아임 서-리, 벗 위 아- 아웃 어 빗

190

대형 마트 & 슈퍼마켓 ②

죄송하지만, 지금 문 닫을 시간인데요.

I'm sorry, but we're closing now.
아임 서-리 벗 위어 클로우징 나우

영업시간이 어떻게 되나요?

What are the store's hours?
왓 아- 더 스터- 사워(ㅅ)?
What time do you close?
왓 타임 두 유 클로우(ㅈ)?

계산대는 어디 있어요?

Where is the check-out counter?
웨어 이즈 더 첵아웃 카운터?

봉투에 넣어 드릴까요?

Do you need a plastic bag?
두 유 니잇 어 플래스틱 백?

수표로 계산하려면 신분증 확인이 필요합니다.

We need your identification card if you are using a check.
위 니잇 유어 아이덴티피케이션 카- 디 퓨 아- 유징 어 첵

서명해 주시겠어요?

Can I get your signature here?
캔 아이 겟 유어 시그니처 히어?
I need your signature here.
아이 니잇 유어 시그니처 히어?

제 차까지 짐을 운반해 주실 수 있어요?

Would you please give me a hand to bring this to my car?
우 쥬 플리-(ㅈ) 기(ㅂ) 미 어 핸(ㄷ) 투 브링 디스 투 마이 카-?

할인 기간 ①

지금 세일 중입니까?

Are you currently having a sale?
아- 유 커렌(ㅌ)리 해빙 어 세일?

여름 세일 중입니다.

The summer sales are on now.
더 서머 세일 사- 언 나우

겨울 세일은 일주일 동안 계속됩니다.

The winter sale will go on for a week.
더 윈터 세일 윌 고우 언 퍼 어 위익

봄 세일은 이번 주 금요일부터 시작됩니다.

The spring sale starts this Friday.
더 스프링 세일 스타-(ㅊ) 디스 프라이데이

연말 세일은 12월 20일부터 31일까지입니다.

The year-end sale from December 20 to 31.
디 이어 엔(ㄷ) 세일 프럼 디셈버 트웬티쓰 투 써-티 퍼-슷

지금은 특별 세일 기간입니다.

This is the special season for bargain sale.
디스 이즈 더 스페셜 시-즌 퍼 바-건 세일

재고정리 세일 중입니다.

We are having a clearance sale.
위 아- 해빙 어 클리어런(ㅅ) 세일

year-end sale 연말 세일
* going-out-of-business sale 폐점 세일
clearance sale 재고정리 세일
 (= stocking sale, rummage sale)

할인 기간 ②

세일은 언제인가요?

When is it going to be on sale?

웬 이즈 잇 고잉 투 비- 언 세일?

세일은 언제 끝나나요?

When does the sale end?

웬 더즈 더 세일 엔(ㄷ)?

세일 기간은 얼마나 되나요?

How long is the sale?

하우 러엉 이즈 더 세일?

How long will this shop have a sale?

하우 러엉 윌 디스 샵 해 버 세일?

세일은 어제 끝났습니다.

The sale ended yesterday.

더 세일 엔딧 예스터데이

이 물건은 언제 다시 세일하나요?

Do you know when this item will go on sale again?

두 유 노우 웬 디스 아이듬 윌 고우 언 세일 어겐?

세일 가격은 5월 31일까지 유효합니다.

Sale prices are good through May 31.

세일 프라이시 자- 굿 쓰루- 메이 써-티퍼-숫

세일 때 산 물건은 교환이나 환불이 안 됩니다.

We're not allowed to make exchanges or give refunds for items bought on sale.

위어 낫 얼라웃 투 메익 익스체인쥐 서 기(ㅂ) 리펀(ㅈ) 퍼 아이듬(ㅅ) 보웃 언 세일

on sale 세일 중인
* at a discount 할인하여
* sale up to 70% 최고 70% 세일

할인 품목 & 비율

전 제품을 20% 할인하고 있습니다.

Everything's 20% off.

에브리씽(ㅈ) 트웬티 퍼센 터-(ㅍ)

오늘 25% 할인 행사가 있어요.

There's a 25% off sale today.

데어즈 어 트웬티파이(ㅂ) 퍼센 터-(ㅍ) 세일 터데이

정가는 100달러지만 세일해서 80달러예요.

It's regularly priced at $100 but it's on sale for $80.

잇츠 레귤러리 프라이스 탯 원 헌드렛 달러(ㅅ) 벗 잇츠 언 세일 퍼 에이티 달러(ㅅ)

티셔츠가 세일 중입니다. 3벌을 구입하시면 1벌을 무료로 드립니다.

T-shirts are on sale today. Buy 3 shirts and get the 4th free.

티 셔- 차- 언 세일 터데이. 바이 쓰리- 셔- 챈(ㄷ) 겟 더 퍼-쓰 프리-

어떤 품목들을 세일하고 있나요?

Which items are on sale?

위취 아이듬 사- 언 세일?

이 컴퓨터는 세일 중인가요?

Is this computer on sale?

이즈 디스 컴퓨-터 언 세일?

그것은 할인 제품이 아닙니다.

It's not on sale.

잇츠 낫 언 세일

It's not a discount item.

잇츠 낫 어 디스카운 타이듬

할인 구입 조건

그 가게는 세일 기간에만 가요.

I go to the store only when they
are having a sale.

아이 고우 투 더 스터- 오운리 웬 데이 아- 해빙 어
세일

난 세일 때까지 기다릴래.

I think I'll wait until it's on sale.

아이 씽 카일 웨잇 언틸 잇츠 언 세일

리바이스가 엄청 세일 중인데. 거의
반값이야.

There is a huge sale on Levi's.
They're like half off.

데어 이즈 어 휴-(ㅈ) 세일 언 리바이(ㅅ). 데어 라익
하 퍼-(ㅍ)

이 모자는 세일해서 겨우 10달러였어.

This hat was only 10 dollars on
sale.

디스 햇 워즈 오운리 텐 달러 선 세일

세일 기간 중에는 좋은 물건을 찾기
힘들어.

You can't really find quality goods
on sale.

유 캔(ㅌ) 리얼리 파인(ㄷ) 퀄러티 굿 전 세일

품질이 최고예요.

Quality speaks for itself.

퀄러티 스피익(ㅅ) 퍼 잇셀(ㅍ)

할부 구매 ①

할부로 구입이 가능한가요?

Can I buy it on an installment plan?

캔 아이 바이 잇 언 언 인스털먼(ㅌ) 플랜?

Can I pay in installments?

캔 아이 페이 인 인스털먼(ㅊ)?

Can I make monthly payments
with this purchase?

캔 아이 메익 먼쓰리 페이먼(ㅊ) 윗 디스 퍼-췌(ㅅ)?

Do you have an installment plan?

두 유 해 번 인스털먼(ㅌ) 플랜?

할부로 차를 구입하고 싶은데요.

I want to buy a car on easy terms.

아이 원(ㅌ) 투 바이 어 카- 언 이-지 터엄(ㅅ)

할부로 구입하시겠어요?

Do you want to buy this on easy
terms?

두 유 원 투 바이 디스 언 이-지 터엄(ㅅ)?

일시불입니까, 할부입니까?

Would you like to pay in full, or in
installments?

우 쥬 라익 투 페이 인 풀, 어 인 인스털먼(ㅊ)?

할부로 하면 이자를 내야 합니까?

Do I have to pay interest to pay in
installments?

두 아이 해(ㅂ) 투 페이 인터레슷 투 페이 인
인스털먼(ㅊ)?

일시불로 할게요.

I'd like to pay in full.

아잇 라익 투 페이 인 풀

할부 구매 ②

몇 개월 할부로 하시겠어요?

How many installments would you like to make?
하우 메니 인스털먼(ㅊ) 우 쥬 라익 투 메익?

6개월 할부로 해 주세요.

I'd like to make that in six month payments.
아잇 라익 투 메익 댓 인 식(ㅅ) 먼쓰 메이먼(ㅊ)

무이자 할부 제도에 대해 설명해 드릴까요?

May I show you our no-interest financing plan?
메이 아이 쇼우 유 아워 노우 인터레슷 파이낸싱 플랜?

계약금으로 50%를 내시면, 잔금을 할부로 해 드리겠습니다.

If you put 50% today, we'll sell it in installments.
이 퓨 풋 핍티 퍼센(트) 터데이, 위일 셀 잇 인 인스털먼(ㅊ)

여기서 잠깐!

값

- price 물품을 매매할 때의 값
- charge 일을 하는 데에 드는 시간·노력에 대해 지불하는 금액·요금
- expense 어떤 물건[일]에 지불되는 금액(의 합계)
- fare 탈것의 요금
- cost 일[생산]하는 데에 드는 시간·노력 등에 지불하는 돈의 총액 또는 원가
- value 물건의 가치에 상당하는 값
- rate 단위당 기준 가격
- fee 각종 수수료, 무형의 봉사에 대한 요금

계산하기 ①

전부 얼마입니까?

How much in all?
하우 머취 인 어얼?
How much are those altogether?
하우 머취 아– 도우즈 어얼터게더?
How much does it come to all together?
하우 머취 더즈 잇 컴 투 어얼 터게더?

총액은 35달러입니다.

The total comes to 35 dollars.
더 토우틀 컴(ㅅ) 투 써–티파이(ㅂ) 달러(ㅅ)
That comes to 35 dollars all together.
댓 컴(ㅅ) 투 써–티파이(ㅂ) 딜러 서일 터게너

어떻게 지불하실 건가요?

How will you be paying for it?
하우 윌 유 비– 페잉 퍼 잇?
How would you like to pay?
하우 우 쥬 라익 투 페이?

현금과 신용카드 중 어떻게 계산하시겠어요?

Will you pay in cash or by credit card?
윌 유 페이 인 캐쉬 어 바이 크레딧 카–(ㄷ)?

현금으로 하겠어요.

I'd like to pay in cash.
아잇 라익 투 페이 인 캐쉬

카드로 해 주세요.

By credit card, please.
바이 크레딧 카–(ㄷ), 플리–(ㅈ)

계산하기 ②

신용카드도 되나요?

Can I pay with credit cards?
캔 아이 페이 윗 크레딧 카ー(ㅈ)?

Will you take credit cards?
윌 유 테익 크레딧 카ー(ㅈ)?

20달러짜리인데 잔돈 있으세요?

Do you have change for a twenty-dollar bill?
두 유 해(ㅂ) 체인쥐 퍼 어 트웬티 달러 빌?

여기 거스름돈입니다.

Here is your change.
히어 이즈 유어 체인쥐

거스름돈이 모자라는데요.

The change is a little short.
더 체인쥐 이즈 어 리들 셔엇

I got short-changed.
아이 갓 셔엇 체인쥐(ㄷ)

여기 영수증이요.

Here is your receipt.
히어 이즈 유어 리시잇

영수증 좀 주시겠어요?

Can I have a receipt, please?
캔 아이 해 버 리시잇, 플리ー(ㅈ)?

Let me have a receipt, please.
렛 미 해 버 리시잇, 플리ー(ㅈ)

꼭! 짚고 가기

미국에서도 할부가 가능?

미국에서는 신용카드로 결제하면서 보통은 '~개월 할부로 해 주세요'라고 하지는 않습니다. 신용카드를 쓰면 기본적으로 전액이 청구되지만, 카드대금을 결제할 때 청구서에 나오는 최소 지불 금액(minimum payment)만 내도 가능합니다.
그래도 매장 자체에서 판촉을 위해 할부 판매 행사하는 경우가 있으므로 그때 써먹으면 되겠죠.

* in installments 할부로
  (= on an installment plan)
* on easy terms 할부로
* in full 일시불로
  (= in a lump sum)
* no-interest financing plan
  무이자 할부 제도
* cooling off
  할부 판매 계약 취소 보증 제도

배송

집까지 배송해 주시겠어요?
Could you deliver them to my house?
쿠 쥬 딜리버 뎀 투 마이 하우(ㅅ)?

배송료는 어떻게 계산하나요?
How are delivery charges calculated?
하우 아– 딜리버리 차–쥐(ㅅ) 캘큘레이팃?

이 상품의 가격에는 배송료가 포함되어 있지 않습니다.
The price does not include the delivery charge.
더 프라이(ㅅ) 더즈 낫 인클루(ㄷ) 더 딜리버리 차–쥐

배송료는 따로 청구하나요?
Do you charge extra for delivery?
두 유 차–쥐 엑스츠라 퍼 딜리버리?

언제 배송되나요?
When will it be delivered?
웬 윌 잇 비– 딜리버(ㄷ)?

구입 다음 날까지 배송됩니다.
We can deliver overnight.
위 캔 딜리버 오우버나잇

환불 & 반품

이것 환불해 주시겠어요?
May I get a refund on this, please?
메이 아이 겟 어 리펀 던 디스, 플리–(ㅈ)?
I'd like to get a refund for this.
아잇 라익 투 겟 어 리펀(ㄷ) 퍼 디스
I demand a refund on this.
아이 디맨 더 리펀 던 디스

환불 규정이 어떻게 되나요?
What are the rules on getting a refund?
왓 아– 더 루울 선 게딩 어 리펀(ㄷ)?

반품 가능 기간은 언제까지인가요?
When should I return this by?
웬 슈 다이 리터언 디스 바이?

구입일로부터 2주 이내입니다.
Within 2 weeks from the day you bought it.
위딘 투– 위익(ㅅ) 프럼 더 데이 유 보웃 잇

영수증이 없으면 반품할 수 없습니다.
You can't return without the receipt.
유 캔(ㅌ) 리터언 위다웃 더 리시잇
We can't take this back without the receipt.
위 캔(ㅌ) 테익 디스 백 위다웃 더 리시잇

환불 및 반품 불가.
No refund, no return.
노우 리펀(ㄷ), 노우 리터언

deliver 배달하다
delivery charge 배달료
overnight 익일 배달의

refund 환불
return 반품

196

병원 예약 & 수속

\# 접수 창구는 어디입니까?

Where is the reception desk, please?
웨어 이즈 더 리셉션 데슥, 플리-(ㅈ)?

\# 진찰 예약을 하고 싶습니다.

I'd like to make an appointment to see the doctor.
아잇 라익 투 메익 언 어퍼인먼(ㅌ) 투 시- 더 닥터

\# 저희 병원은 처음이신가요?

Have you ever visited here before?
해 뷰 에버 비지팃 히어 비퍼-?

\# 오늘이 처음입니다.

Today is my first visit.
터데이 이즈 마잇 퍼-숫 비짓

\# 1시에 스미스 선생님께 진료 예약을 했는데요.

I have an appointment to see Dr. Smith at 1 o'clock.
아이 해 번 어포인먼(ㅌ) 투 시- 닥터 스미쓰 앳 원 어클락

\# 건강 검진을 받고 싶은데요.

I'd like to get a physical exam.
아잇 라익 투 겟 어 피지컬 익잼

\# 진료 시간이 어떻게 됩니까?

What are your office hours?
왓 아- 유어 어-피 사워(ㅅ)?

\# 왕진도 가능한가요?

Do you make house calls?
두 유 메익 하우(ㅅ) 커얼(ㅅ)?

house call 왕진, 가정방문

꼭! 짚고 가기

병원 진료과목 이름

종합병원(General Hospital)에 가면 증상에 따라 다양한 진료과목이 있습니다. 영어로 뭐라고 하는지 알아볼까요? 참고로 입·퇴원을 관장하는 '원무과'는 Admission and Discharging office입니다.

- internal medicine(MG) 내과
- gastroenterology(GI) 소화기 내과
- cardiology(C) 순환기 내과
- pulmonology(P) 호흡기 내과
- endocrinology(E) 내분비 내과
- nephrology(N) 신장 내과
- surgery 외과
- general surgery(GS) 일반 외과
- orthopedics(OS) 정형 외과
- plastic surgery(PS) 성형 외과
- neurosurgery(NS) 신경 외과
- chestsurgery(CS) 흉부 외과
- pediatrics(PD) 소아과
- otolaryngology 이비인후과
  = ear, nose and throat(ENT)
- ophthalmology(EY) 안과
- dermatology(DR) 피부과
- obstetrics&gynecology
  (OB&GY) 산부인과
- neuropsychiatry(NP) 신경정신과
- neurology(NU) 신경과
- urology(UR) 비뇨기과
- radiology(RD) 방사선과
- rehabilitational medicine(RM)
  재활의학과
- anesthetics(AN) 마취과
- family medicine(FM) 가정의학과
- emergency room(ER) 응급의학과,
  응급실
- clinical pathology(CP) 임상병리과
- intensive care unit(ICU) 중환자실
- dentistry 치과
- oriental medicine 한의원

진찰실

어디가 안 좋으신가요?

What seems to be the trouble?
왓 시임(ㅈ) 투 비– 더 츠러블?

What's the matter with you?
왓츠 더 매더 윗 유?

What's wrong with you?
왓츠 러엉 윗 유?

Is something wrong with you?
이즈 섬씽 러엉 윗 유?

What can I do for you?
왓 캔 아이 두 퍼 뷰?

증상이 어떻습니까?

What are your symptoms?
왓 아– 유어 심텀(ㅅ)?

전에 병을 앓은 적이 있으신가요?

Have you ever suffered from disease before?
해 뷰 에버 서퍼(ㄷ) 프럼 디지(ㅈ) 비퍼–?

체온을 재겠습니다.

Let's take your temperature.
렛츠 테익 유어 템퍼러쳐

Let's see if you have a temperature.
렛츠 시– 이 퓨 해 버 템퍼러쳐

진찰하도록 옷을 벗어 주세요.

Please remove your shirt so I can listen to your chest.
플리–(ㅈ) 리무– 뷰어 셔–(ㅌ) 소우– 아이 캔 리슨 투 유어 체슷

숨을 깊이 들이쉬세요.

Take a deep breath.
테익 어 디입 브레쓰

외과

다리가 부었어요.

I have a swollen foot.
아이 해 버 스월른 풋

교통사고로 다리가 부러졌어요.

I broke my leg in the car accident.
아이 브로욱 마이 렉 인 더 카– 액시던(ㅌ)

넘어져서 무릎이 까졌어요.

I fell down and got my knees skinned.
아이 펠 다운 앤(ㄷ) 갓 마이 니–(ㅅ) 스킨(ㄷ)

I fell down and scraped my knees.
아이 펠 다운 앤(ㄷ) 스크랩(ㅌ) 마이 니–(ㅅ)

허리가 아파요.

I have a backache.
아이 해 버 백에익

My back hurts.
마이 백 허–(ㅊ)

등이 아파요.

My back aches.
마이 백 에익(ㅅ)

I've got a pain in my back.
아입 갓 어 페인 인 마이 백

발목을 삐었어요.

I sprained my ankle.
아이 스프레인(ㄷ) 마이 앵클

I have my ankle sprained.
아이 해(ㅂ) 마이 앵클 스프레인(ㄷ)

어깨가 결려요.

My shoulders are stiff.
마이 쇼울더 사– 스티(ㅍ)

symptom 증상

198

내과 - 감기

감기에 걸린 것 같아요.
I seem to have caught a cold.
아이 시임 투 해(ㅂ) 커웃 어 코울(ㄷ)
I've got a cold.
아입 갓 어 코울(ㄷ)

코가 막혔어요.
I have a stuffy nose.
아이 해 버 스터피 노우(ㅈ)
My nose is stuffy.
마이 노우 지즈 스터피

콧물이 나요.
I have a runny nose.
아이 해 버 러니 노우(ㅈ)
My nose is running.
마이 노우 지즈 러닝

침을 삼킬 때마다 목이 아파요.
My throat hurts when I swallow.
마이 쓰로웃 허– 췐 아이 스왈로우

기침을 할 때마다 목이 아파요.
I have a burning sensation when I cough.
아이 해 버 버–닝 센세이션 웬 아이 커(ㅍ)

catch a cold 감기에 걸리다
cold 감기
stuffy 코가 막힌
runny 콧물이 나는
cough 기침

꼭! 짚고 가기

신체 부위

병원에 가서 의사에게 아픈 증상을 말하려면 어디가 아픈지 신체 부위를 영어로 말해야 합니다. 몸의 각 부문에 대해 알아볼까요.

- head 머리
- forehead 이마
- temple 관자놀이
- skin 피부
- throat 목구멍
- neck 목
- shoulder 어깨
- armpit 겨드랑이
- collarbone 쇄골
- chest 가슴
- nipple 젖꼭지
- back 등
- midriff 명치
- belly 배
- abdomen 아랫배
- navel 배꼽
- stomach 위
- intestine 장
- lung 폐
- wrist 손목
- nail 손톱
- waist 허리
- hip/bottom 엉덩이
- pubic region/private part 음부
- thigh 허벅지
- lower leg 정강이
- calf 종아리
- ankle 발목
- toenail 발톱

내과 – 열

열이 있어요.

I have a fever.
아이 해 버 피-버
I feel feverish.
아이 피일 피-버리쉬
I feel very hot.
아이 피일 베리 핫

열이 38도예요.

I have a temperature of 38 degrees.
아이 해 버 템퍼러쳐 어(브) 써-티에잇 디그리-(ㅅ)

머리가 깨질 듯 아파요.

I have a terrible headache.
아이 해 버 테러블 헤데익
I have splitting headache.
아이 해(ㅂ) 스플리딩 헤데익

현기증이 나요.

I feel languid.
아이 피일 랭구잇
I feel dull.
아이 피일 덜

목이 쉬었어요.

My voice is hoarse.
마이 버이 시즈 허-(ㅅ)

독감이 유행하고 있어요.

There's a lot of flu going around.
데어즈 어 랏 어(브) 플루- 고우잉 어라운(ㄷ)

내과 – 소화기 ①

배가 아파요.

My stomach is upset.
마이 스터먹 이즈 업셋
I have a stomachache.
아이 해 버 스터먹에익

배가 콕콕 쑤시듯 아파요.

I have an acute pain in my stomach.
아이 해 번 어큐(ㄷ) 페인 인 마이 스터먹

아랫배에 통증이 있어요.

I have a pain in my abdomen.
아이 해 버 페인 인 마이 앱더먼

배탈이 났어요.

I've got the runs.
아입 갓 더 런(ㅅ)
I have a loose stool.
아이 해 버 루-(ㅅ) 스투울

구역질이 나요.

I feel like vomiting.
아이 피일 라익 바미딩
I suffer from nausea.
아이 서퍼 프럼 너씨아
I feel sick.
아이 피일 식
I feel queasy.
아이 피일 쿠이지

속이 뒤틀려서 죽겠어요.

My stomach kept flipping over on itself.
마이 스터먹 켑(ㅌ) 플리핑 오우버 언 잇셀(ㅍ)

fever 열
languid 현기증
  (= dull)

200

내과 – 소화기 ②

먹으면 바로 토해요.

I throw up when I eat.
아이 쓰로우 업 웬 아이 이잇

속이 거북해요.

My stomach feels heavy.
마이 스터먹 피일(ㅅ) 헤비

신트림이 나요.

I have sour eructation.
아이 해(ㅂ) 사워 이럭테이션

변비가 있어요.

I'm constipated.
아임 컨스티페이팃
I'm suffering from constipation.
아임 서퍼링 프럼 칸스터페이션

요 며칠 동안 변을 못 봤어요.

I've had no bowel movement for a
few days.
아입 햇 노우 바월 무브먼(ㅌ) 퍼 어 퓨– 데이(ㅅ)

설사를 합니다.

I have loose bowels.
아이 해(ㅂ) 루–(ㅅ) 바월(ㅅ)
I have diarrhea.
아이 해(ㅂ) 다이어리–어

어제부터 내내 설사만 했어요.

I've had diarrhea all day long since
yesterday.
아입 햇 다이어리–어 어얼 데이 러엉 신 예스터데이

치과 – 치통

이가 몹시 아파요.

My teeth ache. It really hurts.
마이 티–쓰 에익. 잇 리얼리 허–(ㅊ)
I have a severe toothache.
아이 해 버 서비어 투–쎄익
Toothache is killing me now.
투–쎄익 이즈 킬링 미 나우

이가 쿡쿡 쑤셔요.

I'm suffering from a twinge of
toothache.
아임 서퍼링 프럼 어 트윈쥐 어(ㅂ) 투–쎄익

치통이 있어요. 이 어금니가 아파요.

I've got a toothache. This back
tooth hurts me.
아입 갓 어 투–쎄익. 디스 백 투–쓰 허–(ㅊ) 미

이가 약간 아픕니다.

I have a slight toothache.
아이 해 버 슬라잇 투–쎄익

먹을 때마다 이가 아파서 아무것도 먹을
수 없습니다.

I have a toothache whenever I eat,
I can't eat anything.
아이 해 버 투–쎄익 웨네버 아이 이잇. 아이 캔 티잇
애니씽

치통 때문에 음식을 잘 씹을 수 없습니다.

I can't chew my food well because
of the toothache.
아이 캔(ㅌ) 츄– 마이 푸웃 웰 비커– 저(ㅂ) 더 투–쎄익

severe 심한
twinge 쑤시는 듯한 아픔, 동통
slight 약간, 가벼운

치과 - 발치

이 하나가 흔들거립니다.

One of my teeth is loose.
원 어(ㅂ) 마이 티-쓰 이즈 루-(ㅅ)
I have a loose tooth.
아이 해 버 루-(ㅅ) 투-쓰

이를 빼야 할 것 같아요.

I think I should extract a tooth.
아이 씽 카이 슈 딕스츠랙 터 투-쓰
I should have a tooth pulled out.
아이 슈(ㄷ) 해 버 투-쓰 풀 다웃

사랑니가 났어요.

I've cut a wisdom tooth.
아입 컷 어 위즈덤 투-쓰

사랑니가 삐져 나와서 엄청 아파요.

A wisdom tooth was cutting
through and it hurt like hell.
어 위즈덤 투-쓰 워즈 커딩 쓰루- 앤 딧 허-(ㅊ)
라익 헬

사랑니를 뽑는 게 좋겠어요.

You'd better pull out the wisdom
teeth.
유(ㄷ) 베더 풀 아웃 더 위즈덤 티-쓰

사랑니는 아직 뽑지 않는 게 좋겠어요.

You'd rather not have your
wisdom tooth extracted yet.
유(ㄷ) 래더 낫 해 뷰어 위즈덤 투-쓰 익스츠랙팃 옛

치과 - 충치

충치가 있는 것 같습니다.

I think I have a cavity.
아이 씽 카이 해 버 캐비티
I got a decayed tooth.
아이 갓 어 디케잇 투-쓰
I have a tooth decay.
아이 해 버 투-쓰 디케이

아래쪽 어금니에 충치가 생겼어요.

I developed a cavity in one of my
lower back teeth.
아이 디벨롭 터 캐비티 인 원 어(ㅂ) 마이 로워 백 티-쓰

가벼운 충치가 두 개 있는 것 같군요.

It looks like you have two small
cavities.
잇 룩(ㅅ) 라익 유 해(ㅂ) 투 스머얼 캐비티(ㅈ)

충치가 엄청 쑤셔요.

A decayed tooth aches awfully.
어 디케잇 투-쓰 에익 서-펄리

충치를 때워야겠어요.

I need to have my cavity filled in.
아이 니잇 투 해(ㅂ) 마이 캐비티 필 딘
I have to get a filling.
아이 해(ㅂ) 투 겟 어 필링

cavity 충치
decay 썩다, 충치가 되다; 충치

extract 뽑다(= pulled out)

치과 - 기타

찬 음식을 먹으면 이가 시려요.
My tooth hurts when I drink something cold.
마이 투-쓰 허- 췐 아이 드링(ㅋ) 섬씽 코울(ㄷ)

양치질할 때 잇몸에서 피가 나요.
When I brush my teeth, my gums bleed.
웬 아이 브러쉬 마이 티-쓰, 마이 검(ㅅ) 블리잇

잇몸이 너무 부어 밤에 잠을 잘 수가 없어요.
My gums are so swollen that I can't sleep at night.
마이 검 사- 소우- 스월른 댓 아이 캔(ㅌ) 슬리입 앳 나잇

축구를 하다가 치아가 부러졌어요.
I broke a tooth playing soccer.
아이 브로욱 어 투-쓰 플레잉 사커

치아 세척을 받고 싶은데요.
I need to get my teeth cleaned.
아이 니잇 투 겟 마이 티-쓰 클리인(ㄷ)

치아 미백을 받고 싶어요.
I want to bleach my teeth.
아이 원 투 블리-취 마이 티-쓰
I need to get tooth-whitening.
아이 니잇 투 겟 투-쓰 와잇(ㅌ)닝

치실을 사용하시는 게 좋겠어요.
You need to start flossing your teeth.
유 니잇 투 스타-(ㅌ) 플러싱 유어 티-쓰

gum 잇몸, 고무
bleed 피가 나다
bleach 표백하다
floss 치실(= dental floss)

진료 기타 ①

생리를 건너뛰었어요.
I missed a monthly period.
아이 미스 터 먼쓰리 피-어리엇

꽃가루 알레르기가 있어요.
I'm allergic to pollen.
아임 앨러직 투 팔런

빈혈이 있어요.
I suffer from anemia.
아이 서퍼 프럼 애니-미어

코피가 나요.
I have a nose bleed.
아이 해 버 노우(ㅈ) 블리잇
I have a bloody nose.
아이 해 버 블러디 노우(ㅈ)

고혈압이 있어요.
I have high blood pressure.
아이 해(ㅂ) 하이 블럿 프레셔

↘ 저혈압 low blood pressure

숙취가 있어요.
I have a hangover.
아이 해 버 행오우버

식욕이 없습니다.
I have no appetite.
아이 해(ㅂ) 노우 애피타잇

다리에 쥐가 났어요.
I've got a charley horse in my leg.
아입 갓 어 촬리 허- 신 마이 렉
I got a cramp in my foot.
아이 갓 어 크램 핀 마이 풋

(monthly) period 생리, 생리일
(= menstrual period, menstruation)
* period pains, menstrual pains 생리통
pollen 꽃가루
charley horse 근육 경직, 쥐(= cramp)

진료 기타 ②

온몸에 온통 두드러기가 났어요.
I've got a strange rash all over my whole body.
아입 갓 어 스츠레인쥐 래쉬 어얼 오우버 마이 호울 바디

A rash broke out over my whole body.
어 래쉬 브로욱 아웃 오우버 마이 호울 바디

물집이 생겼어요.
I have blisters.
아이 해(ㅂ) 블리스터(ㅅ)

눈에 뭐가 들어갔어요.
I've got something in my eyes.
아입 갓 섬씽 인 마이 아이(ㅈ)

I feel there is a foreign object in my eyes.
아이 피일 데어 이즈 어 퍼-런 업젝 틴 마이 아이(ㅈ)

발가락이 동상에 걸렸어요.
My toes are hurt by cold.
마이 토우 사- 허-(ㅌ) 바이 코울(ㄷ)

입덧인 것 같아요.
It may be morning sickness.
잇 메이 비- 머-닝 식니(ㅅ)

모기에 물렸어요.
I got bitten by mosquitoes.
아이 갓 빗든 바이 머스쿠이토우(ㅅ)

건강했었는데요.
I've been in good health.
아입 빈 인 굿 헬쓰

온몸에 멍이 들었어요.
I'm black and blue all over.
아임 블랙 앤(ㄷ) 블루- 어얼 오우버

입원 & 퇴원

입원 수속을 하려고 하는데요.
I've come to be admitted.
아입 컴 투 비- 엇밋팃

입원해야 합니까?
Do I have to enter the hospital?
두 아이 해(ㅂ) 투 엔터 더 하스피틀?
Should I be hospitalized?
슈 다이 비- 하스피터라이즛?

즉시 입원 수속을 해야 합니다.
You should be admitted right away.
유 슈(ㄷ) 비- 엇밋팃 라잇 어웨이

얼마나 입원해야 합니까?
How long will I have to be in hospital?
하우 러엉 윌 아이 해(ㅂ) 투 비- 인 하스피틀?

입원에도 보험이 적용됩니까?
Will my insurance policy cover hospitalization?
윌 마이 인슈어런(ㅅ) 팔러시 커버 하스피틀리제이션?

가능하면 1인실로 해 주세요.
I would like to have a private room if possible.
아이 우(ㄷ) 라익 투 해 버 프라이빗 루움 이(ㅍ) 파서블

수술

그는 위독한 상태입니다.

He's seriously ill.
히즈 시리어슬리 일

It doesn't look like he will make it.
잇 더즌(ㅌ) 룩 라익 히 윌 메익 잇

이 달을 넘기기 힘들 것 같습니다.

I'm afraid he may not see this month out.
아임 어(ㅍ)레이드 히 메이 낫 시– 디스 먼쓰 아웃

수술을 받아야 하나요?

Does he need surgery?
더즈 히 니잇 서저리?

Do you have to operate on him?
두 유 해(ㅂ) 투 아퍼레잇 언 힘?

↳ surgery는 주로 외과 수술을 의미하며,
좀 더 넓은 의미의 수술에는 operation을 씁니다.

수술 받은 적이 있나요?

Have you ever had any operations?
해 뷰 에버 햇 애니 아퍼레이션(ㅅ)?

제왕절개 수술을 했습니다.

I had a C-section.
아이 햇 어 씨– 섹션

↳ Caesarean section의 준말입니다.
줄리어스 시저(Julius Caesar)가
엄마 배를 가르고 태어났다는
전설에서 이런 이름이 나왔어요.

맹장 수술을 했습니다.

I had an appendectomy.
아이 햇 언 애픈덱터미

다양한 병명

병원에 가서 의사에게 아픈 증상을 말하려면 어떻게 아픈지 말할 수 있어야겠죠. 표현에 나온 병명 외의 자주 사용되는 병명들입니다.

- migraine 편두통
- tonsillitis 편도선염
- bronchitis 기관지염
- pneumonia 폐렴
- rhinitis 비염
- asthma 천식
- tuberculosis 결핵
- heart disease 심장병
- suffocation 질식
- indigestion 소화불량
- gastritis 위염
- cramp 위경련
- gastric ulcer 위궤양
- burn 화상
- prickly heat 땀띠
- eczema 습진
- edema 부종
- measles 홍역
- conjunctivitis 결막염
- keratitis 각막염
- fracture 골절
- phlegm 담
- leukemia 백혈병
- heat stroke 열사병
- sunstroke 일사병
- hemorrhoids 치질
- diabetes 당뇨병
- neurasthenia 신경 쇠약
- menstrual aberration 월경 이상
- acute 급성의
- chronic 만성의

병원비 & 보험

진찰료는 얼마입니까?

How much will it be for this visit?
하우 머춰 윌 잇 비- 퍼 디스 비짓?

건강보험이 있나요?

Do you have health insurance?
두 유 해(ㅂ) 헬쓰 인슈어런(ㅅ)?

저는 건강보험에 가입되어 있어요.

I have health insurance.
아이 해(ㅂ) 헬쓰 인슈어런(ㅅ)

저는 보험에 가입되어 있지 않아요.

I don't have insurance.
아이 도운(ㅌ) 해 빈슈어런(ㅅ)

I'm not covered by any insurance policy.
아임 낫 커버(ㄷ) 바이 애니 인슈어런(ㅅ) 팔러시

모든 비용이 보험 적용이 되나요?

Does my insurance cover all the costs?
더즈 마이 인슈어런(ㅅ) 커버 어얼 더 커-슷(ㅊ)?

반액만 보험 적용이 됩니다.

It covers only half of the costs.
잇 커버(ㅅ) 오운리 하 퍼(ㅂ) 더 커-슷(ㅊ)

일부 의약품은 보험 적용이 안 됩니다.

Some kinds of medicine are not covered by insurance.
섬 카인 저(ㅂ) 메더신 아- 낫 커버(ㄷ) 바이 인슈어런(ㅅ)

문병

안됐군요. 몸조심하십시오.

That's bad. Please take good care of yourself.
댓츠 뱃. 플리-(ㅈ) 테익 굿 캐어 어 뷰어셀(ㅍ)

빨리 회복되기를 바랍니다.

I hope you will get well soon.
아이 호웁 유 윌 겟 웰 수운

I hope you'll be feeling better soon.
아이 호웁 유일 비- 피-링 베더 수운

건강하십시오.

Good luck.
굿 럭

심각한 병이 아니길 바랍니다.

I hope it's nothing serious.
아이 호웁 잇츠 나씽 시리어(ㅅ)

편찮으시다니 유감입니다.

I'm sorry to hear you've been sick.
아임 서-리 투 히어 유(ㅂ) 빈 식

나아지셨다니 다행이네요.

I'm glad you're feeling better.
아임 글랫 유어 피-링 베더

206

처방전

처방전을 써 드리겠습니다.
I'll prescribe some medicine.
아일 프리스크라입 섬 메더신
I'm going to write you a prescription.
아임 고우잉 투 라잇 유 어 프리스크립션

사흘 치 약을 처방해 드리겠습니다.
I'll prescribe some medicine for 3 days.
아일 프리스크라입 섬 메더신 퍼 쓰리- 데이(ㅈ)

약에 알레르기가 있습니까?
Are you allergic to any medicine?
아- 유 앨러직 투 애니 메더신?

이 약을 드시면 졸음이 올 겁니다.
It will make you feel a little drowsy.
잇 윌 메익 유 피일 어 리들 드라우지

현재 복용하는 약이 있나요?
Are you taking any medication?
아- 유 테익킹 애니 메더케이션?

이 약에 부작용은 없나요?
Does this medicine have any side effects?
더즈 디스 메더신 해 배니 사이 디펙(ㅊ)?
Can I expect any side effects?
캔 아이 익스펙 테니 사이 디펙(ㅊ)?

요즘 복용하는 약이 있나요?
Are you taking any medicine these days?
아- 유 테익킹 애니 메더신 디-즈 데이(ㅈ)?

prescribe 처방을 쓰다
　(= write out a prescription)
prescription 처방전

꼭! 짚고 가기

약의 종류

아플 때 먹는 약, 증세에 맞춰 제대로 먹어야겠죠. 약 이름에 대해서 알아볼까요.

▶ **약의 형태에 따라**
- powder 가루약
- granule 과립
- tablet 정제
- sugar-coated tablet 당의정
- eye drops 안약
- suppository 좌약
- injection 주사

▶ **약효에 따라**
- cold medicine 감기약
- aspirin 아스피린
- pain-killer 진통제
- sleeping pill 수면제
- digestive/digestant 소화제
- laxative 변비약
- disinfectant 소독약
- salve, ointment 연고
- vulnerary 외상치료제
- binding medicine 지혈제
- antiphlogistic 소염제
- plaster/adhesive tape 반창고
  (보통 상표명인 Band-Aid를 많이 사용함)

약국 – 복용 방법

이 처방전대로 조제해 주시겠습니까?
Can I get this prescription filled?
캔 아이 겟 디스 프리스크립션 필(ㄷ)?
Would you make up this prescription, please?
우 쥬 메익 업 디스 프리스크립션, 플리-(ㅈ)?

이 약은 어떻게 먹으면 됩니까?
How should I take this medicine?
하우 슈 다이 테익 디스 메더신?

몇 알씩 먹어야 하나요?
How many should I take?
하우 메니 슈 다이 테익?

얼마나 자주 약을 먹어야 하나요?
How often do I have to take the medicine?
하우 어-펀 두 아이 해(ㅂ) 투 테익 더 메더신?

다섯 시간마다 한 알씩 복용하세요.
Take one every 5 hours.
테익 원 에브리 파이 바워(ㅅ)

이 약을 하루 한 번 한 알씩 복용하세요.
Take this medicine, one capsule at a time.
테익 디스 메더신, 원 캡슐 앳 어 타임

1일 3회, 식전에 복용하세요.
Three times a day before meals, please.
쓰리- 타임 저 데이 비퍼- 미일(ㅅ), 플리-(ㅈ)

약국 – 약 구입

수면제 좀 주세요.
May I have some sleeping pills?
메이 아이 해(ㅂ) 섬 슬리-핑 필(ㅅ)?

진통제 있나요?
Is there any pain-killer?
이즈 데어 애니 페인 킬러?

이 약은 어떻게 먹어야 하나요?
How should I take this medicine?
하우 슈 다이 테익 디스 메더신?

반창고 한 통 주세요.
Give me a roll of adhesive tape.
기(ㅂ) 미 어 로울 어 뱃히-시(ㅂ) 테입

생리대 있나요?
Do you carry sanitary napkins here?
두 유 캐리 새니터리 냅킨(ㅅ) 히어?

콘돔 좀 주시겠어요?
Can I have some rubbers?
캔 아이 해(ㅂ) 섬 러버(ㅅ)?

처방전 없이 약을 살 수 없습니다.
You can't buy it without the prescription.
유 캔(ㅌ) 바이 잇 위다웃 더 프리스크립션

make up [fill] a prescription 처방전대로 조제하다
(= get a prescription filled)

은행 계좌

미국 은행의 계좌

저축 계좌를 개설하고 싶습니다.

I'd like to open a bank account.

아잇 라익 투 오우펀 어 뱅 커카운(ㅌ)

어떤 종류의 예금을 원하십니까?

What type of account do you want?

왓 타입 어 버카운(ㅌ) 두 유 원(ㅌ)?

저축예금인가요 아니면 당좌예금인가요?

A savings account or a checking account?

어 세이빙 서카운 터 어 첵킹 어카운(ㅌ)?

이자율은 어떻게 됩니까?

What's the interest rate?

왓츠 디 인터레숫 레잇?

신분증을 보여 주시겠어요?

Will you show me your ID card?

윌 유 쇼우 미 유어 아이디- 카-(ㄷ)?

Can I see your photo ID, please?

캔 아이 시- 유어 포우토우 아이디-, 플리-(ㅈ)?

체크카드도 만드시겠습니까?

Would you like to apply for a debit card, too?

우 쥬 라익 투 어플라이 퍼 러 데빗 카-(ㄷ), 투-?

은행 계좌를 해지하고 싶습니다.

I'd like to close my bank account.

아잇 라익 투 클로우(ㅈ) 마이 뱅 커카운(ㅌ)

미국의 은행에서는 따로 통장을 발급하지 않고 은행 계좌(bank account)만 개설합니다.

계좌에는 일반적으로 saving account (저축예금)와 checking account(당좌예금)가 있는데, saving account는 이자를 받을 수 있지만 일정 금액 이상을 유지해야 하는 등 입출금에 제약이 있고, checking account는 이자가 없는 수표 전용 계좌입니다. 개인 수표를 사용하려면 꼭 필요합니다. 미국에 오래 머무르거나 큰 돈을 넣어 두는 목적이 아니라면, 일반적으로 checking account만 개설해도 됩니다.

우리나라는 계좌 이체 수수료 면제 등의 혜택이 많지만, 미국의 은행은 이체 수수료는 물론, 계좌 유지 수수료도 매월 내야 하는 경우가 있습니다.

bank account 계좌
interest rate 이자율
photo ID 사진이 있는 신분증

입출금

지금부터 예금과 출금을 하셔도 됩니다.

From now on, you can deposit and withdraw.

프럼 나우 언, 유 캔 디파짓 앤 뒷드러-

오늘 얼마를 예금하시겠습니까?

How much do you want to make for a deposit today?

하우 머취 두 유 원(ㅌ) 투 메익 퍼 러 디파짓 터데이?

500달러를 예금하려 합니다.

I'd like to make a deposit of 500 dollars.

아잇 라익 투 메익 어 디파짓 어(ㅂ) 파이(ㅂ) 헌드레(ㅈ) 달러(ㅅ)

I'd like to put this 500 dollars into my account.

아잇 라익 투 풋 디스 파이(ㅂ) 헌드레(ㅈ) 달러 신투 마이 어카운(ㅌ)

100달러를 인출하려 합니다.

I want to withdraw 100 dollars from my account.

아이 원(ㅌ) 투 윗드러- 원 헌드렛 달러(ㅅ) 프럼 마이 어카운(ㅌ)

얼마를 인출하려고 합니까?

How much do you want to withdraw?

하우 머취 두 유 원(ㅌ) 투 윗드러-?

제 계좌의 거래 내역을 확인하고 싶은데요.

I'd like to check the precious transactions on my account.

아잇 라익 투 첵 더 프레셔(ㅅ) 츠랜색션 선 마이 어카운(ㅌ)

deposit 예금하다
withdraw 인출하다 (withdrawal 인출)
transaction 거래 내역

송금

이 계좌로 송금해 주세요.

Please transfer the funds to this account.

플리-(ㅈ) 츠랜스퍼 더 펀(ㅈ) 투 디스 어카운(ㅌ)

국내 송금인가요 해외 송금인가요?

Is that a domestic or a foreign remittance?

이즈 댓 어 더메스틱 어 어 퍼-런 리밋턴(ㅅ)?

캐나다로 송금하고 싶습니다.

I'd like to make a remittance to Canada.

아잇 라익 투 메익 어 리밋턴(ㅅ) 투 캐너더

I want to do a wire transfer to Canada.

아이 원(ㅌ) 투 두 어 와이어 츠랜스퍼 투 캐너더

은행 이체 수수료가 있습니까?

Is there a bank fee for transferring money?

이즈 데어 어 뱅(ㅋ) 피- 퍼 츠랜스퍼링 머니?

수수료는 3달러입니다.

There's a 3 dollar charge.

데어즈 어 쓰리- 달러 차-쥐

remittance 송금
　(= wire transfer)
fee 수수료
　(= charge)

ATM 사용①

현금자동지급기는 어디에 있나요?

Where are the ATM machines?

웨어 아– 디 에이티–엠 머쉰(ㅅ)?

어떻게 돈을 인출하나요?

How do I withdraw money?

하우 두 아이 윗드러– 머니?

어떻게 돈을 입금하나요?

How do I make a deposit?

하우 두 아이 메익 어 디파짓?

여기에 카드를 넣어 주세요.

Please insert your card here.

플리– 진서– 츄어 카–(ㄷ) 히어

비밀번호를 입력하세요.

Please enter your PIN number.

플리– 젠터 유어 핀 넘버

계좌 잔고가 부족합니다.

Your balance is insufficient.

유어 밸런 시즈 인서피션(ㅌ)

잔액조회 버튼을 누르세요.

Please press the account balance key.

플리–(ㅈ) 프레(ㅅ) 디 어카운(ㅌ) 밸런(ㅅ) 키–

ATM 사용②

현금자동지급기는 몇 시까지 사용 가능한가요?

What are the service hours for this ATM?

왓 아– 더 서–비 사워(ㅅ) 퍼 디스 에이티–엠?

현금자동지급기 사용에 문제가 생겼어요.

I'm having some trouble using the ATM.

아임 해빙 섬 츠러블 유–징 디 에이티–엠

기계가 카드를 먹어버렸어요.

The ATM ate my card.

디 에이티–엠 애잇 마이 카–(ㄷ)

My card got stuck inside the machine.

마이 카–(ㄷ) 갓 스턱 인사이(ㄷ) 더 머쉰

체크카드가 손상됐어요.

My debit card has been damaged.

마이 데빗 카–(ㄷ) 해즈 빈 대미쥣

현금 자동지급기가 고장 났어요.

The ATM is out of order.

디 에이티–엠 이즈 아웃 어 버–더

ATM 현금자동지급기
   (= Automated Teller Machine)
check 수표
PIN 개인증명번호, 비밀번호
   (= Personal Identification Number)
balance 잔액

cash 현금

신용카드

신용카드를 신청하고 싶은데요.

I want to apply for a credit card.
아이 원(트) 투 어플라이 퍼 어 크레딧 카-(드)

I'd like to get a credit card.
아잇 라익 투 겟 어 크레딧 카-(드)

카드가 언제 발급되나요?

When will it be issued?
웬 윌 잇 비- 이슈웃?

사용 한도액이 어떻게 되나요?

How much is the limit for this card?
하우 머취 이즈 더 리밋 퍼 디스 카-(드)?

유효 기간은 언제인가요?

When is the expiry date of this credit card?
웬 이즈 디 익스파이어리 데잇 어(브) 디스 크레딧 카-(드)?

최근 신용카드 사용 내역을 확인하고 싶은데요.

I want to check my latest credit card statement.
아이 원(트) 투 첵 마이 레이티슷 크레딧 카-(드) 스테잇먼(트)

신용카드를 도난당했어요. 해지해 주세요.

I had my credit card stolen. Please cancel it.
아이 햇 마이 크레딧 카-(드) 스토울런. 플리-(즈) 캔설 잇

신용카드를 과용해서 빚을 졌어요.

I am in debt from excessive credit card use.
아이 앰 인 뎃 프럼 익세시(브) 크레딧 카- 쥬-(즈)

expiry date 유효 기간

환전

환전할 수 있습니까?

Do you exchange foreign currency?
두 유 익스체인쥐 퍼-런 커-런시?

원화를 달러로 환전하고 싶습니다.

I'd like to exchange Korean won to US dollars.
아잇 라익 투 익스체인쥐 커리-언 원 투 유-에(스) 달러(스)

여행자 수표를 달러로 환전하고 싶은데요.

I want to change a traveler's check into dollars.
아이 원(트) 투 체인쥐 어 츠래블러(스) 첵 인투 달러(스)

환전한 금액의 10%를 수수료로 받고 있습니다.

We get a 10% commission of the exchanged amount.
위 겟 어 텐 퍼센(트) 커미션 어(브) 디 익스체인쥐 더마운(트)

전액 10달러 지폐로 주세요.

Please give it to me in 10 dollars bills.
플리-(즈) 기 빗 투 미 인 텐 달러(스) 빌(스)

길 건너편에 환전소가 있습니다.

There is a change booth across the street.
데어 이즈 어 체인쥐 부-쓰 어크러-(스) 더 스츠리잇

exchange 환전, 환전하다
foreign currency 외국환
* domestic currency 내국환

환율

오늘 환율이 어떻게 됩니까?
What's the current exchange rate?
왓츠 더 커렌 틱스체인쥐 레잇?

오늘 달러 환율이 어떻게 되나요?
What's today's rate for U.S. dollars?
왓츠 터데이(ㅅ) 레잇 퍼 유-에(ㅅ) 달러(ㅅ)?

원화를 달러로 바꾸는 환율이 어떻게 되나요?
What's the rate for won to dollars?
왓츠 더 레잇 퍼 원 투 달러(ㅅ)?

오늘 환율은 1달러에 1,300원입니다.
Today's exchange rate is 1,300 won to a dollar.
터데이 식스체인쥐 레잇 이즈 원 싸우전(ㄷ) 쓰리- 헌드레(ㅈ) 원 투 어 달러

1달러에 1,200원의 환율로 환전했어요.
I exchanged money at the rate of 1,200 won to the U.S. dollar.
아이 익스체인쥣 머니 앳 더 레잇 어(ㅂ) 트웰(ㅂ) 헌드레 줜 투 디 유-에(ㅅ) 달러

환율은 벽에 게시되어 있습니다.
The exchange rates have been posted on the wall.
디 익스체인쥐 레잇츠 해(ㅂ) 빈 포우스팃 언 더 워얼

환율이 최저치로 떨어졌어요.
The exchange rate has fallen to its lowest point.
디 익스체인쥐 레잇 해즈 퍼얼런 투 잇츠 로우이슷 퍼인(ㅌ)

exchange rate 환율

신용카드

해외여행을 할 때 한두 장의 신용카드를 들고 갑니다. 때로는 신용카드로 결제하는 것이 오히려 경비를 절감할 수도 있으니 꼼꼼히 따져 보고 쓰세요.

· 해외 체류 시 체크카드 사용하기

해외에서 6개월 이상 머무른다면 은행 계좌를 개설하고 체크카드를 만드세요. 한국에서 송금받아 손쉽게 인출해 사용할 수 있습니다.
짧은 여행이라면 해외에서 현지화로 인출이 가능한 글로벌체크카드가 편리합니다.

· 미국에서 신용카드 사용하기

미국에서는 신용카드 사용 시 신분증을 확인하는 경우가 종종 있습니다. 본인 명의의 신용카드가 아니라면 사용이 불가능할 수 있습니다.
해외에서 사용 가능한 신용카드로는 크게 VISA 계열과 MASTER 계열 카드가 있습니다. MASTER 계열의 CIRRUS 카드는 국제직불카드라 신용카드처럼 쓸 수 없고 인출만 가능합니다.
해외에서 신용카드를 사용 시에는 건당 해외 이용 수수료가 부과됩니다.

대출 상담

대출을 받고 싶습니다.

I'd like to take out a loan.
아잇 라익 투 테익 아웃 어 로운
I want to apply for a loan.
아이 원(ㅌ) 투 어플라이 퍼 어 로운
Could I get a loan?
쿠 다이 겟 어 로운

대출에 대해 상담하고 싶습니다.

I want to talk about applying for
a loan.
아이 원(ㅌ) 투 터억 어바웃 어플라잉 퍼 어 로운

대출받는 데 뭐가 필요한지 알고 싶은데요.

I want to find out what is
necessary to get a loan.
아이 원(ㅌ) 투 파인 다웃 왓 이즈 네세서리 투 겟 어
로운

제가 대출받을 자격이 되나요?

Would I qualify for the loan?
우 다이 쿠얼리파이 퍼 더 로운?
Am I eligible for the loan?
앰 아이 엘리저블 퍼 더 로운?

제 대출이 승인되었나요?

Has my loan been approved?
해즈 마이 로운 빈 어프루-붓?

주택 구입을 위한 모기지 신청을 하려고
합니다.

I'd like to apply for a mortgage to
buy a house.
아잇 라익 투 어플라이 퍼 어 머-지귀 투 바이 어
하우(ㅅ)

loan 대출, 융자
take out [get] a loan 대출 받다
apply [ask] for a loan 대출을 신청하다

대출 이자율

학자금 대출을 받으려고 해요.

I'm going to take out a loan to pay
my tuition.
아임 고우잉 투 테익 아웃 어 로운 투 페이 마이
튜-이션

주택 융자를 받을 수 있을까요?

Can I get a housing loan?
캔 아이 겟 어 하우징 로운?

저는 집을 담보로 대출을 받았어요.

I put my house up as collateral for
the loan.
아이 풋 마이 하우 섭 애(ㅈ) 컬래터럴 퍼 더 로운
I made a loan on my house.
아이 메잇 어 로운 언 마이 하우(ㅅ)

이자율이 얼마입니까?

What is the interest rate?
왓 이즈 디 인터레슷 레잇?
Can you give me the interest rate?
캔 유 기(ㅂ) 미 디 인터레슷 레잇?
What kind of interest rate can I get?
왓 카인 더 빈터레슷 레잇 캔 아이 겟?

그 대출에는 15%의 이자가 붙습니다.

The loan carries 15% interest.
더 로운 캐리(ㅈ) 핍틴 퍼센 틴터레슷

6부 이자로 대출을 받았어요.

I made a loan at 6% interest.
아이 메잇 어 로운 앳 식(ㅅ) 퍼센 틴터레슷

대출 한도액이 어떻게 되나요?

What's my credit limit?
왓츠 마이 크레딧 리밋?

housing loan 주택 대출
* business loan 사업 대출
* student loans 학자금 대출

대출 보증

보증인 없이도 대출이 가능한가요?
Can I get a loan as the sole signatory?
캔 아이 겟 어 로운 애(ㅈ) 더 소울 식너터-리?

담보 없이 은행 대출을 받을 수 없습니다.
You can't usually get a bank loan without collateral.
유 캔 츄-쥬얼리 겟 어 뱅(ㅋ) 로운 위다웃 컬래터럴

제 보증 좀 서 주시겠어요?
Can you guarantee my loan?
캔 유 개런티- 마이 로운?

내가 보증을 서 줄게요.
I'll cosign your loan.
아일 코우사인 유어 로운

대출받는 데 얼마나 걸릴까요?
How long will it take to get a loan?
하우 러엉 윌 잇 테익 투 겟 어 로운?

주택 대출 상환금이 석 달째 연체됐어요.
The payments on my house loan are in arrears by 3 months.
더 페이먼 천 마이 하우(ㅅ) 로운 아- 인 어리어(ㅅ) 바이 쓰리- 먼쓰(ㅈ)

저는 융자금을 이미 갚았어요.
I've already repaid the loan.
아입 어얼레디 리페잇 더 로운
I've paid back the loan already.
아입 페잇 백 더 로운 어얼레디

collateral 담보

환율과 대출

• 환율

환율 고시를 보면 기준 환율, 사는 환율, 파는 환율이 있습니다.

기준 환율은 모두 같고 사는 환율 및 파는 환율은 은행 측에서 수수료를 포함해서 고시를 하기 때문에 은행이나 환전소에 따라 차이가 있습니다.

예를 들어, 기준 환율이 1,200원이고 사는 환율이 1,230원이라면 은행의 수수료가 30원입니다. 환전 수수료 할인쿠폰이 있다면 그 비율만큼 수수료에서 할인을 받습니다.

한국은 미국 달러를 기축통화로 환율을 고시하고 있어, 모든 환율은 원-달러 환율을 기준으로 정해집니다.

또한 해외여행 시 별도의 신고나 허가 없이 가지고 나갈 수 있는 금액은 미화 1만 달러까지입니다. 그 이상의 돈은 글로벌 체크카드로 현지에서 직접 인출하거나 신용카드를 사용하면 됩니다.

• 대출

미국은 신용을 중요시하기 때문에 대출을 받으려면 사회보장번호(Social Security Number, 우리나라의 주민등록번호에 해당함)를 받고 꾸준한 은행 거래를 통해 신용도를 쌓아야 합니다. 유학생 비자(F1)이고 사회보장번호가 없는 유학생이라면 학자금 대출은 어렵습니다.

그러나 보증인(co-signer)이 있을 경우 사회보장번호 없이도 대출이 가능한 기관들이 있습니다.

은행 기타

제 계좌 잔고를 알 수 있을까요?

Can you tell me how much I have in my account?

캔 유 텔 미 하우 머취 아이 해 빈 마이 어카운(트)?

I would like to know how much the balance is.

아이 우(드) 라익 투 노우 하우 머취 더 밸런 시즈

이상한 거래 내역이 있는지 정기적으로 계좌를 확인해야 합니다.

You should check your account regularly for any odd transactions.

유 슈(드) 첵 유어 어카운(트) 레귤러리 퍼 애니 앗 츠랜색션(ㅅ)

잔돈으로 교환해 주시겠어요?

Could you break this, please?

쿠 쥬 브레익 디스, 플리-(ㅈ)?

이 수표에 이서해 주시겠어요?

Could you endorse this check, please?

쿠 쥬 인더-(ㅅ) 디스 첵, 플리-(ㅈ)?

3개월 치 잔고증명서를 발급해 주세요.

Please issue a bank account balance statement for three months.

플리- 지슈- 어 뱅 커카운(트) 밸런(ㅅ) 스테잇먼(트) 퍼 쓰리- 먼쓰

편지 발송

50센트짜리 우표 세 장 주세요.

Could I have three 50 cent stamps?

쿠 다이 해(ㅂ) 쓰리- 핍티 센(트) 스탬(ㅅ)?

이 편지 요금이 얼마입니까?

How much is the postage for this letter?

하우 머취 이즈 더 포우스티쥐 퍼 디스 레더?

보통 우편인가요 빠른 우편인가요?

By regular mail or express?

바이 레귤러 메일 어 익스프레(ㅅ)?

빠른 우편으로 보내는 비용은 얼마인가요?

How much is it to send this letter by express mail?

하우 머취 이즈 잇 투 센(드) 디스 레더 바이 익스프레(ㅅ) 메일?

등기 우편으로 보내고 싶은데요.

Please register this letter.

플리-(ㅈ) 레지스터 디스 레더

Send this letter by registered mail, please.

센(드) 디스 레더 바이 레지스터(드) 메일, 플리-(ㅈ)

우편 요금은 착불입니다.

Postage will be paid by the addressee.

포우스티쥐 윌 비- 페잇 바이 디 애드레시-

(postage) stamp 우표
postage (rate) 우편 요금
regular mail 보통 우편
express mail 빠른 우편
registered mail 등기 우편

소포 발송

소포 무게 좀 달아주시겠어요?

Would you weigh this parcel?

우 쥬 웨이 디스 파—설?

이 소포를 포장해 주세요.

Please wrap this parcel in package
paper.

플리—(ㅈ) 렙 디스 파—설 인 팩키쥐 페이퍼

소포의 내용물은 무엇입니까?

What does your parcel contain?

왓 더즈 유어 파—설 컨테인?

What is contained in it?

왓 이즈 컨테인 딘 잇?

조심해 주세요! 깨지기 쉬운 물건입니다.

Please be careful! This parcel is
fragile.

플리—(ㅈ) 비— 케어펄! 디스 파—설 이즈 프래절

만일을 대비해 소포를 보험에 가입해
주세요.

Please insure this parcel just in
case.

플리— 진슈어 디스 파—설 저슷 인 케이(ㅅ)

도착하려면 얼마나 걸리나요?

How long does it take to reach
there?

하우 러엉 더즈 잇 테익 투 리—취 데어?

When will my parcel get there?

웬 윌 마이 파—설 겟 데어?

이틀 후에 도착할 겁니다.

It takes 2 days to reach there.

잇 테익(ㅅ) 투— 데이(ㅈ) 투 리—취 데어

It'll get there 2 days later.

잇일 겟 데어 투— 데이(ㅈ) 레이터

우체국 기타

이 소포를 일본으로 보내려고 합니다.

I'd like send this parcel to Japan.

아잇 라익 센(ㄷ) 디스 파—설 투 재팬

항공편인가요 배편인가요?

By airmail or surface mail?

바이 에어메일 어 서—피(ㅅ) 메일?

항공 우편 요금은 얼마인가요?

What is the rate for airmail?

왓 이즈 더 레잇 퍼 에어메일?

판매용 기념우표를 취급하나요?

Do you have any commemorative
stamps for sale?

두 유 해 배니 커메머레이티(ㅂ) 스탬(ㅅ) 퍼 세일?

안에 금지 품목이 있나요?

Are there any prohibited items in
it?

아— 데어 애미 프러히비팃 아이틈 신 잇?

시간이 부족하다면 EMS로 보내세요.

If you don't have enough time,
send it by EMS.

이 퓨 도운(ㅌ) 해 비넙 타임, 센 딧 바이 이—엠에스

반송된다면, 이쪽 주소로 반송해 주세요.

Once it is returned, please return it
to this address.

원 싯 이즈 리터언(ㄷ), 플리—(ㅈ) 리터언 잇 투 디스
앳레(ㅅ)

미용실 상담

커트 ①

헤어스타일을 새롭게 바꾸고 싶어요.
I need a new hair style.
아이 니잇 어 누- 헤어 스타일
I'd like to go for a new hair style.
아잇 라익 투 고우 퍼 러 누- 헤어 스타일
↳ go for ~은 '~하러 가다'라는 뜻으로,
예를 들어 go for a walk라고 하면
'산책하러 가다'입니다.

어떤 스타일로 해 드릴까요?
How would you like your hair?
하우 우 쥬 라익 유어 헤어?
What will it be today?
왓 윌 잇 비- 터데이?

헤어스타일 책을 보여 드릴까요?
May I show you a hair style book?
메이 아이 쇼우 유 어 헤어 스타일 북?

알아서 어울리게 해 주세요.
I'll leave it up to you.
아일 리- 빗 업 투 유
Just do whatever is best for me.
저슷 두 왓에버 이즈 베슷 퍼 미

이 사진 속의 모델처럼 하고 싶어요.
I want to look like the model in
this photo.
아이 원(ㅌ) 투 룩 라익 더 마들 인 디스 포우토우

머리를 자르고 싶어요.
I need to get my hair cut.
아이 니잇 투 겟 마이 헤어 컷

어떻게 잘라 드릴까요?
How do you want it cut?
하우 두 유 원 팃 컷?

이 정도 길이로 해 주세요.
Leave them this long, please.
리-(ㅂ) 뎀 디스 러엉, 플리-(ㅈ)
Make them this long, please.
메익 뎀 디스 러엉, 플리-(ㅈ)

어깨에 오는 길이로 잘라 주시겠어요?
Can you cut it shoulder length?
캔 유 컷 잇 쇼울더 렝쓰?

머리를 짧게 자르고 싶어요.
I'd like to have my hair cut short.
아잇 라익 투 해(ㅂ) 마이 헤어 컷 셔엇
I want it short.
아이 원(ㅌ) 잇 셔엇

머리끝 약간만 잘라 주세요.
Please take a few inches off the
ends.
플리-(ㅈ) 테익 어 퓨- 인취 서-(ㅍ) 디 엔(ㅈ)

끝만 살짝 다듬어 주시겠어요?
Could you just trim the end?
쿠 쥬 저슷 츠림 디 엔(ㄷ)?
I just want a trim, please.
아이 저슷 원 터 츠림, 플리-(ㅈ)
Just a trim, please.
저슷 어 츠림, 플리-(ㅈ)

커트 ②

스포츠형으로 짧게 잘라 주세요.

I want a crew cut.
아이 원 터 크루- 컷

단발머리를 하고 싶어요.

I'd like to wear bobbed hair.
아잇 라익 투 웨어 밥(ㄷ) 헤어
Please cut my hair in a bob-type style.
플리-(ㅈ) 컷 마이 헤어 인 어 밥 타입 스타일

앞머리도 잘라 주세요.

I'd like to have bangs, too.
아잇 라익 투 해(ㅂ) 뱅(ㅅ), 투-

앞머리는 그대로 두세요.

I'd like to keep my bangs.
아잇 라익 투 키입 마이 뱅(ㅅ)
Please don't cut the bangs.
플리-(ㅈ) 도운(ㅌ) 컷 더 뱅(ㅅ)

머리숱을 좀 쳐 주세요.

I want my hair thinned out.
아이 원(ㅌ) 마이 헤어 씬 다웃

머리에 층을 내 주세요.

I want my hair layered.
아이 원(ㅌ) 마이 헤어 레이어(ㄷ)

너무 짧게 자르지 마세요.

Don't cut it too short.
도운(ㅌ) 컷 잇 투- 셔엇
Not too short, please.
낫 투- 셔엇, 플리-(ㅈ)

콕! 짚고 가기

헤어스타일

미용실에 가서 원하는 헤어스타일을 잘못 전달하면 정말 낭패를 보게 될 겁니다. 다음 단어를 참고하여 원하는 헤어스타일을 어떻게 설명할지 한번 생각해 볼까요?

- hairdo 헤어스타일, 머리 모양
- cut 자르다
  (= get a hair cut)
- trim 다듬다
  (= get a trim)
- brush, comb 빗다
- blow-dry 드라이어로 말리다
- perm 파마하다
- dye 염색하다
- bleach 탈색하다
- lighten 색을 옅게 하다
- shave 면도하다
- braid 땋다
- bind 묶다
- tuck 머리를 넘기다
- crew cut 스포츠형 머리, 군대식 머리
- short cut 짧은 머리
- bobbed hair 단발머리
- bangs 앞머리(보통 복수형)
- shaved head 민머리
- updo 올림머리
- ponytail 포니테일, 하나로 묶은 머리
- a few strands 양볼 옆으로 늘어뜨린 머리

파마

파마해 주세요.

I want to get a perm.
아이 원(트) 투 겟 어 퍼엄 ↘ perm은 permanent
                          hairstyle의 줄임말입니다.

I'd like a perm, please.
아잇 라익 어 퍼엄, 플리-(즈)

I'd like to curl my hair.
아잇 라익 투 커얼 마이 헤어

어떤 파마를 원하세요?

What kind of perm do you want?
왓 카인 더(브) 퍼엄 두 유 원(트)?

스트레이트 파마로 해 주세요.

I want to get rid of my curls.
아이 원(트) 투 겟 릿 어(브) 마이 커얼(스)

너무 곱슬거리게 말지는 마세요.

Don't curl my hair too much,
please.
도운(트) 커얼 마이 헤어 투- 머취, 플리-(즈)

파마가 잘 나왔네요.

Your perm came out nicely.
유어 퍼엄 케임 아웃 나이슬리

요즘 유행하는 파마 스타일이 뭐예요?

What's the perm that's popular
these days?
왓(츠) 더 퍼엄 댓(츠) 파퓰러 디-즈 데이(즈)?

염색

머리를 염색해 주세요.

I'd like to have my hair dyed,
please.
아잇 라익 투 해(브) 마이 헤어 다잇, 플리-(즈)

I'd like to get my hair dyed.
아잇 라익 투 겟 마이 헤어 다잇

I want to have my hair colored.
아이 원(트) 투 해(브) 마이 헤어 컬러(드)

어떤 색으로 하시겠어요?

What color do you want your hair
dyed?
왓 컬러 두 유 원 츄어 헤어 다잇?

갈색으로 염색해 주실래요?

Can you color my hair brown?
캔 유 컬러 마이 헤어 브라운?

I want to dye my hair brown.
아이 원(트) 투 다이 마이 헤어 브라운

금발로 하고 싶어요.

Can you make me a blonde?
캔 유 메익 미 어 블란(드)?

밝은색으로 염색하면 어려 보일 거예요.

Highlighting makes you look
younger.
하이라잇팅 메익 슈 룩 영거

탈색하는 건 좀 싫은데요.

I'm afraid of bleaching my hair.
아임 어(프)레잇 어(브) 블리칭 마이 헤어

여기서 잠깐!
새치 머리 염색약
새치 머리를 염색하려면 염색약에 grey hair covered
라고 표기되어 있는지 확인하세요.

네일

손톱 손질을 받고 싶은데요.

I want to have my nails done.

아이 원(트) 투 해(ㅂ) 마이 네일(ㅅ) 던

매니큐어는 어떤 색이 있나요?

What colors of nail polish do you have?

왓 컬러 서(ㅂ) 네일 팔리쉬 두 유 해(ㅂ)?

이 색은 마음에 안 들어요.

I don't like this color on me.

아이 도운(트) 라익 디스 컬러 언 미

손톱을 다듬어 주세요.

I want my nails trimmed.

아이 원(트) 마이 네일(ㅅ) 츠림(ㄷ)

Can you file my nails down?

캔 유 파일 마이 네일(ㅅ) 다운?

저는 손톱이 잘 부러지는 편이에요.

My nails are easily broken.

마이 네일 사— 이—질리 브로우큰

발톱 손질도 해 드릴까요?

Do you want your toenails polished, too?

두 유 원(트) 유어 토우네일(ㅅ) 팔리쉿, 투—?

여기서 잠깐!

매니큐어

우리가 '매니큐어'라고 부르는 것은 nail polish, 네일 숍에서 서비스받는 것은 get a manicure라고 합니다. 발톱에 받는 것은 따로 구별해서 get a pedicure라고 합니다.

미용실 기타

저는 머리숱이 무척 많아요.

My hair is very thick.

마이 헤어 이즈 베리 씩

저는 가르마를 왼쪽으로 타요.

I part my hair to the left.

아이 파—(트) 마이 헤어 투 더 레픗

평소에는 머리를 묶고 다니는 편이에요.

I usually wear my hair up.

아이 유—주얼리 웨어 마이 헤어 업

그냥 드라이만 해 주세요.

Just blow-dry my hair, please.

저슷 블로우 드라이 마이 헤어, 플리—(ㅈ)

면도해 주세요.

I'd like to get a shave.

아잇 라익 투 겟 어 쉐이(ㅂ)

머리결이 손상됐네요.

Your hair has been damaged severely.

유어 헤어 해즈 빈 대미쥣 시비어리

머리카락 끝이 다 갈라졌어요.

I have so many split ends.

아이 해(ㅂ) 소우— 메니 스플릿 엔(ㅈ)

여기서 잠깐!

금발 머리

인형 머리 같은 금발의 그녀들은 오히려 우리나라 사람들의 검은 머리를 예쁘다고 생각합니다. 그래서 일부러 검은색이나 짙은 갈색으로 염색하기도 한답니다. 금발 머리는 blonde hair, fair hair, golden hair 등의 단어를 씁니다. 참고로 검은 머리는 black hair라고 하지 않는다는 것! brunette이라고 한답니다. 빨강 머리는 carrottop이라는 속어가 있는데, 애칭으로도 쓰이는 말입니다.

세탁물 맡기기

세탁물 찾기

\# 이 옷들은 세탁소에 맡길 거예요.

I'm going to take these clothes to the cleaners.

아임 고우잉 투 테익 디-즈 클로우(ㅈ) 투 더 클리-너(ㅅ)

\# 이 양복을 세탁소에 좀 맡겨 주시겠어요?

Can you put this suit in at the laundry?

캔 유 풋 디스 수웃 인 앳 더 러언드리?

\# 이 양복을 세탁해 주세요.

Please clean this suit.

플리-(ㅈ) 클리인 디스 수웃

I want to have this suit washed.

아이 원(ㅌ) 투 해(ㅂ) 디스 수웃 워쉿

\# 이 바지를 좀 다려 주세요.

I'd like these pants to be pressed.

아잇 라익 디-즈 팬(ㅊ) 투 비- 프레슷

\# 이 코트를 드라이클리닝 해 주세요.

Could I get this coat dry-cleaned?

쿠 다이 겟 디스 코웃 드라이 클리인(ㄷ)?

I need my coat dry-cleaned.

아이 니잇 마이 코웃 드라이 클리인(ㄷ)

\# 다음 주 월요일까지 세탁해 주세요.

I'll need this suit cleaned by next Monday.

아일 니잇 디스 수웃 클리인(ㄷ) 바이 넥슷 먼데이

\# 언제 찾아갈 수 있나요?

When can I get it back?

웬 캔 아이 겟 잇 백?

When will it be ready?

웬 윌 잇 비- 레디?

\# 세탁물을 찾고 싶은데요.

I want to pick up my laundry.

아이 원(ㅌ) 투 픽 업 마이 러언드리

\# 제 세탁물은 다 됐나요?

Is my laundry ready?

이즈 마이 러언드리 레디?

\# 여기 세탁물 보관증입니다.

Here's my claim ticket.

히어(ㅅ) 마이 클레임 티킷

\# 세탁비는 얼마인가요?

What's the charge for cleaning?

왓츠 더 차-쥐 퍼 클리-닝?

\# 코트 한 벌 드라이클리닝 비용은 얼마인가요?

How much do you charge to dry-clean a coat?

하우 머춰 두 유 차-쥐 투 드라이 클리인 어 코웃?

laundry 세탁물, 세탁소
press(= iron) 다리미질하다
* pressing(= ironing) 다리미질

claim ticket 세탁물 보관증

세탁물 확인

\# 제가 맡긴 세탁물이 다 됐는지 확인하려고
전화했습니다.

I'm calling to see if my laundry is
ready.

아임 커-링 투 시- 이(ㅍ) 마이 러언드리 이즈 레디

I'd like to check if my laundry is
ready.

아잇 라익 투 첵 이(ㅍ) 마이 러언드리 이즈 레디

\# 드라이클리닝 맡긴 게 다 됐다는 메시지를
받았어요. 몇 시까지 하세요?

I got a message that my dry
cleaning is ready.

What are your hours?

아이 갓 어 메시쥐 댓 마이 드라이 클리-닝 이즈 레디.
왓 아- 유어 아워(ㅈ)?

↘ What are your office hours?와 같은 의미입니다.

\# 이거 다림질이 잘 안된 것 같은데요.

I'm afraid this hasn't been ironed
well.

아임 어(ㅍ)레잇 디스 해즌(ㅌ) 빈 아이언(ㄷ) 웰

\# 카펫도 세탁이 가능한가요?

Can you clean carpets, too?

캔 유 클리인 카-핏(ㅊ), 투-?

얼룩 제거

\# 얼룩 좀 제거해 주시겠어요?

Can you get this stain out?

캔 유 겟 디스 스테인 아웃?

\# 이 바지의 얼룩 좀 제거해 주시겠어요?

Could you take out the stains on
these pants?

쿠 쥬 테익 아웃 더 스테인 선 디-즈 팬(ㅊ)?

\# 드레스에 커피를 쏟았어요.

I spilled coffee all over my dress.

아이 스필(ㄷ) 커-피 어얼 오우버 마이 드레(ㅅ)

\# 이 얼룩은 빨아서 지워지지 않아요.

This stain won't wash out.

디스 스테인 워운(ㅌ) 워쉬 아웃

\# 드라이클리닝을 하면 얼룩을 지울 수
있어요.

The dry cleaner can remove the
stain.

더 드라이 클리-너 캔 리무-(ㅂ) 더 스테인

\# 얼룩이 제대로 빠지지 않았어요.

You didn't remove this stain.

유 디든(ㅌ) 리무-(ㅂ) 디스 스테인

The stain didn't come out.

더 스테인 디든(ㅌ) 컴 아웃

stain 얼룩

수선

옷 수선도 잘하시나요?

Do you fix clothes as well?
두 유 픽(ㅅ) 클로우(ㅈ) 애(ㅈ) 웰?

이 코트를 좀 수선해 주세요.

Could you mend this coat?
쿠 쥬 멘(ㄷ) 디스 코옷?

이 바지 길이를 좀 줄여 주세요.

I'd like to have the pants shortened.
아잇 라익 투 해(ㅂ) 더 팬(ㅊ) 셔-튼(ㄷ)

이 바지 길이를 좀 늘여 주실래요?

Could you lengthen the pants?
쿠 쥬 렝썬 더 팬(ㅊ)?

지퍼가 떨어졌어요. 바꿔 주시겠어요?

This zipper fell off.
Can you replace it?
디스 집퍼 펠 어-(ㅍ). 캔 유 리플레이 싯?

보이지 않게 수선해 주세요.

Can you repair it not to tell it was ripped?
캔 유 리페어 잇 낫 투 텔 잇 워즈 립(ㅌ)?

죄송하지만 수선할 수 없는데요.

I'm sorry I can't fix that.
아임 서-리 아이 캔(ㅌ) 픽(ㅅ) 댓

단추를 달아 주시겠어요?

Can you put on button?
캔 유 풋 언 벗든?

fix 수선하다
　(= mend, repair)
shorten 줄이다
lengthen 늘이다

렌터카 - 대여 & 차종

이번 토요일에 차 한 대 빌리고 싶습니다.

Can I rent a car this Saturday?
캔 아이 렌 카- 디스 세터데이?
I'd like to take the car this Saturday.
아잇 라익 투 테익 더 카- 디스 새터데이

어떤 차를 원하십니까?

What kind of car do you want?
왓 카인 더(ㅂ) 카- 두 유 원(ㅌ)?
Do you care of any particular type?
두 유 캐어 어 배니 퍼티큘러 타입?

밴을 빌리고 싶어요.

I'd like to rent a van.
아잇 라익 투 렌 터 밴

소형차를 빌리고 싶어요.

I want a compact car.
아이 원 터 컴팩(ㅌ) 카-

오토매틱으로만 운전할 수 있어요.

I can drive only an automatic.
아이 캔 드라이(ㅂ) 오운리 언 어-터매틱

어느 정도 운전할 예정입니까?

How long will you need it?
하우 렁 윌 유 니이 딧?

5일간 빌리고 싶습니다.

I'd like to rent a car for 5 days.
아잇 라익 투 렌 터 카- 퍼 파이(ㅂ) 데이(ㅈ)

가능하면 지금 바로 빌리고 싶습니다.

I'd like to pick it up right now if possible.
아잇 라익 투 픽 잇 업 라잇 나우 이(ㅍ) 파서블

렌터카 - 요금 & 반납

렌탈 요금은 어떻게 됩니까?

What's your rental fee?
왓츠 유어 렌들 피-?

하루에 50달러입니다.

50 dollars per day.
핍티 달러(ㅅ) 퍼 데이

보험을 가입하시겠어요?

Do you want insurance?
두 유 원 틴슈어런(ㅅ)?

종합 보험을 가입해 주세요.

With comprehensive insurance, please.
윗 캄프리헨시 빈슈어런(ㅅ), 플리-(ㅈ)

With full coverage, please.
윗 풀 커버리쥐, 플리-(ㅈ)

어디로 반납해야 하나요?

Where should I leave the car?
웨어 슈 다이 리-(ㅂ) 더 카-?

전국 지점 어느 곳으로나 반납이 가능합니다.

You can return the car to any branch all over the country.
유 캔 리터언 더 카- 투 애니 브랜취 어얼 오우버 더 컨츠리

comprehensive insurance 종합 보험
(= full coverage)

콩글리시 때려잡기

자동차와 관련된 콩글리시를 알아볼까요?

• **보통 자동차 유리에 하는 '썬팅'이 영어가 아니라는 사실!**
'~에 (연하게) 색칠하다'라는 뜻을 가진 tint를 써서 tinting이라고 한답니다. 여자들이 애용하는 화장품에도 자연스러운 입술 색깔을 표현하는 것을 tint라고 하죠.

• **'오픈카'는 영어 아니야?**
오, no~
아마 자동차 모델명에서 보셨을 거예요. convertible이라고 한답니다.

• **운전할 때 꼭 잡고 가는 '핸들'은?**
이것도 콩글리시예요.
정확하게 말하면 steering wheel이에요. 그럼, 파워 핸들은 power steering이라고 하겠죠.

주유소 ①

이 근처에 주유소가 있나요?

Is there a gas station around here?

이즈 데어 어 개(ㅅ) 스테이션 어라운(ㄷ) 히어?

↘ filling station이라고도 합니다.

주유소에 들러요.

Let's pull up to that gas station.

렛츠 풀 업 투 댓 개(ㅅ) 스테이션

가장 가까운 주유소가 어디에 있나요?

Can you direct me to the nearest gas station?

캔 유 디렉(ㅌ) 미 투 더 니어리슷 개(ㅅ) 스테이션?

기름은 충분해?

Do you have enough gas?

두 유 해(ㅂ) 이넢 개(ㅅ)?

기름이 떨어져 가는데.

We're running low on gas.

위어 러닝 로우 언 개(ㅅ)

기름이 다 떨어졌어. 주유소가 어디에 있지?

I'm all out of gasoline. Where's the gas station?

아임 어얼 아웃 어(ㅂ) 개솔린. 웨어즈 더 개(ㅅ) 스테이션?

다음 주유소에서 차를 멈춥시다.

Pull over at the next gas station.

풀 오우버 앳 더 넥슷 개(ㅅ) 스테이션

gasoline 휘발유
* self service 자신이 직접 주유
* full service 주유소 직원이 주유해 주며 간단한 서비스를 제공

주유소 ②

저 주유소에 잠시 들렀다 가자. 기름 좀 넣어야 해.

Let's stop at the gas station, I need some gas.

렛츠 스탑 앳 더 개(ㅅ) 스테이션, 아이 니잇 섬 개(ㅅ)

그는 주유소에서 차에 기름을 넣고 있어요.

He is putting some oil into the car at the gas station.

히 이즈 뿌딩 섬 어일 인투 더 카- 앳 더 개(ㅅ) 스테이션

기름 가득 채워 주세요.

Top it up.

탑 잇 업

Fill it up, please.

필 잇 업, 플리-(ㅈ)

Fill her up.

필 허 업 ↘ 자동차를 여성형으로 표현하는 경우가 많답니다.

무연 휘발유로 가득 넣어 주세요.

Fill it up with unleaded, please.

필 잇 업 윗 언레이딧, 플리-(ㅈ)

20달러어치 넣어 주세요.

Fill her up to 20 dollars.

필 허 업 투 트웬티 달러(ㅅ)

전기충전소가 어디에 있는지 알아요?

Do you know where an EV charging station is?

두 유 노우 웨어 언 이-뷔 차-징 스테이션 이즈?

unleaded (gasoline) 무연 휘발유
   (= lead-free gasoline)
* light oil 경유
* kerosene 등유
* LPG(liquefied petroleum gas) 액화 석유 가스
* LNG(liquefied natural gas) 액화 천연 가스

세차 & 정비

세차해 주세요.

Wash it down, please.
워쉬 잇 다운, 플리-(ㅈ)
Would you give the car a wash?
우 쥬 기(ㅂ) 더 카- 어 워쉬

세차하고 왁스를 발라 주세요.

Could you wash and wax the car?
쿠 쥬 워쉬 앤 왝(ㅅ) 더 카-?

세차 비용은 얼마인가요?

How much is it to wash the car?
하우 머취 이즈 잇 투 워쉬 더 카-?

배터리가 떨어졌어요. 좀 봐 주시겠어요?

The battery is dead.
Could you look at it?
더 배더리 이즈 뎃. 쿠 쥬 룩 앳 잇?

배터리 좀 봐 주시겠어요?

Would you check the battery?
우 쥬 첵 더 배더리?

타이어 점검해 주세요.

Would you check my tires?
우 쥬 첵 마이 타이어(ㅅ)?

엔진오일 좀 봐 주시겠어요?

Check the oil, please.
첵 디 어일, 플리-(ㅈ)

방전된 내 차를 충전했어요.

I charged up my car battery.
아이 차-쥣 업 마이 카- 배더리

서점 & 헌책방

서점 담당자는 책꽂이에서 책 한 권을 집어 들고 있었다.

The bookstore manager was taking a book from the shelf.
더 북스토- 매니저 워즈 테이킹 어 북 프럼 더 쉘(ㅍ)

점원이 책 운반용 카트를 밀고 가고 있다.

The clerk is pushing the book cart.
더 클럭 이즈 푸싱 더 북 카-(ㅌ)

책은 통틀어 다섯 권입니다.

There are 5 books altogether.
데어 아- 파이(ㅂ) 북(ㅅ) 어얼터게더

이것은 상하 두 권으로 된 책입니다.

This is a book in 2 volumes [a double-decker].
디스 이즈 어 북 인 투- 발류움(ㅅ) [어 더블 덱커]
The book is divided into 2 volumes.
더 북 이즈 디바이딧 인투 투- 발류움(ㅅ)

이것은 5부로 된 소설입니다.

This is a novel in 5 parts.
디스 이즈 어 나벌 인 파이(ㅂ) 파-(ㅊ)

나는 헌책방에서 보기 드문 책을 우연히 발견했다.

I stumbled upon a rare book at a secondhand bookstore.
아이 스텀블 덥판 어 래어 북 앳 어 세컨핸(ㄷ) 북스토-

그 헌책방에서는 새 책과 중고 책을 모두 판매해요.

The secondhand bookstore sells new and used books.
더 세컨핸(ㄷ) 북스토- 셀(ㅅ) 누- 앤 쥬-즛 북(ㅅ)

divide 나누다
stumble 우연히 발견하다

책 찾기 ①

실례지만, 시드니 셀던의 새 책 있어요?

Excuse me, do you have Sidney Sheldon's new book?

익스큐-(ㅈ) 미, 두 유 해(ㅂ) 싯니 쉘던(ㅅ) 누- 북?

실례지만, 역사에 관한 책은 어디에 있죠?

Excuse me, where are the books on history?

익스큐-(ㅈ) 미, 웨어 아- 더 북 선 히스터리?

책은 알파벳 순서대로 책꽂이에 꽂혀 있습니다.

The books are arranged alphabetically on the shelves.

더 북 사- 어랜쥣 앨퍼베티컬리 언 더 쉘브(ㅈ)

책을 찾는 방법 중 하나는 책의 제목을 이용하는 것이다.

One of the ways to find a book is by using the book's title.

원 어(ㅂ) 더 웨이(ㅈ) 투 파인 더 북 이즈 바이 유-징 더 북(ㅅ) 타이틀

그 책 출판사가 어디인지 아세요?

Do you know who publishes the book?

두 유 노우 후 퍼블리쉬(ㅈ) 더 북?

원하시는 책 제목을 알려 주시겠어요?

Could you give me the title of the book you want?

쿠 쥬 기(ㅂ) 미 더 타이틀 어(ㅂ) 더 북 유 원(ㅌ)?

책 제목이 뭐예요?

What's the title of the book?

왓츠 더 타이틀 어(ㅂ) 더 북?

책 찾기 ②

제가 찾고 있는 책을 찾을 수가 없어서요.

I can't find the book I'm looking for.

아이 캔(ㅌ) 파인(ㄷ) 더 북 아임 루킹 퍼

〈중국의 역사〉가 있는지 알아보려고 전화했어요.

I'm calling to see if you have any copies of < the History of China > left.

아임 커-링 투 시- 이 퓨 해 배니 카피 저(ㅂ) 더 히스터리 어(ㅂ) 차이너 레픗

제3열의 맨 앞에 최신 발행본을 진열했습니다.

We made a display for today's release of the new book at the front of the third isle.

위 메잇 어 디스플레이 퍼 터데이(ㅅ) 릴리- 서(ㅂ) 더 누- 북 앳 더 프런 터(ㅂ) 더 써- 다일

그 책은 언제 나옵니까?

When will the book come out?

웬 윌 더 북 컴 아웃?

그 책은 곧 발매됩니다.

The book will be put on sale soon.

더 북 윌 비- 풋 언 세일 수운

이 책은 지난주에 출판된 거예요.

The book went to press last week.

더 북 웬 투 프레(ㅅ) 레슷 위익

이 소설은 막 나온 신간입니다.

This novel is hot off the press.

디스 나벌 이즈 핫 어-(ㅍ) 더 프레(ㅅ)

책 찾기 ③

이 책은 9월에 출간되었어요.

The book came out in September.
더 북 케임 아웃 인 셉템버

이것들은 최근에 출판된 책들입니다.

These are books recently
published.
디즈 아― 북(ㅅ) 리센(ㅌ)리 퍼블리쉿

이 책은 절판되었습니다.

The book is out of print.
더 북 이즈 아웃 어(ㅂ) 프린(ㅌ)

They don't publish the book any
more.
데이 도운(ㅌ) 퍼블리쉬 더 북 애니 머―

이 책은 전면 개정된 것입니다.

This book has been completely
revised.
디스 북 해즈 빈 컴플릿리 리바이즈(ㄷ)

이 책은 저자 불명의 책인데요.

This is a book of unknown
authorship.
디스 이즈 어 북 어 번노운 어―써쉽

그 책을 가져다주시겠어요?

Would you bring me the book?
우 쥬 브링 미 더 북?

그 책 어디에서 났어요?

Where did you get the book?
웨어 디 쥬 겟 더 북?

책 호응 수준

이 책이 가장 잘 팔렸어요.

This book was the best seller.
디스 북 워즈 더 베슷 셀러

그 책은 날개 돋친 듯 팔렸어요.

The book sold like hot cakes.
더 북 소울(ㄷ) 라익 핫 케익(ㅅ)

이 책의 대부분 독자는 주부이다.

Most of the readers of this book
are housewives.
모우슷 어(ㅂ) 더 리―더 서(ㅂ) 디스 북 아―
하우스와이브(ㅅ)

그 책은 다수의 독자를 얻었다.

The book found a wide audience.
더 북 파운 더 와이 더―디언(ㅅ)

지금 이런 책이 인기예요.

This type of book is popular.
디스 타입 어(ㅂ) 북 이즈 파퓰러

이 책은 최근 인기가 많아졌어요.

This book has grown in popularity
recently.
디스 북 해즈 그로운 인 파퓰러리티 리센(ㅌ)리

popularity 인기, 평판

도서 구입

도서관①

8달러 하는 책을 한 권 샀죠.

I bought a book which costs $8.

아이 보웃 어 북 위취 커-슷(ㅊ) 에잇 달러(ㅅ)

그 책은 12달러쯤 할 걸요.

The book will cost somewhere round $12.

더 북 윌 커-슷 섬웨어 라운(ㄷ) 트웰(ㅂ) 달러(ㅅ)

책이 뭐가 그리 비싸요?

Is the book that expensive?

이즈 더 북 댓 익스펜시(ㅂ)?

30%나 할인하길래 책들을 충동구매 해 버렸죠.

I bought the books on impulse as they were 30% off.

아이 보웃 더 북 선 임펄 새(ㅈ) 데이 워 써-티 퍼센 터-(ㅍ)

원래 15달러인데, 책 한 권당 20% 할인해 드립니다.

It originally costs 15 dollars, but we give you 20% discount per book.

잇 어리줘널리 커-슷(ㅊ) 핍틴 달러(ㅅ), 벗 위 기 뷰 트웬티 퍼센(ㅌ) 디스카운(ㅌ) 퍼 북

책은 우편으로 보내 드리겠습니다.

The book will be sent to you by mail.

더 북 윌 비- 센 투 유 바이 메일

파본은 교환해 드립니다.

We will exchange the book if the pages are out of order.

위 윌 익스체인쥐 더 북 이(ㅍ) 더 페이쥐 사- 아웃 어 버-더

somewhere round ~가량, 쯤
on impulse 충동적으로

도서관은 30분 후에 문을 닫습니다.

The library closes in 30 minutes.

더 라이(ㅂ)러리 클로지 진 써-티 미닛(ㅊ)

이 도서관에는 책이 3만 권 있을걸.

I would guess this library to contain 30,000 books.

아이 우(ㄷ) 게(ㅅ) 디스 라이(ㅂ)레리 투 컨테인 써-티 싸우전(ㅈ) 북(ㅅ)

도서관의 책을 예약했다.

I put a hold on a library book.

아이 풋 어 호울 던 어 라이(ㅂ)레리 북

그는 도서관에 책을 기증했습니다.

He donated books to the library.

히 도우네이티(ㄷ) 북(ㅅ) 투 더 라이(ㅂ)레리

그 책은 5층 뒤 서가에 있습니다.

That book is way back in the stacks on the 5th floor.

댓 북 이즈 웨이 백 인 더 스택 선 더 핍쓰 플러-

그는 도서관에서 책을 빌리고 있어요.

He is borrowing books from the library.

히 이즈 바로우잉 북(ㅅ) 프럼 더 라이(ㅂ)레리?

나는 공부하러 도서관에 자주 가요.

I often go to study in the library.

아이 어-펀 고우 투 스터디 인 더 라이(ㅂ)레리

도서관 ②

우리는 도서관에서 책을 읽고 있었어.
We were reading books in the library.
위 워– 리–딩 북 신 더 라이(ㅂ)러리

사서가 책꽂이에 책을 꽂고 있었다.
The librarian was putting books on the shelves.
더 라이(ㅂ)러리언 워즈 푸딩 북 선 더 쉘브(ㅅ)

도서관 책꽂이에는 책이 가득 꽂혀 있다.
The library's shelves are filled with books.
더 라이(ㅂ)러리(ㅅ) 쉘(ㅂ) 사– 필(ㄷ) 윗 북(ㅅ)

로날드는 도서관에서 책을 찾고 있었지.
Ronald was looking for a book in the library.
로날(ㄷ) 워즈 루킹 퍼 어 북 인 더 라이(ㅂ)러리

도서관에 있는 책들이 잘 정리되어 책들을 찾기가 쉬워졌다.
Careful arrangement of books in the library made them easy to find.
캐어펄 어랜쥐먼 터(ㅂ) 북 신 더 라이(ㅂ)러리 메잇 뎀 이–지 투 파인(ㄷ)

도서관 카드를 만들고 싶은데요.
I'd like to make a library card.
아잇 라익 투 메익 어 라이(ㅂ)러리 카–(ㄷ)

↘ 만료된 카드를 갱신할 때는 renew a library card라고 하면 돼요.

librarian 사서

미국 도서관 이용하기

미국 도서관 시설을 이용하려면 도서관 카드(library card)를 만들어야 합니다.
카드를 만들려면 거주지 주소를 확인할 수 있는 신분증을 가지고 도서관에 가서, 신청서(application form)를 적어 사서에게 제출하면 됩니다.
그밖에 도서관에서 꼭 알아두어야 할 단어 몇 가지.

• circulation desk 메인 데스크 (대출·반납 등의 업무를 하는 곳)
• reference materials 참고 서적(대출할 수 없는)
• periodicals 정기간행물
• back issues 과월호
• check out 대출하다
• return 반납하다

도서 대출

대출하실 책은 대출계로 가져오세요.

Please take any materials you want
to check out to the front desk.

플리-(ス) 테익 애니 머터리얼 슈 원(트) 투 첵 아웃 투
더 프런(트) 데슥

어떤 종류의 책을 대출하시겠습니까?

What kind of books would you like
to check out?

왓 카인 더(ㅂ) 북 수 쥬 라익 투 첵 아웃?

책의 대출과 반납에 대해 설명해
드릴게요.

I'd like to explain about checking
out and returning books.

아잇 라익 투 익스플레인 어바웃 첵킹 아웃 앤(ㄷ)
리터-닝 북(ㅅ)

책은 다섯 권까지 대출할 수 있습니다.

There's a limit of 5 books to check
out.

데어즈 어 리밋 어(ㅂ) 파이(ㅂ) 북(ㅅ) 투 첵 아웃

저는 이 네 권을 대출하려고요.

I'd like to check out 4 books.

아잇 라익 투 첵 아웃 퍼- 북(ㅅ)

책을 대출하려면 어떻게 해야 되죠?

How can I check out a book?

하우 캔 아이 첵 아웃 어 북?

책을 빌리려면 열람 카드가 필요하다.

A library card is a requisite for
checking out a book.

어 라이(ㅂ)레리 카- 디즈 어 레쿠어짓 퍼 체킹 아웃
어 북

도서 반납

도서관 책은 내일 아침 9시까지
반납되어야 해.

The library books need to be
returned by 9 o'clock tomorrow
morning.

더 라이(ㅂ)러리 북(ㅅ) 니잇 투 비- 리터언(ㄷ) 바이
나인 어클락 터머-로우 머-닝

오늘까지 반납해야 할 책이 있어서
도서관에 가야 해.

I have to go to the library to return
some books due today.

아이 해(ㅂ) 투 고우 투 더 라이(ㅂ)러리 투 리터언 섬
북(ㅅ) 듀- 터데이

책을 반납하려고 왔는데요.

I've come here to return this book.

아입 컴 히어 투 리터언 디스 북

책은 10일 안에 반납해야 합니다.

Each book should be returned in
10 days.

이취 북 슈(ㄷ) 비- 리터언 딘 텐 데이(ㅈ)

그 책은 대출되었습니다. 다음 주
월요일에 반납됩니다.

It's been checked out. It's due to
next Monday.

잇츠 빈 첵 타웃. 잇츠 듀- 투 넥슷 먼데이

기한이 지난 책을 반납하려고요.

I'm returning these books late.

아임 리터-닝 디-즈 북(ㅅ) 레잇

도서 연체 & 대출 연장

\# 책 한 권에 하루 50센트씩 벌금을 내셔야 합니다.

There's a fine of 50 cents per book per day.

데어즈 어 파인 어(ㅂ) 핍티 센(ㅊ) 퍼 북 퍼 데이

\# 도서관에서는 책을 기한 내에 반납하지 않는 사람들에게 연체료를 물린다.

The library will fine people for not returning books by their due date.

더 라이(ㅂ)러리 윌 파인 피–플 퍼 낫 리터–닝 북(ㅅ) 바이 데어 듀– 데잇

\# 이 책은 대출 기한이 한 달이나 지났어요.

The book is 1 month overdue.

더 북 이즈 원 먼쓰 오우버듀–

\# 책의 대출일을 하루 더 연장했다.

I renewed the library book for another day.

아이 리누웃 더 라이(ㅂ)러리 북 퍼 어나더 데이

\# 오늘이 반납일인데 책 대출 기한을 연장하고 싶어요.

I'd like to renew the book that's due back today.

아잇 라익 투 리누– 더 북 댓츠 듀– 백 터데이

fine 벌금, 연체료
due date 만기일
overdue 지불 기한이 넘은
renew 갱신하다, ~의 기한을 연장하다

미술관 & 박물관

\# 이번 주말에 저랑 미술관에 갈래요?

Would you take me there this weekend?

우 쥬 테익 미 데어 디스 위익켄(ㄷ)

\# L 미술관은 무슨 요일에 문을 닫나요?

On what day is the L Art Museum closed?

언 왓 데이 이즈 디 엘 아–(ㅌ) 뮤–지–엄 클로우즛?

\# 국립미술관에서는 지금 추상파 전시회가 열리고 있어요.

There's an abstractionist show now at National Museum.

데어즈 언 앱스트랙셔니슷 쇼우 나우 앳 내셔늘 뮤–지–엄

\# 이 미술관에는 볼 만한 것이 아무것도 없네.

There's nothing to see in this gallery.

데어즈 나씽 투 시– 인 디스 갤러리

\# 박물관 입장권을 사고 싶은데요.

I'd like to buy tickets for the museum.

아잇 라익 투 바이 티킷(ㅊ) 퍼 더 뮤–지–엄

\# 그 박물관은 연중 개관이다.

The Museum is open all year round.

더 뮤–지–엄 이즈 오우펀 어얼 이어 라운(ㄷ)

\# 모처럼 왔는데, 박물관이 휴관이라 매우 실망했어.

Though I came to visit the museum all day, it was closed to my great disappointment.

더우 아이 케임 투 비짓 더 뮤–지–엄 어얼 데이, 잇 워즈 클로우즛 투 마이 그레잇 디서퍼인먼(ㅌ)

abstractionist 추상파 화가

교회①

정말 좋은 부활절 예배였어요.

일요일마다 교회에 갑니다.

I go to church on Sundays.
아이 고우 투 처-취 언 선데이(ㅈ)

주일 예배는 꼭 참석합니다.

I always attend a Sunday worship service.
아이 얼웨이 저텐 더 선데이 워-쉽 서-비(ㅅ)

나는 모태신앙이에요.

I believed in God even before I was born.
아이 빌리-붓 인 갓 이븐 비퍼- 아이 워즈 버언

성탄절과 부활절은 교회의 큰 행사이다.

Christmas and Easter are important church festivals.
크리(ㅅ)머 샌 디-스터 아- 임포턴(ㅌ) 처-취 페스터벌(ㅅ)

저는 매달 십일조를 냅니다.

I give tithes every month.
아이 기(ㅂ) 이드 제브리 먼쓰

오늘은 돈이 없어서 헌금을 못 냈어요.

I don't have money, so I couldn't give a collection.
아이 도운(ㅌ) 해(ㅂ) 머니, 소우- 아이 쿠든(ㅌ) 기 버 컬렉션

혹시 다른 교회에 나가나요?

Do you go to another church?
두 유 고우 투 어나더 처-취?

교회②

정말 좋은 부활절 예배였어요.

That was a lovely Easter service.
댓 워즈 어 러(ㅂ)리 이-스터 서-비(ㅅ)

나는 한 달에 일주일씩 새벽예배를 드려요.

I hold sunrise services 1 week a month.
아이 호울(ㄷ) 선라이(ㅈ) 서-비시 췬 위익 어 먼쓰

예배 후에 성찬식을 행합니다.

We'll administer the sacrament after worship.
위일 엇미니스터 더 새크러먼 태(ㅍ)터 워-십

우리는 예루살렘으로 성지순례를 떠났다.

We went on a pilgrimage to Jerusalem.
위 웬 턴 어 필그러미쥐 투 제루-설럼

우리 교회에는 남자보다 여자가 많아요.

There are a lot of women than men in our church.
데어 아- 어 랏 어 뷔민 댄 멘 인 아워 처-취

그는 교회에서 여자 친구를 만났다.

He met his girlfriend at church.
히 멧 히스 거얼프렌 댓 처-취

---

worship 예배
tithes 십일조
collection 헌금, 기부

administer 실행하다
sacrament 성찬
pilgrimage 성지순례

교회 - 설교 & 성경 ①

오늘 예배의 성경 말씀은 무엇인가요?

What is the scripture of the sermon in today's worship?
왓 이즈 더 스크립처 어(ㅂ) 더 서–먼 인 터데이 쉬–십?

오늘 설교의 주제가 뭐예요?

What was the topic of today's sermon?
왓 워즈 더 타픽 어(ㅂ) 터데이(ㅅ) 서–먼

누가복음 10장 36절을 펴세요.

Turn to the Gospel according to Luke chapter 10, verse 36.
터언 투 더 가(ㅅ)펄 어커–딩 투 룩 챕터 텐, 버–(ㅅ) 써–티식(ㅅ)

그 설교가 무척 힘이 되어 준 거 같아요.

I thought the sermon was very uplifting.
아이 써엇 더 서–먼 워즈 베리 업립팅

오늘 목사님의 설교는 감동이에요.

The pastor's sermon is touching today.
더 패스터(ㅅ) 서–먼 이즈 터칭 터데이

성경에 이르기를 "무릇 네 마음을 지키라 생명의 근원이 이에서 남이니라"라고 했다.

The Bible says "Above all else, guard your heart, for it is the wellspring of life."
더 바이블 세즈 '어버 버얼 엘(ㅅ), 가– 쥬어 하–(ㅌ), 퍼 잇 이즈 더 웰스프링 어(ㅂ) 라이(ㅍ)'

sermon 설교
uplifting 의기를 드높이다

주기도문

The Lord's Prayer

Our Father which art in heaven
Hallowed be thy name.
Thy kingdom come,
Thy will be done in earth as it is in
heaven.
Give us this day our daily bread.
And forgive us our debts as we forgive
our debtors.
And lead us not into temptation,
but deliver us from evil.
For thine is the kingdom,
and the power, and the glory,
forever.
Amen.

하늘에 계신 우리 아버지여.
이름이 거룩히 여김을 받으시오며
나라가 임하시오며.
뜻이 하늘에서 이루어진 것 같이 땅에서도
이루어지이다.
오늘 우리에게 일용할 양식을 주시옵고.
우리가 우리에게 죄지은 자를 사하여
준 것 같이 우리 죄를 사하여 주시옵고.
우리를 시험에 들게 하지 마시옵고
다만 악에서 구하시옵소서.
나라와 권세와 영광이 아버지께 영원히
있사옵나이다.
아멘.

교회 – 설교 & 성경 ②

나는 이 성경이 하나님의 말씀이라는
것을 믿어요.

**I believe this Bible is the word of
God.**

아이 빌리–(ㅂ) 디스 바이블 이즈 더 워– 더(ㅂ) 갓

넌 매일 성경을 읽니?

Do you read the Bible every day?

두 유 리잇 더 바이블 에브리 데이?

봅은 항상 성경책을 가지고 다녔어요.

**Bob always carried the Bible in his
hand.**

밥 어얼웨이(ㅈ) 캐리(ㄷ) 더 바이블 인 히스 핸(ㄷ)

목사님 설교 중에 졸지 말아요.

**Don't doze while the minister
gives a sermon.**

도운(ㅌ) 도우 좌일 더 미니스터 기(ㅂ) 서 서–먼

그는 설교 중에 항상 잔다.

He always falls asleep at sermon.

히 어얼웨이(ㅈ) 퍼얼 서슬리입 앳 서–먼

오늘 설교는 너무 길어요.

Today's sermon is too lengthy.

터데이(ㅅ) 서–먼 이즈 투– 렝씨

doze 졸다
lengthy 긴, 오랜

교회 – 찬송 & 기도

우리는 예배 때 찬송가 410장을 즐겨
부릅니다.

**We like to sing hymn 410 in
worship.**

위 라익 투 싱 힘 퍼– 텐 인 워–쉽

그녀는 교회 성가대에서 노래한다.

She sings in the church choir.

쉬 싱 신 더 처–취 쿠아이어

그는 교회에서 무릎을 꿇고 기도한다.

**He kneels down in prayer in the
church.**

히 니일(ㅅ) 다운 인 프레이어 인 더 처–취

예수님 이름으로 기도 드립니다. 아멘.

I pray in Jesus' name. Amen.

아이 프레이 인 지저스(ㅅ) 네임 에이멘

우리 매일 전지전능하신 하나님께
기도하자.

**Let's pray to the All Mighty every
day.**

렛츠 프레이 투 디 어얼 마이티 에브리 데이

↘ 영화 〈브루스 올마이티(Bruce Almighty)〉와
〈에반 올마이티(Evan Almighty)〉의 제목은
주인공 이름인 브루스와 에반에 All Mighty를
붙여 만든 것이랍니다.

hymn 찬송가
choir (교회의) 성가대

여기서 잠깐!

기독교의 성삼위

• 성삼위 the Trinity
• 성부 God the Father
• 성자 God the Son
• 성령 God the Holy Ghost
　　　(= God the Holy Spirit)

교회 - 기도

\# 내 기도가 응답되었어.

My prayer is answered.

마이 프레이어 이즈 앤서(ㄷ)

\# 우리는 식사 전에 감사 기도한다.

We give thanks to God before having a meal.

위 기(ㅂ) 쌩(ㅅ) 투 갓 비퍼- 해빙 어 미일

\# 식사하기 전에 기도하는 것 잊지 마세요.

Don't forget to give the benediction before eating.

도운(ㅌ) 퍼겟 투 기(ㅂ) 더 베너딕션 비퍼- 이-팅

\# 무릎 꿇고 기도합시다.

Let us kneel in prayer.

렛 어스 니일 인 프레이어

\# 하나님께 기도해 본 적 있어?

Do you ever pray to God?

두 유 에버 프레이 투 갓

\# 우리는 기도로 모임을 시작했다.

We opened our meeting with a prayer.

위 오우펀 다워 미-팅 윗 어 프레이어

benediction (식전) 감사기도
kneel 무릎 꿇다

꼭! 짚고 가기

사도신경

The Apostles

I believe in God the Father Almighty, Maker of heaven and earth, and in Jesus Christ, His only Son our Lord, who was conceived by the Holy Ghost, born of the Virgin Mary, suffered under Pontius Pilate, was crucified, dead, and buried, He descended into hell;

The third day He rose again from the dead,

He ascended into heaven and sitteth on the right hand of God the Father Almighty;

from thence He shall come to judge the quick and the dead

I believe The Holy Ghost, the Holy Catholic Church, the communion of Saints, the forgiveness of sins, the resurrection of the body, and the life everlasting. Amen.

전능하사 천지를 만드신 하나님 아버지를 내가 믿사오며, 그 외아들 우리 주 예수 그리스도를 믿사오니. 이는 성령으로 잉태하사 동정녀 마리아에게 나시고,

본디오 빌라도에게 고난을 받으사, 십자가에 못 박혀 죽으시고, 장사한 지 사흘 만에 죽은 자 가운데서 다시 살아나시며, 하늘에 오르사, 전능하신 하나님 우편에 앉아 계시다가, 거기로부터 산 자와 죽은 자를 심판하러 오시리라.

성령을 믿사오며, 거룩한 공교회와, 성도가 서로 교통하는 것과, 죄를 사하여 주시는 것과, 몸이 다시 사는 것과, 영원히 사는 것을 믿사옵나이다. 아멘.

교회 - 전도 & 선교

그는 북한 선교를 후원했어요.

He stood behind the North Korea
mission.

히 스툿 비하인(ㄷ) 더 너-쓰 커리-어 미션

그는 케냐에서 선교사로 일했다.

He did missionary work in Kenya.

히 딧 미셔너리 워- 킨 케녀

그는 복음 전도자가 되려고 합니다.

He'd like to be a gospel preacher.

힛 라익 투 비- 어 가(ㅅ)펄 프리-처

우리 교회는 캄보디아로 선교팀을
파송합니다.

My church sends people to
Cambodia for missionary work.

마이 처-춰 센(ㅈ) 피-플 투 캠보우디어 퍼 미셔너리
워-(ㅋ)

나는 사람들을 전도하려고 항상 노력해요.

I always try to lead people to God.

아이 어얼웨이(ㅈ) 츠라이 투 리잇 피-플 투 갓

우리는 주일 예배 후 사람들에게 복음을
전한다.

We preach the Word to people
after the worship of Sunday.

위 프리-취 더 워-(ㄷ) 투 피-플 애(ㅍ)터 더 워-쉽
어(ㅂ) 선데이

성당

그는 바울이라는 세례명을 받았다.

He was christened Paul.

히 워즈 크리슨(ㄷ) 퍼얼

메리는 묵주를 굴리며 기도했다.

Mary prayed the rosary.

메리 프레잇 더 로우저리

신부님은 미사를 올렸다.

The father celebrated Mass.

더 파-더 셀러브레이팃 매(ㅅ)

↘ Mass는 천주교에서 드리는 미사를 가리킵니다.

추모 미사는 내일 오후 5시에 성당에서
열립니다.

The memorial mass will be held at
the catholic cathedral tomorrow
at 5 p.m.

더 메모리얼 매(ㅅ) 윌 비- 헬 댓 더 캐써릭 커씨-드럴
터머-로우 앳 파이(ㅂ) 피-엠

나는 신부님께 고해성사를 했어.

I confessed to the priest.

아이 컨페숫 투 더 프리슷

그는 고해성사를 하러 왔다.

He has come to give his
confession.

히 해즈 컴 투 기(ㅂ) 히스 컨페션

나는 십자가를 그렸다.

I made my cross.

아이 메잇 마이 크러-(ㅅ)

gospel 복음
preacher 설교자, 전도자

christen 세례하여 명명하다

절

할머니는 절에 불공 드리러 갑니다.
My grandma goes to a temple to worship.
마이 그랜(드)마 고우(ㅈ) 투 어 템플 투 워-십

한국에서 가장 대표적인 절은 무엇이라고 생각해요?
What do you think the most typical Korean temple is?
왓 두 유 씽(ㅋ) 더 모우숫 티피컬 커리-언 템플 이즈

그들은 절에 불상을 안치했다.
They installed a Buddhist image in a temple.
데이 인스털얼 더 부-디슷 이미쥐 인 어 템플

그 절에 가면 마음이 안정되는 것 같아.
I feel soothed whenever I go to the temple.
아이 피일 수-듯 웨네버 아이 고우 투 더 템플

큰 스님이 입적하셨어요.
A high priest entered nirvana.
어 하이 프리슷 엔터(드) 니어바-너

법당에 가면 스님을 뵐 수 있을 거야.
You can meet a Buddhist monk at the sanctuary.
유 캔 미잇 어 부-디슷 멍 캣 더 생츄어리

그 스님이 목탁을 두드리면, 모두 부처님께 절을 한다.
When the monk sounds a wooden gong, everyone bow to Buddha.
웬 더 멍(ㅋ) 사운 저 우든 공 에브리원 바우 투 부-다

sooth 부드러운
nirvana 열반

기타 종교

무슬림들은 유일신 알라를 믿는다.
Muslims believe in one God, Allah.
머즐림(ㅅ) 빌리- 빈 원 갓 앨러

이슬람교의 5가지 의무는 모든 무슬림의 삶의 근간이다.
The 5 pillars of Islam are the basis for all Muslim life.
더 파이(ㅂ) 필러 서 비스럼 아- 더 베이시(ㅅ) 퍼 어얼 머즐림 라이(ㅍ)
↘ 5가지 의무는 '신앙고백, 예배, 금식, 메카 순례, 기부'를 가리킵니다.

무슬림들은 알라에게 모든 것을 맡긴다.
Muslims commit themselves fully to Allah.
머즐림(ㅅ) 커밋 뎀셀브(ㅈ) 풀리 투 앨러

일부 무슬림 여성들은 옷으로 몸 전체를 덮는다.
The dress of some Muslim women cover their bodies entirely.
더 드레 서(ㅂ) 섬 머즐림 위민 커버 데어 바디(ㅈ) 인타이어리

인도인들 중 대부분이 힌두교도입니다.
Most Indians are Hindus.
모우숫 인디언 사- 힌두-(ㅅ)

카스트 제도는 힌두교의 사회계급 제도로 분류된다.
The caste system categorized Hindus into a social hierarchy.
더 캐슷 시스템 캐터거라이줏 힌두- 신투 어 소우셜 하이어라-키

놀이동산

헬스클럽 등록

\# 놀이동산에 가는 거 좋아하세요?

Do you like going to amusement parks?

두 유 라익 고우잉 투 어뮤즈먼(트) 파-(ㅋㅅ)?

\# 놀이동산에서 어떤 놀이기구를 좋아해?

What kind of rides do you like at the amusement parks?

왓 카인 더(ㅂ) 라이(ㅈ) 두 유 라익 앳 디 어뮤즈먼(트) 파-(ㅋㅅ)?

\# 난 놀이기구 타는 게 겁이 나.

I'm scared to death of the amusement park rides.

아임 스캐어(ㄷ) 투 데쓰 어(ㅂ) 디 어뮤즈먼(트) 파-(ㅋ) 라이(ㅈ)

\# 롤러코스터 타는 거 무섭지 않아?

Are you not scared to ride a roller coaster?

아- 유 낫 스캐어(ㄷ) 투 라이 더 로울러 코우스터?

\# 이 티켓을 가지면 놀이동산의 모든 곳을 입장할 수 있다.

This ticket holder is entitled to enter all areas of the amusement park.

디스 티킷 호울더 이즈 인타이틀(ㄷ) 투 엔터 어얼 에어리어 저(ㅂ) 디 어뮤즈먼(트) 파-(ㅋ)

\# 헬스클럽에 가입했다면서요?

I was told you joined the gym.

아이 워즈 토울 쥬 줘인(ㄷ) 더 짐

\# 다음 달에는 헬스클럽에 등록해야지.

I'll sign up for the gym next month.

아일 사인 업 퍼 더 짐 넥슷 먼쓰

\# 새로 가입한 헬스클럽은 어때요?

What do you think of that new gym that you joined?

왓 두유 씽 커(ㅂ) 댓 누- 짐 댓 유 줘인(ㄷ)?

\# 나는 퇴근 후 보통 헬스클럽에 가서 1시간 운동하고 친구들을 만난다.

After work, I usually go to the gym, exercise for an hour and then meet my friends.

애(ㅍ)터 워-(ㅋ). 아이 유-주얼리 고우 투 더 짐. 엑서사이(ㅈ) 퍼 언 아워 앤(ㄷ) 덴 미잇 마이 프렌(ㅈ)

\# 헬스클럽의 회원 자격이 다음 달에 종료된다.

My membership in the fitness club ends next month.

마이 멤버쉽 인 더 핏니스 클럽 엔(ㅈ) 넥슷 먼쓰

---

amusement 오락, 재미
ride (유원지의) 탈 것
holder 보유자
entitle 권리를 주다

gym 체육관, 체조
sign up 가입하다

헬스클럽 이용

헬스클럽에 가자.
Let's go to the gym.
렛츠 고우 투 더 짐

헬스클럽에 얼마나 자주 가세요?
How often do you go to the gym?
하우 어-펀 두 유 고우 투 더 짐?

요즘 헬스클럽에서 통 안 보이던데요.
I haven't seen you at the gym lately.
아이 해븐(ㅌ) 시인 유 앳 더 짐 레잇리

마지막으로 헬스클럽에 간 게 언제예요?
When did you last go to the gym?
웬 디 쥬 래숫 고우 투 더 짐?

도나는 헬스클럽에서 운동을 하며 땀을 흘렸다.
Dona worked up a sweat in the gym.
더나 워-쿳 텁 어 스웻 인 더 짐

근육 멋있네요. 운동 하세요?
What great muscles. Do you work out in a gym?
왓 그레잇 머슬(ㅈ). 두 유 워- 카웃 인 어 짐?

영화관 ①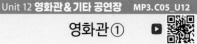

기분 전환하러 영화 보러 가자.
Let's go to a movie for a change.
렛츠 고우 투 어 무-비 퍼 어 체인쥐

좋은 좌석을 맡기 위해 일찍 영화관에 갈 거야.
I'm going to the theater early so that I may get a good seat.
아임 고우잉 투 더 씨-어터 어-리 소우 댓 아이 메이 겟 어 굿 시잇

영화관 앞에서 6시 30분에 만나요.
I'll meet you in front of the theater at 6:30.
아일 미잇 유 인 프런 터(ㅂ) 더 씨-어터 앳 식(ㅅ) 써-티

이건 극장으로 들어가는 줄이에요.
This is the line to get into the theater.
디스 이즈 더 라인 투 겟 인투 더 씨-어터

우리는 선착순으로 영화관에 입장했다.
We entered the cinema on a first-come first-served bases.
위 엔터(ㄷ) 더 시너머 언 어 퍼-숫 컴 퍼-숫 서-브(ㄷ) 베이시(ㅈ)

영화관에 너무 늦게 도착해서 영화를 처음부터 못 봤어요.
I got to the movie too late to see it from the beginning.
아이 갓 투 더 무-비 투- 레잇 투 시- 잇 프럼 더 비기닝

영화관이 초만원이라서 답답했다.
The theater was overcrowded and stuffy.
더 씨-어터 워즈 오우버크라우디 댄(ㄷ) 스터피

영화관 ②

가장 가까운 영화관이 어디에 있습니까?

Where is the nearest movie theater?

웨어 이즈 더 니어리슷 무-비 씨-어터?

어느 영화관으로 갈 거예요?

Which theater are you going to?

위춰 씨-어터 아- 유 고잉 투?

그 영화는 C 영화관에서 상영하고 있어요.

It's showing at the C theater.

잇츠 쇼윙 앳 더 씨- 씨-어터

실례지만, 이 자리 누가 맡았나요?

Excuse me, is this seat taken?

익스큐(ㅈ) 미, 이즈 디스 싯잇 테이큰?

Is this seat occupied?

이즈 디스 싯잇 어큐파잇?

Is this seat free [available]?

이즈 디스 싯잇 프리- [어베일러블]?

Is someone sitting here?

이즈 섬원 시딩 히어?

비었어요.

It's free.

잇츠 프리-

자리 있는데요.

It's saved.

잇츠 세이붓

여기서 잠깐!

미국의 영화관

우리나라에서는 영화관에 가면 정해진 좌석이 있지만, 미국은 먼저 가는 사람이 앉으면 임자인 자율좌석제(rush seating)입니다. 일찍 도착한 친구가 일행의 자리를 맡아주기 일쑤인데요, 이런 행위는 save seat이라고 합니다. 좌석에 가방이나 옷 등을 올려 놓아 맡아둔 자리임을 표시해 둡니다.

242

영화표

아직 그 영화표 구입이 가능한가요?

Are tickets for the movie still available?

아- 티킷(ㅊ) 퍼 더 무-비 스틸 어베일러블?

그는 영화표를 사려고 줄을 서서 기다렸다.

He waited in line to buy a theater ticket.

히 웨이티 딘 라인 투 바이 어 씨-어터 티킷

7시 영화표 두 징 주세요.

Two tickets for the 7 o'clock show, please.

투- 티킷(ㅊ) 퍼 더 세븐 어클락 쇼우, 플리-(ㅈ)

I'd like to buy two tickets for the 7 o'clock, please.

아잇 라익 투 바이 투- 티킷(ㅊ) 퍼 더 세븐 어클락, 플리-(ㅈ)

Can I buy two tickets for the 7 o'clock?

캔 아이 바이 투- 티킷(ㅊ) 퍼 더 세븐 어클락?

7시 표가 남았나요?

Do you have any tickets left for the 7 o'clock?

두 유 해 배니 티킷(ㅊ) 레픗 퍼 더 세븐 어클락?

영화표 샀니?

Did you get our tickets?

디 쥬 겟 아워 티킷(ㅊ)?

죄송하지만, 매진입니다.

Sorry, all sold out.

서-리, 어얼 소울 다웃

Sorry, that show is sold out.

서-리, 댓 쇼우 이즈 소울 다웃

주말 영화표를 예매할 걸 그랬나?

Should we have made a theater booking for the weekend?

슈 뒤 해(ㅂ) 메잇 어 씨-어터 북킹 퍼 더 위-켄(ㄷ)?

영화관에서의 에티켓

영화관에서는 음식을 먹을 수 없습니다.
Food is not allowed in the theater.
푸웃 이즈 낫 얼라웃 인 더 씨-어터

영화 시작 전에 휴대 전화를 꺼 두세요.
Turn your cell phone off before the movie starts.
터언 유어 셀 포운 어-(ㅍ) 비퍼- 더 무-비 스타-(ㅊ)

앞 좌석의 의자를 발로 차지 마세요.
Don't kick the front seat.
도운(ㅌ) 킥 더 프런(ㅌ) 시잇

상영 중 촬영은 금물입니다.
Don't take any photo while the movie is showing.
도운(ㅌ) 테익 애니 포우토우 와일 더 무-비 이즈 쇼윙

앞 사람 때문에 화면이 잘 안 보여요.
The man sitting in front of me is blocking the view.
더 맨 시딩 인 프런 터(ㅂ) 미 이즈 블락킹 더 뷰-

옆 사람한테 조용히 해 달라고 말 좀 해.
Tell the person next to you to be quiet.
텔 더 퍼-슨 넥슷 투 유 투 비- 쿠아이엇

옆으로 좀 옮겨 주실래요?
Would you scoot [move] over, please?
우 쥬 스쿠웃 [무-(ㅂ)] 오우버, 플리-(ㅈ)?

쪽! 짚고 가기

미국의 영화 등급

우리나라의 영화 등급은 전체 관람가, 12세 이상 관람가, 15세 이상 관람가, 청소년 관람 불가, 제한상영가 등 5단계로 되어 있습니다.
미국의 영화 등급(Film Ratings)은 미국 영화협회(Motion Picture Association of America, MPAA) 산하의 등급분류위원회 (Classificatoin Board)에서 정해지며, 나이로만 구분하는 한국보다 복잡합니다.

- **NC-17**(No Children)
  17세 미만 미성년자 관람 불가
- **R**(Restricted)
  제한조건부 허가. 17세 미만은 부모나 성인보호자 동반 시 관람 가능
- **PG**(Parental Guidance Suggested)
  보호자의 지도 필요. 연령 제한은 없으나 부모나 보호자의 지도가 요구됨
- **PG-13**(Parental Guidance-13)
  보호자의 엄격한 지도 필요. PG 영화에 속하나 특히 13세 미만 어린이들에게 엄격한 주의와 지도가 요구됨
- **G**(General Audiences)
  연소자 관람가 영화. 연령에 제한 없이 누구나 관람 가능

기타 공연

그 연극은 지금 국립극장에서 공연 중이에요.

The play is now being presented at the National Theater.

더 플레이 이즈 나우 비-잉 프리즌티 댓 더 내셔늘 씨-어터

입장권은 14번가 극장 매표소에서 구입할 수 있어요.

Tickets are available at the 14th Street theater box office.

티킷 차- 어베일러블 앳 더 퍼-틴쓰 스츠리잇 씨-어터 박스 어-피(ㅅ)

이 극장에서 자선 공연이 있을 것이다.

There will be a charity performance in this amphitheater.

데어 윌 비- 어 채러티 퍼퍼-먼 신 디스 앰퍼씨-어터

저녁에 외식하고 뮤지컬이나 봐요.

Let's go out to dinner and then see a musical.

렛츠 고우 아웃 투 디너 앤(ㄷ) 덴 시- 어 뮤-지컬

뮤지컬이 20분 후에 시작해요.

The musical starts in 20 minutes.

더 뮤-지컬 스타-(ㅊ) 인 트웬티 미니(ㅊ)

술집

나는 퇴근 후에 종종 술집에 들른다.

I often visit a bar after work.

아이 어-펀 비짓 어 바- 애(ㅍ)터 워-(ㅋ)

이 술집은 제 단골집이에요.

The bar is my hangout.

더 바- 이즈 마이 행아웃

우리 단골 술집에서 한잔할까?

Shall we prop up the bar?

샬 위 프랍 업 더 바-?

맥주 맛도 기가 막히고 생음악도 있는데.

They have excellent beer and live music.

데이 해 벡설런(ㅌ) 비어 앤(ㄷ) 라이(ㅂ) 뮤-직

이 술집 괜찮은데.

This is a decent bar.

디스 이즈 어 디센(ㅌ) 바-

대부분의 술집에는 담배 연기가 자욱하죠.

Smoke hangs in the air in most pubs.

스모욱 행 신 디 에어 인 모우숫 펍(ㅅ)

이 술집은 일요일마다 라이브 재즈 공연이 있어요.

The pub has live jazz on Sundays.

더 펍 해즈 라이(ㅂ) 재 전 선데이(ㅈ)

---

hangout 집합소
decent 어울리는, 남부럽지 않은

charity 자비, 자선

244

술 약속 잡기

저 술집에 가서 맥주 한잔합시다.
Let's get a beer in that bar.
렛츠 겟 어 비어 인 댓 바-

오늘 밤에 술집 갈래요?
How about going to the bar tonight?
하우 어바웃 고우잉 투 더 바- 터나잇?

술집에 가서 술이나 한잔하자.
Let's go to the bar and get a drink.
렛츠 고우 투 더 바- 앤(ㄷ) 겟 처 드링(ㅋ)

집에 가는 길에 맥주 한잔하자.
Let's stop for a beer on the way home.
렛츠 스탑 퍼 어 비어 언 더 웨이 호움

일 끝나면 맥주 한잔 살게요.
I'll buy you a beer when we're done.
아일 바이 유 어 비어 웬 위어 던

맥주 한잔하죠!
Grab a beer!
그랩 어 비어!

집에 가기 전에 긴장도 풀 겸 맥주나 한잔하자.
Let's have a beer to unwind before we head home.
렛츠 해 버 비어 투 언와인(ㄷ) 비퍼- 위 헷 호움

술 권하기 ①

건배!
Cheers!
취어(ㅅ)!
Cheer up!
취어 럽!
Here's to you!
히어(ㅅ) 투 유!
Toast!
토우슷!
Bottoms up!
바덤 섭!
Down the hatch!
다운 더 햇취!
Kill it!
킬 잇!

자 맥주를 들어요!
Get ready to chug your beer!
겟 레디 투 척 유어 비어!

건배할까요?
May I propose a toast?
메이 아이 프러포우 저 토우슷?
Let's make a toast.
렛츠 메익 어 토우슷

뭘 위해 건배할까요?
What shall we drink to?
왓 샬 위 드링(ㅋ) 투?

두 분의 결혼을 축하하며 건배!
Here's to your wedding!
히어(ㅅ) 투 유어 웨딩!
To your wedding!
투 유어 웨딩!

---

unwind (긴장을) 풀다

hatch 목구멍

술 권하기 ②

한 잔 더 주세요.
Give me a refill, please.
기(ㅂ) 미 어 리-필, 플리-(ㅈ)

한 잔 더 할래?
Do you want one more shot?
두 유 원(ㅌ) 원 머- 샷?

좀 더 마시자!
Let's drink some more!
렛츠 드링(ㅋ) 섬 머-!

제가 한 잔 따라 드릴까요?
Could I pour your glass?
쿠 다이 푸어 유어 글래(ㅅ)?

오늘 실컷 마시자고!
Let's hit the bottle!
렛츠 힛 더 바들!

원샷은 내 전공이지.
Bottom's up is my middle name.
바덤 섭 이즈 마이 미들 네임

제가 한 잔 따라 드릴게요.
Let me pour you a drink.
렛 미 푸어 유 어 드링(ㅋ)

술 고르기

술은 뭘로 할래요?
What's your poison?
왓츠 유어 퍼이즌?   ↘ 여기에서 poison은
술을 의미합니다.

우선 맥주부터 드실래요?
Do you want to have a beer first?
두 유 원(ㅌ) 투 해 버 비어 퍼-슷?

맥주를 더 할래요 아니면 위스키를 드실래요?
Would you like another beer or a shot of whiskey?
우 쥬 라익 어나더 비어 어 어 샷 어 뷔스키?

다시 생각해 보니, 맥주가 좋겠네요.
On second thought, make it a beer.
언 세컨(ㄷ) 써엇, 메익 잇 어 비어

스카치위스키를 얼음에 타 주세요.
Scotch on the rocks, please.
스캇취 언 더 락(ㅅ), 플리-(ㅈ)

위스키에 물을 타 줄래요?
Could I have a whisky and water, please?
쿠 다이 해 버 위스키 앤 둬-터, 플리-(ㅈ)?

안주 고르기

\# 안주로는 뭐가 있나요?
What are the cocktail dishes?
왓 아– 더 칵테일 디쉬(ㅈ)?
What is the appetizer?
왓 이즈 디 애피타이저?

\# 술 마시면서 안주를 좀 더 시켜요.
Let's order some more side dishes while we drink.
렛츠 어–더 섬 머– 사이(드) 디쉬(ㅈ) 와일 위 드링(ㅋ)

\# 이건 와인과 어울리는 안주예요.
This goes very well with wine.
디스 고우(ㅈ) 베리 웰 윗 와인

\# 맥주랑 같이 뭘 드실래요?
What would you like to have with your beers?
왓 우 쥬 라익 투 해 빗 유어 비어(ㅅ)?

\# 술안주로는 이게 최고죠.
It's a capital accompaniment of drinks.
잇츠 어 캐피틀 어컴퍼니먼 터(ㅂ) 드링(ㅋㅅ)

\# 안주로 먹을 만한 게 없는데요.
There is nothing good to eat with our drinks.
데어 이즈 나씽 굿 투 이잇 윗 아워 드링(ㅋㅅ)

\# 맥주 안주가 아무것도 없어요.
I have nothing to take with beer.
아이 해(ㅂ) 나씽 투 테익 윗 비어

side dish 안주
= accompaniment
* munchies 스낵
go well with ~와 어울리다

꼭! 짚고 가기

팁, 얼마면 되니?

미국에 처음 가면 당황스러운 점 중 하나가 바로 팁 문화인 것 같습니다. 도대체 팁을 얼마나 줘야 주는 사람도 부담 없고, 받는 사람도 기분이 좋은 것일까요?
장소와 경우에 따라 다르지만, 보통은 다음과 같이 준비하면 됩니다.

• 호텔(Hotel)
– 룸서비스 : 음식값의 15%
– 룸 메이드 : 2달러
  (아침에 호텔 방에서 나올 때 베개 위에 놓으면 돼요.)
– 도어맨 : 1~2달러
  (차 키를 건네받을 때)
– 벨 맨 : 1~2달러
  (객실까지 가방을 갖다주고 나갈 때)
– 가방이나 외투 등을 맡길 때 : 1~2달러
  (찾으면서)

• 레스토랑(Restaurant)
– 웨이터 : 음식값의 15~20%(테이블에 놓거나 음식값을 계산할 때 합산), 신용카드로 계산할 때는 전표에 팁을 따로 써 넣는 칸이 있답니다. 거기에 팁 금액까지 적어서 계산하면 됩니다.
– 바텐더 : 술을 받아올 때는 한 잔당 1달러의 팁을 지불하는 것이 일반적입니다.

• 피자 등 배달 음식
대부분 음식값의 10% 정도의 팁을 배달원에게 지불합니다.

• 택시(Taxi)
택시 요금의 15~20%(택시비와 함께), 트렁크에 짐을 실을 때는 1개당 1달러를 추가로 줍니다. 그래서 일부러 트렁크에 짐을 실으려는 택시 기사도 있답니다. (대도시에서는 공항에서 시내까지 확정 요금(flat fare)이라서 no tip입니다.)

클럽

클럽에 가서 춤추는 건 어때요?

Why don't you go dancing in a club?

와이 도운 츄 고우 댄싱 인 어 클럽?

그 클럽은 몇 시에 열어요?

When does the club open?

웬 더즈 더 클럽 오우펀?

그 클럽 입장료가 얼마야?

How much is it the cover charge of the club?

하우 머취 이즈 잇 더 커버 차-쥐 어(ㅂ) 더 클럽?

요즘 뜨는 클럽이 어디야?

What club is hip these days?

왓 클럽 이즈 힙 디-즈 데이(ㅈ)?

오늘 클럽에 가서 신나게 놀자.

Let's go out on the town tonight.

렛츠 고우 아웃 언 더 타운 터나잇

여기서 잠깐!

팁이 필요 없는 음식점

종업원의 서비스를 받지 않고 본인이 직접 음식을 받아오는 패스트푸드점이나 구내식당의 경우에는 팁을 주지 않아도 됩니다.

뷔페 식당의 경우에는, 음식을 직접 가져와서 먹지만 종업원이 접시를 치워주는 등 기본적인 서비스를 제공하기 때문에 일반 음식점보다 적은 액수인 10% 정도를 팁으로 주면 됩니다.

파티 전 ①

파티 준비는 잘되어 가니?

Are the party preparations coming along well?

아- 더 파-티 프레퍼레이션(ㅅ) 커밍 어러엉 웰?

그녀는 파티 준비하느라 법석을 떨었다.

She had much ado to prepare the party.

쉬 햇 머취 어두- 투 프리페어 더 파-티

우리는 리즈를 위해 깜짝 파티를 계획하고 있어.

We are planning a surprise party for Liz.

위 아- 플래닝 어 서프라이(ㅈ) 파-티 퍼 리(ㅈ)

파티에 뭘 입고 갈까?

What should I wear to the party?

왓 슈 다이 웨어 투 더 파-티?

파티에 제가 가져갈 게 있나요?

Should I bring anything to the party?

슈 다이 브링 애니씽 투 더 파-티?

파티에 함께 갈 파트너가 없어.

I don't have a date for the party.

아이 도운(ㅌ) 해 버 데잇 퍼 더 파-티

어디에서 파티 하지?

Where should we have the party?

웨어 슈 뒤 해(ㅂ) 더 파-티?

ado 야단법석, 소동

파티 전 ②

파티 준비하느라 애 많이 썼어.
You took great pains to put together the party.
유 툭 그레잇 페인(ㅅ) 투 풋 터게더 더 파—티

파티를 신나게 즐기자!
Let's get naked for the party!
렛츠 겟 네이킷 퍼 더 파—티!

파티는 우리 집에서 7시에 시작해요.
It starts at 7 o'clock in my house.
잇 스타— 챗 세븐 어클락 인 마이 하우(ㅅ)

파티는 몇 시에 끝나요?
What time will the party be over?
왓 타임 윌 더 파—티 비— 오우버?

파티에 몇 사람이 오죠?
How many people are going to be at the party?
하우 메니 피—플 아— 고우잉 투 비— 앳 더 파—티?

아쉽지만 파티에 갈 수 없어요.
I am sorry to say I can't come to the party.
아이 앰 서—리 투 세이 아이 캔(ㅌ) 컴 투 더 파—티

우리는 그 파티를 일주일 연기했다.
We delayed the party for a week.
위 딜레잇 더 파—티 퍼 어 위익

파티 초대

파티에 올래?
Would you like to come to my party?
우 쥬 라익 투 컴 투 마이 파—티?
Can you make it to the party?
캔 유 메익 잇 투 더 파—티?
Are you going to come to my party?
아— 유 고우잉 투 컴 투 마이 파—티?

나도 파티에 좀 끼워 줘.
Count me in for the party.
카운(ㅌ) 미 인 퍼 더 파—티

낸시는 날 파티에 초대해 줬어.
Nancy asked me to the party.
낸시 애슥(ㅌ) 미 투 더 파—티

파티에 초대받지 않았는데 가도 될까요?
Mind if I crash your party?
마인 디(ㅍ) 아이 크래쉬 유어 파—티?

잭은 파티의 흥을 깨잖아, 그를 초대하기 싫어.
Jack often takes the gloss off of a party, I don't want to invite him.
잭 어—펀 테익(ㅅ) 더 글라 서—(ㅍ) 어 버 파—티, 아이 도운 원(ㅌ) 투 인바잇 힘

이 파티는 초대장을 받은 사람만 올 수 있어요.
This party is by invitation only.
디스 파—티 이즈 바이 인비테이션 오운리

get naked 신나게 즐기다

crash (초대받지 않은 모임에) 밀고 들어가다
takes the gloss off ~의 흥을 깨다

파티 후

파티가 끝내줬어.

The party was whipped.
더 파-티 워즈 휩(ㅌ)

That was quite a party.
댓 워즈 쿠아잇 어 파-티

정말 최고의 파티였어요.

It was sure a swell party.
잇 워즈 슈어 어 스웰 파-티

파티는 정말 재미있었어요.

We got a kick out of the party.
위 갓 어 킥 아웃 어(ㅂ) 더 파-티

파티가 지루해서 나도 따분해 죽겠는데.

The party is boring, and I'm bored
to death.
더 파-티 이즈 버-링, 앤 다임 버-(ㄷ) 투 데쓰

파티가 정말 근사했어.

Some party.
섬 파-티

The party was really rad.
더 파-티 워즈 리얼리 랫

파티가 완전 엉망으로 끝났어.

The party was a total disaster.
더 파-티 워즈 어 토틀 디재스터

파티가 보잘것없던데.

The party was a dull affair.
더 파-티 워즈 어 덜 어페어

다양한 파티 ①

그녀는 집들이 파티를 토요일에 할 거야.

Her housewarming party will be
held on Saturday.
허 하우스워-밍 파-티 윌 비- 헬 던 새터데이

내 생일 파티에 초대할게.

I'd like to invite you to my birthday
party.
아잇 라익 투 인바잇 유 투 마이 버-쓰데이 파-티

Come to my birthday party.
컴 투 마이 버-쓰데이 파-티

누가 댄스 파티를 주관해?

Who is hosting the dance party?
후 이즈 호우스팅 더 댄스 파-티?

샘에게 송별 파티를 열어 주는 건 어때요?

How about giving Sam a farewell
party?
하우 어바웃 기빙 샘 어 페어웰 파-티?

이건 자기가 마실 음료는 본인이 들고
가는 파티라고.

The party is BYOB.
더 파-티 이즈 비-와이오우비-

> BYOB는 Bring Your Own Bottle의 준말인데,
  혹시 파티 초대장에 이 문구가 써 있다면,
  자신이 마실 음료수를 챙겨 가세요.

결국 졸업생 파티에 오기로 했구나.

You decided to come to the prom
after all.
유 디사이딧 투 컴 투 더 프람 애(ㅍ)터 어얼

> prom은 고등학교나 대학교에서 학년말에
  공식적으로 여는 댄스 파티를 가리키는 말이랍니다.

다양한 파티 ②

오늘 크리스마스 파티에 올 거야?

Are you attending the Christmas party today?

아- 유 어텐딩 더 크리(ㅅ)머(ㅅ) 파-티 터데이?

핼러윈 파티에 아이들을 데리고 오세요.

Bring your kids to the Halloween party.

브링 유어 키(ㅈ) 투 더 핼로우이인 파-티

LA로 송년 파티 가는 건 어때요?

How about going to the New Year's Eve party in LA?

하우 어바웃 고우잉 투 더 누- 이어 시-(ㅂ) 파-티 인 엘에이?

남자들끼리 총각 파티를 할 거라는데.

There will be a bachelor's party only for men.

데어 윌 비- 어 배춰러(ㅅ) 파-티 오운리 퍼 멘

↘ 젊은 독신 여성의 파티는
bachelorette party라고 합니다.

그녀는 날 파자마 파티에 초대했어.

She invited me to a slumber party.

쉬 인바이팃 미 투 어 슬럼버 파-티

제니를 위해서 신부 파티를 열어 줄 거야.

We're throwing a bridal shower for Jenny.

위어 쓰로우잉 어 브라이들 샤우어 퍼 제니

그녀를 위해 출산 파티를 열어 주자.

Let's throw a baby shower for her.

렛츠 쓰로우 어 베이비 샤우어 퍼 허

꼭! 짚고 가기

다양한 파티

파티 문화가 발달한 미국에서는 크고 작은 다양한 파티가 거의 주말마다 열립니다. 그런데 우리가 생각하는 멋진 드레스를 입고 가는 것만 파티가 아니라는 것. 표현에 나온 것 말고 또 어떤 파티들이 있는지 알아볼까요.
참고로 파티를 거의 빠지지 않고 가는 파티광을 party animal, 파티에서 분위기를 잘 띄우는 사람을 the life of the party, 반대로 파티 분위기를 망치는 사람을 party pooper라고 한답니다.

- barbecue party 바비큐 파티
  집 뒤뜰이나 공원에서 고기를 구워 먹는 파티
- cocktail party 칵테일파티
  공식적인 행사 뒤에 칵테일과 간단한 안주거리가 준비됨.
- dinner party 저녁 식사 모임
- garden party 가든파티
  뒤뜰이나 정원에서 하는 파티로 다양한 규모로 열림.
- home-coming party 홈커밍 파티
  멀리 떠나 있던 사람이 고향이나 모교를 방문할 때.
- potluck party 포틀럭 파티
  각자 음식을 가져와 나누어 먹는 파티
- Thanksgiving party 추수감사절 파티
  11월 넷째 목요일이 추수감사절로, 칠면조 구이를 놓고 한 해 동안의 일에 대해 감사하는 마음을 나눔.

Chapter 06

그녀는 변덕쟁이!

Chapter 06

Feeling 감정
피-링

positive 파저티(ㅂ) a. 긍정적인	**pleasing** 플리-징 a. 즐거운	**pleased** 플리-즛 a. 기쁜
	satisfied 새티스파잇 a. 만족한	**enough** 이넙 a. 충분한
	happy 해피 a. 행복한 **happiness** 해피니(ㅅ) n. 행복	**excited** 익사이팃 a. 흥분한
	funny 퍼니 a. 재미있는	**interested** 인터레스팃 a. 흥미를 가진
	joyful 쥐이펄 a. 즐거운 **joy** 쥐이 n. 기쁨	**smile** 스마일 n. 미소 v. 미소를 짓다
	laugh 래(ㅍ) n. 웃음 v. 웃다	**likable** 라이커블 a. 호감이 가는, 마음에 드는
	trustworthy 츠러슷워-디 a. 신용하는, 신뢰하는 **trust** 트러슷 n. 신뢰	**believable** 빌리-버블 a. 믿을 수 있는
	calm 카암 a. 침착한	**relieved** 릴리-붓 a. 안심한, 안도한

254

negative 네거티(ㅂ) a. 부정적인	sad 샛 a. 슬픈 sadness 샛니(ㅅ) n. 슬픔	miserable 미저러블 a. 비참한
	nasty 내스티 a. 심술궂은	painful 페인펄 a. 괴로운
	disappointed 디서퍼인팃 a. 실망한, 낙담한 disappointment 디서퍼인트먼(트) n. 실망	nervous 너-버(ㅅ) a. 초조해하는
	shameful 쉐임펄 a. 부끄러운 shame 쉐임 n. 부끄러움, 수치심	annoyed 어너잇 a. 짜증 난, 화가 난
	horrible 허-러블 a. 무서운	painful 페인펄 a. 고통스러운 pain 페인 n. 고통
	anxious 앵셔(ㅅ) a. 불안한	inconvenient 인컨비-년(트) a. 불편한
	sensitive 센서티(ㅂ) a. 신경질적인, 민감한	troublesome 츠러블섬 a. 성가신, 말썽부리는

Character 성격
캐릭터

good 굿 a. 착한	**kind** 카인(ㄷ) a. 친절한	**humble** 험블 a. 겸손한
	honest 아니슷 a. 정직한	**gentle** 젠틀 a. 다정한
	scrupulous 스크루-퓰러(ㅅ) a. 세심한	**thoughtful** 써엇펄 a. 사려 깊은
active 액티(ㅂ) a. 적극적인	**extroverted** 엑스츠러버-팃 a. 외향적인	**friendly** 프렌들리 a. 우호적인
passive 패시(ㅂ) a. 수동적인	**timid** 티밋 a. 소심한	**shy** 샤이 a. 부끄럼타는
	reticent 레터션(ㅌ) a. 과묵한	**cautious** 커-셔(ㅅ) a. 신중한
gloomy 글루-미 a. 우울한	**sorrowful** 서-러펄 a. 비통한	**bad** 뱃 a. 나쁜, 부도덕한
	arrogant 애러건(ㅌ) a. 오만한	**rude** 루-(ㄷ) a. 무례한

256

Taste 취향
테이슷

like 라익 v. 좋아하다	adore 어더- v. ~을 몹시 좋아하다	wish 위쉬 v. 바라다
	desire 디자이어 v. 원하다	cherish 체리쉬 v. 소중히 하다
	love 러(ㅂ) v. 사랑하다	fall in love 퍼얼 인 러(ㅂ) 사랑에 빠지다
dislike 디스라익 v. 싫어하다	hate 헤잇 v. 미워하다	abhor 앱허-, detest 디테슷 v. 혐오하다
	fear 피어 v. 두려워하다	vomitous 바-머터(ㅅ) a. 불쾌한
	embarrassing 임배러싱 a. 난처한	boring 버-링 a. 지루한
	complain 컴플레인 v. 불평하다	annoy 어노이 v. 귀찮다, 괴롭히다 nuisance 뉴-슨(ㅅ) n. 성가심, 골칫거리

기쁘다 ①

몹시 기뻐요.

I'm overjoyed.
아임 오우버줘잇

정말 기분이 좋아요!

How glad I am!
하우 글랫 아이 앰!

기뻐서 펄쩍 뛸 것 같아요.

I'm about ready to jump out my skin.
아임 어바웃 레디 투 점 파웃 마이 스킨

날듯이 기뻤어요.

I jumped for joy.
아이 점(ㅌ) 퍼 쥐이

I was walking on air now.
아이 워즈 워킹 언 에어 나우

콧노래라도 부르고 싶은 기분이에요.

I feel like humming.
아이 피일 라익 허밍

아주 기뻐서 말이 안 나와요.

I'm so happy, I don't know what to say.
아임 소우– 해피, 아이 도운(ㅌ) 노우 왓 투 세이

내 평생에 가장 기뻤어요.

Nothing could be more wonderful in my life.
나씽 쿠(ㄷ) 비– 머– 원더펄 인 마이 라이(ㅍ)

overjoy 기쁨에 넘친

기쁘다 ②

그거 기쁜 일이네요.

That's my pleasure.
댓츠 마이 플레져

그 말을 들으니 기뻐요.

I'm pleased to hear that.
아임 플리–즛 투 히어 댓

당신을 만나서 정말 기쁜데.

I'm very glad to see you.
아임 베리 글랫 투 시– 유

당신과 함께해서 즐거웠어요.

I enjoyed having you.
아이 인조잇 해빙 유

그들은 아주 들떠 있어요.

They are juiced.
데이 아– 쥬–숫

They are hyped.
데이 아– 하입(ㅌ)

They are pumped up.
데이 아– 펌(ㅍ) 텁

백만장자가 된 느낌이에요.

I feel like a million bucks.
아이 피일 라익 어 밀연 벅(ㅅ)

네, 기꺼이.

Yes, I'd love to.
예스, 아잇 러(ㅂ) 투

Sure, with my pleasure.
슈어, 윗 마이 플레져

hyped 흥분한, 과장된
pump 펌프로 퍼 올리다
million bucks 백만장자
  (= millionaire)

행복하다

난 행복해요.

I'm happy.

아임 해피

더 이상 행복할 수 없어요.

I couldn't be happier with it.

아이 쿠든(ㅌ) 비- 해피어 윗 잇

내 인생에 이보다 더 행복했던 적은 없었어요.

I've never been happier in my life.

아입 네버 빈 해피어 인 마이 라이(ㅍ)

하나님 감사합니다!

Thank heavens!

쌩(ㅋ) 헤븐(ㅅ)!

꿈만 같아요.

It's just too good to be true.

잇츠 저슷 투- 굿 투 비- 츠루-

꿈이 이루어졌어요!

It's a dream come true!

잇츠 어 드리임 컴 츠루-!

대성공이에요!

I hit the jackpot!

아이 힛 더 잭팟!

당신 때문에 아주 행복해요.

I'm very happy for you.

아임 베리 해피 퍼 유

그는 행복에 넘쳐 있어.

His cup runs over.

히스 컵 런 소우버

꼭! 짚고 가기

감정 형용사 + 전치사 / 감정 동사

▶ 감정 형용사+전치사

사람이 주어가 되는 수동 형태의 감정 형용사는 전치사와 함께 쓰입니다.

각 형용사에 쓰이는 전치사를 같이 외워 두세요.

- be interested in ~에 흥미가 있다
- be pleased with ~에 기뻐하다
- be delighted at ~에 기뻐하다
- be amused at/by ~에 즐거워하다
- be excited about ~에 흥분하다
- be satisfied with ~에 만족하다
- be disappointed in ~에 실망하다
- be surprised at ~에 놀라다
- be worried about ~을 걱정하다
- be annoyed with ~불쾌하게 느끼다
- be annoyed by ~에 시달리다
- be bored with ~에 싫증이 나다
- be bored by ~에 질리다
- be tired of ~에 싫증나다
- be tired with ~으로 피곤하다

▶ 감정 동사

감정을 나타내는 동사는 '~에게 ~한 감정을 주다'라는 의미의 타동사입니다.

따라서 감정을 받는 사람은 수동형인 과거분사(~ed 형태)를, 감정을 주는 사람 또는 사물은 능동형인 현재분사(~ing 형태)를 사용해야 합니다.

- I am surprised at the news.

  나는 그 소식에 놀랐어요.

- The news is surprising.

  그 소식은 놀라워요.

안심하다

정말 안심했어요!

What a relief!
왓 어 릴리잎!

That's a relief!
댓츠 어 릴리잎!

It's a weight off my mind!
잇츠 어 웨잇 어–(ㅍ) 마이 마인(ㄷ)!

That's a load off my shoulders!
댓츠 어 로우 더–(ㅍ) 마이 쇼울더(ㅅ)!

그 소식을 들으니 안심이 돼요.

I'm relieved to hear the news.
아임 릴리–붓 투 히어 더 누–(ㅈ)

I feel relieved to hear the news.
아이 피일 릴리–붓 투 히어 더 누–(ㅈ)

It's a relief to hear the news.
잇츠 어 릴리–(ㅍ) 투 히어 더 누–(ㅈ)

마음이 편해요.

My mind is at ease.
마이 마인 디즈 앳 이–(ㅈ)

안심해.

Be assured.
비– 어슈어(ㄷ)

너무 안심하지 마.

Don't be too sure of it.
도운(ㅌ) 비– 투– 슈어 어 빗

그 문제는 안심하셔도 돼요.

You can put that matter to rest.
유 캔 풋 댓 매더 투 레슷

Put your mind at rest on that matter.
풋 유어 마인 댓 레슷 언 댓 매더

Set your mind at rest about that.
셋 유어 마인 댓 레슷 어바웃 댓

You may take it easy on that matter.
유 메익 테익 잇 이–지 언 댓 매더

relieve 안도케 하다
assure 안심시키다, 확신시키다

만족하다

정말 만족스러워요.

I'm completely contented.
아임 컴플릿리 컨텐팃

현재 대만족이에요.

I'm very well as I am.
아임 베리 웰 애 자이 앰

나는 그것에 만족해요.

I'm satisfied with it.
아임 새티스파잇 윗 잇

I'm gratified with it
아임 그래티파잇 윗 잇

I'm happy with it.
아임 해피 윗 잇

I'm quite pleased with it.
아임 쿠아잇 플리–즛 윗 잇

It's alright with me.
잇츠 어얼라잇 윗 미

만족스러운 결과였어요.

It was a result right enough.
잇 워즈 어 리절(ㅌ) 라잇 이넙

The result was quite satisfactory.
더 리리절 뭐즈 쿠아잇 새티스팩터리

그는 그 생각에 매우 만족해 했어요.

He was highly tickled at the idea.
히 워즈 하이리 틱클 댓 디 아이디–어

He turned up his thumb to the idea.
히 터언 덥 히스 썸 투 디 아이디–어

He gave his thumbs up to the idea.
히 게이(ㅂ) 히스 썸 섭 투 디 아이디–어

그는 스스로 만족하고 있다.

He wills himself into contentment.
히 윌(ㅅ) 힘셀 핀투 컨텐먼(ㅌ)

content 만족시키다
gratify 만족시키다, 기쁘게 하다
tickle 기쁘게하다, 만족시키다

재미있다

슬프다 ①

아주 재미있어요!

How exciting!
하우 익사이팅!

멋진 생각이에요!

That sounds great!
댓 사운(ㅈ) 그레잇!

That's a wonderful idea!
댓츠 어 원더펄 아이디-어!

That would be nice!
댓 우(ㄷ) 비- 나이(ㅅ)!

Good idea!
굿 아이디-어!

즐거운 시간을 보냈어요.

I had the time of my life.
아이 햇 더 타임 어(ㅂ) 마이 라이(ㅍ)

즐거워요.

I'm having fun.
아임 해빙 펀

아주 재미있어서 웃음이 멈추질 않아요.

It's so funny that I can't stop
laughing.
잇츠 소우- 퍼니 댓 아이 캔(ㅌ) 스탑 래핑

덕분에 즐거운 하루였어요.

You made my day.
유 메잇 마이 데이

슬퍼요.

I'm feeling sad.
아임 피-링 샛

I feel miserable.
아이 피일 미저러블

I'm feeling rather sad.
아임 피-링 래더 샛

우울해요.

I feel blue.
아이 피일 블루-

I am in a dark mood.
아이 엠 인 어 다-(ㅋ) 무웃

너무 괴로워요.

I'm distressed.
아임 디스츠레슷

마음이 아파요.

I'm grieving.
아임 그리-빙

I'm heartbroken.
아임 하-(ㅌ)브로우큰

절망적이에요.

I feel hopeless.
아이 피일 호웁리(ㅅ)

I'm in a no-win situation now.
아임 인 어 노우 윈 시츄에이션 나우

마음이 공허해요.

I feel empty.
아이 피일 엠티

기분이 좀 그래요.

I'm in a mood.
아임 인 어 무웃

슬프다 ②

가슴이 찢어지는 것 같았어요.

My heart broke.

마이 하-(ㅌ) 브로욱

세상이 끝나는 것 같아요.

I feel like the world is coming to an end.

아이 피일 라익 더 워(ㄹ) 디즈 커밍 투 언 엔(ㄷ)

더 이상 아무 희망이 없어요.

There's just no more hope.

데어즈 저슷 노우 머- 호웁

슬퍼서 울음이 나올 것 같아요.

I'm so sad I could cry.

아임 소우- 샛 아이 쿠(ㄷ) 크라이

I feel like crying.

아이 피일 라익 크라잉

눈이 빠지도록 울었어요.

I cried my eyes out.

아이 크라잇 마이 아이 자웃

지금 농담할 기분이 아니에요.

I'm not in the mood for jokes.

아임 낫 인 더 무웃 퍼 조욱(ㅅ)

아무것도 하고 싶지 않아요.

I don't feel like doing anything.

아이 도운(ㅌ) 피일 라익 두잉 애니씽

정말 상처받았어.

It really hurt me.

잇 리얼리 허-(ㅌ) 미

실망하다

실망이야!

How very disappointing!

하우 베리 디서퍼인팅!

What a let down!

왓 어 렛 다운!

그거 실망인데.

That disappointed me.

댓 디서퍼인팃 미

That's disappointing.

댓츠 디서퍼인팅

네게 실망했어.

I'm disappointed in you.

아임 디서퍼인팃 딘 유

You really let me down.

유 리얼리 렛 미 다운

모두 허사라니!

What a waste!

왓 어 웨이슷!

시간 낭비였어.

It was a waste of time.

잇 워즈 어 웨이슷 어(ㅂ) 타임

노력이 허사가 되어 버렸어.

All my efforts were wasted.

어얼 마이 에퍼 춰- 웨이스팃

그 소식을 듣고 가슴이 철렁 내려앉았다.

My heart sank when I heard the news.

마이 하-(ㅌ) 생(ㅋ) 웬 아이 허-(ㄷ) 더 뉴-(ㅅ)

화내다 ①

너무 화가 나요.

I'm very annoyed.
아임 베리 어너잇

I'm pissed off.
아임 피슷 어-(ㅍ)

그 때문에 열받았어.

He ticked me off.
히 틱(ㅌ) 미 어-(ㅍ)

끔찍해!

How awful!
하우 어-펄!

젠장!

Damn it!
댐 잇

정말 불쾌해요.

I'm extremely unhappy about this.
아임 익스츠림리 언해피 어바웃 디스

구역질 나!

That's disgusting!
댓츠 디스거스팅!

너무 약올라!

How exasperating!
하우 익재스퍼레이팅!

화가 나서 등골이 떨릴 정도야.

It gives me the creeps.
잇 기(ㅂㅅ) 미 더 크리입(ㅅ)

화내다 ②

너 때문에 화가 나서 미치겠어.

You burn me up.
유 버언 미 업

You drive me crazy.
유 드라이(ㅂ) 미 크레이지

You make me sick.
유 메익 미 식

I'm so mad at you.
아임 소우- 맷 앳 유

You really make me angry.
유 리얼리 메익 미 앵그리

닥쳐!

Shut up!　↘ 무례한 표현이 될 수 있습니다.
셧 업!　　 보통은 Be quiet!이라고 합니다.

적당히 해 둬!

Give me a break!
기(ㅂ) 미 어 브레익!

이제 제발 그만둬!

That's enough of that!
댓츠 이넢 어(ㅂ) 댓!

내버려둬!

Leave me alone!
리-(ㅂ) 미 얼로운!

네가 알 바 아니잖아.

None of your business.
넌 어 뷰어 비즈니(ㅅ)

Mind your own business.
마인 쥬어 오운 비즈니(ㅅ)

말이 지나치군요.

You are out of line.
유 아- 아웃 어(ㅂ) 라인

화내다 ③

더 이상은 못 참겠어.

Enough is enough.
이넙 이즈 이넙

I can't stand you.
아이 캔(ㅌ) 스탠 쥬

I can't take it any more.
아이 캔(ㅌ) 테익 잇 애니 머–

참는 것도 한도가 있어.

My patience is worn out.
마이 페이션 시즈 워언 아웃

This is the limit. I'm out of patience with you.
디스 이즈 더 리밋. 아임 아웃 어(ㅂ) 페이션 쉿 유

어떻게 그렇게 말할 수 있어?

How can you say that?
하우 캔 유 세이 댓?

도대체 뭐 하자는 거야?

What kind of question is it?
왓 카인 더(ㅂ) 쿠에스천 이즈 잇?

넌 네가 뭐라고 생각하는 거야?

Who do you think you are?
후 두 유 씽 큐 아–?

나를 뭘로 보는 거야?

What do you take me for?
왓 두 유 테익 미 퍼?

바보 취급하지 마.

Don't make fun of me.
도운(ㅌ) 메익 펀 어(ㅂ) 미

밉다

나는 그의 미움을 샀어요.

I got on his bad side.
아이 갓 언 히스 뱃 사이(ㄷ)

He is very down on me.
히 이즈 베리 다운 언 미

They are in hatred of us.
데이 아– 인 헤이츠리 더(ㅂ) 어스

증오심이 치밀어 올라요.

Hatred rises within me.
헤이츠리(ㄷ) 라이 쥐딘 미

나는 성범죄를 증오해요.

I have sexual crimes in detestation.
아이 해(ㅂ) 섹슈얼 크라임 신 디-테스테이션

그는 증오의 눈으로 나를 보았어요.

He looked at me with hatred in his eyes.
히 룩 탯 미 윗 헤이츠리 딘 히스 아이(ㅈ)

그는 주는 것 없이 미워.

I have an antipathy against him.
아이 해 번 앤티퍼씨 어게인슷 힘

왜 그렇게 선생님을 미워하니?

Why do you have it in for your teacher so badly?
와이 두 유 해 빗 인 퍼 유어 티-춰 소우– 뱃리?

죄는 미워하되 사람은 미워하지 마라.

Condemn the offense and not its perpetrator.
컨뎀 디 어펜 샌(ㄷ) 낫 잇츠 퍼-피츠레이터

hatred 증오
detestation 혐오, 증오

264

억울하다

그건 억울해요.

You do me wrong.
유 두 미 러엉

I'm innocent of the charge.
아임 이너선 터(ㅂ) 더 차-쥐

나는 억울함에 눈물을 흘렸다.

I shed tears in my mortification.
아이 쉣 티어 신 마이 머-터피케이션

나는 그 소식을 듣고 억울해서 어쩔 줄 몰랐다.

I was hotly indignant upon hearing the news.
아이 워즈 핫리 인딕넌 터판 히어링 더 누-(ㅈ)

그는 억울하게 체포됐다.

He was arrested on a false charge.
히 워즈 어레스팃 언 어 펄(ㅅ) 차-쥐

He was falsely accused.
히 워즈 펄(ㅅ)리 어큐즛

그는 나에게 억울함을 호소했다.

He complained of an injustice to me.
히 컴플레인 더 번 인저스티(ㅅ) 투 미

억울하면 출세해.

It's good to be the boss.
잇츠 굿 투 비- 더 버-(ㅅ)

왜 그렇게 분한 거야?

Why are you so worked up?
와이 아- 유 소우- 워- 큿 업?

mortification 억울, 굴욕
indignant 분개한

화내는 사람을 진정시킬 때

감정이 격해진 사람을 앞에 두고, 뭐라고 하면 좋을까요? 한국어로 달래기도 어려운데, 영어라서 더 난감하다고요?
다음 표현을 기억해 뒀다가 써먹어 보세요!

- Calm down!
  진정해!
- It's no big deal.
  별일도 아니잖아.
- Why are you so angry?
  뭐 때문에 화가 난 거예요?
- Please don't get angry.
  화내지 마세요.
- There's no reason to get so angry.
  그렇게 화낼 이유가 없잖아요.

후회하다

후회 막심이에요.

I feel awfully sorry.
아이 피일 어펄리 서-리

I have so many regrets.
아이 해(ㅂ) 소우- 메니 리그렛(ㅊ)

그에게 사과했어야 하는 건데.

I would have apologized to him.
아이 우(ㄷ) 해 버팔러좌이줏 투 힘

내가 왜 그랬는지 후회가 돼요.

I have come to worry over why I did that.
아이 해(ㅂ) 컴 투 워-리 오우버 와이 아이 딧 댓

난 후회하지 않아.

I don't have any regrets.
아이 도운(ㅌ) 해 배니 리그렛(ㅊ)

I have no regret on that score.
아이 해(ㅂ) 노우 리그렛 언 댓 스커-

난 후회해 본 적 없어.

I've never regretted about it.
아입 네버 리그레티 더바웃 잇

나중에 후회하게 될 거야.

Someday you'll be sorry.
섬데이 유일 비- 서-리

Someday you'll regret it.
섬데이 유일 리그렛 잇

You shall repent this.
유 샬 리펜(ㅌ) 디스

부끄럽다

제 자신이 부끄럽습니다.

I'm ashamed of myself.
아임 어쉐임 더(ㅂ) 마이셀(ㅍ)

제가 그렇게 해서 창피해요.

I'm ashamed that I did that.
아임 어쉐임(ㄷ) 댓 아이 딧 댓

I feel mean for what I have done.
아이 피일 미인 퍼 왓 아이 해(ㅂ) 던

저는 천성적으로 수줍음을 잘 타요.

I'm very shy by nature.
아임 베리 샤이 바이 네이쳐

그녀는 부끄러움에 얼굴을 붉혔다.

She blushed for shame.
쉬 블러숏 퍼 쉐임

She turned red for shame.
쉬 터언(ㄷ) 렛 퍼 쉐임

부끄러움에 귀가 화끈거렸다.

My ears burned in embarrassment.
마이 이어(ㅅ) 버언 딘 임배러스먼(ㅌ)

난 사진 찍히는 게 부끄러워.

I'm camera-shy.
아임 캐머러 샤이

그녀는 수줍어서 낯선 사람과 말을 못 해요.

She is too shy to speak to strangers.
쉬 이즈 투- 샤이 투 스피익 투 스츠레인저(ㅅ)

repent 후회하다

blush 얼굴을 붉히다

266

걱정하다①

무슨 일 있어요?

What's the matter with you?
왓츠 더 매더 윗 유?

What's wrong with you?
왓츠 러엉 윗 유?

What's the problem?
왓츠 더 프라블럼?

Is anything wrong?
이즈 애니씽 러엉?

Is something wrong with you?
이즈 섬씽 러엉 윗 유?

걱정거리가 있어요?

What's bothering you?
왓츠 바더링 유?

What's your worry?
왓츠 유어 워-리?

Are you in some kind of trouble?
아- 유 인 섬 카인 더(ㅂ) 츠러블?

Do you have something on your mind?
두 유 해(ㅂ) 섬씽 언 유어 마인(ㄷ)?

왜 그렇게 초조해하고 있어?

What are you fretting over?
왓 아- 유 프레딩 오우버?

오늘 기분이 안 좋아 보이는데.

You look under the weather today.
유 룩 언더 더 웨더 터데이

You look down today.
유 룩 다운 터데이

괜찮으세요?

Are you all right?
아- 유 어얼 라잇?

걱정하다②

정말 걱정이 돼요.

I'm really concerned about it.
아임 리얼리 컨서언 더바웃 잇

지금 너무 초조해요.

I'm on the edge right now.
아임 언 디 엣쥐 라잇 나우

심장이 두근거려.

My heart is pounding like a drum.
마이 하- 티즈 파운딩 라익 어 드럼

한숨도 못 잤어.

I have not slept a wink.
아이 해(ㅂ) 낫 슬렙 터 윙(ㅋ)

이제 어떡하지?

What shall I do now?
왓 쉘 아이 두 나우?

걱정할 거 없어.

Don't worry about it.
도운 뭐-리 어바웃 잇

You have nothing to worry about.
유 해(ㅂ) 나씽 투 워-리 어바웃

다 잘될 거야.

Everything will be all right.
에브리씽 윌 비- 어얼 라잇

너무 심각하게 받아들이지 마.

Don't take it seriously.
도운(ㅌ) 테익 잇 시리어슬리

빨리 해결되길 바랍니다.

I hope you resolve it soon.
아이 호웁 유 리잘 빗 수운

fret 애타다, 안달하다

무섭다

무서워요.
I'm scared.
아임 스케어(ㄷ)

무서워 죽는 줄 알았어.
I was scared to death.
아이 워즈 스케어(ㄷ) 투 데쓰

소름 끼쳐.
It made my skin crawl.
잇 메잇 마이 스킨 크러얼
That gave me the creeps.
댓 게이(ㅂ) 미 더 크립(ㅅ)

그 생각만 하면 무서워요.
I dread the thought of that.
아이 드렛 더 써엇 어(ㅂ) 댓

무서워서 아무것도 할 수 없었어.
I was too scared to do anything.
아이 워즈 투- 스케어(ㄷ) 투 두 애니씽

등골에 땀이 나요.
I have perspiration on my back.
아이 해(ㅂ) 퍼스피레이션 언 마이 백

간 떨어질 뻔했어요.
I almost dropped a load.
아이 어얼모우슷 드랍 터 로웃

무서워하지 마!
Don't be scared!
도운(ㅌ) 비 스케어(ㄷ)!
Never fear!
네버 피어!

놀라다 ①

맙소사!
Oh, my God!
오우, 마이 갓!
Oh, God!
오우, 갓!
Oh, Lord!
오우, 러엇!
Oh, dear!
오우, 디어!
Oh, my goodness!
오우, 마이 굿니(ㅅ)!
Goodness me!
굿니(ㅅ) 미!
Bless my soul!
블레(ㅅ) 마이 소울!
Mercy me!
머-시 미!

놀라운걸!
What a surprise!
왓 어 서프라이(ㅈ)!
That's amazing!
댓츠 어메이징!

굉장해!
That's awesome!
댓츠 어-섬!
That's terrific!
댓츠 테러픽!
Fantastic!
팬터스틱!

믿을 수 없어!
Incredible!
인크레더블!
I don't believe it!
아이 도운(ㅌ) 빌리- 빗!

말도 안 돼!
No way!
노우 웨이!

놀라다 ②

설마!
Not really!
낫 리얼리!
You don't say so!
유 도운(ㅌ) 세이 소우-!

농담이죠!
No kidding!
노우 키딩!
Are you kidding me?
아- 유 키딩 미?
You're pulling my leg, aren't you?
유어 풀링 마이 렉, 아안 츄?

농담 그만해.
Stop joking around.
스탑 조우킹 어라운(ㄷ)

진심이야?
Are you serious?
아- 유 시리어(ㅅ)?

그럴 리 없어!
It can't be true!
잇 캔(ㅌ) 비- 츠루-!
I can't believe it!
아이 캔(ㅌ) 빌리- 빗!

내 눈을 믿을 수가 없어.
I couldn't believe my eyes.
아이 쿠든(ㅌ) 빌리-(ㅂ) 마이 아이(ㅈ)

금시초문이야!
That's news to me!
댓츠 누-(ㅈ) 투 미!

콕! 짚고 가기

to one's + 감정 명사

'to one's 감정 명사'는 '…가 ~하게도'라는 뜻이며, 같은 의미의 부사로 대체될 수 있습니다. 감정을 강조하고 싶을 때는 to 앞에 much를 붙여 '너무 ~하게도'라고 표현합니다.

- to one's surprise 놀랍게도
  (= surprisingly)
- to one's joy 기쁘게도
- to one's delight 기쁘게도
- to one's sorrow 슬프게도
- to one's grief 슬프게도
- to one's amazement 놀랍게도
- to one's disappointment
  실망스럽게도
- to one's satisfaction 만족스럽게도
- to one's relief 안심하게도
- to one's shame 부끄럽게도
- to one's regret 후회스럽게도
- to one's anger 화나게도
- to one's horror 무섭게도

놀라다 ③

깜짝 놀랐어.

I was frightened.
아이 워즈 프라이트(ㄷ)

I was completely surprised.
아이 워즈 컴플릿리 서프라이즛

그 소식을 듣고 매우 놀랐어요.

I was very surprised to hear that.
아이 워즈 베리 서프라이즛 투 히어 댓

I was shocked to hear the news.
아이 워즈 샥(ㅌ) 투 히어 더 누-(ㅈ)

I was astonished to hear the news.
아이 워즈 어스타니쉿 투 히어 더 누-(ㅈ)

놀라서 말도 안 나오는데.

I'm dumbstruck.
아임 덤ㅊ럭

I'm speechless.
아임 스피-취리(ㅅ)

전혀 예상 밖이야.

It was totally unexpected.
잇 워즈 토들리 언익스펙팃

No one would've guessed.
노우 원 우듭 게슷

생각도 못 했어.

I'd never have thought it.
아잇 네버 해(ㅂ) 써엇 잇

내 귀를 의심했어.

I could hardly believe my ears.
아이 쿠(ㄷ) 하들리 빌리-(ㅂ) 마이 이어(ㅅ)

마른하늘에 날벼락이야!

That's a bolt out of the blue!
댓츠 어 보울 타웃 어(ㅂ) 더 블루-!

지겹다

정말 지루했어.

It was so boring.
잇 워즈 소우- 버-링

지루해서 죽을 뻔했어.

I'm bored to death.
아임 버-(ㄷ) 투 데쓰

이젠 질렸어.

I'm sick and tired of it.
아임 식 앤(ㄷ) 타이어 더 빗

I'm fed up with it.
아임 페 덥 윗 잇

그런 말은 이제 듣기에도 지겨워.

It's disgusting even to hear.
잇츠 디스거스팅 이븐 투 히어

생각만 해도 지긋지긋해.

It makes me sick even to think of it.
잇 메익(ㅅ) 미 식 이븐 투 씽 커 빗

네 변명은 이제 지긋지긋해.

I've had enough of your excuses.
아입 햇 이넙 어 뷰어 익스큐-지(ㅅ)

I've had it with your excuses.
아입 햇 잇 윗 유어 익스큐-지(ㅅ)

오늘 하루는 지겹게도 길었어.

The day went so slowly.
더 데이 웬(ㅌ) 소우- 슬로우리

It's been such a long day.
잇츠 빈 서취 어 러엉 데이

더 이상은 하고 싶지 않아.

I don't want to do more.
아이 도운(ㅌ) 원(ㅌ) 투 두 머-

귀찮다

정말 귀찮아!

What a nuisance!
왓 어 뉴-슨(ㅅ)!
How annoying!
하우 어노잉!

넌 정말 귀찮아.

You're very trying.
유어 베리 츠라잉
You are bothering me.
유 아- 바더링 미
You are bugging me.
유 아- 버깅 미

좀 내버려둬.

Don't bother me.
도운(ㅌ) 바더 미
Leave me alone.
리-(ㅂ) 미 어로운
Don't put me to trouble.
도운(ㅌ) 풋 미 투 츠러블

귀찮아 죽을 것 같아.

I'm plagued to death.
아임 플레익(ㄷ) 투 데쓰

또 시작이야.

Here we go again.
히어 위 고우 어겐

제발 좀 비켜.

Please buzz off.
플리-(ㅈ) 버 저-(ㅍ)

전혀 관심 없어.

I'm not interested at all.
아임 낫 인터레스팃 댓 얼
I don't want to hear that.
아이 도운(ㅌ) 원(ㅌ) 투 히어 댓

plague 괴롭히다; 전염병

짜증 나다

정말 짜증 나.

How irritating.
하우 이러테이팅
I'm really pissed off.
아임 리얼리 피슷 어-(ㅍ)
I'm a nervous wreck.
아이 어 너-버(ㅅ) 렉

걔 때문에 너무 짜증 나.

He frustrates me to no end.
히 프러스츠레잇츠 미 투 노우 엔(ㄷ)
He really annoyed me.
히 리얼리 어노잇 미
He really ticked me off.
히 리얼리 틱(ㅌ) 미 어-(ㅍ)

너 때문에 짜증 나기 시작했어!

You are really starting to get on
my nerves!
유 아- 리얼리 스타-팅 투 겟 언 마이 너-(ㅂㅅ)!

너랑 같이 있으면 짜증 나.

I'm peed off with you.
아임 피- 더- 뒷 유

정말 스트레스 쌓여.

It's really stressful.
잇츠 리얼리 스츠레스펄

당장 그만둬! 넌 정말 짜증 나.

Stop that right now!
You are getting under my skin.
스탑 댓 라잇 나우! 유 아- 게딩 언더 마이 스킨

별것 아닌 일로 오버하는 거야.

You are making a federal case
about it.
유 아- 메이킹 어 페더럴 케이 서바웃 잇

wreck 난파선, 파멸
tick off 화나게 하다(속어); 확인하다
peed off 화난, 짜증 난(=p'd off)

아쉽다

아쉽네요!
That's too bad!
댓츠 투- 뱃!
What a pity (it is)!
왓 어 피티 (잇 이즈)!

그거 유감이네요.
That's a shame.
댓츠 어 쉐임

그렇게 노력했는데 허사가 됐구나.
All that for nothing.
어얼 댓 퍼 나씽

그건 꼭 봤어야 했는데.
I should've seen it.
아이 슈듭 시인 잇

그건 피할 수 있었을 텐데.
That could be avoided.
댓 쿠(ㄷ) 비- 어버이딧

아쉽지만 이만 가야겠어요.
I'm afraid I must leave now.
아임 어(ㅍ)레잇 아이 머슷 리-(ㅂ) 나우

아쉽게도 그를 만날 수 없었어요.
To my regret, I couldn't meet him.
투 마이 리그렛, 아이 쿠든(ㅌ) 미잇 힘

긴장하다

좀 긴장되는데.
I'm a little nervous right now.
아임 어 리들 너-버(ㅅ) 라잇 나우

긴장하고 있어요.
I'm on the ball.
아임 언 더 버얼
I'm tense.
아임 텐(ㅅ)

너무 초조해요.
I'm so restless.
아임 소우- 레슷리(ㅅ)

마음이 조마조마해.
I've got butterflies in my stomach.
아입 갓 버더플라이 진 마이 스터먹

안절부절이에요.
I feel like I have ants in my pants.
아이 피일 라익 아이 해 밴 친 마이 팬(ㅊ)

무릎이 덜덜 떨려요.
My knees are shaking.
마이 니 사- 쉐이킹

손이 땀으로 흠뻑 젖었어.
My hands are sweaty.
마이 핸 자- 스웨티

그렇게 긴장하지 마.
Try not to be so nervous.
츠라이 낫 투 비- 소우- 너-버(ㅅ)
Calm your nerves.
카암 유어 너-(ㅂㅅ)

불평하다

불평 좀 그만해.

Quit your bitching and moaning.
쿠잇 유어 빗췽 앤(ㄷ) 모운잉

Keep your complaints to yourself.
키입 유어 컴플레인(ㅊ) 투 유어셀(ㅍ)

Stop your bellyaching.
스탑 유어 벨리에이킹

또 불평이야.

You're always complaining.
유어 어얼웨이(ㅈ) 컴플레이닝

그렇게 투덜거리지 마!

Never grumble so!
네버 그럼블 소우ㅡ!

너무 그러지 마.

Why don't you give it a rest?
와이 도운 츄 기 빗 어 레슷?

나한테 불만 있어?

Do you have something against
me?
두 유 해(ㅂ) 섬씽 어게인슷 미?

뭐가 그렇게 불만이야?

What are you complaining about?
왓 아ㅡ 유 컴플레이닝 어바웃?

What are you so dissatisfied
about?
왓 아ㅡ 유 소우ㅡ 디재티스파잇 어바웃?

우린 아무 불만 없어요.

We have nothing to complain of.
위 해(ㅂ) 나씽 투 컴플레인 어(ㅂ)

We have got no complaint.
위 해(ㅂ) 갓 노우 컴플레인(ㅌ)

신경질적이다

그는 신경질적인 기질을 가졌다.

He has a nervous temperament.
히 해즈 어 너ㅡ버(ㅅ) 템퍼러먼(ㅌ)

He is a sharp tempered man.
히 이즈 어 샤ㅡ(ㅍ) 템퍼(ㄷ) 맨

그녀는 다혈질이다.

She's hot headed.
쉬즈 핫 헤딧

She has quite a personality.
쉬 해즈 쿠아잇 어 퍼ㅡ서낼러티

나는 사소한 일에 때때로 쉽게 흥분해요.

I'm sometimes getting easily
excited about unimportant things.
아임 섬타임(ㅅ) 게딩 이ㅡ질리 익사이팃 어바웃
언임퍼ㅡ턴(ㅌ) 씽(ㅅ)

임신한 여성은 신경이 극도로 예민해져요.

The pregnant woman becomes
very nervous.
더 프렉넌 뒈먼 비컴(ㅈ) 베리 너ㅡ버(ㅅ)

The pregnant woman is highly
strung.
더 프렉넌 뒈먼 이즈 하일리 스츠렁

그녀는 아주 신경질적인 사람이에요.

She is a bag of nerves.
쉬 이즈 어 백 어(ㅂ) 너ㅡ(ㅂㅈ)

너는 안절부절못하고 있잖아.

You're nervous as a cat on a hot
tin roof.
유어 너ㅡ버 새 저 캣 언 어 핫 틴 루웁

strung 신경질적인

실망하다

정말 실망스러워!

What a disappointment!
왓 어 디서퍼인먼(ㅌ)!

What a let down!
왓 어 렛 다운!

What a sell!
왓 어 셀!

그거 절망 실망스러운 일인데요.

That's very disappointed I must say.
댓츠 베리 디서퍼인팃 아이 머슷 세이

나를 실망시키지 마.

Don't let me down.
도운(ㅌ) 렛 미 다운

당신한테 실망했어요.

I'm disappointed in you.
아임 디서퍼인팃 인 유

정말 유감입니다.

I'm frightfully sorry.
아임 프라잇펄리 서-리

I'm more than unhappy about it.
아임 머- 댄 언해피 어바웃 잇

Sorry to hear that.
서-리 투 히어 댓

난 이제 망했어.

I'm washed up.
아임 워숫 업

My bolt is shot.
마이 보울 티즈 샷

낙천적이다 ▶

그는 낙천적이에요.

He is optimistic.
히 이즈 압터미스틱

He is a happy-go-lucky man.
히 이즈 어 해피-고우-럭키 맨

He is an easygoing person.
히 이즈 언 이-지고우잉 퍼-슨

He has a placid temperament.
히 해즈 어 플래싯 템퍼러먼(ㅌ)

저는 매사에 낙천적입니다.

I'm optimistic about everything.
아임 압터미스틱 어바웃 에브리씽

그는 낙천적인 인생 철학을 가지고 있어요.

He has an optimistic philosophy of life.
히 해즈 언 압터미스틱 필라서피 어(ㅂ) 라이(ㅍ)

He has a cheerful view of life.
히 해즈 어 취어풀 뷰 어(ㅂ) 라이(ㅍ)

그는 지나치게 낙천적이에요.

He is too optimistic.
히 이즈 투- 압터미스틱

He paints too rosy a picture of affairs.
히 페인(ㅊ) 투- 로우지 어 픽처 어 버페어(ㅅ)

He always takes an overly optimistic view of things.
히 어얼웨이(ㅈ) 테익 선 오우버리 압터미스틱 뷰-어(ㅂ) 씽(ㅅ)

그는 근심이 없어요.

He is free from cares.
히 이즈 프리- 프럼 케어(ㅅ)

He looks carefree.
히 룩(ㅅ) 캐어프리-

optimistic 낙천주의의
happy-go-lucky 낙천적인, 운명에 내맡기는
placid 평온한, 자기 만족의
temperament 기질, 성질

착하다

그는 마음이 착해요.

He is good-natured.
히 이즈 굿네이쳐(ㄷ)

He is good-tempered.
히 이즈 굿템퍼(ㄷ)

He is kindhearted.
히 이즈 카인(ㄷ)하-팃

He is tenderhearted.
히 이즈 텐더하-팃

He is warmhearted.
히 이즈 워엄하-팃

He is of good disposition.
히 이즈 어(ㅂ) 굿 디스퍼지션

He has a sweet temper.
히 해즈 어 스위잇 템퍼

그녀는 인정 많은 사람이에요.

She is a kindhearted woman.
쉬 이즈 어 카인(ㄷ)하-팃 워먼

그는 마음은 착하지만 센스가 부족해요.

**He has a good heart but poor
sense.**
히 해즈 어 굿 하-(ㅌ) 벗 푸어 센(ㅅ)

그는 태도가 거칠지만, 천성은 착해요.

**He has a rough manner, but deep
down he is quite nice.**
히 해즈 어 럽 매너, 벗 디입 다운 히 이즈 쿠아잇
나이(ㅅ)

이리 온, 착하지.

Come here, that's a good boy [girl].
컴 히어, 댓츠 어 굿 보이 [거얼]

진취적이다

저는 진취적이고 외향적인 성격이에요.

I'm aggressive and outgoing.
아임 어그레시 밴 다웃고우잉

저는 쾌활하고 사교적이에요.

I'm a cheerful and outgoing.
아임 어 취어풀 앤 다웃고우잉

**I have an outgoing and gregarious
personality.**
아이 해 번 아웃고우잉 앤(ㄷ) 그레게리어(ㅅ)
퍼-스낼러티

그는 외향적이에요.

He is extroverted.
히 이즈 엑스츠러버-팃

He is outgoing.
히 이즈 아웃고우잉

그는 의욕적이에요.

He is ambitious.
히 이즈 앰비셔(ㅅ)

그녀는 매사에 적극적이에요.

She is very active in everything.
쉬 이즈 베리 액티 빈 에브리씽

우리 할머니는 아직도 혈기 왕성하시죠.

**My grandmother is still up and
coming.**
마이 그랜(ㄷ)머더 이즈 스틸 업 앤(ㄷ) 커밍

그는 지나치게 활동적이야.

He is hyperactive.
히 이즈 하이퍼랙티(ㅂ)

---

tenderhearted 다정한, 다감한
disposition 성질, 기질

gregarious 사교적인
extrovert 외향적인 사람, 사교적인 사람
hyperactive 지나치게 활동적인

순진하다

그녀는 정말 순진해요.

She's so naive.
쉬즈 소우– 나이(ㅂ)

She's so pure.
쉬즈 소우– 퓨어

She's a person with a simple heart.
쉬즈 어 퍼–슨 윗 어 심플 하–(ㅌ)

She's as innocent as a lamb.
쉬즈 애 지너선 태 저 램

She's a person pure as driven snow.
쉬즈 어 퍼–슨 퓨어 애(ㅈ) 드라이븐 스노우

그를 믿다니 너도 참 순진하구나.

It's so naive of you to believe him.
잇츠 소우– 나이 버 뷰 투 빌리–(ㅂ) 힘

넌 어쩌면 그렇게 순진하니?

Why are you so naive?
와이 아– 유 소우– 나이(ㅂ)

How could you have been so innocent?
하우 쿠 쥬 해(ㅂ) 빈 소우– 이노쎈(ㅌ)

순진한 척 내숭 떨지 마.

Don't come the young innocent.
도운(ㅌ) 컴 더 영 이너선(ㅌ)

사람 다루는 면에 있어서 그는 너무 순진해.

He is a babe in the woods when it comes to dealing with people.
히 이즈 어 베입 인 디 우 쮄 잇 컴(ㅅ) 투 디일링 윗 피–플

babe in the wood 세상 물정 모르는 문외한

276

내성적이다

전 성격이 좀 내성적이에요.

I'm a kind of introvert.
아임 어 카인 더 빈츠러버–(ㅌ)

I'm sort of shy.
아임 서– 터(ㅂ) 샤이

전 소극적인 편입니다.

I tend to be withdrawn.
아이 텐(ㄷ) 투 비– 윗드러운

I'm fairly reserved.
아임 페어리 리저–붓

그는 감정을 잘 드러내지 않는 사람이야.

He is an inhibited person.
히 이즈 언 인히빗팃 퍼–슨

그녀는 과묵해.

She is reserved.
쉬 이즈 리저–붓

천성적으로 수줍음을 잘 타요.

I'm shy by nature.
아임 샤이 바이 네이쳐

낯을 가리는 편이에요.

I'm shy with strangers.
아임 샤이 윗 스츠레인저(ㅅ)

저는 마음을 여는 데 시간이 걸려요.

I need time to open up.
아이 니잇 타임 투 오우펀 업

그다지 사교적이지는 않아요.

I'm not really sociable.
아임 낫 리얼리 소우서블

introvert 내성적인
withdrawn 수줍어하는
reserved 말수가 적은, 수줍은
sociable 사교적인

우유부단하다

그는 우유부단한 사람이야.
↘ 결정을 잘 못 내리고 망설임을 의미해요.

He is an irresolute man.
히 이즈 언 이레절루웃 맨

He is a man of indecision.
히 이즈 언 맨 어 빈디시전

He does not know his own mind.
히 더즈 낫 노우 히스 오운 마인(ㄷ)

나는 정말 우유부단한 성격이야.

I'm really wishy-washy.
아임 리얼리 위쉬-워쉬

I'm really shilly-shallying.
아임 리얼리 실리-샐리잉

그는 의지가 약한 사람이야.

He is an weak-willed man.
히 이즈 언 위익-윌(ㄷ) 맨

너는 그 문제에 대해 너무 우유부단해.

You're so wishy-washy about the subject.
유어 소우- 위쉬-워쉬 어바웃 더 섭젝(ㅌ)

그는 항상 결정을 내리는 데 주저한다.

He is always hesitant to make a decision.
히 이즈 어얼웨이(ㅈ) 헤지턴(ㅌ) 투 메익 어 디시전

우유부단한 태도를 버리고 결정을 해라.

Stop sitting on the fence and make up your mind.
스탑 시딩 언 더 펜 샌(ㄷ) 메익 업 유어 마인(ㄷ)

wishy-washy 우유부단한
  (= shilly-shally)
weak-willed 의지가 약한

꼭! 짚고 가기

그는 어떤 사람이에요?

열 길 물속은 알아도 한 길 사람 속은 모른다는 속담이 있듯이, 오랫동안 알아 왔던 사이일지라도 그 사람의 성격을 파악하기는 쉽지 않습니다. 처음 만나거나 잘 알지 못하는 사이에서는 그 사람을 잘 아는 사람에게 물어보는 게 그나마 빨리 알 수 있는 방법이겠죠.

사람의 성격에 대해 물어볼 때 쓰는 다양한 표현을 익혀 볼까요?

▶ 그 사람 성격이 어때요?
   (그는 어떤 사람입니까?)
• What's his personality?
• What's he like?
• What kind of person is he?
• What kind of character is he?
• What sort of person is he?
• What type of person is he?

비관적이다

넌 너무 비관적이야.

You are too pessimistic.
유 아- 투- 페서미스틱

그는 매사를 비관적으로 생각한다.

He thinks gloomily of everything.
히 씽(ㅋㅅ) 글루-밀리 어 베브리씽

He looks on the dark side of things.
히 룩 선 더 다-(ㅋ) 사이 더(ㅂ) 씽(ㅅ)

He has a pessimistic point of view.
히 해즈 어 페서미스틱 퍼인 터(ㅂ) 뷰-

저는 좀 비관적인 성격이에요.

I'm sort of a pessimist.
아임 서- 터 버 페서미슷

저는 비관적인 인생관을 가지고 있어요.

I take a dark view of life.
아이 테익 어 다-(ㅋ) 뷰- 어(ㅂ) 라이(ㅍ)

I have a negative outlook on life.
아이 해 버 네거티 바웃룩 언 라이(ㅍ)

너무 그렇게 비관적으로만 보지 마.

Don't look at things so half-empty.
도운(ㅌ) 룩 앳 씽(ㅅ) 소우- 하 펨티

이기적이다

그는 너무 이기적이에요.

He is so egoistical.
히 이즈 소우- 이-고우스티컬

He is an egocentric person.
히 이즈 언 이-고우센츠릭 퍼-슨

He has a selfish personality.
히 해즈 어 셀피쉬 퍼-스낼러티

넌 너밖에 모르는 사람이야.

You always only think of yourself.
유 어얼웨이 조운리 씽 커 뷰어셀(ㅍ)

You are self-seeking.
유 아- 셀(ㅍ)-시-킹

You are guided by self-interest.
유 아- 가이딧 바이 셀-핀터레슷

그렇게 이기적으로 굴지 마.

Don't be so self-centered.
도운(ㅌ) 비- 소우- 셀(ㅍ)-센터(ㄷ)

그는 이기적인 경향이 있다.

He tends toward selfishness.
히 텐(ㅈ) 터-(ㄷ) 셀피쉬니(ㅅ)

그는 다른 사람의 감정은 생각하지 않아.

He doesn't consider the feelings of other people.
히 더즌(ㅌ) 컨시더 더 피-링 서 버더 피-플

그는 과잉보호를 받아서 자기밖에 몰라요.

He was selfish as he lived off the tit.
히 워즈 셀피쉬 애(ㅈ) 히 리(ㅂ) 더-(ㅍ) 더 팃

↳ live off the tit은 '과잉보호로 살다,
사치스럽게 살다'라는 뜻이에요.
tit은 '무능력자'라는 뜻이랍니다.

---

pessimistic 비관적인
gloomily 우울하게, 침울하게
* gloomy 우울한, 어두침침한
outlook 예측, 견해

egoisticial 이기주의의
egocentric 자기중심의, 이기적인

좋아하다 ▶

나는 음악을 좋아해요.

I love music.
아이 러(ㅂ) 뮤-직
I'm fond of music.
아임 판 더(ㅂ) 뮤-직
I delight in music.
아이 딜라잇 인 뮤-직

나는 운동을 무척 좋아해요.

I'm a lover of sports.
아임 어 러버 어(ㅂ) 스퍼-(ㅊ)
I have a penchant for sports.
아이 해 버 펜천(ㅌ) 퍼 스퍼-(ㅊ)
I have a passion for sports.
아이 해 버 패션 퍼 스퍼-(ㅊ)
I'm a sports fan.
아임 어 스퍼-(ㅊ) 팬

커피보다는 차를 좋아해요.

I prefer tea to coffee.
아이 프리퍼 티- 투 커-피
I'd like tea better than coffee.
아잇 라익 티- 베더 댄 커-피

그가 좋아 미칠 지경이에요.

I'm just crazy about him.
아임 저슷 크레이지 어바웃 힘

그는 내가 좋아하는 사람이에요.

He is one of my favorites.
히 이즈 원 어(ㅂ) 마이 페이버릿(ㅊ)

fond 좋아하는
penchant 경향, 강한 기호

싫어하다

그다지 좋아하지는 않아요.

I don't like it very much.
아이 도운(ㅌ) 라익 잇 베리 머취

나는 그게 제일 싫어요.

I like it least of all.
아이 라익 잇 리-슷 어 버얼

나는 이런 종류의 음식을 싫어해요.

I dislike this kind of food.
아이 디스라익 디스 카인 더(ㅂ) 푸웃

그는 나를 송충이 대하듯 싫어해요.

He hates me like a serpent.
히 해잇츠 미 라익 어 서-펀(ㅌ)
He hates me like a viper.
히 헤잇츠 미 라익 어 바이퍼
↳ 병적으로 싫어할 때 쓰는 말이랍니다.
serpent나 viper는 뱀이나 독사, 또는 뱀처럼
음흉한 사람을 일컫는 말이에요.

그는 대중 앞에 나서는 걸 아주 싫어해요.

He has a disinclination to speaking in public.
히 해즈 어 디신클러네이션 투 스피-킹 인 펍릭
He detests speaking in public.
히 디테스(ㅊ) 스피-킹 인 펍릭
He is allergic to speaking in public.
히 이즈 얼러직 투 스피-킹 인 펍릭
↳ be allergic to는 '알러지가 생길 정도로
싫어한다'는 표현입니다.

그는 내 친구들을 별로 좋아하지 않아요.

He doesn't much care for my friends.
히 더즌(ㅌ) 머취 케어 퍼 마이 프렌(ㅈ)

disinclination 싫증, 마음이 안 내킴
detest 혐오하다, 몹시 싫어하다

Chapter 07

지금은 사랑 중!

Chapter 07

Fall in love 사랑에 빠지다
퍼얼 인 러(ㅂ)

meeting 미-팅 n. 만남 	**single man** 싱글 맨 미혼남	**single woman** 싱글 워먼 미혼녀
	boyfriend 버이프렌(ㄷ) n. 남자 친구, (여자의) 애인 	**girlfriend** 거얼프렌(ㄷ) n. 여자 친구, (남자의) 애인
	blind date 블라인(ㄷ) 데잇 n. 소개팅 	**ideal type** 아이디-얼 타입 이상형
	charming 차-밍 a. 매력적인 	**appeal** 어피일 n. 매력
	sweetheart 스위잇하-(ㅌ) n. 연인, 애인	**chemistry** 케머스츠리 n. 공감대, 궁합
	gift 기픗 n. 선물 	**Valentine's Day** 밸런타인(ㅅ) 데이 n. 밸런타인데이

love 러(ㅂ) n. 사랑	date 데잇 n. 데이트, (미리 정한) 이성과의 만날 약속 go out 고우 아웃 데이트하다	fall in love 퍼얼 인 러(ㅂ) 사랑에 빠지다 crush on 크러쉬 언 반하다
	kiss 키(ㅅ) v. 키스를 하다	hug 헉 v. 포옹하다
	lovesick 러브식 a. 상사병의	physical contact 피지컬 칸택(ㅌ) 스킨십

Separation 이별
세퍼레이션

trouble 츠러블 n. 갈등	jealous 쥄러(ㅅ) a. 질투하는	cheat on 취잇 언 바람을 피우다
	estranged 이스츠레인쥣 a. 별거 중인	divorce 디버-(ㅅ) n. 이혼 v. 이혼하다
	break up 브레익 업 헤어지다	dump 덤(ㅍ) v. (애인을) 버리다
	ex-boyfriend 엑(ㅅ) 버이프렌(ㄷ) n. (헤어진) 전 남자 친구	ex-girlfriend 엑(ㅅ) 거얼프렌(ㄷ) n. (헤어진) 전 여자 친구

Will you marry me? 나와 결혼해 줄래?

윌 유 메리 미

marriage 메리쥐 n. 결혼 **marry** 메리 v. ~와 결혼하다 	**spouse** 스파우(ㅅ) n. 배우자 **life partner** 라이(ㅍ) 파~(ㅌ)너 n. 반려자 	**proposal** 프러포우절 n. 청혼 **propose** 프러포우(ㅈ) v. 청혼하다
	engage 인게이쥐 v. 약혼하다 	**fiancé** 피~아앙세이 n. 약혼자(남자) **fiancée** 피~아앙세이 n. 약혼녀
	wedding ceremony 웨딩 세러모우니 n. 결혼식 	**wedding invitation** 웨딩 인비테이션 n. 청첩장
	wedding ring 웨딩 링 n. 결혼반지 **wedding dress** 웨딩 드레(ㅅ) n. 웨딩드레스 	**bridesmaid** 브라이(ㅈ)메잇 n. 신부 들러리 **groomsman** 그루움(ㅅ)맨 n. 신랑 들러리
	celebrate 셀러브레잇 v. 축하하다 	**anniversary** 애너버~서리 n. 기념일
	husband 허즈번(ㄷ) n. 남편 	**wife** 와이(ㅍ) n. 아내

Parenting 육아
페어렌팅

baby 베이비, infant 인펀(트) n. 아기	pregnancy 프렉넌시 n. 임신 pregnant 프렉넌(트) a. 임신한	expecting mom 익스펙팅 맘 임산부 morning sickness 머-닝 식니(스) 입덧
	baby due 베이비 듀- 출산예정일	give birth to 기(브) 버-쓰 투 출산하다
	breast milk 브레슷 밀(ㅋ) 모유	powdered milk 파우더(드) 밀(ㅋ) 분유
	nursing bottle 너얼싱 바들 젖병	diaper 다이어퍼 n. 기저귀 v. 기저귀를 채우다
	stroller 스츠로울러 n. (접을 수 있는) 유모차	crib 크립 n. 아기 침대
	baby-minder 베이비 마인더, baby-sitter 베이비 시터 n. 보모	nanny 내니 n. 유모

소개팅 ①

\# 누구 만나는 사람 있니?

Are you seeing anyone?
아– 유 시–잉 애니원?

\# 난 여자 친구 없어.

I am between girlfriends.
아이 앰 빗윈 거얼프렌(ㅈ)

\# 난 혼자야.

I'm wide open.
아임 와이 도우펀

I'm single.
아임 싱글

\# 알고 지내는 친구일 뿐이야.

We are friends.
위 아– 프렌(ㅈ)
↘ 그냥 친구일 뿐이라고 할 때는
my friend girl [boy]이라고 합니다.

\# 소개팅 시켜 줘.

Set me up for a blind date.
셋 미 업 퍼 어 블라인(ㄷ) 데잇

소개팅 ②

\# 좋은 남자 소개시켜 줄게.

I'll hook you up with a nice guy.
아일 훅 유 업 윗 어 나이(ㅅ) 가이

\# 원하는 스타일이 뭐야?

What type of girl [guy] do you prefer?
왓 타입 어(ㅂ) 거얼 [가이] 두 유 프리퍼?

\# 아무나 상관없어.

I don't care who it is.
아이 도운(ㅌ) 캐어 후 잇 이즈

\# 그녀에게 남자 친구 있어?

Does she have a boyfriend?
더즈 쉬 해 버 버이프렌(ㄷ)?

\# 그 남자 좀 소개해 줄래?

Would you introduce that guy to me?
우 쥬 인츠러듀–(ㅅ) 댓 가이 투 미?

\# 저기 저 여자 좀 봐, 정말 예쁘지.

Check out that girl over there, she is so beautiful.
첵 아웃 댓 거얼 오우버 데어, 쉬 이즈 소우– 뷰–티펄

---

wide 폭이 넓은

여기서 잠깐!

kissing under the mistletoe

크리스마스 시즌에 겨우살이 나무(mistletoe) 아래에
있는 소녀에게는 아무나 키스해도 된다는 풍습을 말
합니다.

hook ~을 걸다, 끌어당기다

소개팅 후 평가 ①

그는 내 취향이 아니다.
He's not really my type.
히즈 낫 리얼리 마이 타입

그녀는 내 이상형이야.
She is the girl of my dreams.
쉬 이즈 더 거얼 어(ㅂ) 마이 드리임(ㅅ)
She is my type of girl.
쉬 이즈 마이 타입 어(ㅂ) 거얼
She fits my taste.
쉬 핏(ㅊ) 마이 테이슷
She's perfect for me.
쉬즈 퍼펙(ㅌ) 퍼 미
She is my cup of tea.
쉬 이즈 마이 컵 어(ㅂ) 티―

> be one's cup of tea는 사람뿐 아니라 사물에도 두루두루 사용할 수 있어요.

그는 동화 속 왕자님이야.
He's Prince Charming.
히즈 프린(ㅅ) 차밍
He's my dream guy.
히즈 마이 드리임 가이

난 너한테 완전 콩깍지가 씌었어.
You are the apple of my eye.
유 아― 디 애플 어(ㅂ) 마이 아이

> 눈에 콩깍지가 씌다

완전 반했어.
I was head over heels.
아이 워즈 헷 오우버 히일(ㅅ)
He stole my heart.
히 스토울 마이 하―(ㅌ)

소개팅 후 평가 ②

상사병에 걸렸어.
I'm lovesick.
아임 러(ㅂ)식

넌 그녀를 좋아하는구나.
You got a thing [feeling] for her.
유 갓 어 씽 [피―링] 퍼 허

이건 분명히 그녀가 널 좋아한다는 신호야.
This is a sure signal that she likes you.
디스 이즈 어 슈어 시그널 댓 쉬 라익 슈

데이트 상대를 구했어.
I got myself a date.
아이 갓 마이셀 퍼 데잇

그는 믿을 만한 남자이다.
He's a stand up guy.
히즈 어 스탠 덥 가이

새 남자 친구는 계속 사귀고 싶은 사람이다.
My new boyfriend is a real keeper.
마이 누― 버이프렌 디즈 어 리얼 키―퍼

우리는 통하는 게 많아.
We have a lot of chemistry.
위 해 버 랏 어(ㅂ) 케머스츠리

---

fit 적합하다, ~에 알맞다
taste 좋아함, 기호
steal ~을 훔치다

lovesick 상사병에 걸린
keeper 보호자
chemistry 화학

데이트 ①

데이트 어땠어요?

How was your date?
하우 워즈 유어 데잇?

이거 데이트라고 치죠.

Let's call it a date.
렛츠 커얼 잇 어 데잇
Let's make it a date.
렛츠 메익 잇 어 데잇

직장에서 한 남자를 사귀고 있어.

I'm seeing a guy from work.
아임 시-잉 어 가이 프럼 워-(ㅋ)

우리는 만나자마자 서로 첫눈에 반했어요.

When we met, it was love at first sight.
웬 위 멧, 잇 워즈 러 뱃 퍼-숫 사잇

그들은 아직 그냥 만나는 단계일 뿐이야.

They are still in the dating stage.
데이 아 스틸 인 더 데이팅 스테이쥐

우린 사이좋게 지내고 있어.

We're on good terms.
위어 언 굿 터엄(ㅅ)

↘ be on good terms (with)는
'친근한 (서로 왕래하는) 사이다'라는 뜻입니다.
참고로, 나쁜 사이는 good 대신 bad를 넣으면 되겠죠.
on speaking terms라고 하면 '말 건넬 정도의 사이'를,
on visiting terms라고 하면 '왕래하는 사이'를 뜻합니다.

데이트 ②

최근에 우리는 자주 만났어.

We've been seeing a lot of wear and tear.
위(ㅂ) 빈 시-잉 어 랏 어 웨어 앤(ㄷ) 티어

그녀와 나는 세 번 데이트했다.

She and I have been on 3 dates.
쉬 앤 다이 해(ㅂ) 빈 언 쓰리- 데잇(ㅊ)

걔네들 벌써 꽤 오래 만났어.

They've been dating for quite a while already.
데입 빈 데이팅 퍼 쿠아잇 어 와일 어얼레디

우린 뜨겁게 사귀고 있어.

We really hit it off.
위 리얼리 힛 잇 어-(ㅍ)
　　　　　　↘ 사이좋게 지내다, 뜻이 맞다

우리 애기야.

She is my babygirl.
쉬 이즈 마이 베이비거얼

↘ 연애할 때 상대방을 다정하게 부르는 애칭입니다.
이 밖에 darling, sweetie, sweetheart, honey
등이 있습니다.

그는 오늘 팸과 정말 중요한 데이트가 있어.

He has a really heavy date with Pam today.
히 해즈 어 리얼리 해비 데잇 윗 팸 터데이

wear and tear 닳아 해짐, 손상

데이트 ③

네가 그녀와 데이트하는 건, 영계를
만나는 거잖아?

You are dating her, is that sort of
robbing the cradle?

유 아— 데이팅 허, 이즈 댓 서— 터(ㅂ) 라빙 더 크래들?

↘ rob the cradle은 훨씬 나이 어린 상대와
데이트하거나 결혼한다는 뜻입니다.

그녀에게 키스하려고 했는데, 그녀가 뒤로
물러섰다.

I tried to kiss her, but she pulled
away.

아이 츠라잇 투 키스 허, 벗 쉬 풀 더웨이

조는 키스했다.

Joe got lip lock.

조 갓 립 락

우리는 키스하고 각자 집에 갔다.

After smooching, we went home
with each other.

애(ㅍ)터 스무—칭, 위 웬(ㅌ) 호움 윗 이—취 어더

형편없는 데이트 한 번으로 이런 일을
당하다니.

All this for a lousy date.

어얼 디스 퍼 러 라우지 데잇

cradle 요람
pull away 도망치다
smooch 키스(하다)
lousy 형편없는

연애 충고 ①

신체적 접촉을 시도해 봐.

Try some physical contact with
him.

츠라이 섬 피지컬 컨택 윗 힘

여자를 꼬시는 데는 그게 최고야.

It's the best way to get [pick up]
a girl.

잇츠 더 베슷 웨이 투 겟 [픽 업] 어 거얼

↘ 잘 꼬시는 사람, 즉 '작업남[작업녀]'은
flirt라고도 한답니다.

여자 친구가 밀고 당기도록 하지 말고
네가 상황을 이끌고 나가야지.

Take control of the situation
instead of letting her push and
pull you around.

테익 컨츠로을 어(ㅂ) 더 시츄에이션 인스테 더(ㅂ)
레딩 허 푸쉬 앤(ㄷ) 풀 유 어라운(ㄷ)

캐시는 남자 친구를 꽉 쥐고 살아.

Cathy pulls her boyfriend around.

캐씨 풀(ㅅ) 허 버이프렌 더라운(ㄷ)

Her boyfriend gets pulled around
by Cathy.

허 버이프렌(ㄷ) 겟(ㅊ) 풀 더라운(ㄷ) 바이 캐씨

Cathy twists her boyfriend around
her little finger.

캐씨 트위숫 허 버이프렌 더라운(ㄷ) 허 리들 핑거

Cathy has her boyfriend around
her little finger.

캐시— 해즈 허 버이프렌 더라운(ㄷ) 허 리들 핑거

pull around ~을 끌고 다니다
(= twist around)

연애 충고 ②

키스가 없으면 사귀는 커플이라고 할 수 없지.

No kiss, no relationship.
노우 키(ㅅ), 노우 리레이션쉽

나는 메리를 짝사랑하고 있어요.

I have a crush on Mary.
아이 해 버 크러쉬 언 메리

I am secretly in love with Mary.
아이 앰 시크릿리 인 러(ㅂ) 윗 메리

첫눈에 반하는 사랑은 없어.

There's no such thing as love at first sight.
데어즈 노우 서취 씽 애(ㅈ) 러 뱃 퍼-슷 사잇

가볍고 쿨하게 행동하라.

Hang back.
행 백

그건 너무 오버하는 건데.

That's going way too far.
댓츠 고우잉 웨이 투- 파-

그녀에게 매달리지 마라.

Give her some room.
기(ㅂ) 허 섬 루움

바람맞히지 말아요.

Don't drop me cold.
도운(ㅌ) 드랍 미 코울(ㄷ)

Don't stand me up.
도운(ㅌ) 스탠(ㄷ) 미 업

Don't blow me off.
도운(ㅌ) 블로우 미 어-(ㅍ)

사랑 ①

널 사랑해.

I am in love with you.
아이 앰 인 러(ㅂ) 윗 유

널 좋아해.

I have feelings for you.
아이 해(ㅂ) 피-링(ㅅ) 퍼 유

그녀를 처음 본 순간부터 나는 그녀를 사랑했다.

I loved her from the moment I laid my eyes on her.
아이 러붓 허 프럼 더 모우먼 타이 레잇 마이 아이 전 허

숨막힐 정도로 감동적인 순간들이다.

It's the moments that take your breath away.
잇츠 더 모우먼(ㅊ) 댓 테익 유어 브레쓰 어웨이

크게 감동했어.

It took my breath away.
잇 툭 마이 브레쓰 어웨이

그녀가 계속 보고 싶어.

I can't get enough of her.
아이 캔(ㅌ) 겟 이넙 어(ㅂ) 허

너 없이 못 살아.

I just want to eat you.
아이 저슷 원(ㅌ) 투 이잇 유

그녀는 나한테 푹 빠졌어.

She is really into me.
쉬 이즈 리얼리 인투 미

---

crush on 반하다, 연정을 품다
blow off 무시하다

290

사랑 ②

내가 행복할 수 있는 건 너와 함께하는 것뿐이다.
The only way I can be happy is if I'm with you.
디 오운리 웨이 아이 캔 비- 해피 이즈 이 파임 윗 유

내 남은 생을 너와 함께하고 싶어.
I can't wait to spend the rest of my life with you.
아이 캔(트) 웨잇 투 스펜(드) 더 레슷 어(브) 마이 라이 핏 유

난 운명적으로 널 사랑하게 되어 있어.
I was meant to love you.
아이 워즈 멘(트) 투 러 뷰

인간적으로 가능하지 않을 만큼 널 사랑해.
I love you more than is humanly possible.
아이 러 뷰 머- 댄 이즈 휴-먼리 파서블

잭이 그녀에게 사랑의 밀어를 속삭였어.
Jack whispered sweet nothings into her ear.
잭 위스퍼(드) 스윗 나씽 진투 허 이어

당신의 키스는 최고로 달콤해.
Your kiss is the sweetest thing I've ever felt.
유어 키 시즈 더 스위-티슷 씽 아이 베버 펠(트)

날이 갈수록 당신에 대한 사랑이 커져요.
I love you more with each passing day.
아이 러 뷰 머- 윗 이-취 패싱 데이
My love for you grows with time.
마이 러(브) 퍼 유 그로우 윗 타임

질투 & 배신

넌 그녀의 이성 관계가 잘 안되기를 바라고 있지.
You're rooting for her relationship to fail.
유어 루-팅 퍼 허 리레이션쉽 투 페일

그들의 관계는 3개월이면 끝날 거야.
I give their relationship 3 months.
아이 기(브) 데어 리레이션쉽 쓰리- 먼쓰(ㅈ)

모든 여자에게 다 윙크하는 저놈은 싸구려야.
That guy winking at every girl is so sleazy.
댓 가이 윙킹 앳 에브리 거얼 이즈 소우- 슬리-지

그는 한 사람에게 정착하지 못한다.
He has commitment issues.
히 해즈 커밋먼 티슈-(ㅈ)

넌 날 데리고 놀았다.
You manipulated me.
유 머니퓰레이팃 미

넌 내 마음에 상처를 입혔어.
You hurt my feelings.
유 허-(트) 마이 피-링(ㅅ)

그녀 인생에서 여러 번 바람을 피웠어.
She's bent quite a few rules in her day.
쉬즈 벤(트) 쿠아잇 어 퓨- 루울 신 허 데이

root for 격려하다
sleazy 천박한, 행실이 나쁜
manipulate ~를 다루다, 조종하다

갈등

솔직히 마음속으로 넌 아직도 날 사랑하고 있는 거야, 그렇지?

Deep down inside you still love me, don't you?
디입 다운 인사이 쥬 스틸 러(ㅂ) 미 도운 츄?

그는 항상 처음 만난 사람에게 마음을 여는 데 시간이 좀 걸린다.

It always takes him some time to warm up to new people.
잇 어얼웨이(ㅈ) 테익(ㅅ) 힘 섬 타임 투 워엄 업 투 누- 피-플

결혼하는 거에 대해 다시 한번 생각해 보는 거 아냐?

Are you having second thoughts about getting married?
아- 유 해빙 세컨(ㄷ) 써-웃 처바웃 게딩 매릿?

우리 관계는 위기에 처해 있어요.

Our relationship is on the edge.
아워 리레이션쉽 이즈 언 디 엣쥐

Our relationship is going sour.
아워 리레이션쉽 이즈 고우잉 사우어

사랑이 식었구나.

The love has died.
더 러(ㅂ) 해즈 다잇

너한테 질렸어.

I'm fed up with you.
아임 펫 업 윗 유

이별 ①

우리는 아주 안 좋게 헤어졌다.

We broke up on bad terms.
위 브로욱 업 언 뱃 터엄(ㅅ)

We broke up on such terrible terms.
위 브로욱 업 언 서취 테러블 터엄(ㅅ)

↘ 여기에서 term은 '기간, 때'라는 뜻으로 쓰였어요.

우리는 사귀지 않는다.

We're not involved.
위어 낫 인발붓

그들은 2주 전에 헤어졌다.

They broke up about 2 weeks ago.
데이 브로욱 업 어바웃 투- 위익 서고우

우린 헤어졌어.

We parted aways.
위 파-팃 어웨이(ㅈ)

We're through.
위어 쓰루-

We're finished.
위어 피니쉿

난 그와 헤어졌어.

I broke up with him.
아이 브로욱 업 윗 힘

I was through with him.
아이 워즈 쓰루- 윗 힘

↘ be through with~ ~와 끝나다

---

edge 벼랑 끝
on the edge 벼랑 끝에 서 있다
* on the edge of 막 ~하려는 찰나
sour 불쾌한, 가혹한
be fed up ~에 물리다, 싫증나다

292

이별 ②

내가 그를 찼지.

I dumped him.
아이 덤(ㅌ) 힘

시간이 해결해 줄 거야.

Just give it time.
저슷 기 빗 타임
Time will cure you.
타임 윌 큐어 유

넌 괜찮아질 거야.

You are going to be as right as rain.
유 아- 고우잉 투 비- 애(ㅈ) 라잇 애(ㅈ) 레인

헤어진 후에도 계속 친구로 지낼 수 있다.

We can stay friends even after we break up.
위 캔 스테이 프렌 지븐 애(ㅍ)터 위 브레익 업

우리는 그냥 친구로 있는 게 더 좋을 거 같아.

I think it's better if we stayed friends.
아이 씽 킷츠 베더 이 퓌 스테잇 프렌(ㅈ)

전 여자 친구는 완전 정신 나간 애였어.

My ex-girlfriend was totally neurotic.
마이 엑(ㅅ) 거얼프렌 둬즈 토우털리 뉴어라틱

---

dump (애인)을 버리다
cure 병을 고치다, 회복시키다
neurotic 노이로제의

바람둥이 & 섹시한 cute

> ▶ **바람둥이**

'바람둥이'하면 우리는 흔히 playboy라고 생각하는데요, 사실은 player가 일반적인 표현입니다.

그밖에 gigolo는 '제비'라는 뜻이고, 일반적으로 '바람둥이'를 가리키는 말은 casanova가 있습니다.

그리고 '(이성을 유혹하기 위해) 추파를 던지다'라는 표현으로 'give sheep's eye', 'cast Italian glance'도 참고해 두세요.

> ▶ **섹시한 cute**

cute를 어린 아이에게 쓰면 '귀엽다'는 의미가 되지만, 보통 어른에게 쓰면 남녀 모두 '섹시한 매력이 있다'고 이해한답니다.

참고로 pretty를 남성에게 쓰면 '멋지다'라는 뜻이 되고, hansome을 여성에게 쓰면 '늠름하고 기품 있다'는 의미가 됩니다.

연락처 받을 수 있을까요?

Can I get your phone number?
캔 아이 겟 유어 포운 넘버?

섹시한 금발 아가씨를 보고, 난 그녀를 향해 야시시한 시선을 날렸지.

I saw a cute blonde girl, so I made bedroom eyes at her.
아이 서우 어 큐웃 블란(ㄷ) 거얼, 소우- 아이 메잇 벳루움 아이 잿 허

난 지금 사귀고 [결혼하고] 싶은 마음이 없다.

I'm just not in that place right now.
아임 저슷 낫 인 댓 플레이(ㅅ) 라잇 나우

제대로 따져보니, 난 그녀에게 프러포즈하지 않았어.

Technically, I didn't propose to her.
텍니컬리, 아이 디든(ㅌ) 프러포우(ㅈ) 투 허

난 그녀와 다시 사귀고 싶다.

I want to get back together with her.
아이 원(ㅌ) 투 겟 백 터게더 윗 허

그는 메리와 바람을 피우고 있어요.

He is having an affair with Mary.
히 이즈 해빙 언 어페어 윗 메리

그는 메리 몰래 바람을 피우고 있어요.

He is cheating on Mary.
히 이즈 취-팅 언 메리

이건 네게 어울리지 않는 관계인 것 같아.

Maybe this relationship isn't for you.
메이비- 디스 리레이션쉽 이즌(ㅌ) 퍼 유

넌 너무 부담스러울 정도로 적극적으로 대시해.

You come on too strong.
유 컴 언 투- 스츠렁

그는 잠깐 만났던 사람이에요.

He is ancient history.
히 이즈 에인션(ㅌ) 히스터리

그녀는 양다리예요.

She is a two-timer.
쉬 이즈 어 투- 타이머

나한테 치근덕거리는 거야?

Are you hitting on me?
아- 유 히딩 언 미?

그 남자하고 만나는 것은 시간 낭비이다.

That guy isn't worth your time.
댓 가이 이즌 풔-쓰 유어 타임

---

have an affair with~ ~와 바람을 피우다
  (= cheat with~)
cheat on + someone : someone 몰래 바람을 피우다

ancient history 개인적인 옛 이야기

청혼

\# 크리스가 나한테 청혼했어.

Chris proposed to me.
크리(ㅅ) 프러포우줏 투 미

Chris asked me to marry him.
크리(ㅅ) 애슥(ㅌ) 미 투 매리 힘

\# 저와 결혼해 주시겠어요?

Would you marry me?
우 쥬 매리 미?

\# 그는 밸런타인데이에 청혼할 거예요.

He'll pop the question on Valentine's Day.
히일 팝 더 쿠에스천 언 밸런타인(ㅅ) 데이

\# 나는 청혼을 받아들였다.

I accepted his proposal.
아이 액셉팃 히스 프러포우절

\# 나는 청혼을 거절했다.

I declined his proposal.
아이 디클라인(ㄷ) 히스 프러포우절

\# 나는 결혼하고 싶어 죽겠어요.

I'm dying to get married.
아임 다잉 투 겟 매릿

\# 그녀가 저를 받아준다면, 전 그녀와 결혼하겠어요.

I will marry her, if she'll have me.
아이 윌 매리 허, 이(ㅍ) 쉬일 해(ㅂ) 미

pop the question (여자에게) 청혼하다
decline ~을 거절하다
be dying to 몹시 ~하고 싶어 하는

꼭! 짚고 가기

비유 표현

우리는 흔히 못생긴 사람을 비유할 때 '호박 같다'고 합니다. 그런데, 영어권에서는 호박이 사랑스러운 애인을 칭하는 표현이라고 합니다.
이처럼 과일이나 채소가 비유하는 것 중에 우리와 다른 것들에는 무엇이 있는지 알아볼까요?

• banana
겉은 동양인이지만, 생각은 백인인 사람을 경멸하며 표현하는 말입니다.
• cabbage
영국에서는 게으르고 매사에 심드렁한 사람을 가리키고, 미국에서는 젊은 미혼 여성을 가리킵니다.
• lemon
매력 없는 여자를 가리키는 표현입니다.
• tomato
매력적인 여자나 매춘부를 가리키는 표현입니다.

과일이나 채소는 아니지만 또 자주 비유되는 것으로 oyster가 있는데, 바로 과묵한 사람을 가리키는 표현이라고 하네요.

결혼 준비

신혼여행은 어디로 가나요?

Where will you go for your honeymoon?

웨어 윌 유 고우 퍼 유어 허니무운?

신혼여행은 하와이로 가요.

We are going to Hawaii for our honeymoon.

위 아- 고우잉 투 허와이- 퍼 아워 허니무운

We are going to honeymoon in Hawaii.

위 아- 고우잉 투 허니무운 인 허와이-

결혼 전에 준비할 게 아주 많아.

There are so many things to do before the wedding.

데어 아- 소우- 매니 씽(ㅅ) 투 두 비퍼- 더 웨딩

언제 결혼할 거예요?

When are you planning to be married?

웬 아- 유 플래닝 투 비- 매릿?

When are you going to tie the knot?

웬 아- 유 고우잉 투 타이 더 낫?

↘ '그들은 결혼했다'를 다양하게 표현해 볼까요?
  They're married.
  They have tied the knot.
  They've become husband and wife.

피로연은 호텔에서 합니다.

We're going to have our wedding reception at a hotel.

위어 고우잉 투 해 바워 웨딩 리셉션 앳 어 호우텔

결혼식 초대

결혼식에 꼭 참석해 줘.

Please come to my wedding.

플리-(ㅈ) 컴 투 마이 웨딩

이건 우리 청첩장이야.

This is our wedding invitation.

디스 이즈 아워 웨딩 인비테이션

미안하지만 네 결혼식에 못 가겠는데.

I'm afraid I can't come to your wedding.

아임 어(ㅍ)레잇 아이 캔(ㅌ) 컴 투 유어 웨딩

우리는 결혼식에 모든 친척과 친구들을 초대했어요.

We invited all our relatives and friends to the wedding.

위 인바이티 더얼 아워 리레이티(ㅂ) 잰(ㄷ) 프렌(ㅈ) 투 더 웨딩

우리는 수천 장의 청첩장을 보냈습니다.

We sent out thousands of invitations to the wedding.

위 센 타웃 싸우전 저 빈비테이션(ㅅ) 투 더 웨딩

reception 리셉션, 피로연, 환영회

296

결혼식 ①

부케는 누가 받아요?

Who will get the bridal bouquet?

후 윌 겟 더 브라이드 보우케이?

신부의 얼굴은 면사포에 가려져 있다.

The bride's face was covered with a veil.

더 브라이(ㅈ) 페이 쉬즈 커버 뒷 어 베일

결혼반지는 부부 결합의 상징입니다.

A wedding ring symbolizes the union of husband and wife.

어 웨딩 링 심벌라이지(ㅅ) 디 유니언 어(ㅂ) 허즈번 댄 와이(ㅍ)

결혼식장에서 누구 손을 잡고 입장해요?

Who is gonna give you away?

후 이즈 거-너 기 뷰 어웨이?

신랑 신부가 함께 입장합니다.

The groom and the bride will march together.

더 그루움 앤(ㄷ) 더 브라이(ㄷ) 윌 마-취 터게더

그들이 결혼 서약을 하고 있어.

They are taking marital vows.

데이 아- 테이킹 매러틀 바우(ㅅ)

wedding ring 결혼반지
　(= wedding band)
symbolize 상징하다
marital 결혼의
* congratulatory money 축의금
* traditional wedding 전통 혼례
* officiate 주례
* officiating pastor 주례 목사

꼭! 짚고 가기

결혼기념일

백년해로를 약속하고 올리는 결혼식, 매년 결혼기념일은 함께 지내 온 기쁨과 감사의 시간뿐 아니라 어려움을 나누며 서로 위로했던 세월을 추억하는 소중한 날이죠. 어느 해도 소중하지 않을 수 없는 결혼기념일, 특별한 이름을 가진 결혼기념일이 있습니다.

* paper wedding
  결혼 1주년(지혼식)
* candy wedding
  결혼 3주년(캔디혼식)
* floral wedding
  결혼 7주년(화혼식)
* crystal wedding
  결혼 15주년(수정혼식)
* silver wedding
  결혼 25주년(은혼식)
* pearl wedding
  결혼 30주년(진주혼식)
* ruby wedding
  결혼 40주년(홍옥혼식)
* sapphire wedding
  결혼 45주년(청옥혼식)
* golden wedding
  결혼 50주년(금혼식)
* diamond wedding
  결혼 60 또는 75주년(금강혼식)

결혼식 ②

대단한 결혼식이었습니다.
It was some wedding.
잇 워즈 섬 웨딩

두 분의 결혼을 진심으로 축하합니다.
Congratulations on your wedding.
컨그래츄레이션 선 유어 웨딩
Congratulations on your marriage.
컨그래츄레이션 선 유어 매리쥐

두 분 행복하시길 바랍니다!
Best of luck to you both!
베슷 어(ㅂ) 럭 투 유 보우씨!
I wish you both the best!
아이 위쉬 유 보우쓰 더 베슷!
I wish you live happily ever after with him!
아이 위쉬 유 리(ㅂ) 해피리 에버 애(ㅍ)터 윗 힘!

결혼식에 하객이 많이 왔어요.
There were a lot of guests at the wedding.
데어 워– 어 랏 어(ㅂ) 게슷 챗 더 웨딩

정말 어울리는 한 쌍이군요!
What a lovely couple you make!
왓 어 러(ㅂ)리 커플 유 메익!

신부가 참 아름다워요!
What a beautiful bride!
왓 어 뷰–티펄 브라이(ㄷ)!

신부 들러리가 예쁜데요.
The bridesmaid is pretty.
더 브라이즈메잇 이즈 프리디

↘ '신랑 들러리'는
best groomsman이라고 합니다.

결혼 생활

결혼 생활이 행복해요?
Are you happily married?
아– 유 해필리 매릿?

그들은 결혼해서 무척 행복하다.
They are married and are deeply happy.
데이 아– 매릿 앤 다– 디입리 해피

이 결혼은 행복하지 못하다.
The marriage is unhappy.
더 매리쥐 이즈 언해피

저는 결혼한 지 8년 되었습니다.
I've been married for 8 years.
아입 빈 매릿 퍼 에잇 이어(ㅅ)

저는 배우자와 결혼한 지 5년이 됩니다.
My spouse and I have been married for 5 years.
마이 스파우 샌 다이 해(ㅂ) 빈 매릿 퍼 파이 비–어(ㅅ)

그녀는 결혼해서 아이가 둘 있습니다.
She is married now with two kids.
쉬 이즈 매릿 나우 윗 투– 키(ㅈ)

spouse 배우자

별거 & 이혼

별거 중입니다.
I'm separated.
아임 세퍼레이팅

정식으로 따져 보면 그들은 이혼한 것이 아니라 별거 중이다.
Technically, they are not divorced, they are just separated.
텍니컬리, 데이 아— 낫 디버—숫, 데이 아— 저슷 세퍼레이팅

이혼합시다.
Let's go to Reno.
렛츠 고우 투 리—노우
↘ Reno는 미국 Nevada주의 도시인데, 이혼 도시로 유명하답니다.

그들은 결국 이혼했습니다.
They divorced each other finally.
데이 디버—숫 이—취 어더 파이널리

우리는 곧 이혼할 작정입니다.
We are planning to get a divorce soon.
위 아— 플래닝 투 겟 어 디버—(ㅅ) 수운

그는 지난달에 재혼습니다.
He married again last month.
히 매릿 어겐 래슷 먼쓰
He remarried last month.
히 리매릿 래슷 먼쓰

be separated 별거하다
divorce 이혼하다
remarry 재혼하다

꼭! 짚고 가기

결혼 필수품 네 가지?

영어권에서 결혼에 관한 미신이 하나 있는데, 결혼식 때 신부가 지녀야 할 네 가지 물건에 대한 것입니다. 어떤 것들이 있는지 알아볼까요?

• **Something Old** 오래된 것
결혼으로 친정을 떠나게 되지만 가족의 연이 계속된다는 것을 의미하는 것입니다. 신부들은 가족의 오래된 보석이나 어머니 또는 할머니의 이니셜이 새겨진 손수건 등을 챙깁니다.

• **Something New** 새로운 것
신부가 새로운 인생을 시작한다는 것을 의미합니다. 웨딩드레스가 새로운 것으로 간주되기도 하고, 새로 구입한 구두나 목걸이 등도 해당합니다.

• **Something Borrowed** 빌린 것
운이 좋았던 가족이나 친구의 물건을 빌리면 그 기운이 신부에게 전해짐을 의미합니다. 가족이나 친구의 도움이 필요하면 언제든지 찾아오라는 깊은 뜻이 담겨 있기도 합니다.

• **Something Blue** 파란 것
파란색은 사랑, 겸손, 순수, 신뢰 등을 상징하는 색으로 푸른색 보석 목걸이나 반지를 끼거나 발톱에 파란 페디큐어를 칠하기도 합니다. 심지어 파란색 속옷을 입기도 한다는 군요.

임신

네가 임신했다는 얘기를 들었을 때 난 어찌할 바를 몰랐다.

I totally froze when I heard you were pregnant.
아이 토우털리 프로우 웬 아이 허– 쥬 워 프렉넌(트)

그녀가 임신했어.

She got knocked up.
쉬 갓 낙 텁

그녀는 임신 8개월이다.

She's 8 months pregnant.
쉬즈 에잇 먼쓰(ㅈ) 프렉넌(트)

아내가 임신했어요.

My wife is expecting.
마이 와입 이즈 익스펙팅

My wife is in the family way.
마이 와입 이즈 인 더 패밀리 웨이

My wife is heavy with child.
마이 와입 이즈 헤비 윗 차일(드)

출산일이 언제예요?

When is the baby due?
웬 이즈 더 베이비 듀–?

When is the blessed event?
웬 이즈 더 블레슷 이벤(트)?

임신하셨다고 들었습니다.

I hear you're going to have a baby.
아이 히어 유어 고우잉 투 해 버 베이비

knock up ~를 임신시키다(속어)

육아①

젖 먹일 시간이에요.

It's time to feed your baby.
잇츠 타임 투 피잇 유어 베이비

아이 우유 먹였어요?

Did you feed the baby?
디 쥬 피잇 더 베이비?

아이에게 모유를 먹이나요?

Do you breast-feed your baby?
두 유 브레슷 피잇 유어 베이비?

그녀는 우유로 아기를 키우고 있어요.

She is feeding her baby on cow's milk.
쉬 이즈 피–딩 허 베이비 언 카우(ㅅ) 밀(ㅋ)

She is bringing up her baby on the bottle.
쉬 이즈 브링잉 업 허 베이비 언 더 바들

모유 수유는 특히 직장 다니는 엄마들에게 힘들어요.

Breast-feeding is very difficult especially for working mothers.
브레슷 피–딩 이즈 베리 디피컬 티스페셜리 퍼 워–킹 마더(ㅅ)

아기가 5개월이 되면 이유식을 시작해야 해요.

You should start the weaning diet when she [he] was 5 months old.
유 슈(드) 스타–(트) 더 위–닝 다이엇 웬 쉬 [히] 워즈

breast-feed 모유로 키우다
bring up 아이를 기르다, 양육하다
wean 젖을 떼다

육아 ②

아기는 내가 돌볼게요.
I will look after the baby.
아이 윌 룩 애(ㅍ)터 더 베이비

난 이만 가 볼게. 아기를 돌봐야 하거든.
Let me go now. I have to take care of my baby.
렛 미 고 나우. 아이 해(ㅂ) 투 테익 캐어 어(ㅂ) 마이 베이비

아기 돌볼 사람을 찾았어요.
I've found a person to take care of my baby.
아입 파운 더 퍼-슨 투 테익 캐어 어(ㅂ) 마이 베이비

그녀는 아기 돌본 경험이 많아서 보모에 적임자예요.
She is the right person for the baby-sitter who has lots of experience.   ↘ '유모'는 nanny라고 해요.
쉬 이즈 더 라잇 퍼-슨 퍼 더 베이비 시더 후 해즈 랏처 빅스피어리언(ㅅ)

기저귀 좀 갈아 줄래요?
Would you mind changing the diaper?
우 쥬 마인(ㄷ) 체인징 더 다이퍼?

아기 목욕시키는 것 좀 도와줄래요?
Can you help me bathe the baby?
캔 유 헬(ㅍ) 미 베이드 더 베이비?

아기가 우는데 좀 달래 줘요. 난 부엌에서 떠날 수 없어요.
Please lull the crying baby. I can't leave the kitchen.
플리-(ㅈ) 룰 더 크라잉 베이비. 아이 캔(ㅌ) 리-(ㅂ) 더 키친

lull 어린애를 달래다, 어르다

Chapter 08

그리운 학창 시절!

Chapter 08

Go to school 학교에 가다
고우 투 스쿨

school 스쿨 n. 학교	primary school 프라이메리 스쿨, elementary school 엘러멘터리 스쿨 n. 초등학교	junior high school 쥬-니어 하이 스쿨 n. 중학교
senior high school 시-니어 하이 스쿨 n. 고등학교	college 칼리쥐 n. 대학	university 유-너버-서티 n. 종합대학
teacher 티-춰 n. 선생	student 스튜-든(트) n. 학생	schoolmate 스쿨메잇 n. 학우
attendence 어텐던(스) n. 출석 absence 앱선(스) n. 결석	go to school 고우 투 스쿨 등교하다	be late 비- 레잇 지각하다
admission 앳미션 n. 입학 graduation 그래쥬에이션 n. 졸업	after school 애(ㅍ)터 스쿨, after class 애(ㅍ)터 클래(스) 방과 후	school uniform 스쿨 유-너퍼엄 n. 교복

Class 수업
클래(스)

classroom 클래(스)루움 n. 교실	blackboard 블랙버-(드) n. 칠판	chalk 춰억 n. 분필 chalk eraser 춰억 이레이서 n. 칠판지우개
schoolbag 스쿨백 n. 책가방	pencil 펜설 n. 연필 eraser 이레이서 n. 지우개	notebook 노웃북 n. 공책

304

teach 티-취 v. 가르치다	**subject** 섭직(ㅌ) n. 과목	**textbook** 텍슷북 n. 교과서
study 스터디 v. 공부하다 n. 공부	**take notes** 테익 노웃(ㅊ) 필기하다	**prep** 프렙 n. 예습 **review** 리뷰- n. 복습
evaluate 이밸류에잇 v. 평가하다	**register** 레쥐스터 v. 수강 신청하다	**scholarship** 스칼러쉽 n. 장학금
examination 익재머네이션, **exam** 익잼, **test** 테슷 n. 시험	**score** 스커- n. 점수 **average** 애버리쥐 n. 평균	**cheat** 취잇 n. 커닝
	grade 그레이(ㄷ), **achievement** 어취(ㅂ)먼(ㅌ) n. 성적	**report card** 리퍼-(ㅌ) 카-(ㄷ) n. 성적표 **transcript** 츠랜스크립 n. 성적증명서

After class & Vacation 방과 후&방학
애(ㅍ)터 클래 샌(ㄷ) 베이케이션

homework 호움워-(ㅋ), **assignment** 어사인먼(ㅌ) n. 숙제	**hang around** 행 어라운(ㄷ) 시간을 보내다	**library** 라이(ㅂ)레리 n. 도서관
summer break 서머 브레익 여름 방학	**winter break** 윈터 브레익 겨울 방학	**school sports** 스쿠울 스퍼-(ㅊ) n. 학교 운동회 **picnic** 픽닉 n. 소풍

등교 ①

걸어서 학교까지 얼마나 걸려?

How long does it take you to walk to school?

하우 러엉 더즈 잇 테익 유 투 웍 투 스쿠울?

보통 걸어서 등교한다.

I usually walk to school.

아이 유주얼리 웍 투 스쿠울

학교까지 걸어가기에는 너무 멀어요.

It's too far to go to school on foot.

잇츠 투– 파– 투 고우 투 스쿠울 언 풋

↘ on foot은 '걸어서'라는 뜻입니다.
보통 교통기관 이용을 표현할 때는
[by+교통기관]이라고 합니다.
예를 들면 '버스를 타고'는 by bus,
'지하철로'는 by subway라고 합니다.

자전거 타고 가니?

Are you going to ride your bicycle?

아– 유 고우잉 투 라이 쥬어 바이시클?

매일 버스 타고 등교해요.

I take the bus to school everyday.

아이 테익 더 버스 투 스쿠울 에브리데이

등교할 때는 교복을 착용해야 합니다.

The students must attend school in uniform.

더 스투던(ㅊ) 머슷 어텐(ㄷ) 스쿠울 인 유–너퍼엄

등교 ②

제임스는 친구 셋과 카풀을 해서 등교한다.

James carpools to school with 3 of his friends.

제임(ㅅ) 카푸울(ㅅ) 투 스쿠울 윗 쓰리– 어(ㅂ) 히스 프렌(ㅈ)

매일 아침 친구랑 같이 등교해요.

I go to school with my friend every morning.

아이 고우 투 스쿠울 윗 마이 프렌 데브리 머–닝

학교 가는 길에 문방구에 들를 거예요.

I'm going to stop by a stationery store on the way to school.

아임 고우잉 투 스탑 바이 어 스테이셔너리 스터– 언 더 웨이 투 스쿠울

그는 제시간에 등교하려고 노력했어요.

He aimed to be on time for school.

히 에임(ㄷ) 투 비– 언 타임 퍼 스쿠울

눈이 너무 많이 와서 등교가 취소됐어요.

School's been canceled, because it is so snowy.

스쿠울(ㅅ) 빈 캔설(ㄷ), 비커– 짓 이즈 소우– 스노위

---

carpool 자동차를 함께 이용하다
stop by ∼에 들르다
stataionery store 문방구
aim to ∼하려고 노력하다

하교

엄마가 학교로 나를 데리러 왔어요.

My mom came to the school to pick me up.

마이 맘 케임 투 더 스쿠울 투 픽 미 업

학교 끝나고 뭐 해?

Do you have any plans after school?

두 유 해 배니 플랜 새(ㅍ)터 스쿠울

남자 친구가 학교 앞에서 기다리고 있어.

My boyfriend is waiting in front of school.

마이 버이프렌 디즈 웨이팅 인 프런 터(ㅂ) 스쿠울

학교 끝나고 집에 같이 갈래?

Why don't we go home together after school?

와이 도운 튀 고우 호움 터게더 애(ㅍ)터 스쿠울?

학교 끝나고 좀 놀다 가자.

Hang around a little after school.

행 어라운 더 리들 애(ㅍ)터 스쿠울

평소보다 집에 좀 늦게 갈 거야.

I will go home a little bit later than usual.

아이 윌 고우 호움 어 리들 빗 레이터 댄 유-주얼

지나는 지난 봄에 대학에 입학했다.

Gina matriculated into the university last spring.

쥐나 머츠리큐레이팃 인투 디 유-너버-서티 래슷 스프링

그는 입학시험의 관문을 통과했다.

He got through the barriers of the entrance examination.

히 갓 쓰루- 더 배리어 서(ㅂ) 디 인츠랜 식재미네이션

그녀는 금년에 대학에 입학했다.

She entered college [university] this year.

쉬 엔터(ㄷ) 컬리쥐 [유-너버-서티] 디스 이어

우리 아들을 이 학교에 입학시키고 싶어요.

I want to have my son enrolled at this school.

아이 원(ㅌ) 투 해(ㅂ) 마이 선 언로울 댓 디스 스쿠울

딸을 초등학교에 입학시켰다.

I enrolled my daughter in elementary school.

아이 언로울(ㄷ) 마이 더-터 인 엘러멘터리 스쿠울

그는 침착하게 입학시험을 치렀다.

He took the entrance exam with presence of mind.

히 툭 디 인츠랜 식잼 윗 프레즌 서(ㅂ) 마인(ㄷ)

대학 입학을 위한 경쟁은 치열하다.

Competition for admission to the college is keen.

컴피티션 퍼 앳미션 투 더 컬리쥐 이즈 키인

---

hang around 시간을 보내다, 어슬렁거리다
* hang about (남에게) 귀찮게 달라붙다,
　잠깐 (기다려), 남과 함께 시간을 보내다
* hang back 주저하다, 망설이다

matriculate (대학에) 입학하다
enroll 입학시키다
keen 격렬한

입학 ②

나는 시험을 보지 않고 대학에 입학했다.

I was admitted into an university
[college] without examination.
아이 워즈 엇밋팃 인투 언 유-너버-서티 [컬리쥐]
위다웃 익재미네이션

나는 장학금을 받아 자랑스럽게 학교에
입학했다.

I proudly entered the school on
the foundation.
아이 프라우들리 엔터(ㄷ) 더 스쿠울 언 더 파운데이션

입학시험에 떨어졌다고 해서 낙심할 것
없어.

Don't be discouraged just because
you failed the entrance exams.
도운(ㅌ) 비- 디스커리쥣 저슷 비커- 쥬 페일(ㄷ) 디
인츠랜 식잼(ㅅ)

지원자의 증가로 그 학교의 입학은 더욱
어렵게 되었다.

Entrance to the school has
become harder owing to the
increasing number of candidates.
인츠랜(ㅅ) 투 더 스쿠울 해즈 비컴 하-더 오우잉 투
디 인크리-싱 넘버 어(ㅂ) 캔디데이(ㅊ)

입학에 필요한 서류가 무엇입니까?

What kind of document is required
for admission?
왓 카인 더(ㅂ) 다큐먼 티즈 리쿠아이엇 퍼 엇미션?

입학 원서를 웹사이트에서 다운로드 할
수 있다는 걸 알고 있었어요?

Did you know that you can
download the application form
from the website?
디 쥬 노우 댓 유 캔 다운로웃 디 애플러케이션 퍼엄
프럼 더 웹사잇?

진학

그는 축구 장학생으로 대학에 진학하게
되었다.

He earned a soccer scholarship to
college.
히 어언 더 사커 스칼러쉽 투 컬리쥐

대학에 진학하면서 부모님으로부터
독립했다.

I began to separate from my
parents when I went to college.
아이 비갠 투 세퍼레잇 프럼 마이 페어렌 췐 아이
웬(ㅌ) 투 컬리쥐

나는 하버드대학에 진학할 거야.

I'll go up to Harvard.
아일 고우 업 투 하-버(ㄷ)
I'll go on to Harvard.
아일 고우 언 투 하-버(ㄷ)
I'll proceed to Harvard.
아일 프러씨잇 투 하-버(ㄷ)

그는 대학 진학을 단념했다.

He gave up the idea of going on to
college.
히 게이 법 디 아이디-어 어(ㅂ) 고우잉 언 투 컬리쥐

그는 4학년에 편입했다.

He has been admitted into the
fourth year class.
히 해즈 빈 엇미팃 인투 더 퍼-쓰 이어 클래(ㅅ)

선생님은 그들을 3학년에 편입시켰다.

The teacher admitted them to the
third-year class.
더 티-춰 엇미팃 뎀 투 더 써- 디어 클래(ㅅ)

신입생

신입생 환영 파티가 학생회관에서 열렸다.

A welcome party was held for freshmen at the student hall.

어 웰컴 파-티 워즈 헬(ㄷ) 퍼 프레쉬먼 앳 더 스튜-든(ㅌ) 허얼

우리 학교에는 이번 봄에 신입생들이 많이 들어왔다.

Our school had a good crop of new students this spring.

아워 스쿠울 햇 어 굿 크랍 어(ㅂ) 누- 스튜-든(ㅊ) 디스 스프링

메리는 신입생들이 대학 생활에 적응할 수 있도록 도와줬다.

Mary helped freshmen to orient themselves to college life.

메리 헬(ㅍㅌ) 프레쉬먼 투 어리언(ㅌ) 뎀셀브(ㅈ) 투 컬리쥐 라이(ㅍ)

신입생들을 못살게 굴지 마라.

Don't haze freshmen.

도운(ㅌ) 헤이(ㅈ) 프레쉬먼

그는 방과 후 학우들을 집에 초대하여 친구를 사귀었다.

He drummed up some friends by having people in his class over after school.

히 드럼 덥 섬 프렌(ㅈ) 바이 해빙 피-플 인 히스 클래(ㅅ) 오우버 애(ㅍ)터 스쿠울

orient (새 환경에) 적응시키다
haze 골탕먹이다
drum up 불러모으다

꼭! 짚고 가기

미국의 교육 제도

미국에는 초·중·고교가 12학년으로 되어 있으며, 보통 K-12 시스템이라고 합니다. 각 주마다 차이는 있으나 일반적으로 다음과 같이 이루어집니다.

- Elementary (6년)
→ Junior High School (3년)
→ High School (3년)
  또는,
- Elementary (8년)
→ High School (4년)

중·고등학교를 포함해 Secondary School 이라고 하는데, 학년에 따라 다음과 같이 구분됩니다.

- Middle School (6~8학년)
- Intermediate School (7~8학년)
- Junior High School (7~9학년)
- Senior High School (10~12학년)
- 4-year High School

공립학교는 수업료가 무료이고 기숙사가 없으며 지역에 따라 수준 차이가 있습니다. 대학 진학을 위한 프로그램으로 PG(Postgraduate Program)가 있습니다. 참고로, 모든 학교는 국제 유학생에게 유상으로 교육을 제공하고 있습니다.

졸업

졸업이 한 학기밖에 남지 않았다.

There's only one semester left before graduation.

데어즈 오운리 원 시메스터 레픗 비퍼- 그래쥬에이션

그는 대학을 갓 졸업할 것 같은데.

It seems that he's just fresh out of college.

잇 시임(ㅅ) 댓 히즈 저슷 프레쉬 아웃 어(ㅂ) 컬리쥐

졸업 후에 뭐 할 거예요?

What are you going to do after you graduate?

왓 아- 유 고우잉 투 두 애(ㅍ)터 유 그래쥬에잇?

What are your plans after you graduate?

왓 아- 유어 플랜 새(ㅍ)터 유 그래쥬에잇?

졸업한 후에 무엇을 해야 할지 모르겠어.

I'm not sure what to do after graduation.

아임 낫 슈어 왓 투 두 애(ㅍ)터 그래쥬에이션

언제 대학을 졸업했어요?

When did you graduate from university?

웬 디 쥬 그래쥬에잇 프럼 유-너버-서티?

내년에 졸업하세요?

Do you expect to graduate next year?

두 유 익스펙(ㅌ) 투 그래쥬에잇 넥슷 이어?

졸업 성적

졸업하려면 2학점의 영어 학점이 필요해.

I need two more English credits to graduate.

아이 니잇 투- 머- 잉글리쉬 크레딧(ㅊ) 투 그래쥬에잇

수석 졸업을 축하합니다.

↘ '수석 입학하다'는
  take top place on the entrance라고 합니다.

Congratulations on graduating first in your class.

컨그래츄레이션 선 그래쥬에이팅 퍼-슷 인 유어 클래(ㅅ)

베티는 우수한 성적으로 대학을 졸업했다.

Betty graduated from college with honors.

베디 그래쥬에이팅 프럼 컬리쥐 윗 아너(ㅅ)

오웬은 꼴찌로 졸업했다.

Owen graduated last on the list.

오웬 그래쥬에이팃 래슷 언 더 리슷

그는 나보다 1년 빨리 졸업했다.

He graduated from the school 1 year ahead of me.

히 그래쥬에이팃 프럼 더 스쿠울 원 이어 어헷 어(ㅂ) 미

---

fresh out of ~을 갓 나온, ~이 바닥난
* fresh out of school 학교를 갓 졸업한

credit 학점
with honors 우등으로
ahead of ~보다 앞에

졸업 기타

앤디는 졸업 파티에 참석하고 있었다.
Andy was attending a graduation party.
앤디 워즈 어탠딩 어 그래쥬에이션 파-티

졸업 후 포부에 대해 말해 봐라.
Tell me what you plan to do after graduation.
텔 미 왓 유 플랜 투 두 애(ㅍ)터 그래쥬에이션

졸업 선물로 뭐 받았어?
What did you get for a graduation present?
왓 디 쥬 겟 퍼 어 그래쥬에이션 프레즌(트)?

어느 학교를 졸업했어요?
What school did you graduate from?
왓 스쿠울 디 쥬 그레쥬레잇 프럼?

졸업한 이상 부모님에게 폐를 끼쳐서는 안 되겠다.
Now that I have finished school, I must live independently of my parents.
나우 댓 아이 해(ㅂ) 피니쉿 스쿠울, 아이 머슷 리 빈디펜던(트)리 어(ㅂ) 마이 페어렌(ㅊ)

졸업 후에는 네 길을 스스로 나아가야 한다.
You should barge your way after commencement.
유 슈(ㄷ) 바-쥐 유어 웨이 애(ㅍ)터 커먼스먼(트)

independently 독립하여, 자주적으로
barge 헤치면서 나아가다
commencement (대학교의) 졸업식, 학위수여식, 개시, 시작

학교생활

수업은 5시에 끝나요.
School is over at 5 o'clock.
스쿠울 이즈 오우버 앳 파이 버클락

수업이 취소되어서 2시까지 시간을 때워야 해요.
Class was canceled and I have some time to kill before my 2 o'clock.
클래 쉬즈 캔슬 댄 다이 해(ㅂ) 섬 타임 투 킬 비퍼- 마이 투- 어클락

다음 주 화요일은 8번째 개교기념일이라서 수업이 없습니다.
Next Tuesday is the 8th anniversary of the foundation of our school, so there will be no classes.
넥슷 튜-(ㅈ)데이 이즈 디 에잇쓰 애니버서리 어(ㅂ) 더 파운데이션 어 바워 스쿠울, 소우- 데어 윌 비- 노우 클래시(ㅈ)

선생님이 출석 체크했어?
Did he check the attendance?
딧 히 첵 디 어텐던(ㅅ)?

쉬는 시간은 10분입니다.
We have a 10-minute break.
위 해 버 텐 미닛 브레익

수업은 9시에 시작해요.
The classes start at 9 o'clock.
더 클래시(ㅈ) 스타- 탯 나인 어클락

foundation 창설, 창립
check attendance 출석을 점검하다

수업 전후

지난 시간에 어디까지 했었죠?

How much did we cover in the last class?

하우 머취 딧 위 커버 인 더 래슷 클래(ㅅ)?

수업에 늦어서 죄송합니다.

I'm sorry I'm late for class.

아임 서-리 아임 레잇 퍼 클래(ㅅ)

이 수업에서는 모두 영어로 말해야 합니다.

Everybody should speak in English in this class.

에브리바디 슈(ㄷ) 스피익 인 잉글리쉬 인 디스 클래(ㅅ)

수업 중에 떠들지 마라.

Don't gossip in the class.

도운(ㅌ) 가십 인 더 클래(ㅅ)

오늘은 이것으로 수업을 마치겠습니다.

So far for today.

소우- 파- 퍼 터데이

Class is dismissed.

클래 시즈 디스미슷

그들은 지금 수업 중인데요.

They are now at school [in class].

데이 아- 나우 앳 스쿠울 [인 클래(ㅅ)]

수업 시간표

다음 수업은 무슨 과목이지?

What subject is the next class?

왓 섭젝 티즈 더 넥슷 클래(ㅅ)?

오늘은 수업이 꽉 찼어.

The classes are full today.

더 클래시 사- 풀 터데이

이번 학기에 몇 과목 들어?

How many hours [classes] are you taking this semester?

하우 매니 아워(ㅅ) [클래시(ㅈ)] 아- 유 테이킹 디스 시메스터?

좋아하는 과목이 뭐예요?

What's your favorite subject?

왓츠 유어 페이버릿 섭젝(ㅌ)?

영어 수업은 주 6시간이다.

We have six English lessons [classes] a week.

위 해(ㅂ) 식 싱글리쉬 레슨(ㅅ) [클래시[(ㅈ)] 어 위익

야간 수업 들으세요?

Are you taking that evening class?

아- 유 테이킹 댓 이-브닝 클래(ㅅ)?

학생들에게 한 시간 추가로 수업합니다.

Give students one-hour extra class.

기(ㅂ) 스튜-든 췬 아워 익스츠라 클래(ㅅ)

gossip 잡담하다
dismiss ~을 종결짓다

subject 과목

수업 난이도 & 기타

수업이 이해되지 않았다.

The lesson didn't soak in.
더 레슨 디든(ㅌ) 소욱 인

그 수업이 너무 어렵더라고.

That lesson went over my head.
댓 레슨 웬 토우버 마이 헷

수학 수업은 지겨웠어요.

The math class frosted my ass.
더 매쓰 클래(ㅅ) 프러스팃 마이 애(ㅅ)

가 봐야겠어, 곧 수업이 있거든.

I have to go, I have a class soon.
아이 해(ㅂ) 투 고우. 아이 해 버 클래(ㅅ) 수운

걔는 필기를 정말 잘해.

He takes notes very neatly.
히 테익(ㅅ) 노웃(ㅊ) 베리 니잇리

soak in ~을 흡수하다
frost ~을 얼리다
take notes 메모하다, 기록하다

여기서 잠깐!

class 수업, 학습 시간

- in class 수업 중에
- after class 방과후에
- between classes 수업 사이에
- be in class 수업 중이다
- go to class 수업하러 가다
- cut [skip] a class 수업을 빼먹다
  (= skip a class)

과목명

수업 시간표를 짜려면 각 과목명을 영어로
뭐라고 하는지 제대로 알아야겠죠.
이번 학기에는 내가 좋아하는 과목의 수업
이 더 많았으면 하는 소망을 담으며.

- English 영어
- Mathematics(Math) 수학
- Physics 물리
- Biology 생물
- Chemistry 화학
- Astronomy 천문학
- History 역사
- Geography 지리
- Social Study 사회
- Economics 경제학
- Accounting 회계학
- Humanities 인문학
- Psychology 심리학
- Music 음악
- Art 미술
- Physical Education(PE) 체육

불량한 수업 태도

수업 시간에 또 휴대 전화 사용하는 것이
나에게 발각되면 혼날 거야.

**If I catch you again with a cell
phone in class, you'll be in big
trouble.**

이 파이 캣취 유 어겐 윗 어 셀 포운 인 클래(ㅅ),
유일 비 인 빅 츠러블

선생님은 수업 시간에 딴청 부리는 것을
허용하지 않는다.

**The teacher doesn't allow looking
elsewhere in class.**

더 티-춰 더즌 털라우 루킹 엘스웨어 인 클래(ㅅ)

그녀는 수업 중에 자꾸 잠만 잔다.

She frequently sleeps in class.

쉬 프리쿠언(ㅌ)리 슬리입 신 클래(ㅅ)

어떻게 꾀를 부려 수업을 빼먹을 수 있니?

How could you wag it?

하우 쿠 쥬 웩 잇?

어제 수업에 왜 안 왔어?

**Why weren't you in class
yesterday?**

와이 워언 츄 인 클래(ㅅ) 예스터데이?

수업 기타

벌써 수강 신청했어?

**Have you registered yet for your
classes?**

해 뷰 레지스터 뎃 퍼 유어 클래시(ㅅ)?

중국어 수업은 잘돼 가나요?

How's your Chinese class going?

하우 쥬어 차이니-(ㅈ) 클래(ㅅ) 고우잉?

수업이 무슨 요일이에요?

**What day is your class scheduled
for?**

왓 데이 이즈 유어 클래(ㅅ) 스케쥬울(ㄷ) 퍼?

어떤 수업을 들어야 할지 모르겠어.

I don't know what classes to take.

아이 도운(ㅌ) 노우 왓 클래시(ㅅ) 투 테익

오늘 교외에서 수업을 했다.

We had a class off campus today.

위 햇 어 클래 서-(ㅍ) 캠퍼(ㅅ) 터데이

오늘은 부모님들이 수업을 참관하신다.

**The parents visit a school [class] at
work today.**

더 페어렌(ㅊ) 비짓 어 스쿠울 [클래(ㅅ)] 앳 워-(ㅋ)
터데이

---

elsewhere 어떤 딴 곳에
frequently 종종, 자주
wag 학교 수업을 빼먹다

여기서 잠깐!
lesson 학과, 수업
- take lessons in+과목명 : ~을 배우다
  (= have lessons in+과목명)
- give lessons i+과목명 : ~을 가르치다
  (= teach lessons in+과목명)

register 수강 신청하다

숙제 끝내기

숙제 끝내려면 얼마나 걸리니?
How long does it take to finish your homework?
하우 러엉 더즈 잇 테익 투 피니쉬 유어 호움워-(ㅋ)?

그녀는 숙제를 마치는 데 두 시간이 걸렸다.
It took her 2 hours to finish her homework.
잇 툭 허 투- 아워(ㅅ) 투 피니쉬 허 호움워-(ㅋ)

난 숙제를 끝내야 해.
I should get my assignment done.
아이 슈(ㄷ) 겟 마이 어사인먼(ㅌ) 던

6시까지 숙제를 끝내야 해.
You have to finish the homework by 6.
유 해(ㅂ) 투 피니쉬 더 호움워-(ㅋ) 바이 식(ㅅ)

숙제가 밀려 있어.
I'm behind in my homework.
아임 비하인 딘 마이 호움워-(ㅋ)

난 차라리 집에서 숙제나 할래.
I'd rather stay home and do my homework.
아잇 래더 스테이 호움 앤(ㄷ) 두 마이 호움워-(ㅋ)

숙제 평가

그는 숙제를 대충대충 한다.
He does his homework anyway.
히 더즈 히스 호움워- 캐니웨이

닉은 아무래도 숙제를 안 할 것 같은데.
Nick does not seem to do homework.
닉 더즈 낫 시임 투 두 호움워-(ㅋ)

선생님은 켈리가 숙제를 잘했다고 칭찬했다.
The teacher lauded Kelly for her excellent work.
더 티-춰 러-딧 켈리 퍼 허 엑설런 튀-(ㅋ)

우리 선생님은 숙제를 많이 내주신다.
Our teacher gives us a lot of assignments.
아워 티-춰 기 버스 어 랏 어 버사인먼(ㅊ)

선생님은 학생들이 숙제를 안 하면 항상 야단치신다.
The teacher always jumps on the students' meat when they don't do their homework.
더 티-춰 어얼웨이(ㅈ) 점(ㅍ) 선 더 스튜-든(ㅊ) 미잇 웬 데이 도운(ㅌ) 두 데어 호움워-(ㅋ)

난 숙제를 완전히 망쳤어.
I totally goofed up the assignment.
아이 토우털리 구웁 텁 디 어사인먼(ㅌ)

laud 칭송하다
excellent (성적이) 뛰어난
　(= very good)
* be excellent in [at] ~을 뛰어나게 잘하다
jump on a one's meat ~에게 호통치다(속어)
goof up 실패하다, 실수를 저지르다

had rather+동사 : 차라리 ~하는 편이 낫다
* be behind in [with] one's work (일이) 쳐져 있다

숙제를 마친 후

그는 숙제를 쉽게 끝냈다.

He breezed through his
assignment.
히 브리-즛 쓰루- 히스 어사인먼(트)

켄은 가까스로 숙제를 끝냈다.

Ken finished his homework by a
finger's breath.
켄 피니쉿 히스 호움워-(ㅋ) 바이 어 핑거(ㅅ) 브레쓰

어제 숙제하느라고 바빴어.

I was very busy writing a paper.
아이 워즈 베리 비지 라이팅 어 페이퍼

어제 수학 숙제를 하느라 밤늦게까지
있었어.

I was up late last night doing my
math homework.
아이 워즈 업 레잇 래숫 나잇 두잉 마이 매쓰
호움워-(ㅋ)

숙제하느라 밤새 한숨도 못 잤어요.

I stayed up all night doing my
assignment.
아이 스테이 덥 어얼 나잇 두잉 마이 어사인먼(트)

그는 숙제에 대해 투덜댔다.

He was on about the homework.
히 워즈 언 어바웃 더 호움워-(ㅋ)

숙제 기타 ①

숙제는 꼭 해라.

Be sure to do your homework.
비- 슈어 투 두 유어 호움워-(ㅋ)

네가 숙제할 시간이야.

It's time to do your homework.
잇츠 타임 투 두 유어 호움워-(ㅋ)

숙제하고 자렴.

Do your homework before you go
to sleep.
두 유어 호움워-(ㅋ) 비퍼- 유 고우 투 슬리입

왜 그렇게 빈둥대고 있니? 오늘 숙제
없어?

Why are you hacking around?
Don't you have homework?
와이 아- 유 해킹 어라운(ㄷ)?
도운 츄 해(ㅂ) 호움워-(ㅋ)?

다음 주까지 숙제를 제출하겠습니다.

I promise I'll turn in my assignment
by next week.
아이 프라미 사일 터언 인 마이 어사인먼(트) 바이
넥숫 위익

---

breeze through 어렵지 않게 해치우다
by a finger's breath 아슬아슬하게, 간신히
stay up 자지 않고 있다
be on about ~에 대해 계속 투덜거리다,
　　~에 불만을 품다

hack around (구어) 빈둥거리며 시간을 보내다
turn in 제출하다

숙제 기타 ②

과제 제출일을 잊어버렸어.
I forgot the due date for my homework.
아이 퍼갓 더 듀– 데잇 퍼 마이 호움워–(ㅋ)

내 숙제를 도와줄 수 있어?
Could you help me with my homework?
쿠 쥬 헬(ㅍ) 미 윗 마이 호움워–(ㅋ)?

이번 주는 숙제를 면해 줄게.
I will excuse you from homework for this week.
아이 윌 익스큐– 쥬 프럼 호움워–(ㅋ) 퍼 디스 위익

네 숙제는 틀린 것을 다시 반복해서 쓰는 것이다.
Your homework is to write the mistakes over and over again.
유어 호움워– 키즈 투 라잇 더 미스테익 소우버 앤 도우버 어겐

숙제 때문에 도서관에서 책을 좀 빌려야 해.
I need to borrow some books for my homework.
아이 니잇 투 바로우 섬 북(ㅅ) 퍼 마이 호움워–(ㅋ)

그녀는 열심히 숙제를 하고 있다.
She is pegging away at her homework.
쉬 이즈 페깅 어웨이 앳 허 호움워–(ㅋ)

due date 지급 만기일
excuse 너그러이 봐주다
over and over again 되풀이해서
peg away 활발하게 움직이다

꼭! 짚고 가기

숙제 관련 표현

학창 시절을 생각하면 '숙제'를 빼놓고 생각할 수는 없죠. 매일 수업 후의 숙제뿐 아니라 방학 때마저도 숙제 때문에 노는 마음 한 구석에 있던 그 부담감. 그래도 그것조차 그리워지는 학창 시절입니다.

* assignment 숙제
  = homework
  (미국에서는 homework보다 assignment가 더 많이 쓰임)
* do one's homework
  숙제를 하다, 충분히 검토하다
* give an assignment
  = turn in one's homework
  = assign homework (to students)
  학생에게 숙제를 내주다
* shirk one's homeworks
  = loiter over one's homework
  꾀부리고 숙제를 하지 않다
* a holiday task 방학 숙제
* help with one's homework
  ~의 숙제를 도와주다

시험을 앞두고

기말고사가 2주 후에 있어.

Final exams are in 2 weeks.
파이늘 익잼 사- 인 투- 위익(ㅅ)

↘ 중간고사는 midterm examination이라고 합니다.

시험 날짜가 일주일 후로 다가왔다.

**The examination is only 1 week off
[away].**
디 익재미네이션 이즈 오운리 원 위익 어–(ㅍ) [어웨이]

**There is only 1 week to the exam
now.**
데어 이즈 오운리 원 위익 투 디 익잼 나우

시험이 닥쳐온다.

The examination is near at hand.
디 익재미네이션 이즈 니어 앳 핸(ㄷ)

**The date of the examination is
near at hand.**
더 데잇 어(ㅂ) 디 익재미네이션 이즈 니어 앳 핸(ㄷ)

시험을 면제해 주겠다.

We will excuse you from the test.
위 윌 익스큐– 쥬 프럼 더 테슷

문법은 시험에서 제외될 겁니다.

**The grammar rules will be
exempted from the test.**
더 그래머 루울 쉴 비– 익잼팃 프럼 더 테슷

시험 전 긴장

시험에 집중하도록 최선을 다해라.

**Try your best to bring your exam
to bear on.**
츠라이 유어 베슷 투 브링 유어 익잼 투 베어 언

시험은 언제나 마음에 걸린다.

**Examinations weigh on my mind
at all time.**
익재미네이션 쉐이 언 마이 마인 댓 얼 타임

그는 시험에 대해 마음 놓고 있었다.

He was laid-back about his exams.
히 워즈 레잇 백 어바웃 히스 익잼(ㅅ)

그들은 시험 준비로 바쁘다.

**They are busy in preparing for the
examination.**
데이 아– 비지 인 프리페어링 퍼 디 익재미네이션

↘ be busy (in) -ing는 '~하느라 바쁘다'입니다.

시험이 임박했는데도 잭은 놀고만 있네.

**Jack keeps on idling when the
examination is in sight.**
잭 키입 선 아이들링 웬 디 익재미네이션 이즈 인 사잇

게비는 시험 볼 생각에 떨렸다.

**Gavy quaked at the thought of her
examination.**
게비 쿠엑 탯 더 써엇 어(ㅂ) 허 익재미네이션

---

at hand 금방, 가까운 장래에
exempt from ~이 없는

bear on ~에 영향을 미치다
weigh on ~을 괴롭히다
laid-back 한가롭고 평온한, 느긋한
in sight 가까운, 임박한
quake 떨다

시험 후

시험이 끝났다.

The examination is over.
디 익재미네이션 이즈 오우버

I am through my examination.
아이 앰 쓰루- 마이 익재미네이션

그 시험은 아주 쉬웠다.

The test was a joke.
더 테슷 워즈 어 조욱

그 문제가 시험에 나왔다.

The subject is asked in the
examination.
더 섭젝 티즈 애슥 틴 디 익재미네이션

시험이 끝나서 긴장이 풀렸다.

I felt very relaxed after the
examination was over.
아이 펠(ㅌ) 베리 릴랙슷 애(ㅍ)터 디 익재미네이션
워즈 오우버

시험에서 내 실력을 충분히 발휘했다고
생각해.

I thought I did myself justice in the
examination.
아이 써엇 아이 딧 마이셀(ㅍ) 저스티 신 디
익재미네이션

그 시험을 보느라 진땀을 뺐다.

That examination had me
sweating.
댓 익재미네이션 햇 미 스웨팅

relax 긴장이 풀리다
do oneself justice 자기의 역량을
    충분히 발휘하다
(= do justice to oneself)

시험 결과

그는 시험 결과가 좋아서 기운이 났다.

He was heartened by the good
test results.
히 워즈 하-튼(ㄷ) 바이 더 굿 테슷 리절(ㅊ)

그녀는 시험 결과를 초조하게 기다리고
있다.

She is edgy about her examination
results.
쉬 이즈 엣쥐 어바웃 허 익재미네이션 리절(ㅊ)

샐리는 시험 결과로 몹시 괴로워했다.

Sally was deeply distressed by her
exam results.
샐리 워즈 디입리 디스츠레슷 바이 허 익잼 리절(ㅊ)

그는 시험 결과에 대해 마음 졸이고 있다.

He is concerned about the results
of the examination.
히 이즈 컨서언 더바웃 더 리절 처(ㅂ) 디 익재미네이션

시험 결과를 보고 맥이 빠졌다.

I felt disappointed at the result of
the examination.
아이 펠(ㅌ) 디서퍼인팃 앳 더 리절 처(ㅂ) 디
익재미네이션

시험을 몽땅 망쳤어.

I goofed [mucked] up the whole
exam.
아이 구웁(ㅌ) [먹(ㅌ)] 업 더 호울 익잼

시험 점수가 나빠 부모님한테 야단맞을 게
걱정이다.

I got a bad grade and I'm afraid of
getting a dressing down from my
parents.
아이 갓 어 뱃 그레이 댄 다임 어(ㅍ)레잇 어(ㅂ) 게딩
어 드레싱 다운 프럼 마이 페어렌(ㅊ)

시험 합격

그는 겨우 시험에 합격했다.

He just managed to pass the
examination.

히 저슷 매니쥣 투 패(ㅅ) 디 익재미네이션

그는 가볍게 시험에 합격했다.

He passed the exam with ease.

히 패슷 디 익잼 윗 이-(ㅈ)

그는 아마 시험에 합격할 거야.

He just might pass the exam.

히 저슷 마잇 패(ㅅ) 디 익잼

난 시험에 합격했다.

I got through my examination.

아이 갓 쓰루- 마이 익재미네이션

그는 1차 시험에 합격했다.

He passed the primary
examination.

히 패슷 더 프라이머리 익재미네이션

신디는 운 좋게 시험에 합격했다.

Cindy passed an exam by good
fortune.

신디 패슷 언 익잼 바이 굿 퍼-천

시험 불합격 & 부정 행위

시험에 떨어지자 그녀는 풀이 죽었다.

When she failed her exams, she
was crestfallen.

웬 쉬 페일(ㄷ) 허 익잼(ㅅ), 쉬 워즈 크레슷펄른

시험에 떨어져서 그녀는 침울해졌다.

After failing the exam, she felt
downhearted.

애(ㅍ)터 페일링 디 익잼, 쉬 펠(ㅌ) 다운하-팃

티모시는 시험에 떨어져서 창피했다.

Timothy bombed the test and was
embarrassed.

티모씨 밤(ㄷ) 더 테슷 앤 둬즈 임배러슷

그는 시험에 합격할 가망이 없다.

He is not likely to pass the
examination.

히 이즈 낫 라익리 투 패(ㅅ) 디 익재미네이션

그녀는 남에게 대리 시험을 치르게 했다.

She got another to sit for the
examination for her.

쉬 갓 어나더 투 싯 퍼 디 익재미네이션 퍼 허

자백에 의하면, 그는 시험에서 커닝을 했다.

By his own admission, he cheated
at an examination.

바이 히스 오운 앳미션, 히 취-팃 앳 언 익재미네이션

---

with ease 손쉽게, 용이하게
(= easily)

crestfallen 풀이 죽은, 기운없는
downhearted 기가 죽은, 낙담한
bomb (시험을) 완전히 망치다
embarass 당황스럽게 만들다, 곤란하게 만들다

성적표

그는 물리가 낙제였다.

He failed physics.

히 페일(ㄷ) 피직(ㅅ)

수학 시험을 망쳤어, 잘해야 C일 거야.

I didn't do very well in the math exam, I think I would get a C for the most part.

아이 디든(ㅌ) 두 베리 웰 인 더 매쓰 익잼, 아이 씽 카이 우(ㄷ) 겟 어 씨– 퍼 더 모우슷 파–(ㅌ)

↘ for the most part는 '기껏해야'라는 의미로 at most와 같은 뜻입니다.

기말고사에서 좋은 성적을 받았어.

I got good grades in the final exam.

아이 갓 굿 그레이 진 더 파이늘 익잼

시험에서 0점 받았어.

I got a goose egg in the exam.

아이 갓 어 구– 섹 인 디 익잼

I got zero in the exam.

아이 갓 지어로우 인 디 익잼

I got no marks in the exam.

아이 갓 노우 마–(ㅋ) 신 디 익잼

시험에서 만점을 받았어.

I got [won] full marks in the exam.

아이 갓 [원] 풀 마–(ㅋ) 신 디 익잼

그는 시험에서 최고점을 얻었다.

He gained the highest marks in the examination.

히 게인(ㄷ) 더 하이슷 마–(ㅋ) 신 디 익재미네이션

goose egg 0점
  (= duck's egg)
mark 점수

꼭! 짚고 가기

미국의 대학

미국의 대학은 Semester(2학기제)와 Trimester(3학기제), Quarter(4학기제) 학기 제도가 있습니다.

Semister를 기준으로 보면, 9월과 1월이 새 학기를 시작하는 달입니다. 새 학년이 가을 학기(9월)에 시작하는 것이 우리나라와의 차이점입니다.

미국의 2년제 대학은 실용적이고 우수한 교육을 제공하며, 학비가 저렴합니다. 그리고 평점 B를 유지하면 4년제 대학으로 편입이 가능합니다.

Community College, Junior College, City College 등으로 구분되며, 2년제 대학 과정을 졸업하면 준학사 학위(Associate Degree)가 주어집니다.

4년제 대학의 학사 과정은 Undergraduate이라고 불리며, 학사 학위(Bachelor Degree)를 수여합니다.

편입이나 대학원 진학 시 학부 성적이 가장 중요한 요소가 됩니다.

우수한 성적 ①

그는 학교 성적이 훌륭하다.

He is doing splendidly at school.

히 이즈 두잉 스플렌디들리 앳 스쿨

그 학생은 우수한 성적으로 칭찬받았다.

The student was given accolades for his high grades.

더 스튜-든 워즈 기븐 애컬레이(ㅈ) 퍼 히스 하이 그레이(ㅈ)

우수한 성적을 올렸다.

I got excellent results.

아이 갓 엑설런(트) 리절(츠)

I established [achieved] fine records.

아이 이스타블리쉿 [애취-붓] 파인 리커-(ㅈ)

내 성적은 평균 이상이다.

My grades are above the average.

마이 그레이 자- 어버(ㅂ) 더 애버리쥐

그는 좋은 성적을 얻으려 엄청 노력했다.

He tried to get good grades like fury.

히 츠라잇 투 겟 굿 그레이(ㅈ) 라익 퓨어리

He exerted himself to get good grades.

히 익저-팃 힘셀(ㅍ) 투 겟 굿 그레이(ㅈ)

그의 성적은 늘 반에서 다섯 손가락 안에 듭니다.

His grades are even in the top fifth of his class.

히스 그레이 자- 이븐 인 더 탑 핍쓰 어(ㅂ) 히스 클래(ㅅ)

대체적으로, 제인은 올해 학교 성적이 좋았다.

On the whole, Jane did very well in school this year.

언 더 호울, 제인 딧 베리 웰 인 스쿨 디스 이어

우수한 성적 ②

아이작은 역사 시험에서 가장 높은 성적을 받았다.

Isaac has attained the highest grade in his history exams.

아이작 해즈 어테인(ㄷ) 더 하이숫 그레이 딘 히스 히스터리 익잼(ㅅ)

이번 학기에는 수학 성적이 올라갔다.

I have got a better grade in math this semester.

아이 해(ㅂ) 갓 어 베더 그레이 딘 매쓰 디스 시메스터

↘ (성적이) 떨어졌다고 할 때는 better 대신 worse를 쓰면 됩니다.

낸시는 경영학을 전공했는데 우수한 성적을 받았다.

Nancy majored in business administration and got perfect grades.

낸시 메이저 딘 비즈니 섯미니스츠레이션 앤(ㄷ) 갓 퍼-픽(ㅌ) 그레이(ㅈ)

그들은 영어 성적에서 어깨를 나란히 한다.

They are of equal achievement in English.

데이 아- 어 비쿼럴 어취-브먼 틴 잉글리쉬

화학을 제외하면, 그의 성적은 그다지 좋지 않아.

His grades were not good, except for chemistry.

히스 그그레이 줘- 낫 굿, 익셉(ㅌ) 퍼 케미스츠리

attain ~을 이루다, 달성하다
business administration 경영학
achievement 학업 성적

322

나쁜 성적

예상 외로 성적이 나빴다.
The results did not come up to my expectations.
더 리절(ㅊ) 딧 낫 컴 업 투 마이 익스펙테이션(ㅅ)
The result falls below what was expected.
더 리절(ㅌ) 퍼얼(ㅅ) 빌로우 왓 워즈 익스펙팃

그는 성적 불량으로 대학교에서 잘렸어.
He failed college due to bad grades.
히 페일(ㄷ) 컬리쥐 듀- 투 뱃 그레이(ㅈ)

요즘 학교 성적이 떨어지고 있어요.
Nowadays my school grades are going down.
나우데이(ㅈ) 마이 스쿨 그레이 자- 고우잉 다운

시험 성적은 나빴지만, 그럭저럭 통과했어요.
I didn't do well in the exam, but I got by.
아이 디든(ㅌ) 두 웰 인 디 익잼, 벗 아이 갓 바이

그녀는 이번 학기에도 성적이 안 좋아요.
Her grades were low again this semester.
허 그레이 쥐- 로우 어겐 디스 시메스터

그는 그의 성적을 비밀로 했다.
He made a mystery of his grades.
히 메잇 어 미스테리 어(ㅂ) 히스 그레이(ㅈ)

성적 기타

성적증명서 사본을 신청해야 해요.
I need to request copies of my transcripts.
아이 니잇 투 리쿠에숫 카피 저(ㅂ) 마이 츠랜스크립(ㅊ)

이번 쪽지 시험은 최종 성적에 10% 반영된다.
This quiz counts 10% toward the final grades.
디스 쿠이(ㅈ) 카운(ㅊ) 텐 퍼센(ㅌ) 터-(ㄷ) 더 파이늘 그레이(ㅈ)

이번 기말고사는 총 성적의 60%를 차지합니다.
This final test will count 60% of your total grade.
디스 파이늘 테슷 윌 카운(ㅌ) 식스티 퍼센 터 뷰어 토우틀 그레이(ㄷ)

성적이 상대 평가입니까?
Are the grades based on a curve?
아- 더 그레이(ㅈ) 베이스 던 어 커-(ㅂ)?

좋은 성적 받길 바란다.
I hope you get a good grade in the class.
아이 호웁 유 겟 어 굿 그레이 딘 더 클래(ㅅ)

릭은 헨리의 성적을 샘내고 있다.
Rick is jealous of Henry's mark.
릭 이즈 젤러 서(ㅂ) 헨리(ㅅ) 마-(ㅋ)

성적이 오를 때까지 외출 금지.
You are grounded until your grades improve.
유 아- 그라운딧 언틸 유어 그레이(ㅈ) 임프루-(ㅂ)

on a curve 상대 평가
ground (아이를 벌로) 외출 금지시키다

방학 전

여름 방학이 다가오고 있다.

The summer vacation is drawing near.
더 서머 베이케이션 이즈 드러윙 니어

We shall soon have the summer holidays.
위 샬 수운 해(ㅂ) 더 서머 할러데이(ㅅ)

The summer break is just around the corner.
더 서머 브레익 이즈 저슷 어라운(ㄷ) 더 커-너

방학이 언제 시작해요?

When does your vacation begin?
웬 더즈 유어 베이케이션 비긴?

그들은 방학을 기다리고 있다.

They are looking forward to the vacation.
데이 아- 루킹 퍼-워(ㄷ) 투 더 베이케이션

어서 방학이 왔으면 좋겠다.

I can't wait for my vacation.
아이 캔 풰잇 퍼 마이 베이케이션

겨울 방학이 끝나자마자 숙제를 제출해야 한다.

You have to turn in your homework right after the winter break.
유 해(ㅂ) 투 터언 인 유어 호움워-(ㅋ) 라잇 애(ㅍ)터 더 윈터 브레익

방학 기대 & 계획

방학 동안 학교에 남아 있으려고 한다.

I'm going to be [stay] up during the holidays.
아임 고우잉 투 비- [스테이] 업 듀어링 더 할러데이(ㅅ)

시험이 끝나고 방학이다.

Exams are over and I'm having a vacation.
익잼 사- 오우버 앤 다임 해빙 어 베이케이션

여름 방학에 뭐 할 거야?

What are you planning for summer vacation?
왓 아- 유 플래닝 퍼 서머 베이케이션?

그들은 방학 때 유럽 여행을 할 거야.

They will go to Europe on vacation.
데이 윌 고우 투 유어럽 언 베이케이션

난 겨울 방학 동안 스키장에 갈 거야.

I will go to skiing resorts during my winter vacation.
아이 윌 고우 투 스키잉 리저-(ㅊ) 듀어링 마이 윈터 베이케이션

여기서 잠깐!
휴가
- vacation 정기 휴가
- holidays (여행 등의) 휴가
- be on vacation 휴가 중이다
- take a vacation 휴가를 얻다
- go vacationing 휴가로 놀러 가다

draw (때가) 가까워지다
around the corner (거리·시간적으로) 바로 다가와서

방학 후

방학이 끝났다.
The vacation came to a close.
더 베이케이션 케임 투 어 클로우(ㅅ)

겨울 방학도 어느덧 지나가 버렸다.
The winter vacation has passed all too soon.
더 윈터 베이케이션 해즈 패슷 어얼 투- 수운

겨울 방학 잘 보냈니?
Did you have a good winter break?
디 쥬 해 버 굿 윈터 브레익?

그녀는 방학을 즐겁게 보냈다.
She had a good time on her vacation.
쉬 햇 어 굿 타임 언 허 베이케이션

우리는 방학을 정말 재미있게 보냈다.
We had a fabulous time on our vacation.
위 햇 어 패뷸러(ㅅ) 타임 언 아워 베이케이션

나는 텔레비전 앞에서 빈둥거리며 방학 내내 허송세월을 보냈다.
I wasted the entire vacation in front of the TV.
아이 웨이스팃 디 인타이어 베이케이션 인 프런 터(ㅂ) 더 티-비-

그녀는 여름 방학 후에 피부가 까맣게 탔다.
Her skin was brown as a berry after summer vacations.
허 스킨 워즈 브라운 애 저 베리 애(ㅍ)터 서머 베이케이션(ㅅ)

all too soon 너무도 빨리, 어이없이
fabulous 굉장한, 멋진(구어)
brown as a berry 햇볕에 갈색으로 탄

꼭! 짚고 가기

콩글리시 때려잡기

• **MT는 Membership training?**
대학생이 되면 입학식도 하기 전, 선배들이 준비한 엠티를 가게 되지 않나 싶네요. 우리는 흔히 membership training의 준말이라고 하는데, 영어가 아닌 국적 불명의 말이라는 거 아시죠?
정확한 표현은 retreat이라고 하고요, 엠티 간다고 할 때는 go on a retreat이라고 해야 한답니다.

• **돈가스 하나 주세요!**
아이들도 좋아하고, 직장인들도 흔히 먹는 점심 메뉴인 돈가스. 돈가스는 일본어의 カシ丼(가츠동)에서 온 말이라서, 영어권 레스토랑에 가서 주문하면 아마 통하지 않을 것입니다.
그럼 영어로 뭐라고 할까요?
고기에 튀김옷을 입힌 요리를 보통 curlet이라고 하므로, 돈가스는 Pork curlet이라고 한답니다. 물론 우리가 먹던 돈가스와 완전히 똑같진 않겠죠.
이 외에도 함박스테이크는 hamburger steak라는 것쯤은 센스.

소풍①

우리는 산으로 소풍을 갔다.

We went for an outing to the mountain.

위 웬(ㅌ) 퍼 언 아우팅 투 더 마운틴

그들은 숲으로 소풍을 갔다.

They went for a picnic in the woods.

데이 웬(ㅌ) 퍼 어 픽닉 인 더 우(ㅈ)

내일 소풍 간다.

We are having a picnic tomorrow.

위 아– 해빙 어 픽닉 터머–로우

소풍 가면 재밌겠는데.

A picnic would be fun.

어 픽닉 우(ㄷ) 비– 펀

그들은 소풍을 계획했다.

They had a picnic in contemplation.

데이 햇 어 픽닉 인 컨템플레이션

그 정도면 내일 소풍에 충분할까요?

Will that do for the school outing tomorrow?

윌 댓 두 퍼 더 스쿠울 아우팅 터머–로우?

지미는 소풍 가는 것에 기분이 좋은 상태야.

Jimmy is in good spirits to go on a picnic.

지미 이즈 인 굿 스피릿(ㅊ) 투 고우 언 어 픽닉

in [under] contemplation 계획 중인

소풍②

다음 주에 학교 소풍이 있을 것이다.

There will be a school picnic next week.

데어 윌 비– 어 스쿠울 픽닉 넥슷 위익

소풍날에 날씨가 좋으면 좋겠다.

I hope it stays fine for the picnic.

아이 호웁 잇 스테이(ㅈ) 파인 퍼 더 픽닉

그런 날은 소풍 가기에 더할 나위 없이 좋다.

Such a day is ideal for a picnic.

서취 어 데이 이즈 아이디–얼 퍼 어 픽닉

비 때문에 소풍을 망쳤다.

The rain made a mush [botch] of the picnic.

더 레인 메잇 어 머쉬 [밧취] 어(ㅂ) 더 픽닉

악천후 때문에 소풍이 취소되었다.

On account of bad weather, the school outing was cancelled.

언 어카운 터(ㅂ) 뱃 웨더, 더 스쿠울 아우팅 워즈 캔설(ㄷ)

우리는 소풍 전에 기뻐 날뛰었다.

We are treading on air before the picnic.

위 아– 츠레딩 언 에어 비퍼– 더 픽닉

소풍이 끝나면, 쓰레기를 치워 주세요.

After your picnic, please dispose of the trash.

애(ㅍ)터 유어 픽닉, 플리–(ㅈ) 디스포우 저(ㅂ) 더 츠래쉬

소풍은 재미있었어요?

How was the excursion?

하우 워즈 디 익스커–전?

make a mush [botch] of ～을 망쳐놓다

운동회

우리 반 학생들은 운동회에서 승리하기 위해 단결했다.

My classmates gang up to get a victory in the athletic meeting.

마이 클래스메이(ㅊ) 갱 업 투 겟 어 빅터리 인 디 애쓰레틱 미-팅

우리는 운동회 날 노란색 셔츠를 입기로 했다.

We decided to wear yellow shirts on the athletic sports.

위 디사이딧 투 웨어 옐로우 셔- 천 디 애쓰레틱 스퍼-(ㅊ)

다음 주에 학교 운동회가 있다.

The school sports are next week.

더 스쿨 스퍼- 차- 넥슷 위익

비 때문에 운동회가 엉망이 되었다.

The rain utterly spoiled the field day.

더 레인 어터리 스퍼일(ㄷ) 더 피일(ㄷ) 데이

우리는 운동회를 했다.

We had a field day.

위 햇 어 피일(ㄷ) 데이

그는 학교 체육대회에서 형편없었다.

He was hopeless at games at school.

히 워즈 호웁리 샛 게임 샛 스쿨

체육대회는 4월 5일에 열린다.

The athletic meeting will be held on the fifth of April.

디 애쓰레틱 미-팅 윌 비- 헬 던 더 핍쓰 어 베이프릴

Chapter 09

직장인이 봉이냐!

Chapter 09

At the company 회사에서
앳 더 컴퍼니

company 컴퍼니 n. 회사	work 워-(ㅋ) n. 일 v. 일하다	go to work 고우 투 워-(ㅋ) 출근하다	be late 비- 레잇 지각하다
	office 어-피(ㅅ) n. 사무실	get off work 겟 어- 뭐-(ㅋ) 퇴근하다	overtime work 오우버타임 워-(ㅋ) n. 초과 근무 night duty 나잇 듀-티 n. 야간 근무
	workaholic 워-커허얼릭 n. 일 중독자	promote 프러모웃 v. 승진하다	business trip 비즈니(ㅅ) 츠립 출장 business expense 비즈니(ㅅ) 익스펜(ㅅ) 출장 경비
coworker 코우워-커 n. 동료	marketing 마-키팅 n. 마케팅 sales 세일(ㅈ) n. 영업	personnel affairs 퍼-서넬 어페어(ㅅ) n. 인사	general affairs 줴너럴 어페어(ㅅ) n. 총무 account 어카운(ㅌ) n. 회계
	advertising 앳버타이징 n. 광고	editing 에디팅 n. 편집	design 디자인 n. 디자인

Salary & Vacation 급여&휴가
샐러리 앤(ㄷ) 베이케이션

monthly salary 먼쓸리 샐러리 n. 월급	annual salary 애뉴얼 샐러리 n. 연봉	get a salary 겟 어 샐러리 급여를 받다	pay slip 페이 슬립 급여명세표
	raise 레이(ㅈ) n. 인상	pay cut 페이 컷 임금 삭감	wage freeze 웨이쥐 프리-(ㅈ) 임금 동결

	basic wage 베이식 웨이쥐 기본급	allowance 얼라우언(ㅅ) n. 수당	bonus 보우너(ㅅ) n. 상여금, 보너스
	gross wage 그로우 쉐이쥐 총액	total deductions 토우틀 디덕션(ㅅ) 총공제액	net wages 넷 웨이쥐(ㅅ) 실수령액
vacation 베이케이션 n. 휴가	sick leave 식 리-(ㅂ) 병가	paid leave 페잇 리-(ㅂ) 유급 휴가	layoff 레이어-(ㅍ) n. (불경기로 인한) 임시 휴직, 일시 해고
	parental leave 퍼렌틀 리-(ㅂ) (부모의) 출산 휴가	maternity leave 머터-너티 리-(ㅂ) (여성의) 출산 휴가	paternity leave 퍼터-너티 리-(ㅂ) (남성의) 출산 휴가

Be out of work & Job hunting 실직&구직
비- 아웃 어 붜- 캔(ㄷ) 잡 헌팅

retirement 리타이어먼(ㅌ) n. 퇴직	retire 리타이어 v. 퇴직하다	dismissal 디스미설 n. 해고 get fired 겟 파이엇 해고되다	retirement allowance 리타이어먼(ㅌ) 얼라우언(ㅅ) 퇴직금
job-hunting 잡 헌팅 n. 구직	resume 레저메이 n. 이력서	hire 하이어 v. 고용하다 employment 임플러이먼(ㅌ) n. 고용	position 퍼지션 n. 지위 apply 어플라이 v. 지원하다
	recruitment 리크루웃먼(ㅌ) n. (신입사원) 모집 new employee 누- 임플러이- 신입사원	employment exam 임플러이먼 틱잼 입사 시험	interview 인터뷰- n. 면접

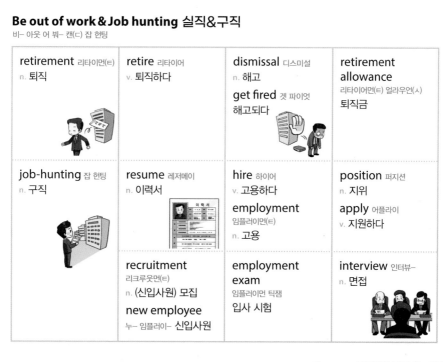

출근

정시 출근이 힘들 때

8시까지 출근합니다.

I go to work by 8 o'clock.
아이 고우 투 워-(ㅋ) 바이 에잇 어클락

그는 정각에 출근했어요.

He punched in on time.
히 펀취 틴 언 타임
↳ 출근 카드에 시간을 찍어 출근했음을
표시하는 데서 유래한 말이에요.

내일은 평소보다 30분 일찍 출근하는 게
좋겠어.

We'd better go to work about 30
minutes earlier than usual.
위(ㄷ) 베더 고우 투 워- 커바웃 써-티 미닛 처-리어
댄 유쥬얼

에릭은 매일 일찍 출근해요.

Eric comes in early every day.
에릭 컴 신 어-리 에브리 데이

출근하는 길이에요?

Are you going to work now?
아- 유 고잉 투 워-(ㅋ) 나우?

회사까지 얼마나 걸려요?

How long does it take to go to
your office?
하우 러엉 더즈 잇 테익 투 고우 투 유어 어-피(ㅅ)?

출근하는 데 보통 40분 걸린다.

Normally, it takes me 40 minutes
to get to work.
너-멀리, 잇 테익(ㅅ) 미 퍼-티 미닛(ㅊ) 투 겟 투 워-(ㅋ)

마크가 언제 출근하는지 알려 주세요.

Please tell me when Mark gets in.
플리-(ㅈ) 텔 미 웬 마-(ㅋ) 겟 친

왜 제시간에 출근하지 않았습니까?

Why didn't you get to work on
time?
와이 디든 츄 겟 투 워- 컨 타임?

오늘 출근 안 해요.

I don't come in today.
아이 도운(ㅌ) 컴 인 터데이

주말에는 출근하지 않아요.

I am off on weekends.
아이 앰 어- 펀 위-켄(ㅈ)
I don't go to work on weekends.
아이 도운(ㅌ) 고우 투 워- 컨 위-켄(ㅈ)

마케팅팀은 전날 밤에 늦게까지 일해서
제시간에 출근하지 못했어요.

The marketing team didn't arrive
at the office on time because they
had worked late the night before.
더 마-키팅 팀 디든 터라이 뱃 디 어-피 선 타임
비커-(ㅈ) 데이 햇 워-큿 레잇 더 나잇 비퍼-

제가 내일 한 시간 늦게 출근해도 될까요?

May I come in 1 hour late
tomorrow morning?
메이 아이 컴 인 원 아워 레잇 터머-로우 머-닝?

punch in 출근하다
normally 보통은(문장 전체를 수식)

출근 기타

어떻게 출근하세요?

How do you go to work?

하우 두 유 고우 투 워-(ㅋ)?

직장 동료랑 카풀을 하고 있어요.

I carpool with a coworker.

아이 카-푸울 윗 어 코우워-커

출근 시간에 교통량이 급증한다.

The traffic grows rapidly when the commuters drive to work.

더 츠래픽 그로우(ㅅ) 래피들리 웬 더 커뮤터(ㅅ) 드라이(ㅂ) 투 워-(ㅋ)

저는 정장 차림으로 출근합니다.

I wear suits to work.

아이 웨어 수웃(ㅊ) 투 워-(ㅋ)

취직한 거 축하해요. 언제부터 출근해요?

Congratulations on your new job. When do you start?

컨그래츄레이션 선 유어 누- 잡. 웬 두 유 스타-(ㅌ)?

늦어서 죄송합니다. 아침에 버스가 고장 났어요.

Sorry I'm late. My bus broke down on the way in this morning.

서-리 아임 레잇. 마이 버스 브로욱 다운 언 더 웨이 인 디스 머-닝

coworker 동료
rapidly 빨리, 신속히
commuter 정기 통근자

꼭! 짚고 가기

부서 이름

회사에는 다양한 부서가 있습니다.
그럼 내가 근무하는 부서는 영어로 뭐라고
할까요?

- general affairs department 총무부
- sales department 영업부
- finance department 경리부
- PR(public relations) department
  홍보부
- HR(human resources) department
  = Personnel affair department
  인사부
- marketing department 마케팅부
- purchasing department 구매부
- R&D(research and development)
  department 연구개발부
- editorial department 편집부
- customer service department
  고객 서비스부
- shipping department 배송부
- production department 생산부
- labor union 노동조합

퇴근(일반)

몇 시쯤 퇴근할 것 같니?
What time do you think you'll get off?
왓 타임 두 유 씽 큐일 겟 어-(ㅍ)?

언제 퇴근해요?
What time do you get off?
왓 타임 두 유 겟 어-(ㅍ)?
When do you get off?
웬 두 유 겟 어-(ㅍ)?
What time do you punch out?
왓 타임 두 유 펀취 아웃?

난 7시에 칼퇴근이야.
I'm off at 7 o'clock sharp.
아임 어- 팻 세븐 어클락 샤-(ㅍ)

그는 10시가 넘어야 퇴근해.
He doesn't leave until 10.
히 더즌(ㅌ) 리- 언틸 텐

그는 방금 퇴근했어요.
He just left for home.
히 저슷 레픗 퍼 호움
He is gone for the day.
히 이즈 건 퍼 더 데이
He called it a day.
히 커얼 딧 어 데이

나는 7시까지 퇴근하지 못하는데.
I don't get off work until 7 o'clock.
아이 도운(ㅌ) 겟 어- 풔- 컨틸 세븐 어클락

punch out 퇴근하다

즐거운 퇴근 시간

별일 없으면 퇴근하겠습니다.
Unless there's anything else, I'm leaving for the day.
언레(ㅅ) 데어즈 애니씽 엘(ㅅ), 아임 리-빙 퍼 더 데이

퇴근할 때 네 책상 위에 메시지를 남겨 놓을게.
I'll leave any messages on your desk when I go home.
아일 리- 배니 메시지 전 유어 데슥 웬 이이 고우 호움

좋아, 퇴근 후에 보자.
Okay, see you after work.
오우케이, 시- 유 애(ㅍ)터 워-(ㅋ)

퇴근하고 한잔할래?
How about a drink after?
하우 어바웃 어 드링 캐(ㅍ)터?

퇴근 후에 술 마시러 자주 가세요?
Do you often go for a drink after work?
두 유 어-펀 고우 퍼 어 드링 캐(ㅍ)터 워-(ㅋ)?

배고프다. 퇴근하고 간단하게 뭐 좀 먹자.
I'm starved. Let's grab a bite after work.
아임 스타-붓. 렛츠 그랩 어 바잇 애(ㅍ)터 워-(ㅋ)

퇴근하고 슈퍼마켓에 들러서 뭐 살 건데. 필요한 거 있니?
I'm going to stop off at the supermarket after work to pick up a few things. Do you need anything?
아임 고우잉 투 스탑 어- 팻 더 수-퍼마-킷 애(ㅍ)터 워-(ㅋ) 투 픽 업 어 퓨- 씽(ㅅ). 두 유 니잇 애니씽?

grab a bite 간단히 먹다

퇴근 5분 전

퇴근하기 전에 더 할 일 있나요?

Is there anything else you would like me to do before I leave?

이즈 데어 애니씽 엘 슈 우(ㄷ) 라익 미 투 두 비퍼– 아이 리–(ㅂ)?

상사가 오늘 퇴근 전까지 보고서를 끝내라고 했어.

My boss wanted me to finish up the report before I left the office today.

마이 버– 쉰팃 미 투 피니쉬 업 더 리퍼–(ㅌ) 비퍼– 아이 레픗 디 어–피(ㅅ) 터데이

퇴근 전까지 이걸 끝낼 수 있을까요?

Do you think you can get this done by the end of the day?

두 유 씽 큐 캔 겟 디스 던 바이 디 엔 더(ㅂ) 더 데이?

Do you think you'll be able to finish by the end of the day?

두 유 씽 큐일 비– 에이블 투 피니쉬 바이 디 엔 더(ㅂ) 더 데이?

퇴근하기 전에 책상을 정돈하세요.

Please put your desk straight before you leave for the day.

플리–(ㅈ) 풋 유어 데슥 스츠레잇 비퍼– 유 리–(ㅂ) 퍼 더 데이

당신이 마지막 퇴근자이니 나가기 전에 불을 다 끄는 거 잊지 마세요.

You're the last one here, so be sure to turn out all the lights before you leave.

유어 더 래슷 원 히어, 소우– 비– 슈어 투 터언 아웃 어얼 더 라잇츠 비퍼– 유 리–(ㅂ)

금요일 퇴근 전까지 업무를 확실히 마치고 가세요.

Before you go on Friday, please be sure everything is done.

비퍼– 유 고우 언 프라이데이, 플리–(ㅈ) 비– 슈어 에브리씽 이즈 던

조퇴 관련

오늘 일찍 퇴근해도 괜찮을까요?

Is it okay if I leave work early today?

이즈 잇 오우케이 이 파이 리– 뭐– 커–리 터데이?

Would you mind leaving work a little early today?

우 쥬 마인(ㄷ) 리–빙 워– 커 리들 어–리 터데이?

May I take the rest of the day off today?

메이 아이 테익 더 레슷 어(ㅂ) 더 데이 어–(ㅍ) 터데이?

딕은 일찍 퇴근했다.

Dick got off work early.

딕 갓 어– 뭐– 커–리

어제 신디는 한 시간 일찍 퇴근했어요.

Yesterday Cindy took off about 1 hour early.

예스터데이 신디 툭 어– 퍼바웃 원 아워 어–리

어제 몸이 안 좋아서 조퇴했어.

Yesterday I wasn't feeling well, so I left work early.

예스터데이 아이 워즌(ㅌ) 피–링 웰, 소우– 아이 레픗 워– 커–리

사무실로 전화했더니 일찍 퇴근하셨다고 하더라고요.

I called your office but they said you left early.

아이 커얼 쥬어 어–피(ㅅ) 벗 데이 세 쥬 레픗 어–리

조퇴하면 월급 감봉할 거야.

If someone leaves early, we'll dock their salary.

이(ㅍ) 섬원 리–브 저–리, 위일 닥 데어 샐러리

dock 감하다

담당 업무 ①

\# 전 마케팅 담당이에요.

I'm in charge of marketing.
아임 인 차-쥐 어(ㅂ) 마-키팅

\# 영업 쪽 일을 해요.

I'm in sales.
아임 인 세일(ㅈ)

\# 저는 브라운 씨와 일합니다.

I work with Mr. Brown.
아이 워-(ㅋ) 윗 미스터 브라운

\# 저는 대리예요.

I'm an assistant manager.
아임 언 어시스턴(ㅌ) 매니저

\# 어떠한 업무 경험을 갖고 계십니까?

What kind of work experience do you have?
왓 카인 더 붜- 킥스페어리언(ㅅ) 두 유 해(ㅂ)

\# 누가 물류 업무를 담당하고 있나요?

Who is in charge of logistics?
후 이즈 인 차-쥐 어(ㅂ) 로우지스틱(ㅅ)

담당 업무 ②

\# 그는 업무 능력도 뛰어나고 발도 넓어요.

He is a man of good ability and numerous social connections.
히 이즈 어 맨 어(ㅂ) 굿 어빌리티 앤(ㄷ) 뉴-머러(ㅅ)
소셜 커넥션(ㅅ)

\# 그 업무는 그의 능력 밖이에요.

The task exceeds his ability.
더 태스(ㅋ) 익시-(ㅈ) 히스 어빌리티

\# 그는 회사의 마케팅 업무를 전산화했다.

He computerized the marketing of his company.
히 컴퓨-터라이줏 더 마-키팅 어(ㅂ) 히스 컴패니

\# 제가 이 프로젝트를 담당하고 있습니다.

I'm in charge of this project.
아임 인 차-쥐 어(ㅂ) 디스 프라젝(ㅌ)

\# 리차드는 회사의 업무를 관리한다.

Richard manages the business affairs of a company.
리춰(ㄷ) 매니쥐(ㅅ) 더 비즈니 서페어 서 버 컴패니

\# 편집은 제 분야가 아닙니다. 전 디자인을 담당하고 있어요.

Editing is not my area. I'm in design.
에디팅 이즈 낫 마이 에어리어. 아임 인 디자인

numerous 다수의, 수많은
task 직무
exceed ~의 한도를 넘다
computerized 전산화하다
affair 일거리, 사무(복수형으로 사용)
* family affairs 집안일, 가사
* private affairs 사적인 일
　 ≠ public affairs 공적인 일
* the affairs of state 나랏일

in charge of 담당해서
assistant 조수, 보조자

너무 바쁜 업무 ①

죽도록 일했다.

I worked my ass off.
아이 워-컷 마이 애 서-(ㅍ)

요즘에는 일하고 잘 시간밖에 없다.

All I have time for these days is work and sleep.
어얼 아이 해(ㅂ) 타임 퍼 디-즈 데이 지즈 워- 캔(ㄷ) 슬리입

일 때문에 너무 바쁘다.

I'm swamped at work.
아임 스웸 탯 워-(ㅋ)

I'm tied up at work.
아임 타잇 업 앳 워-(ㅋ)

I'm up to my neck in work.
아임 업 투 마이 넥 인 워-(ㅋ)

I've been busy as a bee.
아입 빈 비지 애 저 비-

I've got no time to blink.
아입 갓 노우 타임 투 블링(ㅋ)

오늘 스케줄이 좀 빡빡해요.

I've got a pretty tight schedule today.
아입 갓 어 프리디 타잇 스케쥬울 터데이

저는 철야할 거예요.

I'm going to do an all-nighter.
아임 고우잉 투 두 언 어얼 나이터

너무 바쁜 업무 ②

지미는 과도한 업무로 지쳐 있다.

Jimmy is jaded from too much work.
지미 이즈 제이딧 프럼 투- 머취 워-(ㅋ)

그녀는 산더미 같은 서류 업무를 겨우 마쳤다.

She waded through a mountain of paperwork.
쉬 웨이딧 쓰루- 어 마운틴 어(ㅂ) 페이퍼워-(ㅋ)

일손이 부족해요.

We are short of workers.
위 아- 셔엇 어 뭐-커(ㅅ)

오늘 끝내야 할 일이 아주 많아요.

I have a lot of work that I have to finish today.
아이 해 버 랏 어 뭐-(ㅋ) 댓 아이 해(ㅂ) 투 피니쉬 터데이

마감일까지 끝낼 수 없을 거 같은데요.

I'm afraid we can't make the deadline.
아임 어(ㅍ)레잇 위 캔(ㅌ) 메익 더 뎃라인

주문받은 것을 모두 납품하기 위해 직원들은 야근해야 한다.

Employees have to work overtime to fill all the orders.
임플러이-(ㅈ) 해(ㅂ) 투 워- 코우버타임 투 필 어얼 디 어-더(ㅅ)

---

swamp 꼼짝달싹 못 하게 하다
blink 눈을 깜박거리다
all-night 밤새껏 계속되는 것

jade 지치게 하다
wade 간신히 빠져나가다

업무 지시 & 체크 ①

\# 일들 하라고.

Back to work.
백 투 워-(ㅋ)

\# 계속 수고들 해요.

↘ 상사가 근무하는 부하 직원들을 돌아보며 하는 말

Keep up the good work.
키입 업 더 굿 워-(ㅋ)

\# 오늘 프레젠테이션 준비 다 되었나요?

Are you ready for today's presentation?
아- 유 레디 퍼 터데이(ㅅ) 프레전테이션?

\# 새 프로젝트는 어떻게 진행되고 있습니까?

What's happening to the new project?
왓츠 해프닝 투 더 누- 프라젝(ㅌ)?

\# 프로젝트는 잘되어 가나요?

How's the project going?
하우즈 더 프라젝(ㅌ) 고우잉?

\# 오늘 중으로 끝내세요.

Finish this by the end of the day.
피니쉬 디스 바이 디 엔 더(ㅂ) 더 데이

업무 지시 & 체크 ②

\# 기한 내에 끝낼 수 있나요?

Will you be done on time?
윌 유 비- 던 언 타임?

\# 이 서류들을 분쇄해 주세요.

Shred these documents, please.
슈렛 디-즈 다큐먼(ㅊ), 플리-(ㅈ)

\# 다섯 부 복사해 줄래요?

Could you make 5 copies?
쿠 쥬 메익 파이(ㅂ) 카피(ㅅ)?

\# 5시까지 내 책상 위에 시장조사 결과를 갖다 두세요.

You should put the marketing survey results on my desk by 5 o'clock.
유 슈(ㄷ) 풋 더 마-키팅 서베이 리절 천 마이 데슥
바이 파이(ㅂ) 어클락

\# 이 서류철들을 정리해 줄래요?

Would you sort out these files?
우 쥬 서- 타웃 디-즈 파일(ㅅ)?

\# 사무실 약도를 팩스로 보내 주세요.

Please fax me the map to your office.
플리-(ㅈ) 팩(ㅅ) 미 더 맵 투 유어 어-피(ㅅ)

↘ fax는 명사로 쓰이면 '(송신하는) 팩스', 또는
'(기계 장치로서의) 팩스(fax machine)'를 의미하지만,
동사로 쓰이면 '팩스로 보내다'라는 뜻이 됩니다.
이때 'fax+대상+용건' 순서대로 쓰면 되는데,
바로 목적어를 두 개 가지게 되는 구조죠.

shred 조각조각으로 찢다
suvey 조사하다
sort out 정돈하다

업무 지시에 대한 대답

언제까지 필요하신 건가요?

When do you need it?

웬 두 유 니잇 잇?

바로 하겠습니다.

I'm on it.

아임 언 잇

문제없습니다.

It shouldn't be a problem.

잇 슈든(ㅌ) 비– 어 프라블럼

잘되어가고 있습니다.

Everything is under control.

에브리씽 이즈 언더 컨츠럴

최선을 다할게요.

I'll give it my best shot.

아일 기 빗 마이 베슷 샷

업무를 조속히 파악하도록
노력하겠습니다.

**I'll try to get the hang of things
quickly.**

아일 츠라이 투 겟 더 행 어(ㅂ) 씽(ㅅ) 쿠익리

서류를 또 고쳐야 하나요?

**Should I remake the document
again?**

슈 다이 리메익 더 다큐먼 터겐?

우리는 부장님의 결정을 기다리고
있습니다.

**We're waiting for the manager's
decision.**

위어 웨이팅 퍼 더 매니저(ㅅ) 디시전

be on it ~할 마음이 있다, 의욕이 있다
get the hang of ~의 요령을 터득하다
remake 고쳐 만들다

외근 & 기타

그는 업무차 런던에 가 있다.

He's attending to business in London.

히즈 어텐딩 투 비즈니 신 런던

업무차 시외로 나갈 거예요.

I'll be out of town on business.

아일 비- 아웃 어(ㅂ) 타운 언 비즈니(ㅅ)

그는 업무차 출장 중이어서 제가 그의 업무를 대신하고 있습니다.

He's away on business and I'm taking over for him now.

히즈 어웨이 언 비즈니 샌 다임 테이킹 오우버 퍼 힘 나우

이 분은 저희 마케팅 과장님이세요.

This is my marketing manager.

디스 이즈 마이 마-키팅 매니저

나중에 전화할게, 지금 업무 중이야.

I'll call you back, I'm at business.

아일 커얼 유 백, 아임 앳 비즈니(ㅅ)

최근 그의 업무 질이 떨어졌다.

His work has gone off recently.

히스 워-(ㅋ) 해즈 건 어-(ㅍ) 리센(ㅌ)리

근무 조건

토요일에는 근무하지 않습니다.

We don't work Saturday.

위 도운 튀-(ㅋ) 새터데이

주 5일 근무합니다.

We work 5 days a week.

위 워-(ㅋ) 파이(ㅂ) 데이 저 위익

↘ 주 5일 근무제 five-day (work) week

토요일은 격주로 근무합니다.

We work every other Saturday.

위 워- 케브리 어더 새터데이

사무실에서는 정장을 입어야 합니다.

It's business formal in this office.

잇츠 비즈니(ㅅ) 퍼-멀 인 디스 어-피(ㅅ)

↘ business formal은 비즈니스 정장으로 양복에 넥타이를 매는 깔끔한 복장을 가리킵니다.

업무 시간이 자유로워요.

We have flexible working hours.

위 해(ㅂ) 플렉시블 워-킹 아워(ㅅ)

flexible 융통성 있는

여기서 잠깐!

beat과 관련된 idiom

- Beat me. 금시초문이다.
- beat around 어슬렁거리고 다니다(속어)
- beat on's gums 되지도 않는 말을 지껄여대다(속어)
- beat the drum 야단스럽게 선전하다
- beat the rap 형벌을 면하다(속어)
- beat up and down 여기저기 쫓아다니다
- beat to a jelly 녹초가 되도록 때려 주다
- to beat the band 맹렬한 기세로(속어)
- beat goosey 겨드랑이 밑에 손을 넣어 녹이다

take over 인계받다, 대신하다, 떠맡다

회식

무더운 날 차가운 맥주만큼 좋은 건 없지.
Nothing beats a cold beer on a hot day.
나씽 빗 처 코울(ㄷ) 비어 언 어 핫 데이

지난주에 그들하고 회식했어요?
Did you dine with them somewhere last week?
디 쥬 다인 윗 뎀 섬웨어 래슷 위익?

오늘 저녁에 회식 있어요.
We're having a staff dinner this evening.
위어 해빙 어 스텝 디너 디스 이-브닝

이번 주에 제가 점심 회식 낼게요.
I'd like to take my staff out to lunch this week.
아잇 라익 투 테익 마이 스텝 아웃 투 런취 디스 위익

저녁 식사하면서 이야기하죠.
Let's discuss it over dinner.
렛츠 디스커 싯 오우버 디너

다같이 건배하죠.
I'd like to propose a toast.
아잇 라익 투 프러포우 저 토우슷

뭘 위해 건배할까요?
What shall we drink to?
왓 샬 위 드링(ㅋ) 투?

beat 이기다
dine with ~와 식사하다
propose a toast 건배하다

꼭! 짚고 가기

급여 명세표

직장인이라면 한 달 중 가장 즐거운 날인 월급날, 요즘은 월급이 바로 급여통장으로 입금되기 때문에 급여명세표만 손에 쥐게 되는데요, 급여명세표는 영어로 pay slip이라고 합니다.
명세표의 내역을 살펴볼까요.

- Wages-Ordinary 기본급
- Allowances 수당
  - travel allowance 출장 수당
  - overtime allowance 초과 근무 수당
- Gross Wage 총액
- Deduction 공제
  - state tax
  - federal tax
  - pension fund
  - unemployment insurance
  - health insurance
- Total Deductions 총 공제액
- Net Wages 실수령액

급여 ①

급여일이 언제예요?

When do we get paid?

웬 두 위 겟 페잇?

월급날은 매달 25일이야.

My salary is due on the 25th of the month.

마이 샐러리 이즈 듀– 언 더 트웬티 핍쓰 어(ㅂ) 더 먼쓰

월급날이 다가오고 있다.

Payday is around the corner.

페이데이 이즈 어라운(드) 더 커–너

제 월급이 쥐꼬리만해요.

My salary's chicken feed.

마이 샐러리(ㅈ) 치킨 피잇

내 월급으로 생활하기 빠듯하다.

It's difficult to survive on my salary.

잇츠 디피컬(트) 투 서바이 번 마이 샐러리

I barely manage to live on my salary.

아이 배어리 매니쥐 투 리 번 마이 샐러리

그는 빠듯한 월급으로 생활하기 때문에 남는 돈이 없다.

He can barely make his wages stretch to cover his living expenses, so he never has any spare cash.

히 캔 배어리 메익 히스 웨이쥐(ㅅ) 스츠렛취 투 커버 히스 리빙 익스펜시(ㅅ), 소우– 히 네버 해즈 애니 스페어 캐쉬

급여 ②

어제 월급을 타서 주머니 사정이 좋아.

I just got paid yesterday and I'm loaded.

아이 저슷 갓 페잇 예스터데이 앤 다임 로우딧

세금은 매달 내 월급에서 공제됩니다.

Taxes are deducted from my salary.

택시 자– 디덕팃 프럼 마이 샐러리

월급을 올려 달라고 하고 싶어.

I wanna ask for a raise.

아이 워나 애슥 퍼 어 레이(ㅈ)

급여를 인상해 달라고 말해 본 적 있어요?

Have you ever asked for a raise?

해 뷰 에버 애슥(트) 퍼 어 레이(ㅈ)?

이번 달 월급이 올랐어요.

I got a raise this month.

아이 갓 어 레이(ㅈ) 디스 먼쓰

I got an increase in pay this month.

아이 갓 언 인크리– 신 페이 디스 먼쓰

그녀는 급여가 상당히 인상될 것이라고 예상했다.

She thought that she was going to get a big raise.

쉬 써엇 댓 쉬 워즈 고우잉 투 겟 어 빅 레이(ㅈ)

그의 월급이 삭감됐다.

He was given a cut in salary.

히 워즈 기븐 어 컷 인 샐러리   ↘ 임금 삭감은 pay cut이라고 해요.

---

deduct 공제하다, 빼다

raise 인상, 승급

급여③

그는 급여의 일부를 받지 못했다.

He was not paid for some days he
worked.

히 워즈 낫 페잇 퍼 섬 데이(ㅈ) 히 워-큿

규정대로 급여를 드리겠습니다.

We will pay you according to
hoyle.

위 윌 페이 유 어커-딩 투 허일

급여 및 복리 혜택은 조정 가능합니다.

Salary and benefits are negotiable.

샐러리 앤(ㄷ) 비니핏 차- 니고우셔블

급여는 많은데, 일은 따분해요.

Although the salary is generous,
I find the work uninteresting.

얼더우 더 샐러리 이즈 제너러(ㅅ), 아이 파인(ㄷ) 더
워- 컨인터레스팅

제 급여가 잘못된 거 같은데요.

I think there's a problem with my
paycheck.

아이 씽(ㅋ) 데어즈 어 프라블럼 윗 마이 페이첵

급여가 곧 나온다니 무척 기쁘군요.

I'm so happy to hear that the
ghost walks.

아임 소우- 해피 투 히어 댓 더 고우슷 웍(ㅅ)

그의 연봉은 15만 불이다.

His salary is 1.5 million dollars a
year.

히스 샐러리 이즈 원 퍼인(ㅌ) 파이(ㅂ) 밀연 달러 서 이어

He draws an annual salary of
1.5 million dollars.

히 드러- 선 애뉴얼 샐러리 어 뷘 퍼인(ㅌ) 파이(ㅂ)
밀연 달러(ㅅ)

generous 풍부한

급여 관련 어휘

요즘은 신입사원 때부터 재테크가 필수죠. 한정된 수입을 어떻게 저축할 것인지 어떻게 투자할 것인지. 재테크의 밑천이 되는 급여와 관련된 여러 가지 어휘들을 알아볼까요.

- paycheck 급여, 급여 지불 수표
  (미국에서 급여를 수표로 지불하는 데서 나온 말)
- payroll 임금 대장, 임금 지급 총액
- income 수입
- salary 봉급
- wage 임금(주로 시간당 임금)
- travel allowance 출장 수당
- over time allowance 야근 수당
- family allowance 가족 수당
- medical benefits 의료보험
- unemployment benefits 실업 급여
- severance package (pay) 퇴직금
- temporary [part-time] position
  계약직
- regular [full-time] position 정규직

수당

초과 근무 수당 있어요?

Do you get paid overtime?
두 유 겟 페잇 오우버타임?

Are you being paid overtime?
아- 유 비-잉 페잇 오우버타임?

초과 근무 수당이 있습니다.

You are paid extra for overtime.
유 아- 페잇 엑스츠라 퍼 오우버타임

초과 근무에 대해 수당을 받았어요.

I was paid for the overtime
I worked.
아이 워즈 페잇 퍼 디 오우버타임 아이 워-큿

수당도 못 받고 초과 근무했다고!

I worked extra hours without
being paid!
아이 워-큿 엑스츠라 아워 쉬다웃 비-잉 페잇!

그는 실업 수당을 받고 있다.

He is getting the dole.
히 이즈 게딩 더 도울

He is on the dole.
히 이즈 언 더 도울

나는 실업 수당을 청구했다.

I claimed unemployment benefits.
아이 클레임 던임플로이먼(ㅌ) 베너핏(ㅊ)

상여금

나는 1년에 다섯 번 상여금을 받아요.

I get 5 bonuses a year.
아이 겟 파이(ㅂ) 보우너시 저 이어

상여금을 뭐에 쓸 거야?

How do you plan to spend your
bonus?
하우 두 유 플랜 투 스펜 쥬어 보우너(ㅅ)?

수익이 좋아야 상여금이 나온다.

Our bonuses are dependent on
good profits.
아워 보너시 자- 디펜던 턴 굿 프라핏(ㅊ)

그는 특별 상여금을 받았다.

He received a special bonus.
히 리시-붓 어 스페셜 보우너(ㅅ)

특별 상여금이 지급될 거 같은데.

There's supposed to be some
extra bonus.
데어즈 서포우줏 투 비- 섬 엑스츠라 보우너(ㅅ)

우리 사장님은 인색해서 상여금을 절대
안 줘.

My boss is so cheap that he never
gives bonuses.
마이 버- 시즈 소우- 치입 댓 히 네버 기(ㅂㅅ)
보우너시(ㅈ)

on the dole 실업 수당을 받고 있다

profits 이익, 이윤

출장

다음 주에 출장 갑니다.
I'm going on a business trip next week.
아임 고우잉 언 어 비즈니(ㅅ) 츠립 넥슷 위익

대전으로 당일치기 출장을 다녀왔다.
I have made a day's business trip to Daejeon.
아이 해(ㅂ) 메잇 어 데이(ㅈ) 비즈니(ㅅ) 츠립 투 대전

한 달간 해외 출장을 가게 되었습니다.
I'll go abroad to work for 1 month.
아일 고우 업러엇 투 워-(ㅋ) 퍼 원 먼쓰

지난주에 사장님을 수행하여 출장을 갔습니다.
I accompanied my president of company on a business trip.
아이 어컴패닛 마이 프레저던 터(ㅂ) 컴패니 언 어 비즈니(ㅅ) 츠립

그것도 출장 경비로 처리할 수 있나요?
Can you still write it all off as a business expense?
캔 유 스틸 라잇 잇 어얼 어- 패 저 비즈니 식스펜(ㅅ)?

유럽 출장은 어땠어요?
How did you like your business trip to Europe?
하우 디 쥬 라익 유어 비즈니(ㅅ) 츠립 투 유어럽?

성공적인 출장이었기를 바랍니다.
I hope that it was a successful business trip.
아이 호웁 댓 잇 워즈 어 석세스펄 비즈니(ㅅ) 츠립

go abroad 해외로 가다
successful 성공한

스트레스 & 불만

제일 많이 스트레스 받는 사람이 바로 나야.
I'm the one who is most stressed.
아임 디 원 후 이즈 모우슷 스츠레슷

이 모든 스트레스가 내 건강을 해치고 있다.
All this stress is taxing my health.
어얼 디스 스츠레 시즈 택싱 마이 헬쓰

스트레스 받아서 그래.
I'm a little stressed out.
아임 어 리들 스츠레슷 아웃

스트레스는 어떻게 관리하세요?
How well do you handle stress?
하우 웰 두 유 핸들 스츠레(ㅅ)?

이런 식으로 일할 수 없어요.
I can't work like this.
아이 캔 춰-(ㅋ) 라익 디스

이런 일하려고 온 거 아니에요.
It's not in my job description.
잇츠 낫 인 마이 잡 디스크립션

더 못 참겠어요.
I can't stand it any longer.
아이 캔(ㅌ) 스탠 딧 애니 러엉거

tax 무거운 부담을 지우다
description 종류, 등급

회사 동료에 대해 말할 때

저 사람 낙하산으로 입사했대요.

He got in through connections.

히 갓 인 쓰루– 커넥션(ㅅ)

그랑 일하는 거 어때?

What's it like to work with him?

왓츠 잇 라익 투 워–(ㅋ) 윗 힘?

그녀는 항상 한 박자가 늦어.

She is always one step behind.

쉬 이즈 어얼웨이 퀀 스텝 비하인(ㄷ)

그는 한물갔지.

He's over the hill.

히즈 오우버 더 힐 ↘ '나이 먹어, 전성기를 지나서' 라는 뜻입니다.

그는 승부욕이 강해.

He's so competitive.

히즈 소우– 컴페터티(ㅂ)

그녀는 일 중독자야.

She is a workaholic.

쉬 이즈 어 워–커허–릭

그는 계획적이지만, 너무 꼼꼼해요.

He's organized but too meticulous.

히즈 어–거나이즛 벗 투– 머티큘러(ㅅ)

그녀는 남들과 함께 일할 타입이 아니야.

She's not a team player.

쉬즈 낫 어 팀 플레이어

She doesn't like working with other people.

쉬 더즌(ㅌ) 라익 워–킹 윗 어더 피–플

competitive 경쟁의
workaholic 일 중독자, 일벌레
meticulous 꼼꼼한

승진①

당신은 승진할 만하죠.

You deserve a promotion.

유 디저– 버 프러모우션

그녀는 사실 진작에 승진했어야 할 사람이었어.

She should have gotten it a long time ago.

쉬 슈(ㄷ) 해(ㅂ) 갓든 잇 어 러엉 타임 어고우

이번에 승진할 거라고 생각해요?

Do you think you'll get promoted this time?

두 유 씽 큐일 겟 프러모우팃 디스 타임?

켈리는 열심히 일해서 승진했다.

Kelly got the promotion for going into overdrive.

켈리 갓 더 프러모우션 퍼 고우잉 인투 오우버드라이(ㅂ)

스티브가 승진했다는 거 들었어요?

Did you hear Steve's been promoted?

디 쥬 히어 스티(ㅂ스) 빈 프러모우팃?

영업 부장으로 승진했다면서요.

I hear you've been promoted to sales director.

아이 히어 유(ㅂ) 빈 프러모우팃 투 세일(ㅈ) 디렉터

내년에는 승진하길 바랍니다.

I hope you will be promoted next year.

아이 호웁 유 윌 비– 프러모우팃 넥슷 이어

promote 승진시키다
overdrive 지나치게 부리다

승진②

그는 승진하기 위해 상사에게 아부한다.

He is kissing the hem of his supervisor's garment to get the promotion.

히 이즈 키싱 더 헴 어(ㅂ) 히스 수-퍼바이저(ㅅ) 가-먼(ㅌ) 투 겟 더 프러모우션

He licks his supervisor's spittle to get that promotion.

히 릭(ㅅ) 히스 수-퍼바이저(ㅅ) 스피들 투 겟 댓 프러모우션

He made points with his boss to get the promotion.

히 메잇 퍼인(ㅊ) 윗 히스 버-(ㅅ) 투 겟 더 프러모우션

그는 승진하기 위해 아첨한다.

He lays on the butter to get a promotion.

히 레이 선 더 버더 투 겟 어 프러모우션

He made fair weather to get the promotion.

히 메잇 페어 웨더 투 겟 더 프러모우션

그는 이번 승진에서 나를 제외시켰다.

He cut me out of the promotion this time.

히 컷 미 아웃 어(ㅂ) 더 프러모우션 디스 타임

그는 승진한 지 1년도 안 되었는데.

He got promoted under a year ago.

히 갓 프러모우팃 언더 어 이어 어고우

그는 승진하더니 잘난 척한다.

His promotion has gone to his head.

히스 프러모우션 해즈 건 투 히스 헷

휴가①

잭은 휴가 중이다.

Jack is away on vacation.

잭 이즈 어웨이 언 베이케이션

과장님은 휴가 중입니다.

The manager is on leave.

더 매니저 이즈 언 리-(ㅂ)

네 휴가는 언제 끝나?

When is your leave up?

웬 이즈 유어 리- 럽?

내일 휴가 내도 될까요?

Can I get the day off tomorrow?

캔 아이 겟 더 데이 어-(ㅍ) 터머-로우?

상사에게 휴가를 달라고 설득하려고 한다.

I'm trying to win the boss over and get him to give me the day off.

아임 츠라잉 투 윈 더 버- 소우버 앤(드) 겟 힘 투 기(ㅂ) 미 더 데이 어-(ㅍ)

그는 날 돕기 위해 자신의 휴가를 반납했다.

He sacrificed his vacation to help me.

히 새크러파이슷 히스 베이케이션 투 헬(ㅍ) 미

on vacation 휴가로
on leave 휴가로
win over 설득하다, 자기편으로 끌어들이다

휴가 ②

딕은 휴가를 잘 보내고 직장에 복귀했다.

After the great vacations, Dick joined duty.

애(ㅍ)터 더 그레잇 베이케이션(ㅅ), 딕 줘인(ㄷ) 듀-티

지금 휴가 중인 거 아는데, 문제가 생겨서요.

I know you are on leave right now, but I'm afraid we've got a problem.

아이 노우 유 아- 언 리-(ㅂ) 라잇 나우, 벗 아임 어(ㅍ)레잇 위(ㅂ) 갓 어 프라블럼

걱정 말고 푹 쉬면서 휴가 잘 보내요.

Don't worry, just relax and have a great vacation.

도운(ㅌ) 워-리, 저슷 리랙 샌(ㄷ) 해 버 그레잇 베이케이션

그녀는 휴가를 다음 달까지 미뤄야 한다.

She must delay her holidays until next month.

쉬 머슷 딜레이 허 할러데이 언틸 넥슷 먼쓰

난 휴가 때 쓰려고 돈을 좀 모아 두었다.

I scratched up some money for holidays.

아이 스크랫췃 업 섬 머니 퍼 할러데이(ㅅ)

기타 휴가

오늘 병가를 냈다.

I took a sick day today.

아이 툭 어 식 데이 터데이

닉은 병가를 냈어요.

Nick is on sick leave.

닉 이즈 언 식 리-(ㅂ)

월차를 내려고 합니다.

I'd like to take a day off.

아잇 라익 투 테익 어 데이 어-(ㅍ)

낸시는 출산 휴가 중이에요.

Nancy is on maternity leave.

낸시 이즈 언 머터-너티 리-(ㅂ)

그들은 유급 휴가를 받을 자격이 있다.

They are eligible for paid vacation.

데이 아- 엘리저블 퍼 페잇 베이케이션

전 지금 휴직 상태예요.

I'm out of a job now.

아임 아웃 어 버 잡 나우

여행을 가기 위해 휴직할 거야.

I'll take a leave of absence from my job to travel.

아일 테익 어 리- 버 뱁선(ㅅ) 프럼 마이 잡 투 츠래블

---

scratch up 모아 두다

---

sick leave 병가
maternity leave (여성의) 출산 휴가, 육아 휴직
eligible 적격의
paid vacation 유급 휴가

회의 시작

시작합시다.

Let's get started.
렛츠 겟 스타-팃

이제 회의를 시작합시다.

I now call this meeting to order.
아이 나우 커얼 디스 미-팅 투 어-더

오늘 의제부터 이야기합시다.

Let's get started and talk about today's agenda.
렛츠 겟 스타-팃 앤(ㄷ) 터억 어바웃 터데이 서젠더

회의의 주요 의제부터 시작할까요?

Should we begin with the main issue of the meeting?
슈 뒤 비긴 윗 더 메인 이슈- 어(ㅂ) 더 미-팅?

두 가지 항목이 안건으로 있습니다.

There are 2 items on the agenda.
데어 아- 투- 아이틈 선 디 어젠더

각각의 안건에 대해 25분간 논의할 것입니다.

We will discuss the topics for 25 minutes each.
위 윌 디스커(ㅅ) 더 타픽(ㅅ) 퍼 트웬티파이(ㅂ) 미닛 치-취

오늘 회의 목적은 신제품 가격에 대해 협상하는 것입니다.

The purpose [aim] of today's meeting is to negotiate the price of the newest [latest] product.
더 퍼-퍼(ㅅ) [에임] 어(ㅂ) 터데이(ㅅ) 미-팅 이즈 투 니고우시에잇 더 프라이 서(ㅂ) 더 누-이슷 [레이티슷] 프라덕(ㅌ)

회의 진행 ①

다음.

Next up.
넥슷 업

다음 안건이 뭔지 봅시다.

Let's see what's next on our agenda.
렛츠 시- 왓츠 넥슷 언 아워 어젠더

Let's move on to the next topic on our agenda.
렛츠 무- 번 투 더 넥슷 타픽 언 아워 어젠더

주목해 주시겠습니까?

May I have your attention, please?
메이 아이 해 뷰어 어텐션, 플리-(ㅈ)?

이제 본론으로 들어가죠.

Let's get down to business.
렛츠 겟 다운 투 비즈니(ㅅ)

We should get started.
위 슈(ㄷ) 겟 스타-팃

Let's get rolling.
렛츠 겟 로울링

Let's cut to the chase.
렛츠 컷 투 더 채(ㅅ)

그것에 대해 한번 토론해 보죠.

Let's put that on the table.
렛츠 풋 댓 언 더 테이블

계속 진행하죠.

Let's move on.
렛츠 무- 번

짐이 발언권을 얻었어요.

Jim has the floor.
짐 해즈 더 플러-

회의 진행 ②

질문 있으신 분 계십니까?

Does anybody have any questions?
더즈 애니바디 해 배니 쿠에스천(ㅅ)?

이에 대한 의견 있습니까?

Do you have any comments on this?
두 유 해 배니 커먼 천 디스?

이 의견에 얼마나 찬성하시나요?

How many ayes do we have?
하우 메니 아이(ㅈ) 두 위 해(ㅂ)?

이 계획에 반대하시는 분 있습니까?

Is there anyone who disagrees with this plan?
이즈 데어 애니원 후 디서그리- 윗 디스 플랜?

그 계획은 수정이 좀 필요합니다.

The plan needs some modifications.
더 플랜 니-(ㅈ) 섬 마더피케이션(ㅅ)

한 가지 더 짚고 넘어가겠습니다.

I should mention one more thing.
아이 슈(ㄷ) 멘션 원 머- 씽

요점이 뭐죠?

What's the bottom line?
왓츠 더 바덤 라인?

회의 마무리

질문은 마지막에 받겠습니다.

We'll take questions at the end.
위일 테익 쿠에스천 샛 디 엔(ㄷ)

나중에 답변해 드려도 될까요?

Can I get back to you on that later?
캔 아이 겟 백 투 유 언 댓 레이러

그건 다음으로 미뤄야겠습니다.

We'll have to leave that until next time.
위일 해(ㅂ) 투 리-(ㅂ) 댓 언틸 넥슷 타임

We'll have to put it off until next time.
위일 해(ㅂ) 투 풋 잇 어- 펀틸 넥슷 타임

그러니까 제 말씀은 이겁니다.

So what I'm saying is this.
소우- 왓 아임 세잉 이즈 디스

오늘의 주제는 모두 다루었습니다.

We have covered all the topics today.
위 해(ㅂ) 커버- 더얼 더 타픽(ㅅ) 터데이

이상으로 회의를 마칩니다.

The meeting is over.
더 미-팅 이즈 오우버

회의를 연기하겠습니다.

The meeting is adjourned.
더 미-팅 이즈 엇저언(ㄷ)

꼭! 짚고 가기

이런 사람 꼭 있다!

우리 부서에 이런 사람 있어요!
직장 생활을 하다 보면 별별 유형의 사람들
이 다 있습니다. 다음 단어에 해당하는 동
료를 떠올려 볼까요?

- backstabber 배신자, 뒤통수치는 사람
- closer 계약을 잘 따내는 사람
- go-getter 야망이 큰 사람
- go-to man 해결사
- green horn 가장 어린 신입 직원
- hell raiser
  골칫덩어리, 문제를 일으키는 사람
- wonder boy
  젊은 나이에 성공을 거두는 사람
- young Turk
  젊고 야망이 크고 능력도 있어 성공한
  사람

거래처 방문

제 명함입니다.

Here's my card.

히어즈 마이 카-(ㄷ)

파커 씨를 만나러 왔습니다.

I'm here to meet Mr. Parker.

아임 히어 투 미잇 미스터 파-커

파커 씨가 곧 나오실 겁니다.

Mr. Parker will be right out.

미스터 파-커 윌 비- 라잇 아웃

약속하고 오셨어요?

Do you have an appointment?

두 유 해 번 어퍼인(ㅌ)먼(ㅌ)?

그가 기다리고 계십니다.

He's been expecting you.

히즈 빈 익스펙팅 유

들어가 보세요.

↘ 방에 들어가도 된다고 할 때

He will see you now.

히 윌 시- 유 나우

거래를 수락하겠습니다.

We're ready to accept a deal.

위어 레디 투 액셉 터 디일

홍보

자세한 내용은 저희 회사 웹사이트를 참조하세요.

Please see our company website for details.

플리-(ㅈ) 시- 아워 컴퍼니 웹사잇 퍼 디테일(ㅅ)

저희 홈페이지를 보신 적 있나요?

Have you ever checked our homepage?

해 뷰 에버 첵 타워 호움페이쥐?

이것은 최신 브로슈어입니다.

This is the latest brochure.

디스 이즈 더 레이티숫 브로우슈어

카탈로그 좀 보여 주세요.

Please show me the catalog.

플리-(ㅈ) 쇼우 미 더 캐털록

괜찮으시면 먼저 카탈로그를 보내 드리겠습니다.

We can send you the catalog first, if you like.

위 캔 센 쥬 더 캐털록 퍼-숫. 이 퓨 라익

시기적절한 밀고 당기는 공격적인 홍보 전략은 성공을 위해 아주 중요합니다.

The timing of the "Push" and "Pull" marketing blitz campaign is critical to its success.

더 타이밍 어(ㅂ) 더 '푸쉬' 앤(ㄷ) '풀' 마-키팅 블릿(ㅊ) 캠페인 이즈 크리티컬 투 잇츠 석세(ㅅ)

↘ marketing blitz는
　공격적으로 대중에게 홍보한다는 뜻이에요.

critical 결정적인

상품 소개 ①

주요 기능에 대해 설명해 드리겠습니다.

I want to explain about the main functions.

아이 원(ㅌ) 투 익스플레인 어바웃 더 메인 펑션(ㅅ)

제품의 세부적인 내용에 대해 설명해 드리겠습니다.

I'd like to explain the details of the product.

아잇 라익 투 익스플레인 더 디테일 서(ㅂ) 더 프라덕(ㅌ)

이것은 저희 회사의 최고 인기 모델 중 하나입니다.

This is one of our popular models.

디스 이즈 원 어 바워 파퓰러 마들(ㅅ)

이 신상품은 최첨단입니다.

The newest goods are cutting edge.

더 누—이슷 굿 자— 커딩 엣쥐

↘ cutting edge는 기술적으로 가장 진보된 것, 또는 어떤 분야에서 가장 세련되고 앞선 것을 가리키는 말이에요.

문의사항이 있으면 알려 주십시오.

If there are any questions, please let us know.

이(ㅍ) 데어 아— 애니 쿠에스천(ㅅ), 플리—(ㅈ) 렛 어스 노우

샘플로 자세히 설명해 드리겠습니다.

Let me explain it in detail with the sample.

렛 미 익스플레인 잇 인 디테일 윗 더 샘플

function 기능

상품 소개 ②

주머니에 쏙 들어가는 작은 크기입니다.

It's pocket-sized.

잇츠 파킷 사이즛

번개처럼 빠르답니다.

It's lightening fast.

잇츠 라잇닝 패슷

정말 오래갑니다.

It lasts a long time.

잇 래슷 처 러엉 타임

It lasts a lifetime.

잇 래슷 처 라이(ㅍ)타임

최고의 명품입니다.

It was made well.

잇 워즈 메잇 웰

It was made by the finest craftsmen.

잇 워즈 메잇 바이 더 파이니슷 크래픗멘

마음에 들지 않으면 환불하실 수 있습니다.

We'll refund your money if you don't like it.

위일 리펀 쥬어 머니 이 퓨 도운(ㅌ) 라익 잇

품질을 보장합니다.

We stand behind our products.

위 스탠(ㄷ) 비하인 다워 프라덕(ㅊ)

정말 튼튼한 제품입니다.

It's industrial-strength.

잇츠 인더스츠리얼 스츠렝쓰

lighten 밝게 하다
craftsman 기능공, 장인
stand behind 지지하다, 후원하다
industrial-strength 매우 강한, 효과가 강력한, 고성능의

상담

가격이 가장 중요해요.

Price is the most important factor.
프라이 시즈 더 모우슷 임퍼-턴(트) 팩터

시장 점유율이 어느 정도인가요?

May I ask you what your market share is?
메이 아이 애슥 유 왓 유어 마-킷 쉐어 이즈?

얼마 동안 품질보증이 되나요?

How long is the warranty?
하우 러엉 이즈 더 워-런티?

이 계약은 언제까지 유효합니까?

How long does this contract remain in effect?
하우 러엉 더즈 디스 칸츄랙(트) 리메인 인 이팩(트)?

신제품의 장점이 무엇인가요?

What are the benefits of this new product?
왓 아- 더 비니핏 처(브) 디스 누- 프라덕(트)?

단가가 얼마입니까?

What's the unit price?
왓츠 디 유닛 프라이(ㅅ)?

How much is a unit?
하우 머취 이즈 어 유닛?

주문

2천 개를 주문하고 싶은데요.

I'd like to order 2,000 units.
아잇 라익 투 어-더 투- 싸우전 듀닛(ㅊ)

I'll place an order for 2,000 units.
아일 플레이 선 어-더 퍼 투- 싸우전 듀닛(ㅊ)

Give me 2,000 units.
기(ㅂ) 미 투- 싸우전 듀닛(ㅊ)

I'll take 2,000 units.
아일 테익 투- 싸우전 듀닛(ㅊ)

얼마나 주문하시기로 했습니까?

What quantity did you have in mind?
왓 쿼언티티 디 쥬 해 빈 마인(ㄷ)?

이 상품은 최소 주문 수량이 얼마입니까?

What is the minimum order for this product?
왓 이즈 더 미너멈 어-더 퍼 디스 프라덕(ㅌ)?

주문을 변경하고 싶습니다.

I'd like to change my order.
아잇 라익 투 체인쥐 마이 어-더

결정하면 연락해 주시겠습니까?

Would you contact us when you decide?
우 쥬 컨택 터스 웬 유 디사이(ㄷ)?

factor 요소, 원인
market share 시장 점유율
warranty 보증서
in effect 유효한

quantity 양, 수량

협상 ①

재주문하면 가격을 얼마나 낮출 수
있습니까?

How much can you go down if we
reorder?

하우 머취 캔 유 고우 다운 이 퓌 리어–더?

가격을 그렇게 내리는 것은 곤란합니다.

It's hard to reduce the price that
low.

잇츠 하–(ㄷ) 투 리듀–(ㅅ) 더 프라이(ㅅ) 댓 로우

가격은 수량에 따라 달라집니다.

The price depends on quantity.

더 프라이(ㅅ) 디펜 전 쿠언티티

2천 개 이상 주문하시면, 10% 할인해
드립니다.

If you order 2,000 or more, you get
a 10% discount.

이 퓨 어–더 투 싸우전 더 머–, 유 겟 어 텐 퍼센(ㅌ)
디스카운(ㅌ)

그건 좀 힘들겠는데요.

That's a tall order.

댓츠 어 터얼 어–더

이것이 저희 쪽 최종 가격입니다.

It is my final offer.

잇 이즈 마이 파이널 어–퍼

협상의 여지가 없습니다.

There's no room to negotiate.

데어즈 노우 루움 투 니고우시에잇

Let's close the deal.

렛츠 클로우(ㅅ) 더 디일

협상 ②

더 싸게는 안 되나요?

Is that your best price?

이즈 댓 유어 베슷 프라이(ㅅ)?

Can you lower the price?

캔 유 로워 더 프라이(ㅅ)?

Can you give me a better price?

캔 유 기(ㅂ) 미 어 베더 프라이(ㅅ)?

이것이 저희가 제시할 수 있는 최선의
조건입니다.

This is the best deal that we can
offer.

디스 이즈 더 베슷 디일 댓 위 캔 어–퍼

귀사의 최저 가격을 제시해 주세요.

Please offer your best price.

플리– 저–퍼 유어 베슷 프라이(ㅅ)

이번 주중으로 답변 드리겠습니다.

I'm going to give you a reply this
week.

아임 고우잉 투 기 뷰 어 리플라이 디스 위익

조만간 연락해 주시길 기대하겠습니다.

We look forward to hearing from
you soon.

위 룩 퍼–워(ㄷ) 투 히어링 프럼 유 수운

여기에 서명해 주십시오.

Please put your signature here.

플리–(ㅈ) 풋 유어 시그너처 히어

reorder 다시 주문하다, 추가 주문하다
reduce 줄이다

납품	클레임

납품

수요일까지 5대 납품해 주실 수
있습니까?

**Could you deliver 5 units by
Wednesday?**
쿠 쥬 딜리버 파이 뷰닛(ㅊ) 바이 웬즈데이?

언제 납품 받을 수 있나요?

**When will you be able to deliver
them?**
웬 윌 유 비– 에이블 투 딜리버 뎀?

납품 업체들은 영업일 기준으로 10일 후에
대금 결제를 받는다.

Vendors are paid in 10 working days.
벤더 사– 페잇 인 텐 워–킹 데이(ㅈ)

내일 정오까지 납품을 보장하겠습니다.

**We guarantee delivery by
tomorrow noon.**
위 개런티– 딜리버리 바이 터머–로우 누운

빨라도 일주일 후에나 납품할 수
있겠는데요.

**We will be able to deliver in
1 week at the earliest.**
위 윌 비– 에이블 투 딜리버 인 원 위익 앳 디 어–리슷

다음 주에는 입하할 예정입니다.

We expect it to come in next week.
위 익스펙 팃 투 컴 인 넥슷 위익

다른 납품 업체를 찾을 수 있을까요?

Can we find another supplier?
캔 위 파인 더나더 서플라이어?

Do we have any alternate suppliers?
두 위 해 배니 어얼터네잇 서플라이어(ㅅ)?

vendor 판매 회사
alternate 교체되는

클레임

귀사의 제품에 문제가 있습니다.

**We have a problem with your
products.**
위 해 버 프라블럼 윗 유어 프라덕(ㅊ)

클레임이 있습니다.

I'd like to make a complaint.
아잇 라익 투 메익 어 컴플레인(ㅌ)

유감스럽게도, 상품의 일부가 운송 도중
파손되었어요.

**Unfortunately, several of the
pieces were damage in transit.**
언퍼–처넛리, 세버럴 어(ㅂ) 더 피–시 줘– 대미쥐 인
츠랜짓

파손 상품에 대해 변상을 청구하려고
하는데요.

**I'd like to claim an offset to the
damaged done.**
아잇 라익 투 클레임 언 어–(ㅍ)셋 투 더 대미쥣 던

주문한 상품이 도착하지 않았습니다.

**We haven't received the
merchandise we ordered.**
위 해븐(ㅌ) 리시–붓 더 머–천다이 쥐 어–더(ㄷ)

책임자와 이야기를 나누고 싶은데요.

**I'd like to speak with the person in
charge.**
아잇 라익 투 스피익 윗 더 퍼–슨 인 차–쥐

in transit 수송 중
offset 차감 계산하다
merchandise 상품

클레임에 대한 처리 ①

\# 당장 조치하겠습니다.

We'll do that immediately.
위일 두 댓 이미-디엇리

We'll adjust your claim as soon as possible.
위일 엇저슷 유어 클레임 애(ㅈ) 수운 애(ㅈ) 파서블

\# 조사하고 즉시 연락 드리겠습니다.

I'll check into it and call you back.
아일 첵 인투 잇 앤(ㄷ) 커얼 유 백

\# 가능한 빨리 고치겠습니다.

We'll fix this for you as soon as we can.
위일 픽(ㅅ) 디스 퍼 유 애(ㅈ) 수운 애(ㅈ) 위 캔

\# 다시는 이런 일이 없을 겁니다.

It wouldn't happen again.
잇 우든(ㅌ) 해픈 어겐

\# 저희 회사가 끼친 불편한 점에 대해 사과드립니다.

Sorry for any inconvenience this may have caused.
서-리 퍼 애니 인컨비-년(ㅅ) 디스 메이 해(ㅂ) 커-즛

adjust 조절하다
inconvenience 불편한 것, 폐가 되는 일
* at inconvenience 불편을 참고, 만사를 제쳐 놓고
* cause inconvenience to a person
  = put a person to inconvenience
  ~에게 폐를 끼치다

선적 조건

- F.O.B(Free On Board)
가장 통상적인 조건으로, 뒤에 Airport가 붙으면 수입 업체는 항공 운임부터 도착 후 발생 비용까지 부담한다.

- C.I.F(Cost of Insurance and Freight)
수출 업체가 물품 선적에 따르는 운임 및 보험 비용까지 부담한다.

- Ex-Works
수입 업체가 수출 업체의 공장에서부터 발생되는 모든 운임(내륙 운송비, 항공 운임, 도착 후 발생 비용 등)을 부담한다.

클레임에 대한 처리 ②

해고

\# 이런 일이 일어나게 된 점에 대해
죄송합니다.

We are sorry that this happened.
위 아– 서–리 댓 디스 해픈(ㄷ)

\# 선적이 지연된 점을 진심으로
사과드립니다.

**We sincerely apologize for the
delay in the shipment.**
위 신시어리 어팔러자이(ㅈ) 퍼 더 딜레이 인 더 쉽먼(ㅌ)

\# 이 지역 트럭 회사의 파업으로 운송이
지연되고 있습니다.

**Delivery is delayed due to a local
trucking strike.**
딜리버리 이즈 딜레잇 듀– 투 어 로우컬 츠러킹
스츠라익

\# 납품 업체는 물품이 발송될 때 분명히
아무 이상이 없었다고 합니다.

**The supplier assured us the goods
were in perfect condition when
they were dispatched.**
더 서플라이어 어슈어 더스 더 굿 쥬– 인 퍼–픽(ㅌ)
컨디션 웬 데이 워– 디(ㅅ)팻췃

\# 그 지연 사태는 엉뚱한 것을 배달한 납품
업체 때문에 발생한 것이었습니다.

**The delay was caused by the
supplier, who delivered the wrong
materials.**
더 딜레이 워즈 커–즛 바이 더 서플라이어, 후 딜리버(ㄷ)
더 러엉 머테리얼(ㅅ)

\# 샘이 해고됐어.

Sam got fired.
샘 갓 파이엇
Sam got booted out.
샘 갓 부–팃 아웃
Sam got canned.
샘 갓 캔(ㄷ)
The boss canned Sam.
더 버–(ㅅ) 캔(ㄷ) 샘

\# 그들은 해고될 것입니다.

They will be laid off.
데이 윌 비– 레잇 어–(ㅍ)

\# 그는 타당한 이유 없이 나를 해고했다.

**He dismissed me without any
good reason.**
히 디스미슷 미 위다웃 애니 굿 리–즌

\# 그는 게을러서 해고되었다.

**He was fired on the score of
laziness.**
히 워즈 파이어 던 더 스커– 어(ㅂ) 레이지니(ㅅ)

\# 한번 더 실수하면 해고야.

**Another goof-up and you're
getting the ax.**
어나더 구웁 업 앤 쥬어 게딩 디 액(ㅅ)

\# 그는 실수해서 해고되었다.

**He lost his job with the result that
he made a mistake.**
히 러–슷 히스 잡 윗 더 리절(ㅌ) 댓 히 메잇 어
미스테익

shipment 선적
strike 동맹 파업
assure 책임지다
dispatch 발송하다, 급파하다

get the ax 해고당하다

퇴직

그는 무능하다는 이유로 강제로 퇴직되었다.

He was compulsorily retired as incompetent.
히 워즈 컴펄서릴리 리타이어(ㄷ) 애(ㅈ) 인캄퍼턴(ㅌ)

션은 퇴직한 후에 한가하게 지냈다.

Sean lived in retirement after he retired.
션 리(ㅂ) 딘 리타이어먼 애(ㅍ)터 히 리타이어(ㄷ)

루크 씨가 퇴직할 거라는 소식 들었어요?

Did you hear that Luke is going to retire?
디 쥬 히어 댓 룩 이즈 고우잉 투 리타이어?

우리는 퇴직을 대비해서 저축해야 한다.

We have to save money against retirement.
위 해(ㅂ) 투 세이(ㅂ) 머니 어게인슷 리타이어먼(ㅌ)

퇴직금을 얼마나 받게 되나요?

How much severance pay will I receive?
하우 머춰 세버런(ㅅ) 페이 윌 아이 리시-(ㅂ)?

기타

회사에서 메신저를 막아놨어요.

My company blocks messengers.
마이 컴패니 블락(ㅅ) 메신저(ㅅ)

직업병이에요.

It's an occupational hazard.
잇츠 언 아큐페이셔널 해저(ㄷ)

또 야근이에요.

I'm working late again.
아임 워-킹 레잇 어겐

힘든 직업이에요.

It is a very challenging job.
잇 이즈 어 베리 챌린징 잡

전망이 없는 직업이에요.

I'm in a dead-end job.
아임 인 어 데 덴(ㄷ) 잡

잘하면 잘리겠는데.

My job is at stake.
마이 잡 이즈 앳 스테익

그는 지금 (일 안 하고) 놀고 있어.

He's out of work.
히즈 아웃 어 붜-(ㅋ)

occupational 직업의
hazard 위험
challenging 도전적인
dead-end 발전성이 없는, 막다른
at stake 위태로운
* go to the stake 결사적인 각오로 임하다,
(잘못하여) 크게 혼나다
* play for high stake 큰 도박을 하다
* pull up (one's) stakes 이사하다, 직장을 옮기다(구어)

compulsorily 강제적으로
incompetent 무능한
live in retirement 한가하다, 유유자적하다

구직

이력서

그는 요즘 일자리를 알아보는 중이야.
He's job-hunting these days.
히즈 잡 헌팅 디-즈 데이(ㅈ)

실례지만, 사람을 채용하나요?
Excuse me, do you have any positions available?
익스큐-(ㅈ) 미, 두 유 해 배니 퍼지션 서베일러블?

웹사이트의 구인 광고를 보고 전화했어요.
I'm calling about the position you offered in the website.
아임 커-링 어바웃 더 퍼지션 유 어-퍼 딘 더 웹사잇

이 자리에 지원하고 싶은데요.
I want to apply for this position.
아이 원(ㅌ) 투 어플라이 퍼 디스 퍼지션

그 일에는 경력이 필요합니까?
Does the position require experience?
더즈 더 퍼지션 리쿠아이어 익스피어리언(ㅅ)?

언제 면접을 봅니까?
When will you have interviews?
웬 윌 유 해 빈터뷰-(ㅅ)?

입사 시험이 너무 어려웠던 것 같다.
The company recruitment exam must have gotten too difficult.
더 컴패니 리크룻먼 틱잼 머슷 해(ㅂ) 갓든 투- 디피컬(ㅌ)

이력서를 엄청 보냈는데.
I sent out tons of resumes.
아이 센 타웃 턴 서(ㅂ) 레저메이(ㅅ)

이메일로 이력서를 접수 받습니까?
Do you accept resumes by e-mail?
두 유 액셉(ㅌ) 레저메이(ㅅ) 바이 이- 메일?

이력서는 이메일로 보내 주세요.
Send your resume by e-mail.
센 쥬어 레저메이 바이 이- 메일

이력서는 최대한 간단명료해야 합니다.
Your resume should be as plain as possible.
유어 레저메이 슈(ㄷ) 비- 애(ㅈ) 플레인 애(ㅈ) 파서블
Your resume should be plain and simple.
유어 레저메이 슈(ㄷ) 비- 플레인 앤(ㄷ) 심플

이력서를 직접 제출해야 하나요?
Do I have to bring in my resume in person?
두 아이 해(ㅂ) 투 브링 인 마이 레저메이 인 퍼-슨?

만약을 위해서 이력서를 다시 써야겠어.
I guess I should be updating my resume, just in case.
아이 게 사이 슈(ㄷ) 비- 업데이팅 마이 레저메이, 저슷 인 케이(ㅅ)

job-hunting 구직
recruitment 채용

update 새롭게 하다, 최신의 것으로 하다
just in case 만약을 위해서

면접 예상 질문 ①

자신에 대해 소개해 보세요.

Tell us a little about yourself.
텔 어스 어 리들 어바웃 유어셀(ㅍ)

좀 더 구체적으로 말해 보세요.

Please be more specific.
플리-(ㅈ) 비- 머- 스페서픽

장점이 무엇입니까?

What are your strengths?
왓 아- 유어 스츠렝쓰(ㅅ)?

외국어를 하는 게 있나요?

Do you speak any foreign languages?
두 유 스피익 애니 퍼-런 랭귀쥐(ㅅ)?

본인의 성격에 대해 말해 보세요.

Describe your own personality.
디스크라입 유어 오운 퍼-스낼러티

전 직장을 왜 그만뒀습니까?

Why did you leave your last job?
와이 디 쥬 리- 뷰어 래슷 잡?

우리 회사에 대해 아는 것을 말해 보세요.

What do you know about our company?
왓 두 유 노우 어바웃 아워 컴패니?

면접 예상 질문 ②

연봉은 어느 정도 원하십니까?

What salary are you looking for?
왓 샐러리 아- 유 루킹 퍼?

언제부터 일할 수 있습니까?

When would you be able to start?
웬 우 쥬 비- 에이블 투 스타-(ㅌ)?

다른 부서로 옮겨져도 되겠습니까?

Are you willing to relocate?
아- 유 윌링 투 리로우케잇?

왜 우리 회사에 지원했습니까?

Why do you want to work here?
와이 두 유 원(ㅌ) 투 워-(ㅋ) 히어?

우리 회사를 위해 무엇을 할 수 있습니까?

What can you do for our company?
왓 캔 유 두 퍼 아워 컴패니?

5년 후 어떤 모습이 되고 싶습니까?

Where do you see yourself in 5 years?
웨어 두 유 시- 유어셀 핀 파이 비어(ㅅ)?

specific 구체적인

relocate 다시 배치하다

Chapter 10

여행 가서도 척척!

Chapter 10

At the airport 공항에서
앳 디 에어퍼–(ㅌ)

airport 에어퍼–(ㅌ) n. 공항	**takeoff** 테익어–(ㅍ) n. 이륙	**landing** 랜딩 n. 착륙	**passport** 패스퍼–(ㅌ) n. 여권
boarding pass 버–딩 패(ㅅ) n. 탑승권 **airline ticket** 에어라인 티킷 n. 항공권	**one way ticket** 원 웨이 티킷 n. 편도표 **round trip ticket** 라운(ㄷ) 츠립 티킷 n. 왕복표	**destination** 데스티네이션 n. 목적지	**delay** 딜레이 v. 지연되다
carry-on 캐리 언 n. 휴대용 짐	**baggage claim tag** 배기쥐 클레임 택 n. 수하물 보관표	**fragile** 프래절 a. 깨지기 쉬운	**overweight** 오우버웨잇 n. 중량 초과
transit counter 트랜짓 카운터 n. 환승 카운터	**landing card** 랜딩 카–(ㄷ) n. 입국 신고서	**Duty Free Shop** 듀–티 프리– 샵 n. 면세점	**declaration card** 데클러레이션 카–(ㄷ) n. 세관 신고서

On the plane 비행기에서
언 더 플레인

plane 플레인 n. 비행기	**first class** 퍼–슷 클래(ㅅ) n. 일등석 **business class** 비즈니(ㅅ) 클래(ㅅ) n. 비즈니스석 **economy class** 이카너미 클래(ㅅ) n. 일반석	**aisle seat** 아일 시잇 n. 통로좌석 **window seat** 윈도우 시잇 n. 창가석	**life vest** 라이(ㅍ) 베슷, **life jacket** 라이(ㅍ) 재킷 구명조끼
	seat belt 시잇 벨(ㅌ) n. 안전벨트	**blanket** 블랭킷 n. 담요	**pillow** 필로우 n. 베개

At the train station 기차역에서

앳 더 츠레인 스테이션

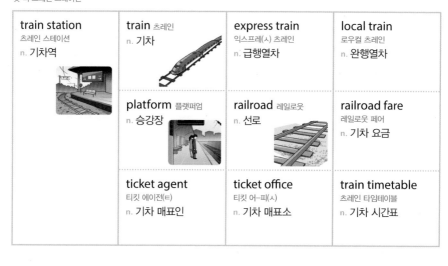

train station 츠레인 스테이션 n. 기차역	train 츠레인 n. 기차	express train 익스프레(ㅅ) 츠레인 n. 급행열차	local train 로우컬 츠레인 n. 완행열차
	platform 플랫퍼엄 n. 승강장	railroad 레일로웃 n. 선로	railroad fare 레일로웃 페어 n. 기차 요금
	ticket agent 티킷 에이젼(ㅌ) n. 기차 매표인	ticket office 티킷 어-피(ㅅ) n. 기차 매표소	train timetable 츠레인 타임테이블 n. 기차 시간표

At the hotel 호텔에서

앳 더 호우텔

hotel 호우텔 n. 호텔	single room 싱글 루움 n. 싱글룸	double room 더블 루움 n. 더블룸	twin room 트윈 루움 n. 트윈룸 suite 스윗 n. 스위트룸
	check in 첵 인 체크인 하다	check out 첵 아웃 체크아웃 하다	breakfast voucher 브렉퍼슷 바우처 조식 쿠폰
	room service 루움 서-비(ㅅ) 룸서비스	free Internet 프리- 인터-넷 무료 인터넷	hotel shuttle services 호우텔 셔들 서-비시(ㅈ) 호텔 셔틀버스 서비스
	tourist information center 투어리슷 인퍼메이션 센터 관광 안내소	souvenir shop 수-버니어 샵 기념품 가게	currency exchange office 커렌시 익스체인쥐 어-피(ㅅ) 환전소

항공권 예약 ①

어떻게 여행하실 건가요? 비행기로 가시나요?

How are you going? Are you flying?
하우 아- 유 고우잉? 아- 유 플라잉?

목적지가 어디신가요?

What's your destination?
왓츠 유어 데스티네이션?

언제 떠날 예정인가요?

When would like to leave?
웬 우(ㄷ) 라익 투 리-(ㅂ)?

When do you plan on departing?
웬 두 유 플랜 언 디파-팅?

편도인가요 왕복인가요?

One way, or round trip?
원 웨이, 어 라운(ㄷ) 츠립?

Would that be one way or a round trip?
우(ㄷ) 댓 비- 원 웨이 어 어 라운(ㄷ) 츠립?

편도 요금은 500달러이고 왕복 요금은 700달러입니다.

It costs 500 dollars single and 700 dollars round trip.
잇 커-슷 파이(ㅂ) 헌드레(ㅈ) 달러(ㅅ) 싱글 앤(ㄷ) 세븐 헌드레(ㅈ) 달러(ㅅ) 라운(ㄷ) 츠립

그럼 왕복표로 주세요.

Then give me a round-trip ticket, please.
덴 기(ㅂ) 미 어 라운(ㄷ) 츠립 티킷, 플리-(ㅈ)

destination 목적
depart 출발하다
round trip ticket 왕복 승차권
　　(= return ticket)

항공권 예약 ②

뉴욕으로 가는 비행기를 예약하고 싶은데요.

I'd like to book a flight for New York.
아잇 라익 투 북 어 플라잇 퍼 누-여엄

뉴욕에서 서울로 가는 비행기를 예약하고 싶은데요.

I want to reserve a seat from New York to Seoul.
아이 원(ㅌ) 투 리저- 버 시잇 프림 누-여엄 투 소울

대한항공 201편을 예약하고 싶은데요.

I'd like to reserve a seat on KAL Flight 201.
아잇 라익 투 리저- 버 시잇 언 케이에이엘 플라잇 투-지어로우원

뉴욕행 편도로 한 장 부탁 드립니다.

A one way ticket to New York, please.
어 원 웨이 티킷 투 누-여엄, 플리-(ㅈ)

편도로 가장 싼 티켓은 얼마입니까?

What's the cheapest fare, one way?
왓츠 더 칩피-슷 페어, 원 웨이

뉴욕행 이코노미석 티켓 가격은 얼마인가요?

How much is an economy class to New York?
하우 머취 이즈 언 이커너미 클래(ㅅ) 투 누-여엄?

왕복표는 며칠간 유효합니까?

How long is a round trip good for?
하우 러엉 이즈 어 라운(ㄷ) 츠립 굿 퍼?

book 예약하다 (= reserve)
one way ticket 편도 승차권 (= single ticket)

예약 확인 & 변경

예약을 재확인하고 싶은데요.
I want to reconfirm my reservation.
아이 원(ㅌ) 투 리컨퍼엄 마이 레저베이션

성함과 비행편을 말씀해 주시겠어요?
May I have your name and flight number?
메이 아이 해 뷰어 네임 앤(ㄷ) 플라잇 넘버?

예약 번호를 알려 주시겠습니까?
Could you tell me your reservation number?
쿠 쥬 텔 미 유어 레저베이션 넘버?

12월 1일 서울행 704편입니다. 제 예약 번호는 123456입니다.
I'm on flight 704 to Seoul on December 1. My reservation number is 123456.
아임 언 플라잇 세븐 오우 퍼– 투 소울 언 디셈버 퍼–슷. 마이 레저베이션 넘버 이즈 원 투– 쓰리– 퍼– 파이(ㅂ) 식(ㅅ)

4월 1일의 예약을 취소하고, 대신 4월 10일로 예약해 주세요.
I'd like to cancel my reservation for the flight on April 1, and book on April 10 instead, please.
아잇 라익 투 캔슬 마이 레저베이션 퍼 더 플라잇 언 에이(ㅍ)릴 퍼–슷. 앤(ㄷ) 북 언 에이(ㅍ)릴 텐쓰 인스텟, 플리–(ㅈ)

여권

여권을 신청하려 하는데요.
I'd like to apply for a passport.
아잇 라익 투 어플라이 퍼 어 패스퍼–(ㅌ)

여권을 발급하려면 어디로 가야 하나요?
Where can I get a passport?
웨어 캔 아이 겟 어 패스퍼–(ㅌ)?

여권을 만드는 데 얼마나 걸리나요?
How long does it take to get a passport?
하우 러엉 더즈 잇 테익 투 겟 어 패스퍼–(ㅌ)?

여권을 발급하려면 무엇을 준비해야 하나요?
What should I prepare to get a passport?
왓 슈 다이 프리패어 투 겟 어 패스퍼–(ㅌ)?

제 여권은 금년 말로 만기가 됩니다.
My passport expires at the end of the year.
마이 패스퍼–(ㅌ) 익스파이어 잿 디 엔 더(ㅂ) 디 이어

여권이 곧 만기되기 때문에 갱신해야 해요.
I have to renew my passport because it's due to expire soon.
아이 해(ㅂ) 투 리누– 마이 패스퍼–(ㅌ) 비커–(ㅈ) 잇츠 듀– 투 익스파이어 수운

apply for a passport 여권을 신청하다
get a passport 여권을 발급하다
renew a passport 여권을 갱신하다
* extend one's visa 비자를 연장하다

비자 ①

미국 비자를 신청하고 싶습니다.

I want to apply for a visa for the
United States.
아이 원(ㅌ) 투 어플라이 퍼 어 비-저 퍼 디 유나이팃
스테이(ㅊ)

비자 신청은 이번이 두 번째입니다.

This is my second visa application.
디스 이즈 마이 세컨(ㄷ) 비-저 어플리케이션

비자 연장을 신청하고 싶은데요.

I'd like to apply for a visa
extension.
아잇 라익 투 어플라이 퍼 어 비-저 익스텐션

비자 발급에 얼마나 걸리죠?

How long does it take to get a
visa?
하우 러엉 더즈 잇 테익 투 겟 어 비-저?

How long do I have to wait to get
a visa?
하우 러엉 두 아이 해(ㅂ) 투 웨잇 투 겟 어 비-저?

이 비자의 유효 기간은 30일입니다.

This visa is good for 30 days only.
디스 비-저 이즈 굿 퍼 써-티 데이 오운리

비자 발급 수수료 15달러를 지불하셔야
합니다.

You should pay 15 dollars for visa
fee.
유 슈(ㄷ) 페이 핍틴 달러(ㅅ) 퍼 비-저 피-

비자 발급이 허가되었는지 알고 싶은데요.

I want to find out if the
authorization for my visa has come
through yet.
아이 원(ㅌ) 투 파인 다웃 이(ㅍ) 디 어-써리제이션 퍼
마이 비-저 해즈 컴 쓰루- 옛

비자 ②

관광차 호주에 가려고 하는데 비자가
필요한가요?

I'm planning to go to Australia for
business. Do I need a visa?
아임 플래닝 투 고우 투 어스츠레일려 퍼 비즈니(ㅅ).
두 아이 니잇 어 비-저?

호주에서는 6개월 간 무비자로 머무를 수
있습니다.

Without a visa, you can stay in
Australia for 6 months.
위다웃 어 비-저, 유 캔 스테이 인 어스츠레일려 퍼
식(ㅅ) 먼쓰(ㅈ)

만기 전에 비자를 갱신하세요.

Please renew your visa before it
expires.
플리-(ㅈ) 리누- 유어 비-저 비퍼- 잇 익스파이어(ㅅ)

무슨 비자를 가지고 계십니까?

What is your visa status?
왓 이즈 유어 비-저 스테이터(ㅅ)?

학생 비자로 방문하셨군요.

I see you have a student visa.
아이 시- 유 해 버 스튜-든(ㅌ) 비-저

공항 이용

늦어도 출발 한 시간 전에는 탑승 수속을 해 주세요.

Please check in at least 1 hour before departure time.

플리-(ㅈ) 첵 인 앳 리-슷 원 아워 비퍼- 디파-처 타임

탑승 수속을 위해 출발 두 시간 전까지는 공항에 도착해야 합니다.

You should arrive at the airport at least 2 hours before your flight time to check in.

유 슈(ㄷ) 어라이 뱃 디 애어퍼- 탯 리-슷 투- 아워(ㅅ) 비퍼- 유어 플라잇 타임 투 첵 인

부치실 짐이 있습니까?

Do you have any baggage to check?

두 유 해 배니 배기쥐 투 첵?

파리로 가는 연결편을 타야 하는데요.

I need to catch the connection flight to Paris.

아이 니잇 투 캣취 더 커넥션 플라잇 투 패리(ㅅ)

국제선 터미널은 어디인가요?

Where is the international terminal?

웨어 이즈 디 인터내셔널 터-미널?

비행기가 연착해서 연결편을 놓쳤어요.

I missed the connection flight because my flight was delayed.

아이 미슷 더 커넥션 플라잇 비커-(ㅈ) 마이 플라잇 워즈 딜레잇

다음 편에 탑승하시도록 해 드릴게요.

I'll put you on the next flight.

아일 풋 유 언 더 넥슷 플라잇

connection flight 연결편, 갈아타는 편

꼭! 짚고 가기

무비자로 세계 곳곳을

2008년 11월 미국과 비자 면제 프로그램 (Visa Waver Program)을 체결함으로써 미국에 무비자 입국이 가능하게 됐습니다. 유효한 전자여권을 소지하고 단기 출장이나 관광 목적의 경우 90일간 무비자 입국이 가능합니다.

비자 면제 프로그램을 이용하기 위해서는 전자여행허가(ESTA) 홈페이지(esta.cbp.dhs.gov)에서 온라인 신청서를 작성 후 승인을 받아야 여행이 가능합니다.

유럽의 경우 러시아와 일부 공산국가를 제외하고는 대부분의 국가에 60일부터 길게는 6개월까지 무비자 입국이 가능합니다.

유럽 국가 중 셴겐협약에 가입한 27개 회원국은 협약에 따라 셴겐국 간 국경검문소와 출입국 심사를 철폐했습니다. 따라서 셴겐국 최종 출국일 기준으로 이전 180일 이내 90일까지 셴겐협약국내 무비자 여행이 가능합니다.

유럽에서 입국이 가장 까다로운 국가는 영국입니다. 무비자로 영국에 입국하려면 귀국 항공권, 숙소 정보, 여행 계획 등을 미리 준비하는 것이 좋습니다. 영국은 180일 머물 수 있습니다.

기타 국가별 무비자 입국 조건 및 비자 발급 조건을 알아보려면 외교통상부 해외안전여행사이트(www.0404.go.kr)에서 확인할 수 있습니다.

티켓팅

대한항공 카운터는 어디입니까?

Where is the KAL office?

웨어 이즈 더 케이에이엘 어-피(ㅅ)?

다음 창구로 가십시오.

You may proceed to the next window.

유 메이 프로시잇 투 더 넥슷 윈도우

인터넷으로 비행기를 예약했습니다.

I reserved a flight on the Internet.

아이 리저-(ㅂ) 더 플라잇 언 디 인터-넷

창가 쪽 좌석을 부탁합니다.

I'd like a window seat, please.

아잇 라익 어 윈도우 시잇, 플리-(ㅈ)

체크인은 몇 시입니까?

What is the check-in time?

왓 이즈 더 첵 인 타임?

서울행 KAL은 몇 번 게이트입니까?

What is the gate number for KAL to Seoul?

왓 이즈 더 게잇 넘버 퍼 케이에이엘 투 소울?

보딩

탑승 수속은 언제 합니까?

When should I check in?

웬 슈 다이 첵 인?

What time do you start boarding?

왓 타임 두 유 스타-(트) 버-딩?

어느 출입구로 가면 됩니까?

Which gate do I go to?

윗취 게잇 두 아이 고우 투?

곧 탑승을 시작하겠습니다.

We will begin boarding soon.

위 윌 비긴 버-딩 수운

탑승권을 보여 주시겠습니까?

May I see your boarding pass, please?

메이 아이 시- 유어 버-딩 패(ㅅ), 플리-(ㅈ)?

대한항공 702편을 이용하시는 모든 승객 여러분께서는 12번 탑승구에서 탑승 수속을 하시기 바랍니다.

All passengers using KE 702, please report to gate 12 for boarding.

어얼 패신저 슈-징 케이이- 세븐 오우 투-, 플리-(ㅈ) 리퍼-(트) 투 게잇 트웰(ㅂ) 퍼 버-딩

오전 10시에 출발하는 605편기 탑승구가 변경되었습니다. 새 탑승구는 B29입니다.

Flight 605, departing at 10 am, has had a gate change. The new departure gate is B29.

플라잇 식(ㅅ) 지어로우 파이(ㅂ), 디파-팅 앳 텐 에이엠, 해즈 햇 어 게잇 체인쥐. 더 누- 디파-처 게잇 이즈 비- 트웬티나인

window seat 창가 쪽 좌석
* aisle seat 복도 쪽 좌석
* bulk seat 제일 앞 좌석

check in 탑승 수속
　(= boarding)
boarding pass 탑승권

세관

세관 신고서를 작성해 주세요.

Please fill out this customs declaration.
플리-(ㅈ) 필 아웃 디스 커스텀(ㅅ) 데클러레이션

세관 신고서를 보여 주시겠어요?

Can I see your customs declaration?
캔 아이 시- 유어 커스텀(ㅅ) 데클러레이션?

신고하실 물품이 있습니까?

Anything to declare?
애니씽 투 디클레어?

Do you have anything to declare?
두 유 해 배니씽 투 디클레어?

What do you have to declare?
왓 두 유 해(ㅂ) 투 디클레어?

신고할 것은 없습니다.

Nothing.
나씽

I have nothing to declare.
아이 해(ㅂ) 나씽 투 디클레어

가방을 테이블 위에 올려 주세요.

Please place your bags on the table.
플리-(ㅈ) 플레이 슈어 백 선 더 테이블

이것은 제가 사용하는 거예요.

It's for my own use.
잇츠 퍼 마이 오운 유-(ㅈ)

It's for my personal use.
잇츠 퍼 마이 퍼-스널 유-(ㅈ)

액체류는 반입할 수 없습니다.

You cannot bring in any liquids.
유 캔낫 브링 인 애니 리쿠이(ㅈ)

customs declaration 세관 신고서
declare 신고하다
liquid 액체

꼭! 짚고 가기

종이 항공권은 이제 안녕!

항공권을 구매하는 경우 기존의 종이 항공권 대신 대부분 E-ticket(전자항공권)을 발급하고 있습니다.
E-ticket은 항공사의 데이터베이스에 모든 세부사항을 저장하여 예약, 변경, 환불, 재발행 등을 전산으로 조회하고 처리할 수 있습니다. 이에 따라 항공권 수령을 위한 번거로움 없이 집에서 클릭만으로 항공권을 발권하고 공항 카운터에서 간단한 신분 확인만으로 탑승 수속 후 보딩패스를 받아 탑승할 수 있습니다.
E-ticket을 사용할 경우, 발권 후 이메일로 송부되는 여정과 운임영수증(ITR : Itinerary & Receipt)에서 이름의 영문 스펠링이 여권과 같은지 확인한 후 프린트하여 여행 일정 동안 소지하고 다녀야 합니다.
ITR를 잃어버렸거나 프린트가 불가능한 경우 해당 항공사 카운터에서 재발행할 수 있습니다.
최근에는 항공사 앱을 통해 탑승 전 미리 체크인을 해 두면, 모바일 탑승권으로 따로 보딩 패스를 받지 않고 탑승 수속을 할 수 있습니다.

면세점 이용

면세점은 어디 있어요?
Where are the Duty-Free Shops?
웨어 아- 더 듀-티 프리- 샵(ㅅ)?

면세점에서 쇼핑할 시간이 있을까요?
Will we have time to do some Duty-Free shopping?
윌 위 해(ㅂ) 타임 투 두 섬 듀-티 프리- 샤핑?

면세점에서는 훨씬 쌀 거예요.
It'll probably be even cheaper in the Duty-Free Shops.
잇일 프라버블리 비- 이븐 치-퍼 인 더 듀-티 프리- 샵

여행자 수표도 받습니까?
Do you accept traveler's checks?
두 유 액셉(ㅌ) 츠래블러(ㅅ) 첵(ㅅ)?

네. 신분증을 가지고 계신가요?
Yes. Do you have any identification?
예스. 두 유 해 배니 아이덴티피케이션?

출국 심사

여권을 보여 주시겠어요?
May I see your passport, please?
메이 아이 시- 유어 패스퍼-(ㅌ), 플리-(ㅈ)?

출국 신고서를 주시겠어요?
Can you hand in your departure card?
캔 유 핸 딘 유어 디파-쳐 카-(ㄷ)?

출국 신고서 작성법을 알려 주시겠어요?
Can you give me hand filling out this departure card?
캔 유 기(ㅂ) 미 핸(ㄷ) 필링 아웃 디스 디파-쳐 카-(ㄷ)?

어디까지 가십니까?
Where are you headed?
웨어 아- 유 헤딧?

뉴욕에 가는 중입니다.
I'm on my way to New York.
아임 언 마이 웨이 투 누-여억

언제 돌아오십니까?
When are you going to return?
웬 아- 유 고우잉 투 리터언?

일행이 있습니까?
Who is going with you?
후 이즈 고우잉 윗 유?

상사와 함께 갑니다.
I'm going with my boss.
아임 고우잉 윗 마이 버-(ㅅ)

departure card 출국 카드
(= embarkation card)

372

입국 심사 ①

여권과 입국 신고서를 보여 주시겠어요?

May I see your passport and
landing card, please?
메이 아이 시- 유어 패스터- 앤(ㄷ) 랜딩 카-(ㄷ),
플리-(ㅈ)?

국적은 어디입니까?

What is your nationality, please?
왓 이즈 유어 내셔낼러티, 플리-(ㅈ)?

Where are you from?
웨어 아- 유 프럼?

미국에서 목적지는 어디입니까?

What is your destination in the
United States?
왓 이즈 유어 데스티네이션 인 디 유나잇 스테이(ㅊ)?

방문 목적은 무엇입니까?

What's the purpose of your visit?
왓츠 더 퍼-퍼 저 뷰어 비짓?

What are you here for?
왓 아- 유 히어 퍼?

What brought you here?
왓 브로웃 유 히어?

관광차 왔습니다.

I'm here just for sightseeing.
아임 히어 저슷 퍼 사잇시-잉

For travelling.
퍼 츠레블링

사업차 왔습니다.

I'm here on business.
아임 히어 언 비즈니(ㅅ)

친척들을 만나러 왔어요.

I'm here to visit my relatives.
아임 히어 투 비짓 마이 레러티(ㅂㅅ)

landing card 입국 카드, 입국 신고서
 (= disembarkation card)

입국 심사 ②

이 나라에서는 얼마 동안 머물
예정입니까?

How long are you going to stay in
this country?
하우 러엉 아- 유 고우잉 투 스테이 인 디스 컨츠리?

How long will you be here?
하우 러엉 윌 유 비- 히어?

일주일간 머물 예정입니다.

I'll stay for 7 days.
아일 스테이 퍼 세븐 데이(ㅈ)

I'll be here for 7 days.
아일 비- 히어 퍼 세븐 데이(ㅈ)

7 days.
세븐 데이(ㅈ)

돌아갈 항공권을 갖고 있습니까?

Do you have a return airplane
ticket?
두 유 해 버 리터언 에어플레인 티킷?

직업은 무엇입니까?

What's your occupation?
왓츠 유어 아큐페이션?

단체 여행객입니까?

Are you traveling in a group?
아- 유 츠레블링 인 어 그루웁?

첫 방문입니까?

Is this your first visit?
이즈 디스 유어 퍼-슷 비짓?

네, 처음입니다.

Yes, it's my first time.
예스, 잇츠 마이 퍼-슷 타임

occupation 직업

입국 심사 ③

숙소는 어디입니까?

Where are you going to stay?
웨어 아– 유 고우잉 투 스테이?

친구의 집에 머물 거예요.

I'm going to stay at my friend's house.
아임 고우잉 투 스테이 앳 마이 프렌(ㅈ) 하우(ㅅ)

힐튼 호텔에 머물 겁니다.

I'm going to be staying at the Hilton hotel.
아임 고우잉 투 비– 스테잉 앳 더 힐튼 호우텔

At the Hilton hotel.
앳 더 힐튼 호우텔

얼마를 소지하고 계십니까?

How much money do you have?
하우 머취 머니 두 유 해(ㅂ)?

1,500달러를 갖고 있습니다.

I have about $1,500.
아이 해 버바웃 핍틴 헌드레(ㅈ) 달러(ㅅ)

여행자 수표로 500달러, 현금으로 500달러 가지고 있습니다.

I have $500 in traveler's checks and $500 in cash.
아이 해(ㅂ) 파이(ㅂ) 헌드레 진 츠레블러(ㅅ) 첵 샌(ㄷ) 파이(ㅂ) 헌드레 진 캐쉬

짐을 찾을 때

제 짐을 찾으려면 어디로 가야 하나요?

Where can I pick up my baggage?
웨어 캔 아이 픽 업 마이 배기쥐?

수하물계로 가십시오.

You can proceed to the baggage counter.
유 캔 프러시잇 투 더 배기쥐 카운터

제 짐이 보이지 않아요.

My baggage isn't here.
마이 배기쥐 이즌(ㅌ) 히어

I can't find my suitcase.
아이 캔(ㅌ) 파인(ㄷ) 마이 수웃케이(ㅅ)

I think my baggage is missing.
아이 싱(ㅋ) 마이 배기쥐 이즈 미싱

제 짐이 어디 있는지 확인해 주시겠어요?

Can you check to see where my baggage is?
캔 유 첵 투 시– 웨어 마이 배기쥐 이즈?

제 짐이 파손됐어요.

My baggage was damaged.
마이 배기쥐 워즈 대미쥐(ㄷ)

제 짐이 아직 도착하지 않았어요.

My baggage hasn't arrived yet.
마이 배기쥐 해즌 터라이븟 옛

baggage counter 수하물 수속대
* baggage claim 수하물 찾는 곳
* baggage claim tag 수하물 보관표

마중

공항에 누가 마중 나와 있습니까?

Will someone pick you up at the airport?
월 섬원 픽 유 업 앳 디 에어퍼-(트)?

Will someone be meeting you at the airport?
월 섬원 비- 미-팅 유 앳 디 에어퍼-(트)?

공항에 마중 나와 주시겠습니까?

Can you meet me at the airport?
캔 유 미잇 미 앳 디 에어퍼-(트)?

Can you come for me to the airport?
캔 유 컴 퍼 미 투 디 에어퍼-(트)?

공항에 누구 좀 마중 나오게 해 주시겠어요?

Can you arrange to have someone meet me at the airport?
캔 유 어랜쥐 투 해(ㅂ) 섬원 미잇 미 앳 디 에어퍼-(트)?

우리를 마중 나와 줘서 고마워요.

Thanks for coming out to get us.
쌩(ㅅ) 퍼 커밍 아웃 투 겟 어스

Thank you for meeting my plane.
쌩 큐 퍼 미-팅 마이 플레인

당신을 마중하도록 차를 예약해 놓을게요.

I'll arrange for a car to meet you at the airport.
아일 어랜쥐 퍼 어 카- 투 미잇 유 앳 디 에어퍼-(트)

내가 공항에 마중하러 나갈게요.

I'll meet your plane.
아일 미잇 유어 플레인

I'll pick you up at the airport.
아일 픽 유 업 앳 디 에어퍼-(트)

꼭! 짚고 가기

출입국 신고서

출입국 신고서에 기재하는 항목들은 성명 (성과 이름 따로), 생년월일, 성별, 주소, 국적, 직업, 여권번호 및 유효 기간, 항공사 및 편명, 비자 발급 도시, 여행 목적, 해당 국가 체류 시 주소, 서명 등입니다. 각 국가마다 양식이 다르며 항목에도 조금씩 차이가 있습니다.

최근에는 출입국 신고서를 작성할 일이 많이 없지만, 입국하는 국가에 따라 요구하는 경우가 있으니 알아두면 좋겠죠!

출입국 신고서에 기입해야 할 항목은 다음과 같습니다.

* birth date(date of birth) 생년월일
* employer 회사명
* family name(last name) 성
* first name 이름
* home address 현 주소
* nationality 국적
* occupation 직업
* place of birth 출생지
* purpose of visit 입국 목적
* signature 서명

공항 기타

LA를 경유해서 갑니다.
I'll go via L.A.
아일 고우 비-어 엘에이

이 비행기는 파리 경유 런던행이에요.
It's a plane to London via Paris.
잇츠 어 플레인 투 런던 비-어 패리(ㅅ)
It's a plane to London by way of Paris.
잇츠 어 플레인 투 런던 바이 웨이 어(ㅂ) 패리(ㅅ)

샌프란시스코를 경유하도록 노선을 정해 주세요.
Please route me via San Francisco.
플리-(ㅈ) 루웃 미 비-어 샌프랜시스코우

나는 그리스를 경유하여 유럽을 여행할 거야.
I'll travel Europe by Greece.
아일 츠래블 유어럽 바이 그리-(ㅅ)

이 비행기는 시카고로 직항합니다.
This plane is flying direct to Chicago.
디스 플레인 이즈 플라잉 디렉(ㅌ) 투 시카-고우

제가 탈 비행기는 시드니 직항입니까?
Is my flight non-stop to Sydney?
이즈 마이 플라잇 난 스탑 투 싯니?

안개 때문에 공항에서 꼼짝 못 하고 있었다.
I was fogbound at the airport.
아이 워즈 폭바운(ㄷ) 앳 디 에어퍼-(ㅌ)

기내 좌석 찾기

탑승권을 보여 주시겠습니까?
May I see your boarding pass, please?
메이 아이 시- 유어 버-딩 패(ㅅ). 플리-(ㅈ)?
Would you please show me your boarding pass?
우 쥬 플리-(ㅈ) 쇼우 미 유어 버-딩 패(ㅅ)?

좌석을 안내해 드릴까요?
May I help you find your seat?
메이 아이 헬 퓨 파인 쥬어 시잇?

이쪽입니다. 손님 좌석은 바로 저쪽입니다.
This way, please. Your seat is just over there.
디스 웨이, 플리-(ㅈ). 유어 시잇 이즈 저슷 오우버 데어

소지품을 기내에 둬도 됩니까?
May I leave my belongings in this flight?
메이 아이 리-(ㅂ) 마이 빌러엉잉 신 디스 플라잇?

이 가방을 선반 위에 올려 놓도록 도와주시겠습니까?
Will you please help me to put this bag up on the rack?
윌 유 플리-(ㅈ) 헬(ㅍ) 미 투 풋 디스 백 업 언 더 랙?

잠시 후에 이륙합니다.
We are taking off shortly.
위 아- 테이킹 어-(ㅍ) 셔엇리

좌석 벨트를 매 주십시오.
Please fasten your seat belt.
플리-(ㅈ) 패슨 유어 시잇 벨(ㅌ)

belonging 소지품
rack 선반

376

기내에서

잡지나 읽을거리를 좀 주시겠어요?

May I have a magazine or
something to read?

메이 아이 해 버 매거진 어 섬씽 투 리잇?

담요와 베개를 주시겠습니까?

May I have a blanket and a pillow?

메이 아이 해 버 블랭킷 앤 더 필로우?

Could you get me a blanket and a
pillow, please?

쿠 쥬 겟 미 어 블랭킷 앤 더 필로우, 플리-(ㅈ)?

실례합니다. 저랑 자리를 바꿔 주실 수
있습니까?

Excuse me. Would you mind
trading seats with me?

익스큐-(ㅈ) 미. 우 쥬 마인(ㄷ) 츠레이딩 시잇 윗 미?

비행시간은 얼마나 걸립니까?

How long does the flight take?

하우 러엉 더즈 더 플라잇 테익?

서울과 뉴욕의 시차는 얼마입니까?

What's the time difference
between Seoul and New York?

왓츠 더 타임 디퍼런(ㅅ) 빗위인 소울 앤(ㄷ) 누-여억?

비행기가 완전히 멈출 때까지 좌석에서
기다려 주세요.

Please remain in your seat until the
aircraft comes to a complete stop.

플리-(ㅈ) 리메인 인 유어 시잇 언틸 디 에어크래풋
컴(ㅅ) 투 어 컴플리잇 스탑

꼭! 짚고 가기

기내 방송의 예

이륙에 성공해 정상 궤도에 진입하면 기장
의 기내 방송이 시작됩니다.
그 내용을 잠시 살펴볼까요.

Good morning and welcome aboard
flight 703. This is your captain talking
to you from the cockpit.
This flight to New York will fly at an al-
titude of 35,000 feet and our air speed
will be 600 miles per hour. This trip
should be smooth and visibility excel-
lent all the way to New York. We will
be arriving in the JFK airport 15 hours
from the time we left the Incheon
International airport.
I hope you will enjoy your flying. Thank
you.

안녕하십니까. 703편에 탑승하신 승객 여
러분 환영합니다. 저는 조종석에 있는 기
장입니다.
본 비행기는 뉴욕을 향해 시속 600마일로
고도 35,000피트 상공을 비행하게 되겠습
니다. 뉴욕까지의 비행은 순항, 시계는 청명
합니다. 인천국제공항을 이륙한 지 15시간
후에 JFK 공항에 도착할 예정입니다. 즐거
운 비행 되십시오. 감사합니다.

* aboard 탑승한, 승선한
* captain 기장, 선장, 함장
* cockpit 조종석
* altitude 고도
* take off 이륙하다
* land 착륙하다
* life vest, life jacket 구명조끼
* oxygen mask 산소마스크
* international date line 날짜 변경선

기내식

음료수는 무엇으로 하시겠습니까?

What would you like to drink?
왓 우 쥬 라익 투 드링(ㅋ)?

음료수를 좀 주시겠습니까?

Can I get something to drink?
캔 아이 겟 섬씽 투 드링(ㅋ)?

식사는 소고기와 생선 중 무엇으로 하시겠습니까?

Would you like beef or fish for dinner?
우 쥬 라익 비입 어 피쉬 퍼 디너?

Which would you prefer, beef or fish?
윗취 우 쥬 프리퍼, 비입 어 피쉬?

스테이크로 할게요.

Steak, please.
스테익, 플리-(ㅈ)

I'd like steak for dinner.
아잇 라익 스테익 퍼 디너

디저트는 됐습니다.

I don't care for any dessert.
아이 도운(ㅌ) 캐어 퍼 애니 디저-(ㅌ)

I'll skip dessert.
아일 스킵 디저-(ㅌ)

물 한 컵 주시겠어요?

I'd like to have a glass of water, please.
아잇 라익 투 해 버 글래 서(ㅂ) 워-터, 플리-(ㅈ)

테이블을 치워 드릴까요?

Can I clear the table?
캔 아이 클리어 더 테이블?

숙박 시설 예약 ①

예약을 하고 싶습니다.

I'd like to make a reservation.
아잇 라익 투 메익 어 레저베이션

I'd like to book a room.
아잇 라익 투 북 어 루움

다음 주에 2박을 예약하고 싶습니다.

I'd like to make a reservation for 2 nights next week.
아잇 라익 투 메익 어 레저베이션 퍼 투-ㅣ 잇츠 넥슷 위익

죄송합니다. 방이 만원입니다.

Sorry, sir. We're full.
서-리, 서(ㄹ). 위어 풀

I'm sorry we're all booked up.
아임 서-리 위어 어얼 북 텁

어떤 방을 원하십니까?

What kind of room do you have in mind?
왓 카인 더(ㅂ) 루움 두 유 해 빈 마인(ㄷ)?

욕실이 있는 싱글룸으로 부탁합니다.

I'd like a single room with bath.
아잇 라익 어 싱글 루움 윗 배쓰

바다가 보이는 방으로 부탁합니다.

I'd like a room with a view of the ocean.
아잇 라익 어 루움 윗 어 뷰- 어(ㅂ) 디 오우션

싱글룸이 있습니까?

Do you have a single room available?
두 유 해 버 싱글 루움 어베일러블?

I'd like a single room, please.
아잇 라익 어 싱글 루움, 플리-(ㅈ)

booked up 예약이 꽉 찬(=full), 매진된(=sold out)
available 이용 가능한

378

숙박 시설 예약 ②

며칠 묵으실 겁니까?

For how many nights?

퍼 하우 메니 나잇(ㅊ)?

3박 하고 일요일 오전에 체크아웃 하려고
합니다.

I'd like to stay 3 nights and check
out Sunday morning.

아잇 라익 투 스테이 쓰리- 나잇 챈(ㄷ) 첵 아웃
선데이 머-닝

숙박비는 얼마입니까?

What's the rate for the room?

왓츠 더 레잇 퍼 더 루움?

이 요금에 조식이 포함되었나요?

Does this rate include breakfast?

더즈 디스 레잇 인클루(ㄷ) 브렉퍼슷 ?

좀 더 싼 방이 있나요?

Do you have anything cheaper?

두 유 해 배니씽 치-퍼?

오늘 밤 묵을 방이 있습니까?

Is there a room available tonight?

이즈 데어 어 루움 어베일러블 터나잇?

꼭! 짚고 가기

숙박 시설 ①

호텔 방의 종류는 주로 싱글룸, 더블룸, 트
윈룸, 스위트룸의 네 종류로 나뉩니다.

- 싱글룸(single room)
  싱글 침대 1개가 놓인 1인용 객실입니다.
- 더블룸(double room)
  킹 또는 퀸 사이즈의 더블 침대 1개가 놓
  인 방입니다. 더블 침대를 2명이 함께 사
  용할 경우 세미 더블룸이라고 부르기도
  합니다.
- 트윈룸(twin room)
  싱글 침대 2개가 놓인 2인용 객실이며
  3명이 함께 쓸 수 있는 3인용 객실(트리
  플룸)을 보유한 호텔도 있습니다.
- 스위트룸(suite)
  침실과 응접실이 포함되어 있는 특실로
  호텔마다 다양한 이름으로 불리고 있습
  니다.

체크인

체크인을 부탁합니다.

Check in, please.
첵 인. 플리-(ㅈ)
I'd like to check in now.
아잇 라익 투 첵 인 나우

지금 체크인 할 수 있습니까?

Can I check in now?
캔 아이 첵 인 나우?

체크인은 몇 시부터입니까?

What time is check-in?
왓 타임 이즈 첵 인?

예약은 하셨습니까?

Do you have a reservation?
두 유 해 버 레저베이션?

싱글룸을 예약한 스미스입니다.

My name is Smith, I have a
reservation for a single.
마이 네임 이즈 스미쓰, 아이 해 버 레저베이션 퍼
어 싱글

방을 바꾸고 싶습니다.

I would like to change my room.
아이 우(ㄷ) 라익 투 체인쥐 마이 루움

짐을 부탁합니다.

Take my baggage, please.
테익 마이 배기쥐. 플리-(ㅈ)

체크아웃

체크아웃 부탁합니다.

Check out, please.
첵 아웃. 플리-(ㅈ)
I'd like to check out.
아잇 라익 투 첵 아웃

몇 시에 체크아웃 하시겠습니까?

When will you be checking out?
웬 윌 유 비- 체킹 아웃?

10시에 체크아웃 하려고 합니다.

I am going to check out at 10
o'clock.
아이 앰 고우잉 투 첵 아웃 앳 텐 어클락

이 항목은 무슨 요금입니까?

What's this item?
왓츠 디스 아이텀?
What is this charge?
왓 이즈 디스 차-쥐?

저는 룸서비스를 시키지 않았는데요.

I never ordered any room service.
아이 네버 어-더 대니 루움 서-비(ㅅ)

잘못된 것 같은데요.

I think there is a mistake here.
아이 씽(ㅋ) 데어 이즈 어 미(ㅅ)테익 히어

짐을 로비로 내려 주세요.

Please have my baggage brought
down.
플리-(ㅈ) 해(ㅂ) 마이 배기쥐 브러엇 다운

숙박 시설 이용 ①

룸서비스를 부탁해도 될까요?

May I have room service?
메이 아이 해(ㅂ) 루움 서-비(ㅅ)?

Room service, please.
루움 서-비(ㅅ), 플리-(ㅈ)

세탁을 부탁할 수 있습니까?

Do you have a laundry service?
두 유 해 버 러언드리 서-비(ㅅ)?

I want to send this to the laundry.
아이 원(ㅌ) 투 센(ㄷ) 디스 투 더 러언드리

Laundry service, please.
러언드리 서-비(ㅅ), 플리-(ㅈ)

언제쯤 되나요?

When will it be ready?
웬 윌 잇 비- 레디?

How long will it take?
하우 러엉 윌 잇 테익?

귀중품을 보관할 수 있습니까?

Could you take my valuables?
쿠 쥬 테익 마이 밸류어블(ㅅ)?

Could I leave some of my valuables in the hotel safe?
쿠 다이 리-(ㅂ) 섬 어(ㅂ) 마이 밸류어블 신 더 호우텔 세이(ㅍ)?

Can I deposit my valuables?
캔 아이 디파짓 마이 밸류어블(ㅅ)?

6시에 모닝콜을 해 주세요.

A wake-up call at 6, please.
어 웨익 업 커얼 앳 식(ㅅ), 플리-(ㅈ)

Will you wake me up at 6?
윌 유 웨익 미 업 앳 식(ㅅ)?

Can I have a wake-up call at 6?
캔 아이 해 버 웨익 업 커얼 앳 식(ㅅ)?

Can you give me a wake-up call at 6?
캔 유 기(ㅂ) 미 어 웨익 업 커얼 앳 식(ㅅ)

꼭! 짚고 가기

숙박 시설 ②

호텔 외 배낭여행 시 저렴하게 이용할 수 있는 방으로 게스트하우스와 유스호스텔, 한국인 민박이 있습니다.

게스트하우스나 유스호스텔은 여러 나라에서 온 외국인들과 교류할 수 있는 기회가 있는 것이 장점. 그러나 여러 사람이 함께 이용해야 하는 경우가 많고 화장실이나 욕실은 공동사용인 경우가 대부분이에요.

한국인 민박은 저렴할 뿐 아니라 한국인 주인에게 각종 정보를 얻을 수 있고 한국 음식도 먹을 기회가 있다는 것이 장점이죠.

최근 대부분의 관광 도시에는 한국인이 운영하는 민박들이 있고 이들을 모아놓아 정보는 물론 예약까지 할 수 있는 사이트들도 많이 생겼으니 잘 알아보고 필요한 정보를 찾아보세요.

이 외에도 현지인의 집을 일정 기간 동안 빌릴 수 있는 에어비앤비(Airbnb)도 많이 이용합니다.

숙박 시설 이용 ②

제게 메시지 온 것이 있습니까?

Is there any message for me?

이즈 데어 애니 메시쥐 퍼 미?

Do you have any message for me?

두 유 해 배니 메시쥐 퍼 미?

열쇠를 보관해 주시겠어요?

Will you keep my key?

윌 유 키입 마이 키-?

제 방 열쇠를 주시겠어요?

Can I have my key?

캔 아이 해(ㅂ) 마이 키-?

이 짐을 비행기 시간까지 맡아 주세요.

Please keep this baggage until my flight time.

플리-(ㅈ) 키입 디스 배기쥐 언틸 마이 플라잇 타임

이 짐을 한국으로 보내 주시겠어요?

Can I ask you to send this baggage to Korea?

캔 아이 애슥 큐 투 센(ㄷ) 디스 배기쥐 투 커리-아?

하루 더 연장해서 체류하고 싶습니다.

I'd like to extend my stay one more day.

아잇 라익 투 익스텐(ㄷ) 마이 스테이 원 머- 데이

I'd like to stay one day longer.

아잇 라익 투 스테이 원 데이 러엉거

무선 인터넷을 사용할 수 있나요?

Can I use the wireless internet?

캔 아이 유-(ㅈ) 더 와이어리(ㅅ) 인터-넷?

숙박 시설 트러블

열쇠를 방에 두고 왔습니다.

I left the key in my room.

아이 레픗 더 키- 인 마이 루움

I locked myself out.

아이 락(ㅌ) 마이셀 파웃

마스터키를 쓸 수 있을까요?

Do you have the master key, please?

두 유 해(ㅂ) 더 매스터 키-, 플리-(ㅈ)?

뜨거운 물이 나오지 않는데요.

There's no hot water.

데어즈 노우 핫 워터

변기가 막혔어요.

The toilet doesn't flush.

더 터일릿 더즌(ㅌ) 플러쉬

방이 청소되어 있지 않아요.

My room has not been cleaned yet.

마이 루움 해즈 낫 빈 클리인(ㄷ) 옛

지금 점검해 주시겠어요?

Will you check on it right away?

윌 유 첵 언 잇 라잇 어웨이?

옆 방이 너무 시끄러운데요.

It's very noisy next door.

잇츠 베리 노이지 넥슷 도어

방이 엘리베이터에 너무 가까이 있는데, 바꿀 수 있을까요?

My room is too close to the elevator. Can I change it?

마이 루움 이즈 투- 클로우(ㅅ) 투 디 엘러베이터. 캔 아이 체인쥐 잇?

관광 안내소

관광 안내소는 어디에 있나요?

Where is the tourist information center?

웨어 이즈 더 투어리슷 인퍼메이션 센터?

이 도시의 관광 안내서를 주시겠어요?

Do you have a sightseeing brochure of this town?

두 유 해 버 사잇시-잉 브로우슈어 어(ㅂ) 디스 타운?

Please give me a leaflet on the town.

플리-(ㅈ) 기(ㅂ) 미 어 리-플릿 언 더 타운

이 도시의 지도를 한 장 부탁합니다.

May I have a map of this town?

메이 아이 해 버 맵 어(ㅂ) 디스 타운?

부근에 가 볼 만한 명소를 추천해 주시겠어요?

Can you recommend some interesting places around here?

캔 유 레커멘(ㄷ) 섬 인터레스팅 플레이시 서라운(ㄷ) 히어?

이 지역의 호텔 정보를 알고 싶은데요.

I need information on local hotels.

아이 니잇 인퍼메이션 언 로우컬 호우텔(ㅅ)

값싸고 괜찮은 호텔 하나 추천해 주시겠어요?

Can you recommend a cheap and nice hotel?

캔 유 레커멘 더 치입 앤(ㄷ) 나이(ㅅ) 호우텔?

약도를 좀 그려 주시겠습니까?

Could you draw me a map?

쿠 쥬 드러- 미 어 맵?

투어

투어 프로그램에는 어떤 것이 있나요?

What kind of tours do you have?

왓 카인 더(ㅂ) 투어(ㅅ) 두 유 해(ㅂ)?

당일 투어가 있습니까?

Do you have one-day tour programs?

두 유 해 뭔 데이 투어 프로우그램(ㅅ)?

몇 시에 어디에서 출발합니까?

What time and where does it leave?

왓 타임 앤 웨어 더즈 잇 리-(ㅂ)?

몇 시간이나 걸리나요?

How long does it take?

하우 러엉 더즈 잇 테익?

몇 시에 돌아올 수 있나요?

What time will we be back?

왓 타임 윌 위 비- 백?

요금은 1인에 얼마인가요?

How much is it per person?

하우 머취 이즈 잇 퍼 퍼-슨?

What's the rate per person?

왓츠 더 레잇 퍼 퍼-슨?

가이드가 있습니까?

Do you have a guide?

두 유 해 버 가이(ㄷ)?

야경을 위한 관광이 있나요?

Do you have a tour for the night view?

두 유 해 버 투어 퍼 더 나잇 뷰-?

입장권을 살 때

티켓은 어디서 살 수 있나요?

Where can I buy a ticket?
웨어 캔 아이 바이 어 티킷?

입장료는 얼마인가요?

How much is the admission fee?
하우 머취 이즈 디 앳미션 피-?

어른 두 장이랑 어린이 한 장 주세요.

Two adults and one child, please.
투- 어덜 챈 뒨 차일(ㄷ), 플리-(ㅈ)

1시 공연의 좌석이 있나요?

**Do you have any tickets for the
1 o'clock performance?**
두 유 해 배니 티킷(ㅊ) 퍼 디 원 어클락 퍼퍼-먼(ㅅ?

**Are there any tickets available at
1 o'clock?**
아- 데어 애니 티킷 처베일러블 앳 원 어클락?

단체 할인이 되나요?

Do you have a group discount?
두 유 해 버 그루웁 디스카운(ㅌ)?

단체 할인 요금을 적용 받으려면 몇 명이
필요한가요?

**How many people do we need to
get the group rate?**
하우 메니 피-플 두 위 니잇 투 겟 더 그루웁 레잇?

20명 이상의 단체는 20%의 할인을 받을
수 있습니다.

**Groups of 20 or more can receive a
20% discount.**
그루웁 서(ㅂ) 트웬티 어 머- 캔 리시- 버 트웬티
퍼센(ㅌ) 디스카운(ㅌ)

관람

정말 아름다운 곳이네요!

What a beautiful place it is!
왓 어 뷰-티펄 플레이 싯 이즈!

전망이 환상적이에요!

What a fantastic view!
왓 어 팬태스틱 뷰-!

관람 시간은 몇 시까지인가요?

What time will it be over?
왓 타임 윌 잇 비- 오우버?

이 시설은 7세 미만의 어린이만 이용
가능합니다.

**It's supposed to be only for
children under the age of seven.**
잇츠 서포우줏 투 비- 오운리 퍼 칠드런 언더 디
에이쥐 어(ㅂ) 세븐

내부를 둘러봐도 될까요?

Can I take a look inside?
캔 아이 테익 어 룩 인사이(ㄷ)?

기념품 가게는 어디 있나요?

Where is a gift shop?
웨어 이즈 어 기픗 샵?

Where can I buy the gifts?
웨어 캔 아이 바이 더 기픗(ㅊ)?

Where is a souvenir shop?
웨어 이즈 어 수-버니어 샵?

출구는 어디인가요?

Where is the exit?
웨어 이즈 디 엑싯?

384

길 묻기 ①

국립미술관으로 가려면 어느 쪽으로 가야 하나요?

Which way do I go to get to the National Gallery?

위취 웨이 두 아이 고우 투 겟 투 더 내셔널 갤러리?

에펠탑으로 가려면 이 길이 맞습니까?

Is this the right way to the Eiffel Tower?

이즈 디스 더 라잇 웨이 투 디 아이플 타워?

역까지 가는 길을 가르쳐 주세요.

Please tell me the way to the station.

플리-(ㅈ) 텔 미 더 웨이 투 더 스테이션

How can I get to the station?

하우 캔 아이 겟 투 더 스테이션?

곧장 가셔서 두 번째 모퉁이에서 우회전 하세요.

Go straight and turn right at the second corner.

고우 스츠레잇 앤(ㄷ) 터언 라잇 앳 더 세컨(ㄷ) 커-너

근처에 지하철역이 있습니까?

Is there a subway station around here?

이즈 데어 어 섭웨이 스테이션 어라운(ㄷ) 히어?

좀 먼데요. 버스를 타는 것이 낫겠네요.

It's far from here. You'd better take a bus.

잇츠 파- 프럼 히어. 유(ㄷ) 베더 테익 어 버스

길 묻기 ②

여기에서 박물관까지는 얼마나 멉니까?

How far is the museum from here?

하우 파- 이즈 더 뮤-지-엄 프럼 히어?

여기에서 멀어요?

Is it far from here?

이즈 잇 파- 프럼 히어?

걸어갈 수 있나요?

Can I walk there?

캔 아이 웍 데어?

걸어서 몇 분이나 걸리나요?

How long does it take by foot?

하우 러엉 더 짓 테익 바이 풋?

걸어서 5분이면 됩니다.

It's only 5 minutes' walk.

잇츠 오운리 파이(ㅂ) 미닛(ㅊ) 웍

지금 제가 있는 곳이 무슨 길인가요?

Which street am I on now?

위취 스츠리잇 앤(ㄷ) 아이 언 나우?

이 지도에서 제가 있는 곳이 어디인가요?

Where am I on this map?

웨어 앰 아이 언 디스 맵?

죄송합니다. 저도 이곳이 처음입니다.

I'm sorry. I'm a stranger here.

아임 서-리. 아임 어 스츠레인저 히어

기차

지하철

뉴욕행 왕복 기차표 한 장 부탁합니다.

One round trip to New York, please.

원 라운(ㄷ) 츠립 투 누-여억, 플리-(ㅈ)

몇 등석으로 드릴까요?

Which class do you want?

위취 클래(ㅅ) 두 유 원(ㅌ)?

텍사스로 가는 침대칸 한 장 주세요.
위층으로 부탁합니다.

I'd like to take a sleeper to Texas. Up, please.

아잇 라익 투 테익 어 슬리-퍼 투 텍서(ㅅ).
업, 플리-(ㅈ)

열차의 배차 간격은 어떻게 되나요?

How often does the train come?

하우 어-픈 더즈 더 츠레인 컴?

30분 간격으로 다닙니다.

Every 30 minutes.

에브리 써-티 미닛(ㅊ)

LA행 열차는 몇 시에 출발합니까?

What time does the train for LA leave?

왓 타임 더즈 더 츠레인 퍼 엘에이 리-(ㅂ)?

열차가 30분 연착됐습니다.

Our train arrived 30 minutes behind schedule.

아워 츠레인 어라이붓 써-티 미닛(ㅊ) 비하인(ㄷ)
스케쥬울

매표소는 어디입니까?

Where is the ticket counter?

웨어 이즈 더 티킷 카운터?

지하철 노선도를 받을 수 있을까요?

Can I have a subway map?

캔 아이 해 버 섭웨이 맵?

A subway map, please.

어 섭웨이 맵, 플리-(ㅈ)

어디에서 갈아타야 하나요?

Where should I transfer?

웨어 슈 다이 츠랜스퍼?

Where do I change?

웨어 두 아이 체인쥐?

2호선으로 갈아타세요.

You can transfer to the number two line.

유 컨 츠랜(ㅅ)퍼 투 더 넘버 투- 라인

요금은 얼마입니까?

How much is the fare?

하우 머취 이즈 더 페어?

시청으로 나가는 출구가 어디인가요?

Where is the exit for the City Hall?

웨어 이즈 디 엑싯 퍼 더 시티 허얼?

이 도시의 지하철은 몇 호선까지 있나요?

How many lines are there in this city?

하우 메니 라인 사- 데어 인 디스 시티?

버스

가까운 버스 정류장은 어디인가요?
Where is the nearest bus stop?
웨어 이즈 더 니어리숫 버스 스탑?

이 버스가 공항으로 가나요?
Does this bus go to the airport?
더즈 디스 버스 고우 투 디 에어퍼-(ㅌ)?

어디에서 내려야 하는지 알려 주시겠어요?
Could you tell me where to get off?
쿠 쥬 텔 미 웨어 투 겟 어-(ㅍ)?
Please tell me when we arrive there.
플리-(ㅈ) 텔 미 웬 위 어라이(ㅂ) 데어

버스가 끊겼어요.
The bus stopped running.
더 버스 스탑(ㅌ) 러닝

이 밤에는 버스가 없어요.
There is no bus at this time of night.
데어 이즈 노우 버스 앳 디스 타임 어(ㅂ) 나잇

도중에 내릴 수 있나요?
Can I stop over on the way?
캔 아이 스탑 오우버 언 더 웨이?

이 자리 비어 있습니까?
Is this seat vacant? ↘ 비어 있는
이즈 디스 시잇 베이컨(ㅌ)?
Is this seat taken? ↘ 차 있는
이즈 디스 시잇 테이큰?
May I sit here?
메이 아이 시잇 히어?

여기에서 내리겠습니다.
I'll get off here.
아일 겟 어-(ㅍ) 히어

꼭! 짚고 가기

관광지 표지판 ①

▶ **관광지**
- Entrance 입구
- Exit 출구
  (= Way Out)
- Information 안내소
- Entrance Free 무료 입장
- Closed Today 당일 휴관
- Keep off the grass 잔디밭 출입 금지
- Restricted Area 통제 구역
- No Photography Allowed
  사진 촬영 금지
- No Children Allowed
  어린이 출입 금지
- Open 24 Hours a Day
  24시간 영업
- Sold Out 매진
  (= All tickets sold out)
- 20% Off For a Student
  학생 20% 할인

▶ **공공장소**
- Silence 조용히
  (= Be Quiet)
- No Smoking 금연
  (= Smoking is prohibited)
- No Dumping 쓰레기를 버리지 마시오
- Decency Forbids 소변 금지
- Off Limits 통행 금지
- Keep Out 들어가지 마시오
- Space Cooled 냉방 중
- Please wait in line 줄을 서시오

▶ **기타**
- Beware of Pickpocket! 소매치기 주의!
- No Vacancies 만원, 자리 없음
- Emergency Call 긴급 전화
- Out of Order 고장
- Wet Paint 칠 주의

택시 ①

택시를 불러 주시겠어요?

Could you call me a taxi, please?
쿠 쥬 커얼 미 어 택시, 플리-(ㅈ)?

I'd like to call a taxi.
아잇 라익 투 커얼 어 택시

여기에서 택시를 잡도록 하죠.

Let's catch a taxi here.
렛츠 캣취 어 택시 히어

택시를 못 잡겠어요.

I can't find a cab.
아이 캔(ㅌ) 파인 더 캡

어디로 가십니까?

Where to?
웨어 투?

Where would you like to go?
웨어 우 쥬 라익 투 고우?

공항으로 가 주세요.

Can you take me to the airport?
캔 유 테익 미 투 디 에어퍼-(ㅌ)?

Airport, please.
에어퍼-(ㅌ), 플리-(ㅈ)

이 주소로 가 주세요.

Take me to this address, please.
테익 미 투 디스 앳레(ㅅ), 플리-(ㅈ)

To this address, please.
투 디스 앳레(ㅅ), 플리-(ㅈ)

제가 급하니까 지름길로 가 주세요.

I'm in a hurry, so please take a short cut.
아임 인 어 허리, 소우- 플리-(ㅈ) 테익 어 셔엇 컷

택시 ②

빨리 가 주세요.

Step on it, please.
스텝 언 잇, 플리-(ㅈ)

시간에 맞출 수 있을까요?

Can we make it?
캔 위 메익 잇?

속도를 좀 줄여 주시겠어요?

Can you slow down a little?
캔 유 슬로우 다운 어 리들?

Please drive safely.
플리-(ㅈ) 드라이(ㅂ) 세입리

저 모퉁이에 내려 주세요.

Drop me off at the corner.
드랍 미 어- 팻 더 커-너

Pull over at the corner, please.
풀 오우버 앳 더 커-너, 플리-(ㅈ)

Let us off at the corner, please.
렛 어스 어- 팻 더 커-너, 플리-(ㅈ)

다 왔습니다.

Here we are.
히어 위 아-

Here's your stop.
히어 쥬어 스탑

제 가방을 꺼내 주시겠어요?

Can you take out my bags?
캔 유 테익 아웃 마이 백(ㅅ)?

요금은 얼마입니까?

How much is it?
하우 머취 이즈 잇?

잔돈은 가지세요.

Keep the change.
키입 더 체인쥐

선박

1등칸으로 한 장 주세요.

One first-class coach, please.

원 퍼-슷 클래(ㅅ) 코우춰, 플리-(ㅈ)

저는 배를 탈 때마다 배멀미를 합니다.

I get seasick whenever I get in a boat.

아이 겟 시-식 웨네버 아이 겟 인 어 보웃

승선 시간은 몇 시입니까?

What time do we embark?

왓 타임 두 위 임바-(ㅋ)?

다음 기항지는 어디입니까?

Where are we calling at next?

웨어 아- 위 커-링 앳 넥슷?

이제 곧 입항합니다.

We will soon be at a port.

위 윌 수운 비- 앳 어 퍼-(ㅌ)

승객들은 모두 배에 올랐습니다.

The passengers are all on board ship.

더 패신저 사- 어얼 언 버-(ㄷ) 쉽

first-class coach 1등칸
seasick 배멀미하는
embark 승선하다
port 항구
on board 배에 오른

꼭! 짚고 가기

관광지 표지판②

▶ 도로 표지판
- 4-way Stop 사거리 정지
- Speed Limit 속도 제한
- Minimum Speed 최저 속도 제한
- Danger! 위험!
- No Right Turn Ahead 우회전 금지
- Do Not Pass 추월 금지
- Bump 과속 방지용 턱
- Keep Safe Distance 안전거리 유지
- Stop line 정지선
- Dead End 막다른 길
- Keep Right 우측 차선 이용
- Do Not Enter 진입 금지
- One way only 일방통행
- Warning : Sharp Curve Ahead
  경고 : 급커브
- Workmen Ahead 전방에 공사 중
- Accident Ahead 전방에 사고 발생
- Reduce Speed 감속 주행
- Beware of Falling Rocks 낙석 주의
- Fasten your seat belts 안전띠 착용
- Pedestrians Prohibited 보행 금지

▶ 주차장
- Parking area 주차장
- No parking 주차 금지
- No Standing Any Time
  주/정차 항시 금지
- One Hour Parking 1시간 주차 허용
- Reserved Parking for Handicapped
  장애인 전용 주차 구역

Chapter 11

긴급상황도 OK!

Chapter 11

On the road 길에서
언 더 로웃

transportation 트랜스퍼테이션 n. 교통수단	car 카– n. 자동차	motocycle 모우터사이클 n. 오토바이
	bicycle 바이시클 n. 자전거	bus 버스 n. 버스
traffic 츠래픽 n. 교통	seat belt 시잇 벨(ㅌ) n. 안전벨트	horn 허언 n. 경적
	helmet 헬밋 n. 헬멧	traffic light 츠래픽 라잇 n. 신호등
car accident 카– 액시던(ㅌ) n. 교통사고	speeding 스피–딩 n. 속도위반	tow truck 토우 츠럭 n. 견인차
	breathalyzer 브레썰라이저 n. 음주 측정기	insurance 인슈어런(ㅅ) n. 보험
traffic law 츠래픽 러– n. 교통 법규	driver's license 드라이버(ㅅ) 라이션(ㅅ) n. 운전면허증	collision 컬리전 n. 충돌

Accident 사고
액시던(트)

alarm 얼라암 n. 경보, 경고 	fire 파이어 n. 화재 	smoke 스모욱 n. 연기	short circuit 셔엇 서–킷 n. 누전 electric shock 일렉트릭 샥 n. 감전
	ambulance 앰불런(ㅅ) n. 구급차 	slip 슬립 v. 미끄러지다 trip 츠립 v. 걸려 넘어지다	drowning 드라우닝 a. 익사하는
police 펄리–(ㅅ) n. 경찰 police station 펄리–(ㅅ) 스테이션 n. 경찰서 	missing child 미싱 차일(드) n. 미아	lost and found 러–슷 앤(드) 파운(드) 분실물센터 lost article 러–슷 아–티클 분실물	witness 윗니(ㅅ) n. 목격자
	thief 씨–(ㅍ) n. 도둑	robber 라버 n. 강도, 도둑 burglary 버–그러리 n. 강도	pickpocket 픽파킷 n. 소매치기 shoplifting 샵리프팅 n. 들치기
natural disaster 내처럴 디재스터 자연재해	earthquake 어–쓰쿠에익 n. 지진 	typhoon 타이푸운 n. 태풍 storm 스터엄 n. 폭풍	tidal wave 타이들 웨이(브) n. 해일 tsunami 추나–미 n. 쓰나미
	flood 플럿 n. 홍수 heavy rain 헤비 레인 n. 호우	drought 드라웃 n. 가뭄 	heavy snow 헤비 스노우 n. 폭설

응급상황

구급차①

응급상황이에요.
This is an emergency.
디스 이즈 언 이머-전시

병원까지 저를 좀 데려다주시겠어요?
Could you please take me to the hospital?
쿠 쥬 플리-(ㅈ) 테익 미 투 더 하스피들?

친구가 쓰러져서 의식이 없습니다.
My friend fell and is unconscious.
마이 프렌(ㄷ) 펠 앤 디즈 언컨셔(ㅅ)

다리를 심하게 다친 것 같아요.
It seems like he hurt his legs badly.
잇 시임(ㅅ) 라익 히 허-(ㅌ) 히스 렉(ㅅ) 뱃리

정확한 상태를 말씀해 주시겠어요?
Can you tell me what the exact situation is?
캔 유 텔 미 왓 디 익잭(ㅌ) 시츄에이션 이즈?

응급실이 어디죠?
Where's the emergency room, please?
웨어즈 디 이머-전시 루움, 플리-(ㅈ)?

우리는 당장 그에게 응급 처치를 해야 해.
We have to give first aid to him right now.
위 해(ㅂ) 투 기(ㅂ) 퍼-슷 에잇 투 힘 라잇 나우

구급차 좀 보내 주시겠어요?
Could you send an ambulance?
쿠 쥬 센 던 앰뷸런(ㅅ)?

구급차를 불러 주세요.
Could you please call an ambulance?
쿠 쥬 플리-(ㅈ) 커얼 언 앰뷸런(ㅅ)?

구급차를 부를까요?
Should I call an ambulance?
슈 다이 커얼 언 앰뷸런(ㅅ)?

구급차를 바로 부를게.
I'll call an ambulance right now.
아일 커얼 언 앰뷸런(ㅅ) 라잇 나우

어서 구급차를 불러.
Hurry and call an ambulance.
허리 앤(ㄷ) 커얼 언 앰뷸런(ㅅ)

움직이지 못하게 하고 구급차가 도착할 때까지 기다려 주세요.
Don't let him move and wait until the ambulance arrives.
도운(ㅌ) 렛 힘 무- 밴 풰잇 언틸 디 앰뷸런 서라이브(ㅅ)

emergency 긴급 사태
unconscious 의식불명의
exact 정확한

ambulance 구급차

394

구급차 ②

구급차가 와요.

Here comes an ambulance.

히어 컴 선 앰뷸런(ㅅ)

구급차가 바로 갈 겁니다.

An ambulance is on the way.

언 앰뷸런 시즈 언 더 웨이

구급차가 곧 그곳에 도착할 것입니다.

The ambulance will be right over.

디 앰뷸런 쉴 비 – 라잇 오우버

다행히 구급차가 바로 왔다.

Luckily an ambulance arrived shortly after.

럭킬리 언 앰뷸런 서라이붓 셔엇리 애(ㅍ)터

구급차가 올 때까지 제가 할 수 있는 것이 있나요?

Is there anything I can do before the ambulance comes?

이즈 데어 애니씽 아이 캔 두 비퍼– 디 앰뷸런(ㅅ) 컴(ㅅ)?

제인은 구급차 들것에 눕혀졌다.

Jane was placed on an ambulance stretcher.

제인 워즈 플레이슷 언 언 앰뷸런(ㅅ) 스츠렛처

stretcher 들것

꼭! 짚고 가기

Ground Zero, 뉴욕 맨해튼에!

Ground zero 하면, 사전적 의미로는 '폭탄의 낙하점, 핵폭탄이 터지는 지점'입니다. 지금은 2001년 9월 11일 일어났던 테러로 인해 무너진 세계무역센터(WTC)가 있던 곳을 가리키는 말이 되어, 고유명사로 사용되고 있습니다.

당시 끔찍한 테러로 인해 110층의 거대한 건물은 힘없이 무너져버리고, 수많은 사람들이 희생되었습니다.

9·11 테러 추모공원 건설 및 다시 새로운 건물을 짓기 위한 공사가 진행되어, 2014년 11월 원월드트레이드센터(One World Trade Center, 1WTC)가 개장했습니다.

그리고 많은 사람들은 옆에 있는 9/11 기념관(9/11 Memorial & Museum)을 방문해 당시 희생된 사람들을 추모하며 다시는 이 땅에 끔찍한 테러가 일어나지 않기를 기원합니다.

Ground zero는 최초로 원자폭탄 실험 장소였던 곳과 1945년 원자폭탄이 투하된 일본의 히로시마와 나가사키의 피폭지를 가리키는 말로 처음 사용되었습니다.

길을 잃음

미아

길을 잃었어요.

I got lost.
아이 갓 러-슷

I lost my way.
아이 러-슷 마이 웨이

I missed my way.
아이 미슷 마이 웨이

지금 있는 곳이 어디인가요?

Where are you now?
웨어 이- 유 나우?

여기가 어디인지 모르겠어요.

I don't know where I am.
아이 도운(트) 노우 웨어 아이 앰

주변에 보이는 것을 말씀해 주시겠어요?

Can you tell me what you can see
around you?
캔 유 텔 미 왓 유 캔 시- 어라운 쥬?

딸을 잃어버렸어요.

My daughter is missing.
마이 더-터 이즈 미싱

I lost my daughter.
아이 러-슷 마이 더-터

어디에서 잃어버리셨나요?

Where did you lose her?
웨어 디 쥬 루-(ㅈ) 허?

Where did you last see him?
웨어 디 쥬 래슷 시- 힘?

인상착의를 알려 주세요.

Please let me know the looks of
your child.
플리-(ㅈ) 렛 미 노우 더 룩 서 뷰어 차일(드)

여섯 살 난 제 아이가 사라졌어요.

My six-year-old seems to have
disappeared.
마이 식 시어 오울(드) 시임(스) 투 해(ㅂ) 디서피어(드)

미아를 찾기 위한 방송을 해 주시겠어요?

Could you make an announcement
for a missing child?
쿠 쥬 메익 언 어나운스먼(트) 퍼 어 미싱 차일(드)?

미아보호소가 어디예요?

Where's the home for missing
children?
웨어즈 더 호움 퍼 미싱 칠드런?

lost 길을 잃은, 분실한
* get lost 길을 잃다
* be lost on ~에 효과가 없다

missing 행방불명의
* a missing child 미아
* be missing 미아가 되다
* search for a missing child 미아를 찾다

396

분실 사고

분실 신고 & 분실물 센터

\# 분실물 보관소는 어디인가요?

Where is the lost and found?
웨어 이즈 더 러-숫 앤(드) 파운(드)?

\# 언제 어디에서 분실하셨나요?

When and where did you lose it?
웬 앤 붸어 디 쥬 루- 짓?

\# 신용카드를 잃어버렸습니다.

I lost my credit card.
아이 러-숫 마이 크레딧 카-(드)

\# 택시 안에 지갑을 두고 내렸어요.

I left my purse in a taxi.
아이 레픗 마이 퍼- 신 어 택시

\# 어디에서 잃어버렸는지 기억이 안 나요.

I don't remember where I lost it.
아이 도운(트) 리멤버 웨어 아이 러-숫 잇

\# 여기에서 휴대 전화를 보지 못했나요?

Didn't you see a cell phone here?
디든 츄 시- 어 셀 포운 히어?

\# 분실물은 저희가 책임질 수 없습니다.

We can't take responsibility for the lost things.
위 캔(트) 테익 리스판서빌러티 퍼 더 러-숫 씽(ㅅ)

\# 분실물 신청용지를 작성해 주세요.

Fill out this lost luggage form.
필 아웃 디스 러-숫 러기쥐 퍼엄

\# 분실한 짐을 찾으러 왔습니다.

I'm here to pick up my luggage that I lost.
아임 히어 투 픽 업 마이 러기쥐 댓 아이 러-숫

\# 분실한 카드를 신고하려고 합니다.

I'd like to report a lost card.
아잇 라익 투 리퍼- 터 러-숫 카-(드)

\# 어서 카드 분실 신고를 해.

You'd better hurry and report the card missing.
유(드) 베더 허리 앤(드) 리퍼-(트) 더 카-(드) 미싱

\# 분실물 센터에 가 보는 게 좋겠다.

You should try the Lost and Found.
유 슈(드) 츠라이 더 러-숫 앤(드) 파운(드)

\# 분실물 센터에 가서 확인해 봐.

You'll have to check with the Lost and Found.
유일 해(ㄴ) 투 첵 윗 더 러-숫 앤(드) 파운(드)

---

lost and found 분실물 센터
* lost article 분실물
purse 지갑
* wallet 지갑(영국)

responsibility 책임, 의무
luggage 짐(영국)
* baggage 짐

도난 ①

도둑이야!

Thief!
씨-(ㅍ)!

Robber!
라버!

Stop thief!
스탑 씨-(ㅍ)!

제 지갑을 도단당했습니다.

My wallet was stolen.
마이 왈릿 워스 스토울런

I've got my wallet stolen.
아입 갓 마이 왈릿 스토울런

I was robbed of my purse.
아이 워즈 랍 더(ㅂ) 마이 퍼-(ㅅ)

I had my purse lifted.
아이 햇 마이 퍼-(ㅅ) 립팃

그가 제 지갑을 훔쳤습니다.

He stole my purse.
히 스토울 마이 퍼-(ㅅ)

누가 제 가방을 가져갔어요.

Someone took my bag.
섬 원 툭 마이 백

I have been mugged.
아이 해(ㅂ) 빈 먹(ㄷ)

강도를 당했어요.

I was robbed.
아이 워즈 랍(ㄷ)

경비원을 불러 주세요.

Call a security officer.
커얼 어 시큐어러티 어-피서

robber 강도, 도둑
rob ~로부터 빼앗다
mug (강도가) 습격하다

도난 ②

이웃에서 도난 사건이 몇 건 있었다.

There were several burglaries in the neighborhood.
데어 워- 세버럴 버-그러리 진 더 네이버훗

도난 신고했어요?

Did you report a burglary to the police?
디 쥬 리퍼- 터 버-그러리 투 더 펄리-(ㅅ)?

그건 도난방지기예요.

That's a burglar alarm.
댓츠 어 버-그러 얼라암

그는 가게에서 물건을 훔치다가 걸렸다.

He got caught shoplifting.
히 갓 커웃 샵립팅

어젯밤에 우리 집에 도둑이 들었다.

My house was robbed last night.
마이 하우 쉬즈 랍(ㄷ) 래슷 나잇

A thief broke into my house last night.
어 씨-(ㅍ) 브로욱 인투 마이 하우(ㅅ) 래슷 나잇

외출한 사이 누가 방에 침입했습니다.

Someone broke into my room while I was out.
섬원 브로욱 인투 마이 루움 와일 아이 워즈 아웃

외출한 사이에 도둑이라도 들면 어쩌지?

What if we get burgled while we're going out?
왓 이 퓌 겟 버-글(ㄷ) 와일 위어 고우잉 아웃?

burglary (주거 침입) 강도
shoplifting 들치기
burgle ~에 도둑질하다
   (= burglarize)

398

소매치기 ①

소매치기야!

Pickpocket!
픽파킷!

소매치기 주의!

Beware of pickpockets!
비웨어 어(ㅂ) 픽파킷(ㅊ)!
Be alert for purse-snatchers!
비- 얼러엇 퍼 퍼-(ㅅ) 스냇쳐(ㅅ)!

저놈 잡아요!

Catch him!
캣춰 힘!

가방을 빼앗겼어요.

My bag was snatched.
마이 백 워즈 스내췻
Someone snatched my bag.
섬원 스내췻 마이 백

소매치기가 내 지갑을 훔쳤어요.

A pickpocket frisked me of my
wallet.
어 픽파킷 프리슥(ㅌ) 미 어(ㅂ) 마이 왈릿
A pickpocket walked off with my
purse.
어 픽파킷 웍 터- 윗 마이 퍼-(ㅅ)
I was robbed of my wallet by a
pickpocket.
아이 워즈 랍 더(ㅂ) 마이 왈릿 바이 어 픽파킷

소매치기 ②

경찰을 부르겠어요.

I'll call the police.
아일 커얼 더 펄리-(ㅅ)

소매치기를 조심하세요!

Beware of pickpockets!
비웨어 어(ㅂ) 픽파킷(ㅊ)!
Look out for pickpockets!
룩 아웃 퍼 픽파킷(ㅊ)!
Be alert for purse-snatchers!
비- 알러엇 퍼 퍼-(ㅅ) 스냇쳐(ㅅ)!

여기에서는 지갑을 조심하세요.
소매치기를 당하기 쉽거든요.

Watch your wallet here. It's easy to
be pickpocketed.
왓춰 유어 왈릿 히어. 잇츠 이-지 투 비- 픽파킷팃

승객 여러분 소매치기를 조심하십시오.

Passengers are warned against
pickpockets.
패신저 사- 워언 더게인슷 픽파킷(ㅊ)

소매치기가 내 눈앞에서 그것을
훔쳐갔어요.

The pickpocket took it right from
under my nose.
더 픽파킷 툭 잇 라잇 프럼 언더 마이 노우(ㅈ)

오늘 아침 지하철에서 소매치기를
당했어요.

I was pickpocketed on the subway
this morning.
아이 워즈 픽파킷팃 언 더 섭웨이 디스 머-닝

beware 조심하다
alert 방심하지 않는
snatch ～을 잡아채다
frisk 남으로부터 물건을 훔치다

사기 ①

사기를 당했습니다.

I was ripped off.
아이 워즈 립 터-(ㅍ)

I have been cheated.
아이 해(ㅂ) 빈 치-팃

사기로 돈을 떼였어요.

I was jobbed out of my money.
아이 워즈 잡 다웃 어(ㅂ) 마이 머니

그는 사기꾼이에요.

He is a con artist.
히 이즈 어 컨 아-티슷

He is a damn swindler.
히 이즈 어 댐 스윈들러

사기 치지 마!

Don't take me for a ride!
도운(ㅌ) 테익 미 퍼 어 라이(ㄷ)!

그건 순전히 사기야.

It's all a do.
잇츠 어얼 어 두

It's a downright swindle.
잇츠 어 다운라잇 스윈들

rip off ~을 훔치다, ~을 속이다
job 사기쳐서 빼앗다
con (남)을 속이다
swindler 사기꾼
downright (나쁜 의미로) 완전한, 순전한
swindle (돈 따위)를 사취하다

사기 ②

그는 내게 사기를 쳐서 돈을 빼앗았다.

He conned me out of money.
히 컨(ㄷ) 미 아웃 어(ㅂ) 머니

He has shaken me down.
히 해즈 쉐이큰 미 다운

He was jobbed out of my money.
히 워즈 잡 다웃 어(ㅂ) 마이 머니

그는 사기죄로 체포됐다.

He was arrested on a charge of fraud.
히 워즈 어레스팃 언 어 차-쥐 어(ㅂ) 프러엇

He was charged with fraud.
히 워즈 차-짓 윗 프러엇

그는 사기 행각을 벌여서 체포되었다.

He was arrested for having played the rogue.
히 워즈 어레스팃 퍼 해빙 플레잇 더 로욱

그는 날 협박해서 돈을 사기 쳤어요.

He's shaken me down.
히즈 쉐이큰 미 다운

택시 운전사한테 사기당했어.

I got ripped off by the cab driver.
아이 갓 립 터-(ㅍ) 바이 더 캡 드라이버

나는 그 사기꾼의 말을 다 믿었다고.

I believed the con artist's story hook, line and sinker.
아이 빌리-브(ㄷ) 더 컨 아-티스(ㅊ) 스터-리 훅, 라인 앤(ㄷ) 싱커

그는 완전히 사기꾼이야.

He is a crook inside out.
히 이즈 어 크룩 인사이 다웃

경찰 신고

여기에서 가장 가까운 경찰서가 어디인가요?

Where is the nearest police station?

웨어 이즈 더 니어리슷 펄리-(ㅅ) 스테이션?

경찰을 불러 주세요.

Call the police.

커얼 더 펄리-(ㅅ)

도난 신고를 하려고 합니다.

I'd like to report a theft.

아잇 라익 투 리퍼- 터 쎄픗

도난 증명서를 만들어 주십시오.

Could you make out a report of the theft?

쿠 쥬 메익 아웃 어 리퍼- 터(ㅂ) 더 쎄픗?

어디에 신고해야 합니까?

Where should I report it to?

웨어 슈 다이 리퍼- 팃 투?

가까운 경찰서에 가서 신고하는 게 좋겠어요.

You'd better come down to the station and report it.

유(ㄷ) 베더 컴 다운 투 더 스테이션 앤(ㄷ) 리퍼- 팃

한국 대사관에 연락해 주세요.

Please call the Korean embassy.

플리-(ㅈ) 커얼 더 커리-언 엠버시

I want to contact the Korean embassy.

아이 원(ㅌ) 투 컨택(ㅌ) 더 커리-언 엠버시

사기와 관련된 어휘를 살펴볼까요.

- 사기
  fraud, swindle, cheat, deception, con job
- 사기 치다
  swindle, defraud
- 사기꾼
  swindler, defrauder, crook(구어), confidence man, confidence tricker
- 사기 사건
  a fraud case
- 사기 도박
  fraudulent gambling
- 신용 사기
  confidence game, con game(속어)
- 결혼 사기
  a marriage fraud

교통사고 ①

교통사고 신고를 하려고 합니다.

I want to report a car accident.
아이 원(트) 투 리터- 터 카- 액시던(트)

교통사고를 목격했습니다.

I witnessed a traffic accident.
아이 윗니스 터 츠래픽 액시던(트)

교통사고를 당했어요.

I had a car accident.
아이 햇 어 카- 액시던(트)

My car has been in a traffic
accident.
마이 카- 해즈 빈 인 어 츠래픽 액시던(트)

그 차가 내 차의 측면을 들이받았어요.

The car hit mine broadside.
더 카- 힛 마인 브러엇사이(드)

정면충돌이었어요.

It was a head-on collision.
잇 워즈 어 헤 던 컬리전

그 교통사고는 언제 일어난 거죠?

When did the traffic accident
happen?
웬 딧 더 츠래픽 액시던(트) 해픈?

하마터면 사고를 당할 뻔했어요.

We almost got into an accident.
위 어얼모우슷 갓 인투 언 액시던(트)

We had a close call.
위 햇 어 클로우(스) 커얼

교통사고 ②

사고 증명서를 만들어 주십시오.

May I have an accident report,
please.
메이 아이 해 번 액시던(트) 리퍼-(트), 플리-(즈)

운전면허증을 보여 주세요.

I need to see your driver's license,
please.
아이 니잇 투 시- 유어 드라이버(스) 라이센(스),
플리-(즈)

보험은 가입되어 있나요?

Is your car insured?
이즈 유어 카- 인슈어(드)?

보험의 유효 기간은 어떻게 되나요?

How long is this policy good for?
하우 러엉 이즈 디스 펄리-시 굿 퍼?

이곳은 교통사고 다발지점이에요.

This is an accident black spot.
디스 이즈 언 액시던(트) 블랙 스팟
This is a black spot for traffic
accidents.
디스 이즈 어 블랙 스팟 퍼 츠래픽 액시던(츠)

음주 측정기를 부십시오.

Please blow into this breath
analyzer here.
플리-(즈) 블로우 인투 디스 브레쓰 애널라이저 히어

정지 신호에서 멈추지 않으셨습니다.

You didn't stop for that stop sign.
유 디든(트) 스탑 퍼 댓 스탑 사인

witness ~을 목격하다
collision 충돌
have a close call 아슬아슬하게 살아나다

안전사고 ①

\# 그는 수영 중에 익사할 뻔했다.

He was nearly drowned while
swimming.
히 워즈 니어리 드라운 돠일 스위밍

\# 바다에 빠진 소년은 익사했다.

The boy fed the fishes after falling
into the sea.
더 버이 펫 더 피쉬 재(ㅍ)터 퍼-링 인투 더 시-

\# 그는 감전되어 죽을 뻔했다.

He was almost killed by an electric
shock.
히 워즈 어얼모우슷 킬(ㄷ) 바이 언 일렉츠릭 샥

\# 계단에서 미끄러졌어.

I slipped on the stairs.
아이 슬립 턴 더 스테어(ㅅ)

\# 그는 미끄러졌지만 재빨리 난간을 잡았다.

He slipped but quickly caught
hold of the railing.
히 슬립(ㅌ) 벗 쿠익리 커웃 호울 더(ㅂ) 더 레일링

\# 미끄러지지 않도록 조심하세요.

Watch your step so as not to slip.
왓춰 유어 스텝 소우- 애(ㅈ) 낫 투 슬립

\# 오늘 아침에 빙판에서 미끄러졌어요.

This morning I slipped on some
ice.
디스 머-닝 아이 슬립 턴 섬 아이(ㅅ)

안전사고 ②

\# 돌에 걸려 넘어졌어요.

I fell over a stone.
아이 펠 오우버 어 스토운
I tripped on a stone.
아이 츠립 턴 어 스토운

\# 돌에 걸려 넘어지면서 발목을 삐었다.

I tripped over a rock and sprained
my ankle.
아이 츠립 토우버 어 락 앤(ㄷ) 스프레인(ㄷ) 마이 앵클

\# 그녀는 중심을 잃고 넘어졌다.

She lost her balance and tumbled
over.
쉬 로슷 허 밸런 샌(ㄷ) 텀블 도우버
She overbalanced herself and fell.
쉬 오우버밸런스(ㄷ) 허셀 팬(ㄷ) 펠

\# 그녀는 발을 헛디뎌 넘어졌다.

She lost her footing and fell down.
쉬 러-슷 허 풋팅 앤(ㄷ) 펠 다운

\# 자전거를 타다가 넘어졌어요.

I fell off my bicycle.
아이 펠 어-(ㅍ) 마이 바이시클

\# 넘어져서 일어나지 못하겠어요.

I've fallen and can't get up.
아입 퍼-른 앤(ㄷ) 캔(ㅌ) 겟 업

\# 할머니는 넘어져서 무릎을 다치셨어.

My grandma fell and banged her
knees.
마이 그랜(ㄷ)마 펠 앤(ㄷ) 뱅(ㄷ) 허 니-(ㅅ)

화재 ①

불이야!

Fire!
파이어!

소방서에 연락하세요.

Call the firehouse.
커얼 더 파이어하우(ㅅ)

어젯밤에 화재가 났어요.

A fire broke out last night.
어 파이어 브로욱 아웃 래슷 나잇

A fire took place last night.
어 파이어 툭 플레이(ㅅ) 래슷 나잇

There was a fire last night.
데어 워즈 어 파이어 래슷 나잇

그는 지난달에 화재를 당했어요.

He suffered from a fire last month.
히 서퍼(ㄷ) 프럼 어 파이어 래슷 먼쓰

He was caught in a fire last month.
히 워즈 커웃 인 어 파이어 래슷 먼쓰

어젯밤 화재로 그 빌딩은 전소됐다.

Last night fire devastated the building.
래슷 나잇 파이어 데버스테이팃 더 빌딩

그 화재는 누전으로 인해 일어났다.

The fire was started by a short circuit.
더 파이어 워즈 스타-팃 바이 어 셔엇 서-킷

The fire was caused by a leakage of electricity.
더 파이어 워즈 커-즛 바이 어 리-키쥐 어 빌렉츠리서티

화재 ②

화재는 보통 부주의해서 발생한다.

Carelessness is often the cause of fires.
캐어리스니 시즈 어-펀 더 커- 저(ㅂ) 파이어(ㅅ)

소방관들은 5분 만에 화재 현장에 도착했다.

The firemen got to the fire in 5 minutes.
더 파이어멘 갓 투 더 파이어 인 파이(ㅂ) 미니(ㅊ)

우리는 화재가 나서 대피했다.

We evacuated the town because of the fire.
위 이베큐에이팃 더 타운 비커- 저(ㅂ) 더 파이어

화재경보기가 울리면 즉시 여기에서 나가세요.

If the fire alarm goes off leave here quickly.
이(ㅍ) 더 파이어 어라암 고우 저-(ㅍ) 리-(ㅂ) 히어 쿠이클리

그 화재의 원인이 뭐예요?

What was the cause of the fire?
왓 워즈 더 커- 저(ㅂ) 더 파이어?

그 화재 원인은 확실하지 않아요.

The cause of the fire is unknown.
더 커- 저(ㅂ) 더 파이어 이즈 언노운

해마다 이맘때면 화재가 자주 발생한다.

Fires are frequent at this time of the year.
파이어 자- 프리쿠언 탯 디스 타임 어(ㅂ) 디 이어

화재에서 발생한 연기 때문에 목과 눈이 화끈거렸다.

Acrid smoke from the fire burned my throat and eyes.
애크릿 스모욱 프럼 더 파이어 버언(ㄷ) 마이 쓰로웃 앤 다이(ㅈ)

지진 ①

간밤에 지진이 일어났어요.

An earthquake was felt last night.

언 어-쓰쿠에익 워즈 펠(ㅌ) 래숫 나잇

지진으로 땅이 갈라졌다.

The ground was cracked by the earthquake.

더 그라운 뒈즈 크랙(ㅌ) 바이 디 어-쓰쿠에익

그 마을은 지진으로 파괴되었다.

The village was destroyed by an earthquake.

더 빌리쥐 워즈 디스츠로잇 바이 언 어-쓰쿠에익

지진이 발생하면 책상 밑으로 들어가세요.

Please get under the table when the earthquake occurs.

플리-(ㅈ) 겟 언더 더 테이블 웬 디 어-쓰쿠에익 어커(ㅅ)

그 건물은 지진에도 끄떡없었어요.

The building perfectly withstood the earthquake.

더 빌딩 퍼펙틀리 윗스툿 디 어-쓰쿠에익

지진이 빚은 참사는 끔찍하다.

The earthquake created a disaster.

디 어-쓰쿠에익 크리에이팃 어 디재스터

지진으로 인한 해일을 봐라.

Look a tidal wave driven by the earthquake.

룩 어 타이늘 웨이(ㅂ) 드리븐 바이 디 이-쓰쿠에익

crack 금이 가다

지진 ②

도쿄에 진도 8.2의 지진이 발생했다.

An 8.2 magnitude earthquake hit Tokyo.

언 에잇 퍼인(ㅌ) 투 매그니튜웃 어-쓰쿠에익 힛 토우키오우

부산에 리히터 규모 4에서 5의 지진이 발생했다.

An earthquake measuring 4.0 to 5.0 on the Richter scale shook Busan.

언 어-쓰쿠에익 메저링 퍼- 퍼인(ㅌ) 오우 투 파이(ㅂ) 퍼인(ㅌ) 오우 언 더 릭터 스케일 슉 부산

지진의 진앙지는 부산에서 400㎞ 떨어진 해상이었다.

The epicenter of the earthquake was 400km off Busan.

디 에피센터 어(ㅂ) 디 어-쓰쿠에익 워즈 퍼- 헌드레(ㅈ) 킬로미터 서-(ㅍ) 부산

지진으로 많은 농작물이 피해를 입었다.

The earthquake caused much damage to the crops.

디 어-쓰쿠에익 커-즛 머취 대미쥐 투 더 크랍(ㅅ)

이번 지진으로 수백만 명의 이재민이 발생했어요.

The earthquake left millions of people homeless.

디 어-쓰쿠에익 레픗 밀런 서(ㅂ) 피-플 호움리(ㅅ)

그들은 이미 지진 피해를 복구했다.

They've already recovered from the effect of the earthquake.

데입 어얼레디 리커버(ㄷ) 프럼 디 이펙 터(ㅂ) 디 어-쓰쿠에익

지진이 무섭지 않은 사람은 없다.

Nobody dread earthquakes.

노우바디 드렛 어-쓰쿠에익(ㅅ)

장례

조문 인사 ①

할아버지께서 오늘 아침에 돌아가셨어.

My grandfather passed away this morning.

마이 그랜(ㄷ)파더 패슷 어웨이 디스 머-닝

장례식에서는 언제나 눈물이 나온다.

I always break into tears at a funeral.

아이 어얼웨이(ㅈ) 브레익 인투 티어 샛 어 퓨-너럴

전 장례식에 참석할 수 없을 것 같네요.

I'm afraid I won't be able to attend the funeral.

아임 어(ㅍ)레잇 아이 워운(ㅌ) 비- 에이블 투 어텐(ㄷ) 더 퓨-너럴

그의 장례식장에는 조화가 많이 있었어요.

There were so many floral tributes at his funeral.

데어 워- 소우- 메니 플로럴 츠리뷰웃 챗 히스 퓨-너럴

난 죽으면 화장으로 장례를 치르고 싶어요.

When I die I want to be cremated.

웬 아이 다이 아이 원(ㅌ) 투 비- 크리-메이팃

톰을 교회 묘지에 묻었어요.

We laid Tom in a churchyard.

위 레잇 탐 인 어 처-취야-(ㄷ)

그를 공동묘지에 묻기로 했습니다.

We decided to bury him in a cemetery.

위 디사이딧 투 베리 힘 인 어 세머테리

아버님의 갑작스러운 부고에 애도를 표합니다.

Please accept my condolence on your father's sudden death.

플리- 직셉(ㅌ) 마이 컨도울런 선 유어 파-더(ㅅ) 서든 데쓰

우리는 그녀의 죽음을 애도합니다.

We lament her death.

위 러멘(ㅌ) 허 데쓰

어떻게 위로의 말을 선해야 할지 모르겠네요.

I don't know how to convey a message of condolence.

아이 도운(ㅌ) 노우 하우 투 컨베이 어 베시쥐 어(ㅂ) 컨도울런(ㅅ)

I'm sorry to hear about your loss.

아임 서-리 투 히어 어바웃 유어 러-(ㅅ)

I'm sorry for your loss.

아임 서-리 퍼 유어 러-(ㅅ)

얼마나 상심이 크세요.

My sympathies to you.

마이 심파씨(ㅈ) 투 유

We sympathize with you in your bereavement.

위 심퍼싸이 윗 유 인 유어 비리-브먼(ㅌ)

조의를 표합니다.

My condolences to you.

마이 컨도울런시(ㅈ) 투 유

Accept my sincere condolences.

익셉(ㅌ) 마이 신시어 컨도울런시(ㅈ)

I'd like to offer my condolences.

아잇 라익 투 어퍼 마이 컨도울런시(ㅈ)

I respectfully express my condolence.

아이 리스펙트풀리 익스프레(ㅅ) 마이 컨도울런(ㅅ)

floral tribute (장례식의) 조화

condolence 문상, 애도의 말
lament 슬퍼하다, 애도하다

406

조문 인사 ②

우리 모두 가슴 아파하고 있습니다.
We all grieve for you.
위 어얼 그리-(ㅂ) 퍼 유

힘든 시간이시겠어요.
You must be having a hard time.
유 머숫 비- 해빙 어 하-(ㄷ) 타임

정말 안됐습니다.
I'm sorry to hear that.
아임 서-리 투 히어 댓

고인을 잊지 못할 겁니다.
I'll never forget her [him].
아일 네버 퍼겟 허 [힘]

고인을 알게 되어 영광이었습니다.
It was a privilege to know him [her].
잇 워즈 어 프리빌리쥐 투 노우 힘 [허]

고인은 우리 마음속에 영원히 살아 있을 것입니다.
He [She] will always live on in our hearts.
히 [쉬] 윌 어얼웨이(ㅈ) 리 번 인 아워 하-(ㅊ)

이렇게 와서 조의를 표해 주셔서 감사합니다.
Thank you for coming and offering your condolences.
쌩 큐 퍼 커밍 앤 더-퍼링 유어 컨도울런시(ㅈ)

privilege 혜택, 명예

노란 리본

2014년 4월, 많은 사람들을 가슴 아프게 했던 세월호 사건이 있었습니다. 이때, 스티커나 리본을 달고 SNS에 노란 리본 그림을 거는 등 온 나라에 노란 리본 열풍을 일으켰습니다.

왜 노란 리본을 달게 되었을까요?

이 유래는 여러 가지 설이 있는데요, 4세기 때 'She wore a yellow ribbon(그녀는 노란 리본을 달고 있었다)'이라는 노래가 전해지고 있는데, 사랑하는 사람이 무사히 돌아오기를 기원하는 마음에서 노란 리본을 달고 있는 여자에 대한 내용을 담고 있습니다. 이 노래는 나중에 청교도인들에 의해 미국으로 전해졌다고 합니다.

19세기 미국 남북 전쟁 당시 3년간의 형기를 마치고 출소한 남자가 애인에게 자신을 잊지 않았다면 떡갈나무에 노란 리본을 달아달라는 부탁을 담은 편지를 썼는데, 이 편지를 받은 여자는 남자가 리본을 못 보고 지나갈까봐 노란 리본을 나무에 잔뜩 달아 놓았다는 이야기가 전해 옵니다.

이 이야기를 바탕으로 1973년 '토니 올랜도 앤 돈(Tony Orlando and Dawn)'이 'Tie a Yellow Ribbon Round The Old Oak Tree'라는 노래를 발표했고, 훗날 멀리 있는 사람을 그리워하는 상징이 됐습니다.

1979년 이란에서 발생한 호메이니 혁명으로 미국인 52명이 이란 주재 미국대사관에 인질로 억류되는 사건이 있었는데, 인질의 무사 귀환을 빌면서 미국 전역에 노란 리본 달기 운동이 확산되었던 적이 있습니다.

Chapter 12

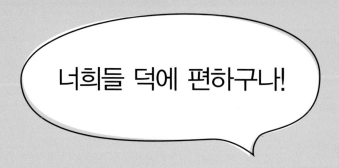

너희들 덕에 편하구나!

Chapter 12

Computer&Internet 컴퓨터 & 인터넷
컴퓨-터 앤 딘터-넷

computer 컴퓨-터 n. 컴퓨터	install 인스터얼, set up 셋 업 v. 설치하다	monitor 마너터 n. 모니터	keyboard 키-버-(ㄷ) n. 키보드
	desktop computer 데슥탑 컴퓨-터 n. 데스크탑컴퓨터	laptop computer 랩탑 컴퓨-터 n. 노트북컴퓨터	tap 탭 v. 가볍게 치다
operating system 아퍼레이팅 시스템 n. 컴퓨터 운영 체제	RAM 램 n. 램	gigabyte 기가바잇, gig 긱 n. 기가바이트	printer 프린터 n. 프린터
mouse 마우(ㅅ) n. (컴퓨터) 마우스	wireless mouse 와이어리(ㅅ) 마우(ㅅ) n. 무선 마우스	click 클릭 v. 클릭하다	scanner 스캐너 n. 스캐너 copy machine 카피 머쉬인 n. 복사기
antivirus 앤티바이러(ㅅ) n. 항바이러스 a. 항바이러스의	virus 바이러(ㅅ) n. 바이러스	turn on 터언 언 v. 켜다	turn off 터언 어-(ㅍ) v. 끄다
Internet 인터-넷 n. 인터넷	browser 브라우저- n. 브라우저	logon 러건 n. 로그인 logout 러가웃 n. 로그아웃	e-mail 이-메일 n. 이메일
	Internet banking 인터-넷 뱅킹 n. 인터넷 뱅킹	online game 언라인 게임 n. 온라인 게임	Social Network Service 소셜 넷워-(ㅋ) 서-비(ㅅ) 소셜 네트워크

web site 웹 사잇 n. 웹사이트	access a web site 액세 서 웹 사잇 웹사이트에 접근하다	browse through the web site 브라우즈 쓰루– 더 웹 사잇 웹서핑하다	create a web site 크리에잇 어 웹 사잇 웹사이트를 만들다
homepage 호움페이쥐 n. 홈페이지	upload 업로웃 v. 업로드하다	download 다운로웃 v. 다운로드하다	attached file 어태췻 파일 n. 첨부 파일

Cellular phone 휴대 전화
셀룰라 포운

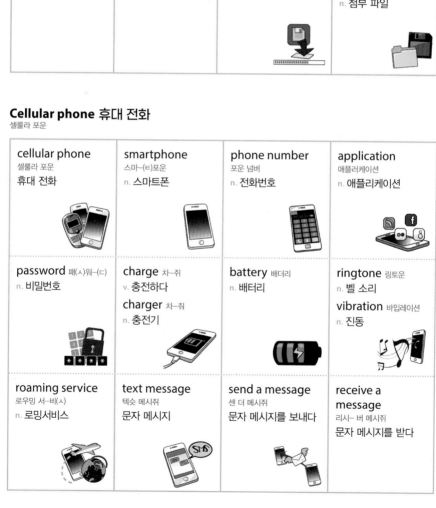

cellular phone 셀룰라 포운 휴대 전화	smartphone 스마–(ㅌ)포운 n. 스마트폰	phone number 포운 넘버 n. 전화번호	application 애플러케이션 n. 애플리케이션
password 패(ㅅ)워–(ㄷ) n. 비밀번호	charge 차–쥐 v. 충전하다 charger 차–줘 n. 충전기	battery 배더리 n. 배터리	ringtone 링토운 n. 벨 소리 vibration 바입레이션 n. 진동
roaming service 로우밍 서–비(ㅅ) n. 로밍서비스	text message 텍슷 메시쥐 문자 메시지	send a message 센 더 메시쥐 문자 메시지를 보내다	receive a message 리시– 버 메시쥐 문자 메시지를 받다

컴퓨터 ①

컴퓨터 ②

\# 컴퓨터를 켜고 끄는 법을 아세요?

Do you know how to turn the computer on and off?
두 유 노우 하우 투 터언 더 컴퓨-터 언 앤 더-(ㅍ)?

\# 컴퓨터를 사용할 줄 아세요?

Do you know how to use a computer?
두 유 노우 하우 투 유- 저 컴퓨-터?

\# 그녀는 컴퓨터를 잘 다룬다.

She is proficient at operating the computer.
쉬 이즈 프러피시언 탯 오퍼레이팅 더 컴퓨-터

\# 그는 컴퓨터에 대해서 요모조모 잘 알고 있다.

He knows the ins and outs of the computer.
히 노우(ㅈ) 디 인 샌 다웃 처(ㅂ) 더 컴퓨-터

\# 저는 컴맹이에요.

I'm computer-illiterate.
아임 컴퓨-터 일리터레잇

\# 요즘 노트북컴퓨터는 필수품이 되어 버렸어.

These days laptop computers are the necessary one.
디즈 데이(ㅈ) 랩탑 컴퓨-터 사- 더 네서서리 원

\# 이번 주말에 내 새 컴퓨터 설치하는 것 좀 도와줄래요?

Would you be able to come over this weekend and help me set up my new computer?
우 쥬 비- 에이블 투 컴 오우버 디스 위-켄 댄(ㄷ) 헬(ㅍ) 미 셋 업 마이 누- 컴퓨-터?

ins and outs 자세한 내용
illiterate 무식한

\# 저는 컴퓨터를 어떻게 작동시키는지 모르는데요.

I don't know how to use [operate] a computer.
아이 도운(ㅌ) 노우 하우 투 유(ㅈ) [오퍼레잇] 어 컴퓨-터

\# 컴퓨터가 너무 느려서 파일이 안 열려.

My computer is extremely slow and won't open any files.
마이 컴퓨-터 이즈 익스츠림리 슬로우 앤 둬운 토우펀 애니 파일(ㅈ)

\# Alt, Ctrl, Delete 버튼을 눌러요.

Press Alt, Ctrl and Delete buttons.
프레스 알(ㅌ), 컨츠럴 앤(ㄷ) 딜릿 버튼(ㅅ)

\# 설치를 계속하려면 컴퓨터를 다시 시작해야 합니다.

Set up needs to restart your computer to continue.
셋 업 니-(ㅈ) 투 리스타- 츄어 컴퓨-터 투 컨티뉴-

\# 컴퓨터가 고장 났어요.

My computer crashed.
마이 컴퓨-터 크래쉿

\# 바이러스 치료 프로그램을 실행시키세요.

Run the antivirus program.
런 디 안티바이러(ㅅ) 프로우그램

\# 그는 타자가 느리잖아, 독수리 타법이니까.

He types so slowly, because he's a hunt-and-peck typist.
히 타입(ㅅ) 소우- 슬로울리, 비커-(ㅈ) 히즈 어 헌 탠(ㄷ) 펙 타이피슷

extremely 매우, 몹시

컴퓨터 모니터

모니터가 켜져 있지 않았어요.

The computer monitor wasn't turned on.

더 컴퓨-터 머너터 워즌 터언 던

모니터가 어떻게 된 거예요?

What happened to your monitor?

왓 해픈(ㄷ) 투 유어 머너터?

넌 이미 Full HD 모니터가 있잖아?

You already have a Full HD monitor, don't you?

유 어얼레디 해 버 풀 에이취디- 머너터, 도운 츄?

그는 모니터를 딱 하고 껐다.

He snapped off the monitor.

히 스냅 터-(ㅍ) 더 머너터

모니터가 나갔는데.

My screen died.

마이 스크리인 다잇

모니터 화면이 흔들려요.

The monitor is fuzzy.

더 머너터 이즈 퍼지

snap off 툭하고 끊다
fuzzy 흐린, 불분명한

꼭! 짚고 가기

마우스

mouse 하면, 진짜 쥐와 컴퓨터 마우스 중 어느 것을 떠올리세요? 요즘은 컴퓨터 마우스가 먼저 떠오르는 사람들이 더 많을 거 같네요.

컴퓨터 마우스는 복수형을 쓸 때 mouses 나 mice 모두 가능합니다. 물론 진짜 쥐를 복수형으로 할 때는 mice만 된다는 것 아시죠?

그리고 현대 생활 패턴이 조금씩 바뀌면서 새로 생겨난 말을 하나 더 알아볼까요?

하루 종일 소파에 앉아 TV를 보며 감자칩을 먹는 사람을 가리켜 couch potato라고 합니다. 이 정도는 이미 다 알고 있는 거고요.

요즘은 TV 앞에 죽치고 있는 사람보다 컴퓨터 앞에 죽치고 있는 사람이 훨씬 많은 것 같네요. 그래서 그런 사람들을 지칭하는 말이 생겨났습니다.

바로 mouse potato인데요. 컴퓨터 마우스를 손에 쥐고 놓을 줄 모르는 모양 때문에 이렇게 만들어진 거 같네요.

컴퓨터 키보드 & 마우스

\# 그는 키보드로 입력하고 있어요.

He's typing on a keyboard.

히즈 타이핑 언 어 키-버-(ㄷ)

\# 메뉴의 밑줄 친 문자는 키보드 단축기로 항목을 선택할 수 있습니다.

The underlined letters in menus indicate a keyboard shortcut method to select the item.

디 언더라인(ㄷ) 레더 신 메뉴 신디케잇 어 키-버-(ㄷ)
셔엇컷 메쏫 투 셀렉(ㅌ) 디 아이틈

\# 그녀는 손가락으로 빠르게 키보드를 쳤다.

Her fingers quickly tapped out a message on the keyboard.

허 핑거(ㅅ) 쿠익리 탭 타웃 어 메시쥐 언 더 키-버-(ㄷ)

\# 키보드가 꼼짝도 안 하네요.

The keyboard froze.

더 키-버-(ㄷ) 프러(ㅈ)

\# 마우스로 아래쪽 화살표 버튼을 클릭하세요.

Click the downward pointing arrow button with your mouse.

클릭 더 다운워-(ㄷ) 퍼인팅 애로우 버튼 윗 유어
마우(ㅅ)

\# 무선 마우스가 있으면 좋겠는데.

I'd like a wireless mouse.

아잇 라익 어 와이어리(ㅅ) 마우(ㅅ)

indicate 지시하다
shortcut 지름길, 손쉬운 방법
tap 가볍게 치다

컴퓨터 프린터 & 복사기

\# 테스트 페이지를 프린터로 보내고 있어요.

A test page is now being sent to the printer.

어 테슷 페이쥐 이즈 나우 비잉 센(ㅌ) 투 더 프린터

\# 프린터기에 토너가 떨어졌어요.

The printer is out of ink [toner].

더 프린터 이즈 아웃 어 빙(ㅋ) [토너]

\# 이 새 프린터 카트리지는 얼마나 하나요?

How much do these new printer cartridges cost?

하우 머취 두 디-즈 누- 프린터 카츠리쥐(ㅈ) 커-숫?

\# 프린터기에 종이가 걸렸어요.

The printer is jammed.

더 프린터 이즈 잼(ㄷ)

\# 프린터 용지가 다 떨어졌네요.

The printer is out of paper.

더 프린터 이즈 아웃 어(ㅂ) 페이퍼

\# 새 복사기 사용법 좀 가르쳐 줄래요?

Can you show me how to use the copier?

캔 유 쑈우 미 하우 투 유-(ㅈ) 더 카피어?

\# 복사기에 걸린 종이 빼는 것 좀 도와줄래요?

Can you give me a hand to un-jam this copy machine?

캔 유 기(ㅂ) 미 어 핸(ㄷ) 투 언 잼 디스 카피 머쉰?

\# 복사기에 문제가 있어요.

We're having problems with the copier.

위어 해빙 프라블럼 윗 더 카피어

jam 쑤셔 넣다

414

문서 작업①

워드프로세서 정도 사용할 줄 알아요.

I only know how to use a word processor.

아이 오운리 노우 하우 투 유 저 워-(ㄷ) 프라세서

저는 주로 한글 프로그램을 사용합니다.

I usually use the Hangul.

아이 유-쥬얼리 유-(ㅈ) 더 한글

엑셀 프로그램을 잘 다루니?

Are you good at Excel?

아- 유 굿 앳 엑셀

열기 버튼을 클릭해 봐.

Click the open button.

클릭 디 오우펀 버든

글자체를 고딕체로 바꿔라.

Change the font to Gothic.

체인쥐 더 판(ㅌ) 투 가씩

글자 크기를 크게 하면 어때?

How about enlarging the font size?

하우 어바웃 인라-징 더 판(ㅌ) 사이(ㅈ)?

문서 작업②

인용문은 파란색으로 표시해라.

Mark the quotations in blue.

마-(ㅋ) 더 쿠어테이션 인 블루-

제목을 굵게 표시하는 게 낫다.

It's better to make the headlines bold.

잇츠 베더 투 메익 더 헷라인(ㅅ) 보울(ㄷ)

이 단락을 복사해서 네 문서에 붙여라.

Copy the paragraph and paste it in to your document.

카피 더 패러그랩 앤(ㄷ) 페이슷 잇 인 투 유어 다큐먼(ㅌ)

표와 그래프를 넣어 줄래요?

Would you include tables and graphs?

우 쥬 인클루(ㄷ) 테이블 샌(ㄷ) 그랩(ㅅ)?

이 문서를 txt 형식으로 저장해 줄래요?

Would you save this file as a text file?

우 쥬 세이(ㅂ) 디스 파일 애 저 텍슷 파일?

문서에 페이지 번호를 표시해 주세요.

Please insert page numbers on the document.

플리즈 인서-(ㅌ) 페이쥐 넘버 선 더 다큐먼(ㅌ)

문서를 인쇄할 때 프린터 아이콘이 작업 표시줄에 나타납니다.

When you print a document, a printer icon appears on the taskbar.

웬 유 프린 터 다큐먼(ㅌ), 어 프린터 아이칸 어피어 선 더 테슥바-

quotation 인용문
paste (데이터를) 붙여넣기 하다
insert 삽입하다

enlarge 크게 하다

파일 저장 & 관리 ①

실수로 파일을 지웠어요.

I accidentally deleted the file.

아이 액시던털리 딜리팃 더 파일

원본 파일은 갖고 있죠?

Do you have the original file?

두 유 해(ㅂ) 디 어리지널 파일?

아, 파일을 덮어 써 버렸네!

Ah, I overwrote the file!

아, 아이 오우버로웃 더 파일!

프로그램을 닫기 전에 파일 저장하는 것은 중요하다.

It's important to save the file before you close the program.

잇츠 임파-턴(ㅌ) 투 세이(ㅂ) 더 파일 비퍼- 유 클로우(ㅈ) 더 프로우그램

어느 폴더에 저장했습니까?

Which folder did you save it in?

위춰 포울더 디 쥬 세이 빗 인?

파일을 저장할 다른 이름을 고르세요.

Please choose a new name for the file to be saved as.

플리-(ㅈ) 추-(ㅈ) 어 누- 네임 퍼 더 파일 투 비- 세이(ㅂ) 대(ㅈ)

이 파일에 비밀번호를 설정했어.

I set a password for this file.

아이 셋 어 패스워-(ㄷ) 퍼 디스 파일

파일 저장 & 관리 ②

자료는 외장하드에 백업했습니다.

I backed up the data on my portable hard drive.

아이 백 텁 더 데이터 언 마이 퍼터블 하-(ㄷ) 드라이(ㅂ)

손상된 파일을 복구할 수 있어?

Could you restore the damaged file?

쿠 쥬 리스터- 더 대미췻 파일?

정기적으로 바이러스 체크하는 것 잊지 마세요.

Don't forget to check for a virus on a regular basis.

도운(ㅌ) 퍼겟 투 첵 퍼 러 바이러 선 어 레귤러 베이시(ㅅ)

10분마다 자동 저장되도록 설정했다.

I set up automatically saves unsaved data every 10 minutes.

아이 셋 업 어-터매티컬리 세입 선세입(ㄷ) 데이터 에브리 텐 미닛(ㅊ)

그 파일을 복사해서 내 USB에 저장해 주세요.

Copy the file and save it in my USB.

카피 더 파일 앤(ㄷ) 세이 빗 인 마이 유-에스비-

↘ USB : Universal Serial Bus (범용 직렬 버스)

파일이 손상되었거나 파일의 버전을 인식할 수 없어요.

It might be corrupted or an unrecognized version.

잇 마잇 비- 커럽팃 어 언 언리컥나이즛 버-전

accidentally 우연히, 잘못하여
overwrite 위에 겹쳐 쓰다

portable 휴대용의
restore 복구하다
corrupt 오류가 있는

인터넷①

인터넷②

\# 인터넷 웹서핑 하면서 시간을 때우지.

I surf the Internet to kill time.

아이 서-(ㅍ) 디 인터-넷 투 킬 타임

\# 그냥 인터넷을 훑어보는 중이야.

Just surfing the net.

저슷 서-핑 더 넷

\# 인터넷 하다 보면 시간 가는 줄 모르겠어.

I don't care how time flies surfing through the net.

아이 도운(ㅌ) 캐어 하우 타임 플라이(ㅈ) 서-핑 쓰루-더 넷

\# 어떻게 인터넷에 접속하죠?

How can I get online?

하우 캔 아이 겟 언라인?

\# 인터넷에 접속되어 있어요?

Are you connected to the Internet?

아- 유 커넥팃 투 디 인터-넷?

\# 애들이 인터넷 하느라고 정신이 없네요.

The kids are busy with the Internet.

더 키 자- 비지 윗 디 인터-넷

\# 요즘 인터넷으로 못 하는 게 없잖아.

Today, there is nothing we can't do through the Internet.

터데이, 데어 이즈 나씽 위 캔(ㅌ) 두 쓰루- 디 인터-넷

\# 인터넷으로 영어를 공부하려고 해.

I'm thinking of studying English through the Internet.

아임 씽킹 어(ㅂ) 스터딩 잉글리쉬 쓰루- 디 인터-넷

\# 인터넷이 안 되는데.

The Internet is not working.

디 인터-넷 이즈 낫 워-킹

\# 검색창에 키워드를 입력해 보세요.

Type the keyword in the search bar.

타입 더 키워- 딘 더 서-취 바-

↘ 주소창은 address bar라고 합니다.

\# 인터넷으로 그 회사의 정보를 알아봤어요.

I checked the information of that company on the Internet.

아이 첵(ㅌ) 디 인퍼메이션 어(ㅂ) 댓 컴패니 언 디 인터-넷

\# 저희 웹사이트를 즐겨찾기에 추가해 주세요.

Please add our website to your favorite.

플리- 잿 아워 웹사잇 투 유어 페이버릿

\# 인터넷 뱅킹은 정말 편리하잖아.

It's very convenient to use the Internet banking.

잇츠 베리 컨비-년(ㅌ) 투 유-(ㅈ) 디 인터-넷 뱅킹

surf 서핑을 하다
connect 연결하다, 접속하다

이메일 ①

이메일 보내 줘.

Email me.

이–메일 미

이메일 주소가 뭐야?

Could I get your e-mail address?

쿠 다이 겟 유어 이– 메일 앳레(ㅅ)?

새로운 이메일 주소가 있습니까?

Do you have a new e-mail address?

두 유 해 버 누– 이– 메일 앳레(ㅅ)?

제 이메일에 답장 주세요.

Please make a reply to my e-mail.

플리–(ㅈ) 메익 어 리플라이 투 마이 이– 메일

네게 보냈던 이메일이 반송되었는데.

The e-mail that I had sent you was returned.

디 이– 메일 댓 아이 햇 센 츄 워즈 리터언(ㄷ)

난 새해 인사를 벌써 이메일로 보냈어.

I've already e-mailed New Year's greetings to everyone.

아입 어얼레디 이– 메일(ㄷ) 누– 이어(ㅅ) 그리–팅(ㅅ) 투 에브리원

이메일 ②

네 이메일에 첨부 파일이 없어.

There is no attachment in your e-mail.

데어 이즈 노우 어태취먼 틴 유어 이– 메일

첨부 파일이 열리지 않아요.

I can't open the attachment.

아이 캔 토우펀 디 어태취먼(ㅌ)

로빈의 이메일을 전달해 줄게.

I'll forward Robin's e-mail to you.

아일 퍼–워(ㄷ) 라빈 시– 메일 투 유

그에게 이메일을 발송할 때 나도 참조로 넣어 주세요.

When you send him an e-mail, cc me please.

웬 유 센(ㄷ) 힘 언 이– 메일, 씨– 씨– 미 플리–(ㅈ)

↘ cc는 carbon copy의 줄임말로, 업무상의 서신이나 이메일을 참조로 받을 사람 앞에 씁니다.

이메일로 더 자세한 정보를 받아볼 수 있을까요?

Is it possible for me to get more detailed information through e-mail?

이즈 잇 파서블 퍼 미 투 겟 머– 디테일 딘퍼메이션 쓰루– 이– 메일?

attachment 첨부물
forward 전송하다

SNS ①

나는 SNS를 통해 친구의 근황을
확인하거나 사진이나 동영상을
업로드하면서 연락을 합니다.

I keep in touch with my friends
through social media, uploading
photos and videos while checking
their updates.
아이 키입 인 터취 윗 마이 프렌(ㅈ) 쓰루– 소우쉴 미–
디어, 업로우딩 포우토우 샌(ㄷ) 비디오우(ㅅ) 와일 체킹
데어 업데이(ㅊ)

요즘에도 SNS 모르는 사람이 있어?

Is there anybody who doesn't
know about social media these
days?
이즈 데어 애니바디 후 더즌(ㅌ) 노우 어바웃 소우쉴
미–디어 디–즈 데이(ㅅ)?

SNS는 비즈니스에 큰 도움이 되기 때문에
애용하고 있어요.

I use social media a lot, because it
is very helpful for my business.
아이 유(ㅈ) 소우쉴 미–디어 어 랏, 비–커 짓 이즈
베리 헬(ㅍ)플 퍼 마이 비즈니(ㅅ)

페이스북 프로필 사진을 바꿨어요.

I changed my Facebook profile
picture.
아이 체인짓 마이 페이스북 프로우파일 픽춰

페이스북 친구 추가해도 돼요?

Can I add you on Facebook?
캔 아이 앳 유 언 페이스북?

페이스북에서 어떻게 친구 삭제해요?

How do I unfriend someone?
하우 두 아이 언프렌(ㄷ) 섬원?

SNS ②

네 인스타그램 계정 좀 알려 줄래?

Can you tell me your Instagram
account?
캔 유 텔 미 유어 인스터그램 어카운(ㅌ)?

넌 인스타그램 팔로워가 정말 많구나!

You have so many followers on
Instagram!
유 해(ㅂ) 소우 메니 파일로우어 선 인스터그램!

인스타그램 팔로워는 몇 명이에요?

How many followers do you have
on Instagram?
하우 메니 파일로우(ㅅ) 두 유 해 번 인스터그램?

어떻게 인스타그램 팔로워를 늘릴 수
있어요?

How can I increase my followers
on Instagram?
하우 캔 아이 인크리–(ㅅ) 마이 팔로우어(ㅅ) 언
인스터그램?

어떻게 인스타그램 언팔로우 하는지
알려 주세요.

Can you tell me how to unfollow
someone on Instagram?
캔 유 텔 미 하우 투 언파일로우어 섬원 언
인스터그램?

서울에서 인스타그램 할(사진 찍을) 만한
장소를 추천해 주세요.

Can you recommend some
Insta-worthy places in Seoul?
캔 유 레커멘(ㄷ) 섬 인스터 워얼디 플레이시 신 소울?

SNS ③

\# 내 새로운 유튜브 채널을 '구독과 좋아요' 해 주세요.

Please 'like and subscribe' my new YouTube channel.

플리-(ㅈ) 라익 앤(ㄷ) 섭스크라입 마이 누- 유-투웁 채늘

\# 내 유튜브 채널에 영상들을 올리려고요.

I am going to upload some videos on my YouTube channel.

아이 엠 고우잉 투 업로웃 섬 비디오우 선 마이 유-투웁 채늘

\# 즐겨 보는 유튜브 채널이 뭐예요?

What's a YouTube channel that you enjoy to watch?

왓츠 어 유-투웁 채늘 댓 유 인조이 투 왓춰?

\# 나는 유튜브 프리미엄에 가입해서 광고가 없어.

I can watch ad-free videos on YouTube because I've got YouTube Premium.

아이 캔 왓춰 앳 프리- 비디오우 선 유-투웁 비-커즈 아입 갓 유-투웁 프리미엄

\# 알고리즘 때문에 우연하게 보게 된 유튜브 채널이야.

It's a YouTube channel I happened to watch because of the algorithm.

잇츠 어 유-투웁 채늘 아이 해픈(ㄷ) 투 왓춰 비-커 저(ㅂ) 디 앨거리듬

\# 인기 있는 유튜버가 되고 싶어요.

I want to be a popular YouTuber.

아이 원(ㅌ) 투 비- 어 파퓰러 유-투버

\# 내 유튜브 채널의 구독자가 점점 늘어나고 있어.

The number of subscribers on my YouTube channel is increasing.

더 넘버 어(ㅂ) 섭스크라이버 선 마이 유-투웁 채늘 이즈 인크리-싱

OTT

\# 요즘 재미있는 넷플릭스 시리즈를 추천해 주세요.

Can you recommend me a Netflix series that is interesting lately?

캔 유 레커멘(ㄷ) 미 어 넷플리(ㅅ) 시리-(ㅈ) 댓 이즈 인터레스팅 레잇리?

↘ OTT는 인터넷을 통해 방송 프로그램, 영화 등 미디어 콘텐츠를 제공하는 서비스로, Over-the-top의 줄임말입니다.

\# 오늘 저녁에는 집에서 넷플릭스를 보려고.

I'm going to watch Netflix at home tonight.

아임 고우잉 투 왓춰 넷플릭 샛 호움 터나잇

\# 나는 어제 넷플릭스 드라마 시리즈 보느라고 밤샜잖아.

I stayed up all night watching a Netflix drama series yesterday.

아이 스테이 덥 어얼 나잇 왓칭 어 넷플릭(ㅅ) 드라-머 시리-즈 제스터데이

\# 우리 애들이 디즈니 영화를 좋아해서, 난 디즈니 플러스를 가입했어.

My kids like Disney movies, so I joined Disney Plus.

마이 키(ㅈ) 라익 디즈니 무-비(ㅅ), 소우 아이 줘인(ㄷ) 디즈니 플러스

\# 아마존 프라임에 가입하면, 아마존에서 쇼핑할 때 배송비도 무료지만, 아마존 프라임 비디오도 볼 수 있어요.

If you sign up for Amazon Prime, you can watch Amazon Prime Videos, also shipping is free when you are shopping on Amazon.

이 퓨 사인 업 퍼 애머전 프라임, 유 캔 왓춰 애머전 프라임 비디오우(ㅅ), 어얼소우 쉬핑 이즈 프라- 웬 유 아- 샤핑 언 애머전

블로그

휴대 전화

블로그 하니?

Do you blog?

두 유 블락?

네 블로그를 소개해 줘.

Introduce your blog.

인츠러듀- 슈어 블락

내 블로그 방명록에 글을 남겨 주세요.

Please leave a note in the guest book of my blog.

플리-(ス) 리- 버 노웃 인 더 게슷 북 어(ㅂ) 마이 블락

내 블로그에 이번 여행 사진 올렸어.

I updated pictures of this trip on my blog.

아이 업데이팃 픽쳐 서(ㅂ) 디스 츠립 언 마이 블락

그의 블로그는 썰렁한데.

There is nothing special in his blog.

데어 이즈 나씽 스페셜 인 히스 블락

그녀의 블로그를 보니, 그녀가 어떤 사람인지 알 거 같아요.

I know who she is after seeing her blog.

아이 노우 후 쉬 이즈 애(ㅍ)터 시-잉 허 블락

내 블로그 하루 방문자가 백 명이 넘어.

Over 100 people visit my blog every day.

오버 원 헌(ㄷ)레(ㄷ) 피-플 비짓 마이 블락 에브리 데이

휴대 전화 번호 좀 알려 줘.

Can I get your cell phone number?

캔 아이 겟 유어 셀 포운 넘버?

제 휴대 전화 번호가 바뀌었어요.

I've changed my cell phone number.

아입 췌인쥇 마이 셀 포운 넘버

내 휴대 전화는 최신형이다.

My cell phone is the latest model.

마이 셀 포운 이즈 더 레이티슷 마들

휴대 전화 액정이 큰데.

Your cell phone display is wide.

유어 셀 포운 디스플레이 이즈 와이(ㄷ)

부재중 전화가 두 통 왔다.

I have two missed calls.

아이 해(ㅂ) 투- 미슷 커얼(ㅅ)

운전 중 휴대 전화를 사용하지 마세요.

Don't use your cell phone while driving.

도운(ㅌ) 유-(ㅈ) 유어 셀 포운 와일 드라이빙

네 휴대 전화는 사용 중이거나 꺼졌던데.

Your mobile was either busy or turned off.

유어 모우벌 워즈 이-더 비지 오어 터언(ㄷ) 어-(ㅍ)

leave a note 메모를 남기다
update 갱신하다

in the latest fashion 최신형의
* be all the fashion 대유행이다

휴대 전화 문제

배터리가 얼마 없어.

My battery is low.
마이 배더리 이즈 로우

휴대 전화가 잘 안 터져요.

The connection is bad.
더 커넥션 이즈 뱃

휴대 전화를 변기에 빠뜨렸어.

I dropped the cell phone in the night chair.
아이 드랍(ㅌ) 더 셀 포운 인 더 나잇 체어

휴대 전화 액정이 깨졌어.

My cell phone display is broken.
마이 셀 포운 디스플레이 이즈 브로우큰

휴대 전화 충전기 가져왔어?

Did you bring the charger of cell phone?
디 쥬 브링 더 차-저 어(ㅂ) 셀 포운?

어젯밤에 휴대 전화를 충전해 놨어야 했는데.

I should've charged the cell phone last night.
아이 슈듭 차-쥣 더 셀 포운 레슷 나잇

connection 연락, 접속
* in connection with ~와 연락해서
drop 떨어뜨리다
night chair 실내 변기
charger 충전기
charge 충전하다

휴대 전화 기능①

휴대 전화로 아침 6시 모닝콜을 맞춰 놨어.

I set a wake-up call for 6:00 a.m. on my cell phone.
아이 셋 어 웨익 업 커얼 퍼 식(ㅅ) 에이엠 언 마이 셀 포운

↘ '모닝콜'을 wake-up call이라고 한다는 것에 주의하세요. 모닝콜은 콩글리시예요.

휴대 전화로 계산해 보면 되지.

Calculate it with your cell phone calculator.
캘큘레잇 잇 윗 유어 셀 포운 캘큘레이터

그녀는 휴대 전화로 사진 찍기를 즐겨요.

She likes to take pictures with her cell phone.
쉬 라익(ㅅ) 투 테익 픽쳐(ㅅ) 윗 허 셀 포운

여자 친구와 영상 통화를 해.

I make video calls with my girlfriend.
아이 메익 비디오우 커얼(ㅅ) 윗 마이 거얼프렌(ㄷ)

휴대 전화에 비밀번호를 걸어 놨어.

I locked my cell phone.
아이 락(ㅌ) 마이 셀 포운

해외에 가기 전에 휴대 전화 로밍서비스 하는 거 잊지 마.

Don't forget to have roaming service before you go abroad.
도운(ㅌ) 퍼겟 투 해(ㅂ) 로우밍 서-비(ㅅ) 비퍼- 유 고우 업러엇

calculate 계산하다
lock 자물쇠를 채우다

휴대 전화 기능 ②

\# 내 휴대 전화에 최신 게임이 있다.

I have the newest games on my cell phone.

아이 해(ㅂ) 더 누-이슷 게임 선 마이 셀 포운

\# 휴대 전화로 게임하고 있었지?

Were you playing games on your cell phone?

워- 유 플레잉 게임 선 유어 셀 포운?

\# 스마트폰으로 QR코드를 통해 신상품의 정보를 확인했어요.

I scanned the QR code with my smartphone and checked the new product information.

아이 스캔(ㄷ) 더 큐-아알 코웃 윗 마이 스마-(ㅌ)포운
앤(ㄷ) 첵(ㅌ) 더 누- 프라-덕(ㅌ) 인퍼메이션

\# 스마트폰으로 PDF 파일을 보려면 앱이 필요해요.

I need an app to check PDF files on my smartphone.

아이 니잇 언 앱 투 첵 피-디-에(ㅍ) 파일 선 마이
스마-(ㅌ)포운

\# 스마트폰으로 결제하는 애플페이 덕분에 지갑이 필요 없어요.

I don't need a wallet because of Apple Pay, which I pay with my smartphone.

아이 도운(ㅌ) 니잇 어 와알릿 비-커 저 배플 페이,
위취 아이 페이 윗 마이 스마-(ㅌ)포운

꼭! 짚고 가기

문자 메시지용 단축 표기법

짧은 글로 많은 뜻을 담아 보내거나 좀 더 빨리 보내기 위해 우리도 종종 글자를 줄여 문자 메시지를 보냅니다.
영어권에서도 마찬가지인데요. 몇 가지 알 아두면 요긴하게 써먹을 수 있을 거예요.

- all the best → atb
- anyone → ne1
- anything → n e thing
- Are you okay? → r u ok
- as far as I know → afaik
- be → b
- be back later → bbl8r
- be back soon → bbs
- be right back → brb
- cutie → qt
- date → d8
- dinner → dnr
- great → gr8
- be seeing you → bcnu
- before → b4
- by the way → btw
- bye for now → b4n
- call me → cm
- emergency → 911
- excellent → xlnt
- fast → fst
- goodbye → by
- got to go → gt2go
- good luck → gudluk
- hello → hlo
- How are you? → hwru

문자 메시지

문자 메시지 보내.

Text me.

텍슷 미

문자 메시지로 보내 줄래요?

Could you send me a text
message?

쿠 쥬 센(ㄷ) 미 어 텍슷 메시쥐?

당신의 전화번호를 문자 메시지로 보내
주세요.

Text me your phone number.

텍슷 미 유어 포운 넘버

네 문자 메시지 못 받았는데.

I haven't received your text
message.

아이 해븐(ㅌ) 리시붓 유어 텍슷 메시쥐

시간 있을 때 문자 메시지를 보내 줘.

Send me a text message when you
have time.

센(ㄷ) 미 어 텍슷 메시쥐 웬 유 해(ㅂ) 타임

스팸 문자는 지겨워.

I'm sick of cell phone spam mails.

아임 식 어(ㅂ) 셀 포운 스팸 메일(ㅅ)

음성 메시지가 왔네.

I got a voice mail.

아이 갓 어 버이(ㅅ) 메일

벨 소리

그 벨 소리 좋은데.

It is a good ring-tone.

잇 이즈 어 굿 링 토운

인터넷에서 벨 소리를 다운로드 했지.

I downloaded a ring-tone through
the Internet.

아이 다운로우디 더 링 토운 쓰루- 디 인터-넷

진동모드로 바꾸세요.

Turn your cell phone to vibrate.

터언 유어 셀 포운 투 바입레잇

회의 전에 휴대 전화가 진동모드인지
확인해야 합니다.

Check your cell phone to vibrate
before the meeting.

첵 유어 셀 포운 투 바입레잇 비퍼- 더 미-팅

영화 볼 때 벨 소리가 나지 않게 하세요.

Turn your ring-tone off when we
watch the movie.

터언 유어 링 토운 어-(ㅍ) 웬 위 왓취 더 무-비

be sick of ~에 넌더리나다

ring-tone 벨 소리
vibrate 진동하다